营业税改增值税培训指定教材

营业税改增值税

的税务稽查与查账

翟继光 ◎ 编 著

立信会计出版社
LIXIN ACCOUNTING PUBLISHING HOUSE

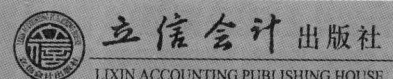

图书在版编目（CIP）数据

营业税改增值税的税务稽查与查账 / 翟继光编著.
—上海：立信会计出版社，2016.7
ISBN 978-7-5429-5101-4

Ⅰ.①营… Ⅱ.①翟… Ⅲ.①增值税—税务稽查—研
究—中国 Ⅳ.①F812.424

中国版本图书馆 CIP 数据核字（2016）第 167632 号

责任编辑　　蔡伟莉　　何颖颖

营业税改增值税的税务稽查与查账

出版发行		立信会计出版社			
地　　址	上海市中山西路 2230 号		邮政编码	200235	
电　　话	（021）64411389		传　　真	（021）64411325	
网　　址	www. lixinaph. com		电子邮箱	lxaph@sh163. net	
网上书店	www. shlx. net		电　　话	（021）64411071	
经　　销	各地新华书店				

印　　刷	北京佳顺印务有限公司
开　　本	710 毫米×1000 毫米　1/16
印　　张	22.5
字　　数	427 千字
版　　次	2016 年 7 月第 1 版
印　　次	2016 年 7 月第 1 次
书　　号	ISBN 978-7-5429-5101-4/F
定　　价	58.00 元

如有印订差错，请与本社联系调换

前　言

按照党中央、国务院全面深化改革的重大决策部署,自2016年5月1日起在全国范围内全面推开营业税改征增值税,现行建筑业、房地产业、金融业、生活服务业纳税人由原来缴纳营业税改为缴纳增值税,由国家税务局负责征收。

为贯彻落实《深化国税、地税征管体制改革方案》中关于建立健全稽查案源管理制度的要求,规范税务稽查案源管理,切实提高税务稽查工作质效,有效打击涉税违法犯罪行为,2016年5月,国家税务总局出台了《税务稽查案源管理办法(试行)》《税务稽查随机抽查对象名录库管理办法(试行)》和《税务稽查随机抽查执法检查人员名录库管理办法(试行)》。

为帮助广大营改增纳税人和相关税务机关了解、掌握营改增之后的税务稽查制度与查账方法,我们特组织专家编写了本书。本书包括九章,主要内容如下。

第一章介绍增值税基本制度,主要是帮助纳税人和税务机关掌握现行的增值税制度,这是营改增的基础,营改增的基本制度大多是参照现行增值税的制度来确定的。

第二章介绍营改增基本制度,营改增之后其相关制度仍然保持相对独立,与现行的增值税制度并列运行,相关纳税人和税务机关有必要掌握相对独立的营改增制度。

第三章介绍税务稽查基本制度,主要帮助纳税人和税务机关掌握税务稽查的基本流程和基本制度。

第四章介绍税务稽查查账技巧,主要是从税务稽查的角度来介绍如何通过查账来发现纳税人存在的税务违法问题,本章还列举了一些典型案例。

第五章介绍增值税会计核算与账务处理,主要内容包括增值税会计科目的设置与账务处理、营改增后增值税会计处理办法、建筑业营改增的账务处理以及税务稽查后增值税账务处理。

第六章介绍增值税稽查与查账技巧,主要内容包括增值税日常稽查办法、增值税日常稽查工作经验、偷逃增值税的主要手段与查账方法、增值税稽查中对存货的审查技巧与案例、增值税稽查中对往来账户的审查技巧与案例、增值税检查中生产要素分析法的运用技巧与案例以及营改增之后各行业增值税稽查的重点。

第七章介绍虚开增值税专用发票稽查案例,主要内容包括单独虚开增值税专用发票稽查案例、团伙虚开增值税专用发票稽查案例以及介绍虚开增值税专用发票稽查案例。

第八章介绍取得虚开增值税专用发票稽查案例,主要内容包括通过协查对违法取得虚开发票进行稽查案例、通过日常检查对违法取得虚开发票进行稽查案例、通过专项检查对违法取得虚开发票进行稽查案例以及善意取得虚开增值税专用发票稽查案例。

第九章介绍其他手段偷逃增值税稽查案例,主要内容包括违规抵扣增值税进项税额稽查案例、不开发票少申报增值税收入稽查案例、设置账外账隐瞒增值税收入稽查案例以及利用价外收费等其他方式隐瞒增值税收入稽查案例。

本书收录了部分公开发表的相关税务稽查案例,特对相关案例的原作者或者执笔者表示感谢。

由于营改增还处于试点之中,很多制度的实施细则还在制定过程中,本书所依据的法律、法规和相关政策截至 2016 年 5 月底。广大纳税人和税务机关在从事营改增的税务稽查与查账过程中应注意关注最新的政策变化。

本书编委会

目　　录

第一章　增值税基本制度

第一节　增值税纳税人制度

一、增值税的纳税人

在中华人民共和国境内（以下简称境内）销售货物或者提供加工、修理修配劳务以及进口货物的单位和个人，为增值税的纳税人，应当依照《增值税暂行条例》缴纳增值税。

在境内销售货物或者提供加工、修理修配劳务，是指：①销售货物的起运地或者所在地在境内；②提供的应税劳务发生在境内。

单位，是指企业、行政单位、事业单位、军事单位、社会团体及其他单位。个人，是指个体工商户和其他个人。

单位租赁或者承包给其他单位或者个人经营的，以承租人或者承包人为纳税人。

二、增值税纳税人的分类

小规模纳税人以外的纳税人应当向主管税务机关申请资格认定。具体认定办法由国务院税务主管部门制定。小规模纳税人会计核算健全，能够提供准确税务资料的，可以向主管税务机关申请资格认定，不作为小规模纳税人，依照《增值税暂行条例》有关规定计算应纳税额。会计核算健全，是指能够按照国家统一的会计制度规定设置账簿，根据合法、有效凭证核算。

小规模纳税人的标准为：①从事货物生产或者提供应税劳务的纳税人，以及以从事货物生产或者提供应税劳务为主，并兼营货物批发或者零售的纳税人，年应征增值税销售额（以下简称应税销售额）在50万元以下（含本数，下同）的；②除上述规定以外的纳税人，年应税销售额在80万元以下的。以从事货物生产或者提供应税劳务为主，是指纳税人的年货物生产或者提供应税劳务的销售额占年应税销售额的比重在50%以上。

年应税销售额超过小规模纳税人标准的其他个人按小规模纳税人纳税；非企业性单位、不经常发生应税行为的企业可选择按小规模纳税人纳税。

除国家税务总局另有规定外，纳税人一经认定为一般纳税人后，不得转为小规模纳税人。

自 2015 年 4 月 1 日起，增值税一般纳税人（以下简称一般纳税人）资格实行登记制，登记事项由增值税纳税人（以下简称纳税人）向其主管税务机关办理。

纳税人办理一般纳税人资格登记的程序如下：①纳税人向主管税务机关填报《增值税一般纳税人资格登记表》，并提供税务登记证件；②纳税人填报内容与税务登记信息一致的，主管税务机关当场登记；③纳税人填报内容与税务登记信息不一致，或者不符合填列要求的，税务机关应当场告知纳税人需要补正的内容。

纳税人年应税销售额超过财政部、国家税务总局规定标准（以下简称规定标准），且符合有关政策规定，选择按小规模纳税人纳税的，应当向主管税务机关提交书面说明。个体工商户以外的其他个人年应税销售额超过规定标准的，不需要向主管税务机关提交书面说明。

纳税人年应税销售额超过规定标准的，在申报期结束后 20 个工作日内按照规定办理相关手续；未按规定时限办理的，主管税务机关应当在规定期限结束后 10 个工作日内制作《税务事项通知书》，告知纳税人应当在 10 个工作日内向主管税务机关办理相关手续。

除财政部、国家税务总局另有规定外，纳税人自其选择的一般纳税人资格生效之日起，按照增值税一般计税方法计算应纳税额，并按照规定领用增值税专用发票。

三、增值税的扣缴义务人

中华人民共和国境外的单位或者个人在境内提供应税劳务，在境内未设有经营机构的，以其境内代理人为扣缴义务人；在境内没有代理人的，以购买方为扣缴义务人。

第二节　增值税征税对象制度

一、销售货物

货物，是指有形动产，包括电力、热力、气体在内。销售货物，是指有偿转让货物的所有权。有偿，是指从购买方取得货币、货物或者其他经济利益。

二、提供加工、修理修配劳务

加工，是指受托加工货物，即委托方提供原料及主要材料，受托方按照委托方的要求，制造货物并收取加工费的业务。

修理修配，是指受托对损伤和丧失功能的货物进行修复，使其恢复原状和功能的业务。

提供加工、修理修配劳务（以下称应税劳务），是指有偿提供加工、修理修配劳务。单位或者个体工商户聘用的员工为本单位或者雇主提供加工、修理修配劳务，不包括在内。有偿，是指从购买方取得货币、货物或者其他经济利益。

三、视同销售

单位或者个体工商户的下列行为，视同销售货物：

（1）将货物交付其他单位或者个人代销；

（2）销售代销货物；

（3）设有两个以上机构并实行统一核算的纳税人，将货物从一个机构移送其他机构用于销售，但相关机构设在同一县（市）的除外；

（4）将自产或者委托加工的货物用于非增值税应税项目；

（5）将自产、委托加工的货物用于集体福利或者个人消费；

（6）将自产、委托加工或者购进的货物作为投资，提供给其他单位或者个体工商户；

（7）将自产、委托加工或者购进的货物分配给股东或者投资者；

（8）将自产、委托加工或者购进的货物无偿赠送其他单位或者个人。

自2015年1月1日起，药品生产企业销售自产创新药的销售额，为向购买方收取的全部价款和价外费用，其提供给患者后续免费使用的相同创新药，不属于增值税视同销售范围。创新药，是指经国家食品药品监督管理部门批准注册、获批前未曾在中国境内外上市销售，通过合成或者半合成方法制得的原料药及其制剂。药品生产企业免费提供创新药，应保留如下资料，以备税务机关查验：①国家食品药品监督管理部门颁发的注明注册分类为1.1类的药品注册批件；②后续免费提供创新药的实施流程；③第三方（创新药代保管的医院、药品经销单位等）出具免费用药确认证明，以及患者在第三方登记、领取创新药的记录。

第三节　增值税税率制度

一、增值税税率

第一，纳税人销售或者进口货物，除《增值税暂行条例》另有规定的外，税率为17％。人体血液的增值税适用税率为17％。玉米浆、玉米皮、玉米纤维（又称喷浆玉米皮）和玉米蛋白粉不属于初级农产品，也不属于《财政部国家税务总局关于饲料产品免征增值税问题的通知》（财税〔2001〕121号）中免税饲料的范围，适用17％的增值税税率。

第二，纳税人销售或者进口下列货物，税率为13％：

（1）粮食、食用植物油。牡丹籽油属于食用植物油，适用13％增值税税率。牡丹籽油是以丹凤牡丹和紫斑牡丹的籽仁为原料，经压榨、脱色、脱臭等工艺制成的产品。动物骨粒属于《农业产品征税范围注释》（财税字〔1995〕52号）第二条第（五）款规定的动物类"其他动物组织"，其适用的增值税税率为13％。动物骨粒是指将动物骨经筛选、破碎、清洗、晾晒等工序加工后的产品。玉米胚芽属于《农业产品征税范围注释》中初级农产品的范围，适用13％的增值税税率

（2）自来水、暖气、冷气、热水、煤气、石油液化气、天然气、沼气、居民用煤炭制品。

（3）图书、报纸、杂志。

（4）饲料、化肥、农药、农机、农膜。农用挖掘机、养鸡设备系列、养猪设备系列产品属于农机，适用13％增值税税率。卷帘机属于《国家税务总局关于印发〈增值税部分货物征税范围注释〉的通知》（国税发〔1993〕151号）规定的农机范围，应适用13％的增值税税率。卷帘机是指用于农业温室、大棚、以电机驱动，对保温被或草帘进行自动卷放的机械设备，一般由电机、变速箱、联轴器、卷轴、悬臂、控制装置等部分组成。密集型烤房设备、频振式杀虫灯、自动虫情测报灯、粘虫板属于农机范围，应适用13％增值税税率。

（5）国务院规定的其他货物。

自2015年9月1日起，对纳税人销售和进口化肥统一按13％税率征收国内环节和进口环节增值税。钾肥增值税先征后返政策同时停止执行。化肥的具体范围，仍然按照《国家税务总局关于印发〈增值税部分货物征税范围注释〉的通知》（国税发〔1993〕151号）的规定执行。自2015年9月1日起至2016年6月30日，对增值税一般纳税人销售的库存化肥，允许选择按照简易计税方法依照3％征收率征收增值税。化肥属于取消出口退（免）税的货物，仍按照《财政部国家税务总局关于出口货物劳务增值税和消费税政策的通知》（财税〔2012〕39号）规定，其出口视同内销征收增值税。出口日期，以出口货物报关单（出口退税专用）上注明的出口日期为准。纳税人应当单独核算库存化肥的销售额，未单独核算的，不得适用简易计税方法。上述所称的库存化肥，是指纳税人2015年8月31日前生产或购进的尚未销售的化肥。

第三，纳税人出口货物，税率为零；但是，国务院另有规定的除外。

第四，纳税人提供加工、修理修配劳务（以下称应税劳务），税率为 17%。

第五，税率的调整，由国务院决定。

二、兼营税率的确定

纳税人兼营不同税率的货物或者应税劳务，应当分别核算不同税率货物或者应税劳务的销售额；未分别核算销售额的，从高适用税率。

三、增值税征收率

小规模纳税人增值税征收率为 3%。征收率的调整，由国务院决定。

固定业户（指增值税一般纳税人）临时到外省、市销售货物的，必须向经营地税务机关出示"外出经营活动税收管理证明"回原地纳税，需要向购货方开具专用发票的，亦回原地补开。对未持"外出经营活动税收管理证明"的，经营地税务机关按 3% 的征收率征税。对擅自携票外出，在经营地开具专用发票的，经营地主管税务机关根据发票管理的有关规定予以处罚并将其携带的专用发票逐联注明"违章使用作废"字样。

对拍卖行受托拍卖增值税应税货物，向买方收取的全部价款和价外费用，应当按照 3% 的征收率征收增值税。拍卖货物属免税货物范围的，可以免征增值税。

增值税一般纳税人销售自己使用过的固定资产，属于以下两种情形的，可按简易办法依 4% 征收率减半征收增值税，同时不得开具增值税专用发票：①纳税人购进或者自制固定资产时为小规模纳税人，认定为一般纳税人后销售该固定资产；②增值税一般纳税人发生按简易办法征收增值税应税行为，销售其按照规定不得抵扣且未抵扣进项税额的固定资产。

一般纳税人销售自己使用过的物品和旧货，适用按简易办法依 3% 征收率减按 2% 征收增值税政策的，按下列公式确定销售额和应纳税额：

$$销售额 = 含税销售额 \div (1 + 3\%)$$
$$应纳税额 = 销售额 \times 2\%$$

小规模纳税人销售自己使用过的固定资产和旧货，按下列公式确定销售额和应纳税额：

$$销售额 = 含税销售额 \div (1 + 3\%)$$
$$应纳税额 = 销售额 \times 2\%$$

属于增值税一般纳税人的单采血浆站销售非临床用人体血液，可以按照简易办法依照 3% 征收率计算应纳税额，但不得对外开具增值税专用发票；也可以按照销项税额抵扣进项税额的办法，依照增值税适用税率计算应纳税额。纳税人选择计算缴纳增值税的办法后，36个月内不得变更。

第四节　增值税应纳税额计算制度

一、一般纳税人增值税应纳税额的计算

（一）应纳税额计算公式

纳税人销售货物或者提供应税劳务（以下简称销售货物或者应税劳务），应纳税额为当期销项税额抵扣当期进项税额后的余额。应纳税额计算公式：

$$应纳税额＝当期销项税额－当期进项税额$$

当期销项税额小于当期进项税额不足抵扣时，其不足部分可以结转下期继续抵扣。

（二）销项税额计算公式

纳税人销售货物或者应税劳务，按照销售额和《增值税暂行条例》第二条规定的税率计算并向购买方收取的增值税额，为销项税额。销项税额计算公式：

$$销项税额＝销售额×税率$$

（三）销售额的确定

销售额为纳税人销售货物或者应税劳务向购买方收取的全部价款和价外费用，但是不包括收取的销项税额。

一般纳税人销售货物或者应税劳务，采用销售额和销项税额合并定价方法的，按下列公式计算销售额：

$$销售额＝含税销售额÷（1＋税率）$$

销售额以人民币计算。纳税人以人民币以外的货币结算销售额的，应当折合成人民币计算。纳税人按人民币以外的货币结算销售额的，其销售额的人民币折合率可以选择销售额发生的当天或者当月1日的人民币汇率中间价。纳税人应在事先确定采用何种折合率，确定后1年内不得变更。

纳税人销售货物或者应税劳务的价格明显偏低并无正当理由的，由主管税务机关核定其销售额。

纳税人有《增值税暂行条例》第七条所称价格明显偏低并无正当理由或者有《增值税暂行条例实施细则》第四条所列视同销售货物行为而无销售额者，按下列顺序确定销售额：

（1）按纳税人最近时期同类货物的平均销售价格确定；

（2）按其他纳税人最近时期同类货物的平均销售价格确定；

（3）按组成计税价格确定。组成计税价格的公式为：

$$组成计税价格＝成本×（1＋成本利润率）$$

属于应征消费税的货物，其组成计税价格中应加计消费税额。

公式中的成本是指：销售自产货物的为实际生产成本，销售外购货物的为实际采购成本。公式中的成本利润率由国家税务总局确定。

（四）价外费用

价外费用，包括价外向购买方收取的手续费、补贴、基金、集资费、返还利润、奖励费、违约金、滞纳金、延期付款利息、赔偿金、代收款项、代垫款项、包装费、包装物租金、储备费、优质费、运输装卸费以及其他各种性质的价外收费。但下列项目不包括在内：

第一，受托加工应征消费税的消费品所代收代缴的消费税；

第二，同时符合以下条件的代垫运输费用：

（1）承运部门的运输费用发票开具给购买方的；

（2）纳税人将该项发票转交给购买方的。

第三，同时符合以下条件代为收取的政府性基金或者行政事业性收费：

（1）由国务院或者财政部批准设立的政府性基金，由国务院或省级人民政府及其财政、价格主管部门批准设立的行政事业性收费；

（2）收取时开具省级以上财政部门印制的财政票据；

（3）所收款项全额上缴财政。

第四，销售货物的同时代办保险等而向购买方收取的保险费，以及向购买方收取的代购买方缴纳的车辆购置税、车辆牌照费。

（五）允许扣除的进项税额

纳税人购进货物或者接受应税劳务（以下简称购进货物或者应税劳务）支付或者负担的增值税额，为进项税额。

下列进项税额准予从销项税额中抵扣：

（1）从销售方取得的增值税专用发票上注明的增值税额。

（2）从海关取得的海关进口增值税专用缴款书上注明的增值税额。

（3）购进农产品，除取得增值税专用发票或者海关进口增值税专用缴款书外，按照农产品收购发票或者销售发票上注明的农产品买价和13％的扣除率计算的进项税额。进项税额计算公式为：

$$进项税额＝买价×扣除率$$

买价，包括纳税人购进农产品在农产品收购发票或者销售发票上注明的价款和按规定缴纳的烟叶税。

准予抵扣的项目和扣除率的调整，由国务院决定。

（六）不得抵扣的进项税额

纳税人购进货物或者应税劳务，取得的增值税扣税凭证不符合法律、行政法规或者国务院税务主管部门有关规定的，其进项税额不得从销项税额中抵扣。增值税扣税凭证，是指增值税专用发票、海关进口增值税专用缴款书、农产品收购发票和农产品销售发票。

下列项目的进项税额不得从销项税额中抵扣：

（1）用于免征增值税项目、集体福利或者个人消费的购进货物或者应税劳务。购进货物，不包括既用于增值税应税项目（不含免征增值税项目）也用于免征增值税（以下简称免税）项目、集体福利或者个人消费的固定资产。固定资产，是指使用期限超过 12 个月的机器、机械、运输工具以及其他与生产经营有关的设备、工具、器具等。个人消费包括纳税人的交际应酬消费。

（2）非正常损失的购进货物及相关的应税劳务。非正常损失，是指因管理不善造成被盗、丢失、霉烂变质的损失。

（3）非正常损失的在产品、产成品所耗用的购进货物或者应税劳务。

（4）国务院财政、税务主管部门规定的纳税人自用消费品。

（5）上述第（1）项至第（4）项规定的货物的运输费用和销售免税货物的运输费用。

一般纳税人兼营免税项目而无法划分不得抵扣的进项税额的，按下列公式计算不得抵扣的进项税额：

$$\text{不得抵扣的进项税额} = \text{当月无法划分的全部进项税额} \times \text{当月免税项目销售额} \div \text{当月全部销售额}$$

已抵扣进项税额的购进货物或者应税劳务，发生《增值税暂行条例》第十条规定的情形的（免税项目除外），应当将该项购进货物或者应税劳务的进项税额从当期的进项税额中扣减；无法确定该项进项税额的，按当期实际成本计算应扣减的进项税额。

（七）销项税额与进项税额的扣减

小规模纳税人以外的纳税人（以下称一般纳税人）因销售货物退回或者折让而退还给购买方的增值税额，应从发生销售货物退回或者折让当期的销项税额中扣减；因购进货物退出或者折让而收回的增值税额，应从发生购进货物退出或者折让当期的进项税额中扣减。

一般纳税人销售货物或者应税劳务，开具增值税专用发票后，发生销售货物退回或者折让、开票有误等情形，应按国家税务总局的规定开具红字增值税专用发票。未按规定开具红字增值税专用发票的，增值税额不得从销项税额中扣减。

二、小规模纳税人增值税应纳税额的计算

小规模纳税人销售货物或者应税劳务，实行按照销售额和征收率计算应

纳税额的简易办法，并不得抵扣进项税额。应纳税额计算公式：

$$应纳税额＝销售额×征收率$$

小规模纳税人的销售额不包括其应纳税额。小规模纳税人销售货物或者应税劳务采用销售额和应纳税额合并定价方法的，按下列公式计算销售额：

$$销售额＝含税销售额÷(1＋征收率)$$

小规模纳税人因销售货物退回或者折让退还给购买方的销售额，应从发生销售货物退回或者折让当期的销售额中扣减。

三、进口货物增值税应纳税额的计算

纳税人进口货物，按照组成计税价格和《增值税暂行条例》第二条规定的税率计算应纳税额。组成计税价格和应纳税额计算公式：

$$组成计税价格＝关税完税价格＋关税＋消费税$$

$$应纳税额＝组成计税价格×税率$$

四、特殊情形下增值税应纳税额的计算

有下列情形之一者，应按销售额依照增值税税率计算应纳税额，不得抵扣进项税额，也不得使用增值税专用发票：

（1）一般纳税人会计核算不健全，或者不能够提供准确税务资料的；

（2）除《增值税暂行条例实施细则》第二十九条规定外，纳税人销售额超过小规模纳税人标准，未申请办理一般纳税人认定手续的。

第五节　增值税税收征管制度

一、增值税纳税义务发生时间

增值税纳税义务发生时间如下：

（1）销售货物或者应税劳务，为收讫销售款项或者取得索取销售款项凭据的当天；先开具发票的，为开具发票的当天。

（2）进口货物，为报关进口的当天。

增值税扣缴义务发生时间为纳税人增值税纳税义务发生的当天。

收讫销售款项或者取得索取销售款项凭据的当天，按销售结算方式的不同，具体为：

（1）采取直接收款方式销售货物，不论货物是否发出，均为收到销售款或者取得索取销售款凭据的当天；

（2）采取托收承付和委托银行收款方式销售货物，为发出货物并办妥托

收手续的当天；

（3）采取赊销和分期收款方式销售货物，为书面合同约定的收款日期的当天，无书面合同的或者书面合同没有约定收款日期的，为货物发出的当天；

（4）采取预收货款方式销售货物，为货物发出的当天，但生产销售生产工期超过 12 个月的大型机械设备、船舶、飞机等货物，为收到预收款或者书面合同约定的收款日期的当天；

（5）委托其他纳税人代销货物，为收到代销单位的代销清单或者收到全部或者部分货款的当天。未收到代销清单及货款的，为发出代销货物满 180 天的当天；

（6）销售应税劳务，为提供劳务同时收讫销售款或者取得索取销售款的凭据的当天；

（7）纳税人发生《增值税暂行条例实施细则》第四条第（三）项至第（八）项所列视同销售货物行为，为货物移送的当天。

二、增值税征收机关

增值税由税务机关征收，进口货物的增值税由海关代征。

个人携带或者邮寄进境自用物品的增值税，连同关税一并计征。具体办法由国务院关税税则委员会会同有关部门制定。

三、增值税专用发票

纳税人销售货物或者应税劳务，应当向索取增值税专用发票的购买方开具增值税专用发票，并在增值税专用发票上分别注明销售额和销项税额。

属于下列情形之一的，不得开具增值税专用发票：

（1）向消费者个人销售货物或者应税劳务的；

（2）销售货物或者应税劳务适用免税规定的；

（3）小规模纳税人销售货物或者应税劳务的。

四、增值税纳税地点

增值税纳税地点如下：

（1）固定业户应当向其机构所在地的主管税务机关申报纳税。总机构和分支机构不在同一县（市）的，应当分别向各自所在地的主管税务机关申报纳税；经国务院财政、税务主管部门或者其授权的财政、税务机关批准，可以由总机构汇总向总机构所在地的主管税务机关申报纳税。

（2）固定业户到外县（市）销售货物或者应税劳务，应当向其机构所在地的主管税务机关申请开具外出经营活动税收管理证明，并向其机构所在地的主管税务机关申报纳税；未开具证明的，应当向销售地或者劳务发生地的主管税务机关申报纳税；未向销售地或者劳务发生地的主管税务机关申报纳税的，由其机构所在地的主管税务机关补征税款。

（3）非固定业户销售货物或者应税劳务，应当向销售地或者劳务发生地的主管税务机关申报纳税；未向销售地或者劳务发生地的主管税务机关申报纳税的，由其机构所在地或者居住地的主管税务机关补征税款。

（4）进口货物，应当向报关地海关申报纳税。

扣缴义务人应当向其机构所在地或者居住地的主管税务机关申报缴纳其扣缴的税款。

五、增值税纳税期限

增值税的纳税期限分别为 1 日、3 日、5 日、10 日、15 日、1 个月或者 1 个季度。纳税人的具体纳税期限，由主管税务机关根据纳税人应纳税额的大小分别核定；不能按照固定期限纳税的，可以按次纳税。以 1 个季度为纳税期限的规定仅适用于小规模纳税人。小规模纳税人的具体纳税期限，由主管税务机关根据其应纳税额的大小分别核定。

纳税人以 1 个月或者 1 个季度为一个纳税期的，自期满之日起 15 日内申报纳税；以 1 日、3 日、5 日、10 日或者 15 日为一个纳税期的，自期满之日起 5 日内预缴税款，于次月 1 日起 15 日内申报纳税并结清上月应纳税款。

扣缴义务人解缴税款的期限，依照上述规定执行。

纳税人进口货物，应当自海关填发海关进口增值税专用缴款书之日起 15 日内缴纳税款。

国网冀北电力有限公司延续原国网公司华北分部缴纳增值税的方式，实行在供电环节预征、总机构统一结算的办法计算缴纳增值税。自 2015 年 6 月 1 日起，国网冀北电力有限公司电力产品供电环节增值税预征率按 1.3% 执行。国网冀北电力有限公司应于每月申报期结束后 10 日内，将当月纳税申报资料报送河北省国家税务局。

六、出口退税

纳税人出口货物适用退（免）税规定的，应当向海关办理出口手续，凭出口报关单等有关凭证，在规定的出口退（免）税申报期内按月向主管税务机关申报办理该项出口货物的退（免）税。具体办法由国务院财政、税务主管部门制定。

出口货物办理退税后发生退货或者退关的，纳税人应当依法补缴已退的税款。

七、货物期货征收增值税制度

货物期货交易增值税的纳税环节为期货的实物交割环节。

货物期货交易增值税的计税依据为交割时的不含税价格（不含增值税的实际成交额）。

$$不含税价格＝含税价格÷（1＋增值税税率）$$

货物期货交易增值税的纳税人为：

（1）交割时采取由期货交易所开具发票的，以期货交易所为纳税人。

期货交易所增值税按次计算，其进项税额为该货物交割时供货会员单位开具的增值税专用发票上注明的销项税额，期货交易所本身发生的各种进项不得抵扣。

（2）交割时采取由供货的会员单位直接将发票开给购货会员单位的，以供货会员单位为纳税人。

第六节　增值税税收优惠制度

一、法定免税项目

下列项目免征增值税：

（1）农业生产者销售的自产农产品。农业，是指种植业、养殖业、林业、牧业、水产业。农业生产者，包括从事农业生产的单位和个人。农产品，是指初级农产品，具体范围由财政部、国家税务总局确定。

（2）避孕药品和用具。

（3）古旧图书。古旧图书，是指向社会收购的古书和旧书。

（4）直接用于科学研究、科学试验和教学的进口仪器、设备。

（5）外国政府、国际组织无偿援助的进口物资和设备。

（6）由残疾人的组织直接进口供残疾人专用的物品。

（7）销售的自己使用过的物品。自己使用过的物品，是指其他个人自己使用过的物品。

除上述规定外，增值税的免税、减税项目由国务院规定。任何地区、部门均不得规定免税、减税项目。

二、兼营减免税项目的处理与免税项目的放弃

（一）兼营减免税项目的处理

纳税人兼营免税、减税项目的，应当分别核算免税、减税项目的销售额；

未分别核算销售额的，不得免税、减税。

（二）免税项目的放弃

纳税人销售货物或者应税劳务适用免税规定的，可以放弃免税，依照《增值税暂行条例》的规定缴纳增值税。放弃免税后，36 个月内不得再申请免税。

三、增值税起征点

纳税人销售额未达到国务院财政、税务主管部门规定的增值税起征点的，免征增值税；达到起征点的，依照《增值税暂行条例》规定全额计算缴纳增值税。

增值税起征点的适用范围限于个人。

增值税起征点的幅度规定如下：

（1）销售货物的，为月销售额 5 000～20 000 元；

（2）销售应税劳务的，为月销售额 5 000～20 000 元；

（3）按次纳税的，为每次（日）销售额 300～500 元。

销售额，是指《增值税暂行条例实施细则》第三十条第一款所称小规模纳税人的销售额。

省、自治区、直辖市财政厅（局）和国家税务局应在规定的幅度内，根据实际情况确定本地区适用的起征点，并报财政部、国家税务总局备案。

四、增值税临时免税政策

装机容量超过 100 万千瓦的水力发电站（含抽水蓄能电站）销售自产电力产品，自 2013 年 1 月 1 日至 2015 年 12 月 31 日，对其增值税实际税负超过 8% 的部分实行即征即退政策；自 2016 年 1 月 1 日至 2017 年 12 月 31 日，对其增值税实际税负超过 12% 的部分实行即征即退政策。所称的装机容量，是指单站发电机组额定装机容量的总和。该额定装机容量包括项目核准（审批）机关依权限核准（审批）的水力发电站总装机容量（含分期建设和扩机），以及后续因技术改造升级等原因经批准增加的装机容量。

自 2013 年 1 月 1 日至 2017 年 12 月 31 日，对属于增值税一般纳税人的动漫企业销售其自主开发生产的动漫软件，按 17% 的税率征收增值税后，对其增值税实际税负超过 3% 的部分，实行即征即退政策。动漫软件出口免征增值税。上述动漫软件，按照《财政部　国家税务总局关于软件产品增值税政策的通知》（财税〔2011〕100 号）中软件产品相关规定执行。

自 2013 年 8 月 1 日起，对增值税小规模纳税人中月销售额不超过 2 万元的企业或非企业性单位，暂免征收增值税。以 1 个季度为纳税期限的增值税小规模纳税人，季度销售额不超过 6 万元（含 6 万元，下同）的企业或非企业性单位，可暂免征收增值税或营业税。

自 2013 年 8 月 30 日起，对按此前规定所有减按 4％征收进口环节增值税的空载重量在 25 吨以上的进口飞机，调整为按 5％征收进口环节增值税。

自 2014 年 10 月 1 日起至 2017 年 12 月 31 日，对月销售额 2 万元（含本数，下同）至 3 万元的增值税小规模纳税人，免征增值税。

自 2015 年 4 月 1 日起，上海国际能源交易中心股份有限公司的会员和客户通过上海国际能源交易中心股份有限公司交易的原油期货保税交割业务，大连商品交易所的会员和客户通过大连商品交易所交易的铁矿石期货保税交割业务，暂免征收增值税。期货保税交割的销售方，在向主管税务机关申报纳税时，应出具当期期货保税交割的书面说明、上海国际能源交易中心股份有限公司或大连商品交易所的交割结算单、保税仓单等资料。上述期货交易中实际交割的原油和铁矿石，如果发生进口或者出口的，统一按照现行货物进出口税收政策执行。非保税货物发生的期货实物交割仍按《国家税务总局关于下发〈货物期货征收增值税具体办法〉的通知》（国税发〔1994〕244 号）的规定执行。

自 2015 年 7 月 1 日起，对纳税人销售自产的利用风力生产的电力产品，实行增值税即征即退 50％的政策。

五、横琴、平潭开发增值税政策

内地销往横琴、平潭与生产有关的货物，视同出口，实行增值税和消费税退税政策。但下列货物不包括在内：

（1）财政部和国家税务总局规定不适用增值税退（免）税和免税政策的出口货物；

（2）横琴、平潭的商业性房地产开发项目采购的货物，商业性房地产开发项目，是指兴建（包括改扩建）宾馆饭店、写字楼、别墅、公寓、住宅、商业购物场所、娱乐服务业场馆、餐饮业店馆以及其他商业性房地产项目；

（3）内地销往横琴、平潭不予退税的其他货物；

（4）按下列规定被取消退税或免税资格的企业购进的货物。

内地货物销往横琴、平潭，适用增值税和消费税退税政策的，必须办理出口报关手续（水、蒸汽、电力、燃气除外）。海关总署将货物经"二线"进入横琴、平潭的《进境货物备案清单》的电子信息提供给国家税务总局。

内地销往横琴、平潭的适用增值税和消费税退税政策的货物，销售企业在取得出口货物报关单（出口退税专用）后，应在中国电子口岸数据中心予以确认，并将取得的上述关单提供给横琴、平潭的购买企业，由横琴、平潭的购买企业向税务机关申报退税。申报退税时，应提供购进货物的出口货物报关单（出口退税专用）、进境货物备案清单、增值税专用发票、消费税专用缴款书（仅限于消费税应税货物）以及税务机关要求提供的其他资料。税务机关应对企业申报退税的资料，与对应的电子信息进行核对无误后，按规定办理退税。已申报退税的货物，其增值税专用发票上注明的增值税额，不得作为进项税额进行抵扣。已抵扣的进项税额，不得再申报退税。

退税公式如下：

$$增值税应退税额 = \frac{购进货物的增值税}{专用发票注明的金额} \times \frac{购进货物适用的}{增值税退税率}$$

从一般纳税人购进的按简易办法征税的货物和从小规模纳税人购进的货物，其适用的增值税退税率，按照购进货物适用的征收率和退税率孰低的原则确定。

横琴、平潭各自的区内企业之间销售其在本区内的货物，免征增值税和消费税。但上述企业之间销售的用于其本区内商业性房地产开发项目的货物，以及按下列规定被取消退税或免税资格的企业销售的货物，应按规定征收增值税和消费税。

横琴、平潭已享受免税、保税、退税政策的货物销往内地，除在"一线"已完税的生活消费类等货物外，按照有关规定征收进口税收。

横琴、平潭在"一线"已完税的生活消费类等货物销往内地的，由税务机关按照现行规定征收增值税和消费税。

横琴、平潭的企业应单独核算按照上述规定退税或免税的货物。主管税务机关发现企业未按规定单独核算的，取消其享受本通知规定的退税和免税资格2年，并按规定予以处罚。

横琴、平潭的商业性房地产开发项目，由各自的区管委会行业主管部门会同当地财政、国税部门联合认定。

六、资产重组增值税优惠政策

自2011年3月1日起，纳税人在资产重组过程中，通过合并、分立、出售、置换等方式，将全部或者部分实物资产以及与其相关联的债权、负债和劳动力一并转让给其他单位和个人，不属于增值税的征税范围，其中涉及的货物转让，不征收增值税。

纳税人在资产重组过程中，通过合并、分立、出售、置换等方式，将全部或者部分实物资产以及与其相关联的债权、负债经多次转让后，最终的受让方与劳动力接收方为同一单位和个人的，其中货物的多次转让行为均不征收增值税。

增值税一般纳税人（以下称"原纳税人"）在资产重组过程中，将全部资产、负债和劳动力一并转让给其他增值税一般纳税人（以下称"新纳税人"），并按程序办理注销税务登记的，其在办理注销登记前尚未抵扣的进项税额可结转至新纳税人处继续抵扣。原纳税人主管税务机关应认真核查纳税人资产重组相关资料，核实原纳税人在办理注销税务登记前尚未抵扣的进项税额，填写《增值税一般纳税人资产重组进项留抵税额转移单》。《增值税一般纳税人资产重组进项留抵税额转移单》一式三份，原纳税人主管税务机关留存一份，交纳税人一份，传递新纳税人主管税务机关一份。新纳税人主管税务机关应将原纳税人主管税务机关传递来的《增值税一般纳税人资产重组进项留抵税额转移单》与纳税人报送资料进行认真核对，对原纳税人尚未抵扣的进项税额，在确认无误后，允许新纳税人继续申报抵扣。

七、促进残疾人就业增值税优惠政策

（一）政策基本内容

自 2016 年 5 月 1 日起，对安置残疾人的单位和个体工商户（以下称纳税人），实行由税务机关按纳税人安置残疾人的人数，限额即征即退增值税的办法。安置的每位残疾人每月可退还的增值税具体限额，由县级以上税务机关根据纳税人所在区县（含县级市、旗，下同）适用的经省（含自治区、直辖市、计划单列市，下同）人民政府批准的月最低工资标准的 4 倍确定。

享受税收优惠政策的条件：

（1）纳税人（除盲人按摩机构外）月安置的残疾人占在职职工人数的比例不低于 25%（含 25%），并且安置的残疾人人数不少于 10 人（含 10 人）；盲人按摩机构月安置的残疾人占在职职工人数的比例不低于 25%（含 25%），并且安置的残疾人人数不少于 5 人（含 5 人）。

（2）依法与安置的每位残疾人签订了 1 年以上（含 1 年）的劳动合同或服务协议。

（3）为安置的每位残疾人按月足额缴纳了基本养老保险、基本医疗保险、失业保险、工伤保险和生育保险等社会保险。

（4）通过银行等金融机构向安置的每位残疾人，按月支付了不低于纳税人所在区县适用的经省人民政府批准的月最低工资标准的工资。

《财政部　国家税务总局关于教育税收政策的通知》（财税〔2004〕39 号）第一条第 7 项规定的特殊教育学校举办的企业，只要符合上述第（1）项规定的条件，即可享受上述增值税优惠政策。这类企业在计算残疾人人数时可将在企业上岗工作的特殊教育学校的全日制在校学生计算在内，在计算企业在职职工人数时也要将上述学生计算在内。

纳税人中纳税信用等级为税务机关评定的 C 级或 D 级的，不得享受上述

政策。

纳税人按照纳税期限向主管国税机关申请退还增值税。本纳税期已交增值税额不足退还的，可在本纳税年度内以前纳税期已交增值税扣除已退增值税的余额中退还，仍不足退还的可结转本纳税年度内以后纳税期退还，但不得结转以后年度退还。纳税期限不为按月的，只能对其符合条件的月份退还增值税。

上述增值税优惠政策仅适用于生产销售货物，提供加工、修理修配劳务，以及提供营改增现代服务和生活服务税目（不含文化体育服务和娱乐服务）范围的服务取得的收入之和，占其增值税收入的比例达到50%的纳税人，但不适用于上述纳税人直接销售外购货物（包括商品批发和零售）以及销售委托加工的货物取得的收入。纳税人应当分别核算上述享受税收优惠政策和不得享受税收优惠政策业务的销售额，不能分别核算的，不得享受本通知规定的优惠政策。

如果既适用促进残疾人就业增值税优惠政策，又适用重点群体、退役士兵、随军家属、军转干部等支持就业的增值税优惠政策的，纳税人可自行选择适用的优惠政策，但不能累加执行。一经选定，36个月内不得变更。

残疾人个人提供的加工、修理修配劳务，免征增值税。

税务机关发现已享受上述增值税优惠政策的纳税人，存在不符合上述规定条件，或者采用伪造或重复使用残疾人证、残疾军人证等手段骗取上述增值税优惠的，应将纳税人发生上述违法违规行为的纳税期内已享受到的退税全额追缴入库，并自发现当月起36个月内停止其享受上述各项税收优惠。

上述规定中的有关定义如下：

（1）残疾人，是指法定劳动年龄内，持有《中华人民共和国残疾人证》或者《中华人民共和国残疾军人证（1～8级）》的自然人，包括具有劳动条件和劳动意愿的精神残疾人。

（2）残疾人个人，是指自然人。

（3）在职职工人数，是指与纳税人建立劳动关系并依法签订劳动合同或者服务协议的雇员人数。

（4）特殊教育学校举办的企业，是指特殊教育学校主要为在校学生提供实习场所、并由学校出资自办、由学校负责经营管理、经营收入全部归学校所有的企业。

（二）促进残疾人就业增值税优惠政策管理制度

纳税人享受安置残疾人增值税即征即退优惠政策，适用《促进残疾人就业增值税优惠政策管理办法》规定。该办法所指纳税人，是指安置残疾人的单位和个体工商户。

纳税人首次申请享受税收优惠政策，应向主管税务机关提供以下备案资料：

（1）《税务资格备案表》。

（2）安置的残疾人的《中华人民共和国残疾人证》或者《中华人民共和国残疾军人证（1～8级）》复印件，注明与原件一致，并逐页加盖公章。安置精神残疾人的，提供精神残疾人同意就业的书面声明以及其法定监护人签字或印章的证明精神残疾人具有劳动条件和劳动意愿的书面材料。

（3）安置的残疾人的身份证明复印件，注明与原件一致，并逐页加盖公章。

主管税务机关受理备案后，应将全部《中华人民共和国残疾人证》或者《中华人民共和国残疾军人证（1～8级）》信息以及所安置残疾人的身份证明信息录入征管系统。

纳税人提供的备案资料发生变化的，应于发生变化之日起15日内就变化情况向主管税务机关办理备案。

纳税人申请退还增值税时，需报送如下资料：

（1）《退（抵）税申请审批表》。

（2）《安置残疾人纳税人申请增值税退税声明》。

（3）当期为残疾人缴纳社会保险费凭证的复印件及由纳税人加盖公章确认的注明缴纳人员、缴纳金额、缴纳期间的明细表。

（4）当期由银行等金融机构或纳税人加盖公章的按月为残疾人支付工资的清单。

特殊教育学校举办的企业，申请退还增值税时，不提供资料第（3）项和资料第（4）项。

纳税人申请享受税收优惠政策，应对报送资料的真实性和合法性承担法律责任。主管税务机关对纳税人提供资料的完整性和增值税退税额计算的准确性进行审核。

主管税务机关受理退税申请后，查询纳税人的纳税信用等级，对符合信用条件的，审核计算应退增值税额，并按规定办理退税。

纳税人本期应退增值税额按以下公式计算：

$$本期应退增值税额＝本期所含月份每月应退增值税额之和$$

$$月应退增值税额＝\frac{纳税人本月安置}{残疾人员人数}\times\frac{本月月最低工资}{标准的4倍}$$

月最低工资标准，是指纳税人所在区县（含县级市、旗）适用的经省（含自治区、直辖市、计划单列市）人民政府批准的月最低工资标准。

纳税人本期已缴增值税额小于本期应退税额不足退还的，可在本年度内以前纳税期已缴增值税额扣除已退增值税额的余额中退还，仍不足退还的可结转本年度内以后纳税期退还。年度已缴增值税额小于或等于年度应退税额的，退税额为年度已缴增值税额；年度已缴增值税额大于年度应退税额的，退税额为年度应退税额。年度已缴增值税额不足退还的，不得结转以后年度退还。

纳税人新安置的残疾人从签订劳动合同并缴纳社会保险的次月起计算，其他职工从录用的次月起计算；安置的残疾人和其他职工减少的，从减少当月计算。

主管税务机关应于每年 2 月底之前，在其网站或办税服务厅，将本地区上一年度享受安置残疾人增值税优惠政策的纳税人信息，按下列项目予以公示：纳税人名称、纳税人识别号、法人代表、计算退税的残疾人职工人次等。

享受促进残疾人就业增值税优惠政策的纳税人，对能证明或印证符合政策规定条件的相关材料负有留存备查义务。纳税人在税务机关后续管理中不能提供相关材料的，不得继续享受优惠政策。税务机关应追缴其相应纳税期内已享受的增值税退税，并依照税收征管法及其实施细则的有关规定处理。

第二章　营改增基本制度

第一节　营改增的进程

一、第一阶段：上海率先试点

（一）发布的主要文件

根据党的十七届五中全会精神，按照《中华人民共和国国民经济和社会发展第十二个五年规划纲要》确定的税制改革目标和 2011 年《政府工作报告》的要求，2011 年 11 月 16 日，财政部、国家税务总局发布《营业税改征增值税试点方案》（财税〔2011〕110 号），决定自 2012 年 1 月 1 日起在上海市开展交通运输业和部分现代服务业营业税改征增值税试点。

2011 年 11 月 16 日，财政部、国家税务总局发布《关于在上海市开展交通运输业和部分现代服务业营业税改征增值税试点的通知》（财税〔2011〕111 号），根据《营业税改征增值税试点方案》，制定了《交通运输业和部分现代服务业营业税改征增值税试点实施办法》《交通运输业和部分现代服务业营业税改征增值税试点有关事项的规定》和《交通运输业和部分现代服务业营业税改征增值税试点过渡政策的规定》，自 2012 年 1 月 1 日起施行。该通知自 2013 年 8 月 1 日起废止。

根据《财政部　国家税务总局关于在上海市开展交通运输业和部分现代服务业营业税改征增值税试点的通知》（财税〔2011〕111 号），2011 年 12 月 2 日，国家税务总局发布《关于上海市营业税改征增值税试点增值税一般纳税人资格认定有关事项的公告》（国家税务总局公告 2011 年第 65 号），就上海市试点纳税人有关增值税一般纳税人资格认定事项进行了明确，自 2012 年 1 月 1 日起执行。该公告自 2014 年 1 月 1 日起废止。

根据《财政部　国家税务总局关于在上海市开展交通运输业和部分现代服务业营业税改征增值税试点的通知》（财税〔2011〕111 号），2011 年 12 月 2 日，国家税务总局发布了《关于调整增值税纳税申报有关事项的公告》（国家税务总局公告 2011 年第 66 号），就调整增值税纳税申报有关事项进行了明确，自 2012 年 1 月 1 日起执行。该公告自 2013 年 9 月 1 日起废止。

　　为保障改革试点的顺利实施，国家税务总局决定启用货物运输业增值税专用发票。2011 年 12 月 15 日，国家税务总局发布了《关于启用货物运输业增值税专用发票的公告》（国家税务总局公告 2011 年第 74 号），对相关事项进行了明确，自 2012 年 1 月 1 日起施行。

　　根据经国务院同意的《营业税改征增值税试点方案》（财税〔2011〕110 号）有关规定，为做好营业税改征增值税试点工作，加强改征后增值税（以下简称改征增值税）的预算管理，2011 年 11 月 28 日，财政部、国家税务总局、中国人民银行发布了《关于上海市开展营业税改征增值税试点有关预算管理问题的通知》（财预〔2011〕538 号），就有关事宜进行了明确，自 2012 年 1 月 1 日起执行。

　　为保障改革试点的顺利实施，2011 年 12 月 26 日，国家税务总局发布了《关于营业税改征增值税试点有关税收征收管理问题的通知》（国家税务总局公告 2011 年第 77 号），对税收征收管理有关问题进行了明确，自 2012 年 1 月 1 日起实施。该公告自 2013 年 8 月 1 日起废止。

　　2011 年 12 月 29 日，财政部、国家税务总局发布了《关于应税服务适用增值税零税率和免税政策的通知》（财税〔2011〕131 号），对应税服务适用增值税零税率和免税政策的有关事项进行了规定，自 2012 年 1 月 1 日起执行。该通知自 2013 年 8 月 1 日起废止。

　　2011 年 12 月 29 日，财政部、国家税务总局发布了《关于交通运输业和部分现代服务业营业税改征增值税试点若干税收政策的通知》（财税〔2011〕133 号），对上海市开展交通运输业和部分现代服务业营业税改征增值税试点若干税收政策进行了明确。该通知自 2013 年 8 月 1 日起废止。

　　2011 年 12 月 30 日，财政部、国家税务总局发布《关于中国东方航空公司执行总机构试点纳税人增值税计算缴纳暂行办法的通知》（财税〔2011〕132 号），该通知制定了《总机构试点纳税人增值税计算缴纳暂行办法》，自 2012 年 1 月 1 日起执行。该通知自 2012 年 9 月 1 日起停止执行。

　　2012 年 4 月 5 日，国家税务总局发布《营业税改征增值税试点地区适用增值税零税率应税服务免抵退税管理办法（暂行）》（国家税务总局公告 2012 年第 13 号），自 2012 年 1 月 1 日起施行。该公告自 2013 年 8 月 1 日起废止。

　　2012 年 6 月 29 日，国家税务总局发布《关于调整增值税纳税申报有关事项的公告》（国家税务总局公告 2012 年第 31 号），自 2012 年 7 月 1 日起施行。

　　2012 年 6 月 29 日，财政部、国家税务总局发布了《关于交通运输业和部分现代服务业营业税改征增值税试点若干税收政策的补充通知》（财税〔2012〕53 号），该通知第一条、第二条、第三条自 2012 年 1 月 1 日起执行，第四条自 2012 年 7 月 1 日起执行。《财政部　国家税务总局关于交通运输业和部分现代服务业营业税改征增值税试点若干税收政策的通知》（财税〔2011〕133号）第四条中"提供船舶代理服务的单位和个人，受船舶所有人、船舶经营人或者船舶承租人委托向运输服务接收方或者运输服务接收方代理人收取的运输服务收入，应当按照水路运输服务缴纳增值税"的规定相应废止。该通知自2013年8月1日起废止。

2012年7月3日，国家税务总局发布《关于中国东方航空股份有限公司增值税计算缴纳有关问题的公告》（国家税务总局公告2012年第32号），自2012年1月1日起施行。该公告自2012年9月1日起停止执行。

（二）指导思想

建立健全有利于科学发展的税收制度，促进经济结构调整，支持现代服务业发展。

（三）基本原则

（1）统筹设计、分步实施。正确处理改革、发展、稳定的关系，统筹兼顾经济社会发展要求，结合全面推行改革需要和当前实际，科学设计，稳步推进。

（2）规范税制、合理负担。在保证增值税规范运行的前提下，根据财政承受能力和不同行业发展特点，合理设置税制要素，改革试点行业总体税负不增加或略有下降，基本消除重复征税。

（3）全面协调、平稳过渡。妥善处理试点前后增值税与营业税政策的衔接、试点纳税人与非试点纳税人税制的协调，建立健全适应第三产业发展的增值税管理体系，确保改革试点有序运行。

（四）改革试点的范围与时间

（1）试点地区。综合考虑服务业发展状况、财政承受能力、征管基础条件等因素，先期选择经济辐射效应明显、改革示范作用较强的地区开展试点。

（2）试点行业。试点地区先在交通运输业、部分现代服务业等生产性服务业开展试点，逐步推广至其他行业。条件成熟时，可选择部分行业在全国范围内进行全行业试点。进行试点的应税服务具体包括：陆路运输服务、水路运输服务、航空运输服务、管道运输服务、研发和技术服务、信息技术服务、文化创意服务、物流辅助服务、有形动产租赁服务、鉴证咨询服务。

（3）试点时间。2012年1月1日开始试点，并根据情况及时完善方案，择机扩大试点范围。

（五）改革试点的主要税制安排

（1）税率。在现行增值税17%标准税率和13%低税率基础上，新增11%和6%两档低税率。租赁有形动产等适用17%税率，交通运输业、建筑业等适用11%税率，其他部分现代服务业适用6%税率。

（2）计税方式。交通运输业、建筑业、邮电通信业、现代服务业、文化体育业、销售不动产和转让无形资产，原则上适用增值税一般计税方法。金融保险业和生活性服务业，原则上适用增值税简易计税方法。

（3）计税依据。纳税人计税依据原则上为发生应税交易取得的全部收入。对一些存在大量代收转付或代垫资金的行业，其代收代垫金额可予以合理扣除。

（4）服务贸易进出口。服务贸易进口在国内环节征收增值税，出口实行零税率或免税制度。

（六）改革试点期间过渡性政策安排

（1）税收收入归属。试点期间保持现行财政体制基本稳定，原归属试点地区的营业税收入，改征增值税后收入仍归属试点地区，税款分别入库。因试点产生的财政减收，按现行财政体制由中央和地方分别负担。

（2）税收优惠政策过渡。国家给予试点行业的原营业税优惠政策可以延续，但对于通过改革能够解决重复征税问题的，予以取消。试点期间针对具体情况采取适当的过渡政策。

（3）跨地区税种协调。试点纳税人以机构所在地作为增值税纳税地点，其在异地缴纳的营业税，允许在计算缴纳增值税时抵减。非试点纳税人在试点地区从事经营活动的，继续按照现行营业税有关规定申报缴纳营业税。

（4）增值税抵扣政策的衔接。现有增值税纳税人向试点纳税人购买服务取得的增值税专用发票，可按现行规定抵扣进项税额。

（七）组织实施

（1）财政部和国家税务总局根据本方案制定具体实施办法、相关政策和预算管理及缴库规定，做好政策宣传和解释工作。经国务院同意，选择确定试点地区和行业。

（2）营业税改征的增值税，由国家税务局负责征管。国家税务总局负责制定改革试点的征管办法，扩展增值税管理信息系统和税收征管信息系统，设计并统一印制货物运输业增值税专用发票，全面做好相关征管准备和实施工作。

二、第二阶段：推广至8个省市

（一）发布的主要文件

经国务院批准，将交通运输业和部分现代服务业营业税改征增值税试点范围，由上海市分批扩大至北京等8个省（直辖市）。2012年7月31日，财政部、国家税务总局发布了《关于在北京等8省市开展交通运输业和部分现代服务业营业税改征增值税试点的通知》（财税〔2012〕71号）。该通知自

2013 年 8 月 1 日起废止。

2012 年 8 月 10 日，国家税务总局发布了《关于北京等 8 省市营业税改征增值税试点增值税一般纳税人资格认定有关事项的公告》（国家税务总局公告 2012 年第 38 号），本公告按照财税〔2012〕71 号第二条试点日期规定的日期执行。该公告自 2013 年 8 月 1 日起废止。

2012 年 8 月 24 日，国家税务总局发布了《关于北京等 8 省市营业税改征增值税试点有关税收征收管理问题的公告》（国家税务总局公告 2012 年第 42 号）。该公告自 2013 年 8 月 1 日起废止。

2012 年 8 月 27 日，国家税务总局发布了《关于北京等 8 省市营业税改征增值税试点增值税纳税申报有关事项的公告》（国家税务总局公告 2012 年第 43 号）。该公告附件 1 中的《增值税纳税申报表附列资料（一）》自 2013 年 6 月 1 日起废止。该公告自 2013 年 9 月 1 日起废止。

2012 年 8 月 29 日，财政部、国家税务总局发布了《关于营业税改征增值税试点中文化事业建设费征收有关问题的通知》（财综〔2012〕68 号），规定缴纳文化事业建设费的单位和个人应按照提供增值税应税服务取得的销售额和 3% 的费率计算应缴费额，并由国家税务局在征收增值税时一并征收，自 2012 年 1 月 1 日起施行。该通知自 2013 年 8 月 1 日起废止。

2012 年 12 月 3 日，财政部、国家税务总局发布了《关于营业税改征增值税试点中文化事业建设费征收有关问题的补充通知》（财综〔2012〕96 号），规定财综〔2012〕68 号文件第二条计算缴纳文化事业建设费的销售额，为纳税人提供广告服务取得的全部含税价款和价外费用，减除支付给试点地区或非试点地区的其他广告公司或广告发布者的含税广告发布费后的余额。提供应税服务未达到增值税起征点的个人，免征文化事业建设费。该通知自 2013 年 8 月 1 日起废止。

2012 年 12 月 4 日，财政部、国家税务总局发布了《关于交通运输业和部分现代服务业营业税改征增值税试点应税服务范围等若干税收政策的补充通知》（财税〔2012〕86 号），规定对注册在天津市东疆保税港区内的试点纳税人提供的国内货物运输、仓储和装卸搬运服务，实行增值税即征即退政策。自 2012 年 11 月 1 日起，对注册在平潭的试点纳税人从事离岸服务外包业务中提供的应税服务，免征增值税。《交通运输业和部分现代服务业营业税改征增值税试点过渡政策的规定》（财税〔2011〕111 号）第二条第（三）项、第（四）项中增值税实际税负是指，纳税人当期实际缴纳的增值税税额占纳税人当期提供应税服务取得的全部价款和价外费用的比例。该通知除第三条另有规定外，自 2012 年 12 月 1 日起执行。该通知自 2013 年 8 月 1 日起废止。

2012 年 12 月 4 日，国家税务总局发布了《关于营业税改征增值税试点文化事业建设费缴费信息登记有关事项的公告》（国家税务总局公告 2012 年第 50 号），规定缴纳义务人、扣缴义务人在办理税务登记或扣缴税款登记的同时，办理缴费登记。该公告自发布之日起施行。该公告自 2014 年 1 月 1 日起废止。

2012 年 12 月 4 日，国家税务总局发布了《关于营业税改征增值税试点文化事业建设费申报有关事项的的公告》（国家税务总局公告 2012 年第 51 号），规定缴纳义务人计算缴纳文化事业建设费时，允许从其提供相关应税服务所取得的全部含税价款和价外费用中扣除相关价款的，应根据取得扣除项目的合法有效凭证逐一填列《应税服务扣除项目清单》（附件 2），作为申报表附列资料，向主管税务机关同时报送。该公告自规定的营业税改征增值税实施之日起施行。该公告自 2014 年 1 月 1 日起废止。

2012 年 12 月 31 日，财政部、国家税务总局发布了《总分机构试点纳税人增值税计算缴纳暂行办法》（财税〔2012〕84 号），规定总机构应当汇总计算总机构以及其分支机构发生《应税服务范围注释》所列业务的应交增值税，分支机构发生《应税服务范围注释》所列业务已缴纳的增值税和营业税税款后，在总机构所在地解缴入库。试点地区分支机构发生《应税服务范围注释》所列业务，按照应征增值税销售额和预征率计算缴纳增值税。该办法自 2013 年 10 月 1 日起停止执行。

2013 年 1 月 14 日，财政部、国家税务总局发布了《关于部分航空公司执行总分机构试点纳税人增值税计算缴纳暂行办法的通知》（财税〔2013〕9 号），规定本通知列明的航空公司总分支机构，除中国东方航空股份有限公司及其分支机构外，自总机构所在地纳入营改增试点范围之日起，按照《总分机构试点纳税人增值税计算缴纳暂行办法》（财税〔2012〕84 号）计算缴纳增值税。中国东方航空股份有限公司及其分支机构，自 2012 年 9 月 1 日起，按《总分机构试点纳税人增值税计算缴纳暂行办法》（财税〔2012〕84 号）计算缴纳增值税。上述航空公司分支机构的预征率为 1％。本通知自 2012 年 9 月 1 日起执行。《财政部　国家税务总局关于中国东方航空公司执行总机构试点纳税人增值税计算缴纳暂行办法的通知》（财税〔2011〕132 号）和《国家税务总局关于中国东方航空股份有限公司增值税计算缴纳有关问题的公告》（国家税务总局公告 2012 年第 32 号）同时停止执行。该通知自 2013 年 10 月 1 日起停止执行。

2013 年 2 月 6 日，国家税务总局发布了《营业税改征增值税试点期间航空运输企业增值税征收管理暂行办法》（国家税务总局公告 2013 年第 7 号），规定经财政部和国家税务总局批准，按照《总分机构试点纳税人增值税计算缴纳暂行办法》计算缴纳增值税的航空运输企业，适用本办法。航空运输企业的总机构，应当汇总计算总机构及其分支机构发生《应税服务范围注释》所列业务的增值税应纳税额，抵减分支机构发生《应税服务范围注释》所列业务已缴纳的增值税和营业税税款后，向其机构所在地主管税务机关申报纳税。该办法自 2012 年 9 月 1 日起施行。该公告自 2013 年 10 月 1 日起废止。

2013 年 2 月 19 日，国家税务总局发布了《关于营业税改征增值税试点中非居民企业缴纳企业所得税有关问题的公告》（国家税务总局公告 2013 年第 9 号），营业税改征增值税试点中的非居民企业，取得《中华人民共和国企业所得税法》第三条第三款规定的所得，在计算缴纳企业所得税时，应以不含增值税的收入全额作为应纳税所得额。本公告自发布之日起施行。

2013 年 5 月 7 日，国家税务总局发布了《关于营业税改征增值税总分机构试点纳税人增值税纳税申报有关事项的公告》（国家税务总局公告 2013 年第 22 号），规定总机构按规定汇总计算的总机构及其分支机构应征增值税销售额、销项税额、进项税额，填报在《增值税纳税申报表（适用于增值税一般纳税人）》及附列资料对应栏次。本公告自 2013 年 6 月 1 日起施行。调整后的《增值税纳税申报表附列资料（一）》同时适用于营业税改征增值税试点地区增值税一般纳税人，国家税务总局公告 2012 年第 43 号附件 1 中的《增值税纳税申报表附列资料（一）》同时废止。

（二）试点地区

北京市、天津市、江苏省、安徽省、浙江省（含宁波市）、福建省（含厦门市）、湖北省、广东省（含深圳市）。

（三）试点日期

试点地区应自 2012 年 8 月 1 日开始面向社会组织实施试点工作，开展试点纳税人认定和培训、征管设备和系统调试、发票税控系统发行和安装，以及发票发售等准备工作，确保试点顺利推进，按期实现新旧税制转换。

北京市应当于 2012 年 9 月 1 日完成新旧税制转换。江苏省、安徽省应当于 2012 年 10 月 1 日完成新旧税制转换。福建省、广东省应当于 2012 年 11 月 1 日完成新旧税制转换。天津市、浙江省、湖北省应当于 2012 年 12 月 1 日完成新旧税制转换。

（四）试点地区自新旧税制转换之日起，适用下列试点税收政策文件

（1）《交通运输业和部分现代服务业营业税改征增值税试点实施办法》（财税〔2011〕111 号）；

（2）《交通运输业和部分现代服务业营业税改征增值税试点有关事项的规定》（财税〔2011〕111 号）；

（3）《交通运输业和部分现代服务业营业税改征增值税试点过渡政策的规定》（财税〔2011〕111 号）；

（4）《财政部 国家税务总局关于应税服务适用增值税零税率和免税政策的通知》（财税〔2011〕131号）；

（5）《总机构试点纳税人增值税计算缴纳暂行办法》（财税〔2011〕132号）；

（6）《财政部 国家税务总局关于交通运输业和部分现代服务业营业税改征增值税试点若干税收政策的通知》（财税〔2011〕133号）；

（7）《财政部 国家税务总局关于交通运输业和部分现代服务业营业税改征增值税试点若干税收政策的补充通知》（财税〔2012〕53号）。

三、第三阶段：部分行业全国试点

（一）发布的主要文件

2013年5月24日，财政部、国家税务总局发布了《关于在全国开展交通运输业和部分现代服务业营业税改征增值税试点税收政策的通知》（财税〔2013〕37号），规定经国务院批准，自2013年8月1日起，在全国范围内开展交通运输业和部分现代服务业营改增试点。该通知下发了四个文件：《交通运输业和部分现代服务业营业税改征增值税试点实施办法》《交通运输业和部分现代服务业营业税改征增值税试点有关事项的规定》《交通运输业和部分现代服务业营业税改征增值税试点过渡政策的规定》《应税服务适用增值税零税率和免税政策的规定》。该通知及其附属四个文件自2014年1月1日起废止。

2013年5月31日，国家税务总局根据《财政部 国家税务总局关于在全国开展交通运输业和部分现代服务业营业税改征增值税试点税收政策的通知》（财税〔2013〕37号）、《增值税一般纳税人资格认定管理办法》（国家税务总局令第22号）发布了《关于交通运输业和部分现代服务业营业税改征增值税试点增值税一般纳税人资格认定有关事项的公告》（国家税务总局公告2013年第28号），规定除本公告第三条规定的情形外，营改增试点实施前（以下简称试点实施前）应税服务年销售额满500万元的试点纳税人，应向国税主管税务机关（以下简称主管税务机关）申请办理增值税一般纳税人资格认定手续。试点实施前已取得增值税一般纳税人资格并兼有应税服务的试点纳税人，不需要重新申请认定，由主管税务机关制作、送达《税务事项通知书》，告知纳税人。试点纳税人取得增值税一般纳税人资格后，发生增值税偷税、骗取出口退税和虚开增值税扣税凭证等行为的，主管税务机关可以对其实行不少于6个月的纳税辅导期管理。本公告自2013年8月1日起施行。《国家税务总局关于北京等8省市营业税改征增值税试点增值税一般纳税人资格认定有关事项的公告》（国家税务总局公告2012年第38号）同时废止。该公告自

2014 年 1 月 1 日起废止。

2013 年 6 月 19 日，国家税务总局根据《中华人民共和国增值税暂行条例》及其实施细则、《财政部　国家税务总局关于在全国开展交通运输业和部分现代服务业营业税改征增值税试点税收政策的通知》（财税〔2013〕37 号）发布了《关于调整增值税纳税申报有关事项的公告》（国家税务总局公告 2013 年第 32 号），规定纳税申报资料包括纳税申报表及其附列资料和纳税申报其他资料。本公告自 2013 年 9 月 1 日起施行。《国家税务总局关于调整增值税纳税申报有关事项的公告》（国家税务总局公告 2011 年第 66 号）、《国家税务总局关于北京等 8 省市营业税改征增值税试点增值税纳税申报有关事项的公告》（国家税务总局公告 2012 年第 43 号）同时废止。该公告附件 3、附件 4 内容自 2014 年 11 月 1 日起废止。

2013 年 6 月 21 日，国家税务总局根据《中华人民共和国增值税暂行条例实施细则》（财政部　国家税务总局第 50 号令）、《财政部　国家税务总局关于在全国开展交通运输业和部分现代服务业营业税改征增值税试点税收政策的通知》（财税〔2013〕37 号）发布了《关于增值税一般纳税人资格认定有关事项的公告》（国家税务总局公告 2013 年第 33 号），规定提供应税服务的营业税改征增值税试点纳税人，进行增值税一般纳税人资格认定时，其小规模纳税人资格适用条件，按照《交通运输业和部分现代服务业营业税改征增值税试点实施办法》（财税〔2013〕37 号）第三条第三款："应税服务年销售额超过规定标准的其他个人不属于一般纳税人；不经常提供应税服务的非企业性单位、企业和个体工商户可选择按照小规模纳税人纳税"规定执行。兼有销售货物、提供加工修理修配劳务以及应税服务的纳税人，应税货物及劳务销售额与应税服务销售额分别计算，分别适用增值税一般纳税人资格认定标准。本公告自 2013 年 8 月 1 日起施行。该公告自 2014 年 1 月 1 日起废止。

2013 年 6 月 28 日，国家税务总局根据《财政部　国家税务总局关于在全国开展交通运输业和部分现代服务业营业税改征增值税试点税收政策的通知》（财税〔2013〕37 号）、《财政部　国家税务总局关于营业税改征增值税试点中文化事业建设费征收有关问题的通知》（财综〔2012〕68 号）、《财政部　国家税务总局关于营业税改征增值税试点中文化事业建设费征收有关问题的补充通知》（财综〔2012〕96 号）的规定，发布了《关于营业税改征增值税试点中文化事业建设费征收有关事项的公告》（国家税务总局公告 2013 年第 35 号），规定按照财税〔2013〕37 号文件规定，纳入营改增试点范围，适用财综〔2012〕68 号通知，缴纳和扣缴文化事业建设费的单位和个人，应按照《国家税务总局关于营业税改征增值税试点文化事业建设费缴费信息登记有关事项的公告》（国家税务总局公告 2012 年第 50 号）、《国家税务总局关于营业税改征增值税试点文化事业建设费申报有关事项的公告》（国家税务总局公告 2012 年第 51 号）的规定，向主管税务机关申报办理文化事业建设费缴费信息登记和申报缴纳文化事业建设费。营改增试点期间，适用财综〔2012〕96 号文件第三条规定，免征文化事业建设费的个人（包括个体工商户和其他个人），可以不进行文化事业建设费申报。本公告自 2013 年 8 月 1 日起施行。该公告自 2014 年 1 月 1 日起废止。

2013 年 7 月 10 日，国家税务总局发布了《关于在全国开展营业税改征增值税试点有关征收管理问题的公告》（国家税务总局公告 2013 年第 39 号），规定自本地区营改增试点实施之日起，增值税纳税人不得开具公路、内河货物运输业统一发票。增值税一般纳税人提供货物运输服务的，使用货物运输业增值税专用发票和普通发票；提供货物运输服务之外其他增值税应税项目的，统一使用增值税专用发票和增值税普通发票。本公告自 2013 年 8 月 1 日起实施，《国家税务总局关于修订〈增值税专用发票使用规定〉的通知》（国税发〔2006〕156 号）第五条、《国家税务总局关于营业税改征增值税试点有关税收征收管理问题的公告》（国家税务总局公告 2011 年第 77 号）、《国家税务总局关于北京等 8 省市营业税改征增值税试点有关税收征收管理问题的公告》（国家税务总局公告 2012 年第 42 号）同时废止。该公告第五条第（四）项自 2014 年 5 月 1 日起废止。

2013 年 8 月 7 日，国家税务总局发布了《适用增值税零税率应税服务退（免）税管理办法（暂行）》（国家税务总局公告 2013 年第 47 号），自 2013 年 8 月 1 日起施行。《国家税务总局关于发布〈营业税改征增值税试点地区适用增值税零税率应税服务免抵退税管理办法（暂行）〉的公告》（国家税务总局公告 2012 年第 13 号）同时废止。该公告自 2014 年 1 月 1 日起废止。

2013 年 8 月 29 日，财政部、国家税务总局发布了《关于营业税改征增值税试点有关文化事业建设费征收管理问题的通知》（财综〔2013〕88 号），规定在中华人民共和国境内提供广告服务的单位和个人，应按照本通知的规定缴纳文化事业建设费。该通知自 2013 年 8 月 1 日起施行，《关于营业税改征增值税试点中文化事业建设费征收有关问题的通知》（财综〔2012〕68 号）和《关于营业税改征增值税试点中文化事业建设费征收有关问题的补充通知》（财综〔2012〕96 号）同时废止。

2013 年 9 月 13 日，国家税务总局发布了《营业税改征增值税跨境应税服务增值税免税管理办法（试行）》（国家税务总局公告 2013 年第 52 号），规定纳税人提供跨境服务申请免税的，应到主管税务机关办理跨境服务免税备案手续。本办法自 2013 年 8 月 1 日起执行。该办法自 2014 年 10 月 1 日起废止。

2013 年 10 月 24 日，财政部、国家税务总局重新印发《总分机构试点纳税人增值税计算缴纳暂行办法》（财税〔2013〕74号），规定总机构应当汇总计算总机构及其分支机构发生《应税服务范围注释》所列业务的应交增值税，抵减分支机构发生《应税服务范围注释》所列业务已缴纳的增值税税款（包括预缴和补缴的增值税税款）后，在总机构所在地解缴入库。总机构销售货物、提供加工修理修配劳务，按照增值税暂行条例及相关规定就地申报缴纳增值税。

2013年10月24日，财政部、国家税务总局发布了《关于部分航空运输企业总分机构增值税计算缴纳问题的通知》（财税〔2013〕86号），规定本通知附件1列明的航空运输企业总分支机构，自2013年8月1日起，按《总分机构试点纳税人增值税计算缴纳暂行办法》（财税〔2013〕74号，以下称《暂行办法》）计算缴纳增值税。本通知附件2列明的航空运输企业总分支机构，自2013年10月1日起，按《暂行办法》计算缴纳增值税。上述航空运输企业分支机构的预征率为1%。《财政部　国家税务总局关于印发〈总分机构试点纳税人增值税计算缴纳暂行办法〉的通知》（财税〔2012〕84号）和《财政部　国家税务总局关于部分航空公司执行总分机构试点纳税人增值税计算缴纳暂行办法的通知》（财税〔2013〕9号）自2013年10月1日起停止执行。

2013年11月11日，国家税务总局根据《财政部　国家税务总局关于营业税改征增值税试点有关文化事业建设费征收管理问题的通知》（财综〔2013〕88号）发布了《关于营业税改征增值税试点有关文化事业建设费登记与申报事项的公告》（国家税务总局公告2013年第64号），规定凡应缴纳和扣缴文化事业建设费的单位和个人，须按规定填写《文化事业建设费登记表》，向主管税务机关申报办理文化事业建设费登记事项。本公告自2014年1月1日起施行。《国家税务总局关于营业税改征增值税试点文化事业建设费缴费信息登记有关事项的公告》（国家税务总局公告2012年第50号）、《国家税务总局关于营业税改征增值税试点文化事业建设费申报有关事项的公告》（国家税务总局公告2012年第51号）、《国家税务总局关于营业税改征增值税试点中文化事业建设费征收有关事项的公告》（国家税务总局公告2013年第35号）同时废止。

2013年11月28日，国家税务总局发布了《航空运输企业增值税征收管理暂行办法》（国家税务总局公告2013年第68号），规定《财政部　国家税务总局关于部分航空运输企业总分机构增值税计算缴纳问题的通知》（财税〔2013〕86号）附件1列明的航空运输企业总分机构，自2013年8月1日起按本办法计算缴纳增值税；附件2列明的航空运输企业总分机构，自2013年10月1日起按本办法计算缴纳增值税。《国家税务总局关于发布〈营业税改征增值税试点期间航空运输企业增值税征收管理暂行办法〉的公告》（国家税务总局公告 2013 年第 7 号）自 2013 年 10 月 1 日起废止。

（二）试点工作要求

在全国开展交通运输业和部分现代服务业营改增试点，范围广、时间紧、任务重，各地要高度重视，切实加强试点工作的组织领导，精心组织、周密安排、明确责任，采取各种有效措施，做好试点前的各项准备以及试点过程中的监测分析和宣传解释等工作，确保改革的平稳、有序、顺利进行。遇到问题请及时向财政部和国家税务总局反映。

（三）相关文件废止

《财政部　国家税务总局关于在上海市开展交通运输业和部分现代服务业营业税改征增值税试点的通知》（财税〔2011〕111 号）、《财政部　国家税务总局关于应税服务适用增值税零税率和免税政策的通知》（财税〔2011〕131号）、《财政部　国家税务总局关于交通运输业和部分现代服务业营业税改征增值税试点若干税收政策的通知》（财税〔2011〕133 号）、《财政部　国家税务总局关于交通运输业和部分现代服务业营业税改征增值税试点若干税收政策的补充通知》（财税〔2012〕53 号）、《财政部　国家税务总局关于在北京等8 省市开展交通运输业和部分现代服务业营业税改征增值税试点的通知》（财税〔2012〕71 号）、《财政部　国家税务总局关于交通运输业和部分现代服务业营业税改征增值税试点应税服务范围等若干税收政策的补充通知》（财税〔2012〕86 号）、《财政部　国家税务总局关于营业税若干政策问题的通知》（财税〔2003〕16 号）第三条第（十六）和第（十八）项，自 2013 年 8 月 1日起废止。

（四）应税服务

应税服务，是指陆路运输服务、水路运输服务、航空运输服务、管道运输服务、研发和技术服务、信息技术服务、文化创意服务、物流辅助服务、有形动产租赁服务、鉴证咨询服务、广播影视服务。

（五）增值税税率

增值税税率：①提供有形动产租赁服务，税率为 17％；②提供交通运输业服务，税率为 11％；③提供现代服务业服务（有形动产租赁服务除外），税率为 6％；④财政部和国家税务总局规定的应税服务，税率为零。

（六）不得抵扣进项税额

下列项目的进项税额不得从销项税额中抵扣：①用于适用简易计税方法计税项目、非增值税应税项目、免征增值税项目、集体福利或者个人消费的购进货物、接受加工修理修配劳务或者应税服务；其中涉及的固定资产、专利技术、非专利技术、商誉、商标、著作权、有形动产租赁，仅指专用于上述项目的固定资产、专利技术、非专利技术、商誉、商标、著作权、有形动产租赁；②非正常损失的购进货物及相关的加工修理修配劳务和交通运输业服务；③非正常损失的在产品、产成品所耗用的购进货物（不包括固定资产）、加工修理修配劳务或者交通运输业服务；④接受的旅客运输服务。

（七）计税方法

（1）试点纳税人中的一般纳税人提供的公共交通运输服务，可以选择按照简易计税方法计算缴纳增值税。公共交通运输服务，包括轮客渡、公交客运、轨道交通（含地铁、城市轻轨）、出租车、长途客运、班车。其中，班车，是指按固定路线、固定时间运营并在固定站点停靠的运送旅客的陆路运输。

（2）试点纳税人中的一般纳税人，以该地区试点实施之日前购进或者自制的有形动产为标的物提供的经营租赁服务，试点期间可以选择适用简易计税方法计算缴纳增值税。

（3）试点纳税人中的一般纳税人兼有销售货物、提供加工修理修配劳务的，凡未规定可以选择按照简易计税方法计算缴纳增值税的，其全部销售额应一并按照一般计税方法计算缴纳增值税。

（八）免税政策

2013 年 12 月 31 日之前，广播电影电视行政主管部门（包括中央、省、地市及县级）按照各自职能权限批准从事电影制片、发行、放映的电影集团公司（含成员企业）、电影制片厂及其他电影企业转让电影版权、发行电影以及在农村放映电影。

四、第四阶段：增加铁路运输和邮政业

国务院常务会议决定，从 2014 年 1 月 1 日起，将铁路运输和邮政服务业纳入营业税改征增值税（以下简称营改增）试点。为贯彻落实国务院常务会议精神，确保改革试点工作顺利完成，2013 年 12 月 9 日，国家税务总局发布了《关于做好铁路运输和邮政服务业营业税改征增值税试点工作的通知》（税总发〔2013〕125 号）。

2013 年 12 月 12 日，财政部、国家税务总局发布了《关于将铁路运输和邮政业纳入营业税改征增值税试点的通知》（财税〔2013〕106 号），规定自2014 年 1 月 1 日起，在全国范围内开展铁路运输和邮政业营改增试点。各地要高度重视营改增试点工作，切实加强试点工作的组织领导，周密安排，明确责任，采取各种有效措施，做好试点前的各项准备以及试点过程中的监测分析和宣传解释等工作，确保改革的平稳、有序、顺利进行。遇到问题请及时向财政部和国家税务总局反映。本通知附件规定的内容（《营业税改征增值税试点实施办法》《营业税改征增值税试点有关事项的规定》《营业税改征增

值税试点过渡政策的规定》《应税服务适用增值税零税率和免税政策的规定》），除另有规定执行时间外，自 2014 年 1 月 1 日起执行。《财政部　国家税务总局关于在全国开展交通运输业和部分现代服务业营业税改征增值税试点税收政策的通知》（财税〔2013〕37 号）自 2014 年 1 月 1 日起废止。

2013 年 12 月 16 日，国家税务总局发布《关于营业税改征增值税试点增值税一般纳税人资格认定有关事项的公告》（国家税务总局公告 2013 年第 75 号），规定除本公告第三条规定的情形外，营改增试点实施前（以下简称试点实施前）应税服务年销售额超过 500 万元的试点纳税人，应向国税主管税务机关（以下简称主管税务机关）申请办理增值税一般纳税人资格认定手续。试点实施前已取得增值税一般纳税人资格并兼有应税服务的试点纳税人，不需要重新申请认定，由主管税务机关制作、送达《税务事项通知书》，告知纳税人。本公告自 2014 年 1 月 1 日起施行。《国家税务总局关于上海市营业税改征增值税试点增值税一般纳税人资格认定有关事项的公告》（国家税务总局公告 2011 年第 65 号）《国家税务总局关于交通运输业和部分现代服务业营业税改征增值税试点增值税一般纳税人资格认定有关事项的公告》（国家税务总局公告 2013 年第 28 号）《国家税务总局关于增值税一般纳税人资格认定有关事项的公告》（国家税务总局公告 2013 年第 33 号）同时废止。

2013 年 12 月 18 日，国家税务总局发布了《关于铁路运输和邮政业营业税改征增值税发票及税控系统使用问题的公告》（国家税务总局公告 2013 年第 76 号），规定增值税一般纳税人提供铁路运输服务的，使用货物运输业增值税专用发票和普通发票；提供邮政服务的，使用增值税专用发票和普通发票。本公告自 2014 年 1 月 1 日起施行。

2013 年 12 月 30 日，财政部、国家税务总局发布了《关于铁路运输企业汇总缴纳增值税的通知》（财税〔2013〕111 号），对铁路运输企业汇总缴纳增值税政策进行了明确，自 2014 年 1 月 1 日起实施。该通知第三条自 2014 年 9 月 1 日起废止。

2014 年 1 月 20 日，国家税务总局发布了《邮政企业增值税征收管理暂行办法》（国家税务总局公告 2014 年第 5 号），自 2014 年 1 月 1 日起施行。

2014 年 1 月 20 日，国家税务总局发布了《铁路运输企业增值税征收管理暂行办法》（国家税务总局公告 2014 年第 6 号），自 2014 年 1 月 1 日起施行。

2014 年 1 月 21 日，国家税务总局发布了《关于铁路运输和邮政业营业税改征增值税后纳税申报有关事项的公告》（国家税务总局公告 2014 年第 7 号），规定纳入营改增试点的铁路运输和邮政业纳税人应按照《国家税务总局关于调整增值税纳税申报有关事项的公告》（国家税务总局公告 2013 年第 32 号）的规定进行增值税纳税申报。本公告自 2014 年 2 月 1 日起施行。

2014 年 1 月 29 日，国家税务总局发布了《关于中国铁路总公司及其分支机构缴纳城市维护建设税 教育费附加问题的通知》（税总发〔2014〕17 号），规定《财政部 国家税务总局关于铁路运输企业汇总缴纳增值税的通知》（财税〔2013〕111 号）附件 1 中所列中国铁路总公司的分支机构预征 1％增值税所应缴纳的城市维护建设税和教育费附加，由中国铁路总公司按季向北京市国家税务局缴纳。本通知自 2014 年 1 月 1 日起执行。

2014 年 2 月 8 日，国家税务总局发布了《适用增值税零税率应税服务退（免）税管理办法》（国家税务总局公告 2014 年第 11 号），自 2014 年 1 月 1 日起施行。《国家税务总局关于发布〈适用增值税零税率应税服务退（免）税管理办法（暂行）〉的公告》（国家税务总局公告 2013 年第 47 号）同时废止。

2014 年 3 月 24 日，国家税务总局发布了《关于简化增值税发票领用和使用程序有关问题的公告》（国家税务总局公告 2014 年第 19 号），本公告自 2014 年 5 月 1 日起施行。《国家税务总局关于修订〈增值税专用发票使用规定〉的通知》（国税发〔2006〕156 号）第二十八条、《国家税务总局关于修订增值税专用发票使用规定的补充通知》（国税发〔2007〕18 号）第一条第（五）项、《国家税务总局关于下放增值税专用发票最高开票限额审批权限的通知》（国税函〔2007〕918 号）第二条、《国家税务总局关于在全国开展营业税改征增值税试点有关征收管理问题的公告》（国家税务总局公告 2013 年第 39 号）第五条第（四）项同时废止。

五、第五阶段：增加电信业试点

2014 年 4 月 29 日，财政部、国家税务总局发布了《关于将电信业纳入营业税改征增值税试点的通知》（财税〔2014〕43 号），规定在中华人民共和国境内提供电信业服务的单位和个人，为增值税纳税人，应当按照本通知和《财政部 国家税务总局关于将铁路运输和邮政业纳入营业税改征增值税试点的通知》（财税〔2013〕106 号）的规定缴纳增值税，不再缴纳营业税。本通知自 2014 年 6 月 1 日起执行。

2014 年 5 月 14 日，国家税务总局发布了《电信企业增值税征收管理暂行办法》（国家税务总局公告 2014 年第 26 号），规定本办法所称的电信企业总机构 2014 年 6 月所属期的增值税应纳税额，与 2014 年第三季度合并为一个申报期汇总申报。本办法自 2014 年 6 月 1 日起施行。

2014 年 6 月 13 日，财政部、国家税务总局发布了《关于国际水路运输增值税零税率政策的补充通知》（财税〔2014〕50 号），根据营业税改征增值税试点运行情况，对《财政部 国家税务总局关于将铁路运输和邮政业纳入营业税改征增值税试点的通知》（财税〔2013〕106 号）附件 4 中有关以水路运输方式提供国际运输服务适用的增值税零税率政策进行了补充规定。本通知自 2014 年 7 月 1 日起执行。

2014 年 7 月 4 日，国家税务总局发布了《关于国际货物运输代理服务有关增值税问题的公告》（国家税务总局公告 2014 年第 42 号），本公告自 2014 年 9 月 1 日起施行。

2014 年 7 月 25 日，国家税务总局发布了《关于调整增值税纳税申报有关事项的公告》（国家税务总局公告 2014 年第 45 号），本公告自 2014 年 10 月 1 日起施行。

2014 年 8 月 5 日，财政部、国家税务总局发布了《关于铁路运输企业汇总缴纳增值税的补充通知》（财税〔2014〕54 号），本通知自 2014 年 9 月 1 日起执行。《财政部 国家税务总局关于铁路运输企业汇总缴纳增值税的通知》（财税〔2013〕111 号）第三条相应废止。已经按照 3% 预缴的增值税，由中央财政通过 2014 年年终结算方式予以调整。

2014 年 8 月 11 日，财政部、国家税务总局、中国人民银行发布了《关于跨省合资铁路运输企业"营改增"后税收收入分配有关问题的补充通知》（财预〔2014〕96 号），本通知自 2014 年 9 月 1 日起执行。跨省合资铁路运输企业总部本级及其下属站段本级 2014 年 1～8 月（税款所属期）已经征收入库的收入不再调库，由中央财政在 2014 年年终结算时予以调整。

2014 年 8 月 27 日，国家税务总局重新发布了《营业税改征增值税跨境应税服务增值税免税管理办法（试行）》（国家税务总局公告 2014 年第 49 号），自 2014 年 10 月 1 日起施行。2013 年 9 月 13 日发布的《营业税改征增值税跨境应税服务增值税免税管理办法（试行）》（国家税务总局公告 2013 年第 52 号）同时废止。

2014 年 9 月 28 日，国家税务总局发布了《关于部分航空运输企业总分机构增值税计算缴纳问题的公告》（国家税务总局公告 2014 年第 55 号），规定《财政部 国家税务总局关于部分航空运输企业总分机构增值税计算缴纳问题的通知》（财税〔2013〕86 号）附件 2 中，中国南方航空股份有限公司和厦门航空有限公司更名和增补本通知附件所列分支机构。增补的分支机构自提供《应税服务范围注释》所列应税服务之日起，按照《总分机构试点纳税人增值税计算缴纳暂行办法》（财税〔2013〕74 号）计算缴纳增值税。

2014 年 10 月 13 日，国家税务总局发布了《关于调整增值税纳税申报有关事项的公告》（国家税务总局公告 2014 年第 58 号），本公告自 2014 年 11 月 1 日起施行。《国家税务总局关于调整增值税纳税申报有关事项的公告》（国家税务总局公告 2013 年第 32 号）附件 3、附件 4 内容同时废止。

2014 年 10 月 17 日，财政部、国家税务总局发布了《关于华夏航空有限公司及其分支机构增值税计算缴纳问题的通知》（财税〔2014〕76号），规定华夏航空有限公司及其分支机构（具体名单见附件），自2014年10月1日起，按照《总分机构试点纳税人增值税计算缴纳暂行办法》（财税〔2013〕74号）计算缴纳增值税，分支机构的预征率为1%。

六、第六阶段：全行业试点

2016年3月5日，国务院总理李克强在第十二届人民代表大会第四次会议上作《政府工作报告》，提出：2016年将全面实施营改增，从5月1日起，将试点范围扩大到建筑业、房地产业、金融业、生活服务业，并将所有企业新增不动产所含增值税纳入抵扣范围，确保所有行业税负只减不增。

2016年3月18日，国务院总理李克强主持召开国务院常务会议，部署全面推开营改增试点，进一步减轻企业税负，促进经济结构转型升级。从2016年5月1日起，一是将营改增试点范围扩大到建筑业、房地产业、金融业和生活服务业，实现货物和服务行业全覆盖，打通税收抵扣链条，支持现代服务业发展和制造业升级。二是在已将企业购进机器设备所含增值税纳入抵扣范围的基础上，允许将新增不动产纳入抵扣范围，增加进项抵扣，加大企业减负力度，促进扩大有效投资。同时，新增试点行业的原有营业税优惠政策原则上延续，对特定行业采取过渡性措施，对服务出口实行零税率或免税政策，确保所有行业税负只减不增。

2016年3月23日，财政部、国家税务总局发布了《关于全面推开营业税改征增值税试点的通知》（财税〔2016〕36号），决定自2016年5月1日起，在全国范围内全面推开营业税改征增值税（以下称营改增）试点，建筑业、房地产业、金融业、生活服务业等全部营业税纳税人，纳入试点范围，由缴纳营业税改为缴纳增值税。该通知同时印发了《营业税改征增值税试点实施办法》、《营业税改征增值税试点有关事项的规定》、《营业税改征增值税试点过渡政策的规定》和《跨境应税行为适用增值税零税率和免税政策的规定》。该通知附件规定的内容，除另有规定执行时间外，自2016年5月1日起执行。《财政部 国家税务总局关于将铁路运输和邮政业纳入营业税改征增值税试点的通知》（财税〔2013〕106号）、《财政部 国家税务总局关于铁路运输和邮政业营业税改征增值税试点有关政策的补充通知》（财税〔2013〕121号）、《财政部 国家税务总局关于将电信业纳入营业税改征增值税试点的通知》（财税〔2014〕43号）、《财政部 国家税务总局关于国际水路运输增值税零税率政策的补充通知》（财税〔2014〕50号）和《财政部 国家税务总局关于影视等出口服务适用增值税零税率政策的通知》（财税〔2015〕118号），除另有规定的条款外，相应废止。

2016 年 3 月 28 日，财政部、国家税务总局发布了《关于营业税改征增值税试点有关文化事业建设费政策及征收管理问题的通知》（财税〔2016〕25号），规定了营业税改征增值税试点中文化事业建设费政策及征收管理有关问题。该通知自 2016 年 5 月 1 日起执行。《财政部　国家税务总局关于营业税改征增值税试点有关文化事业建设费征收管理问题的通知》（财综〔2013〕88号）同时废止。

2016 年 3 月 31 日，国家税务总局发布了《关于全面推开营业税改征增值税试点后增值税纳税申报有关事项的公告》（国家税务总局公告 2016 年第 13号），为保障全面推开营业税改征增值税改革试点工作顺利实施，将增值税纳税申报有关事项进行了规定。

2016 年 3 月 31 日，国家税务总局发布了《纳税人转让不动产增值税征收管理暂行办法》（国家税务总局公告 2016 年第 14 号），对纳税人转让其取得的不动产的税收征管问题进行了明确。该办法适用于纳税人转让自己以直接购买、接受捐赠、接受投资入股、自建以及抵债等各种形式取得的不动产，不包括房地产开发企业销售自行开发的房地产项目。

2016 年 3 月 31 日，国家税务总局发布了《不动产进项税额分期抵扣暂行办法》（国家税务总局公告 2016 年第 15 号），对不动产和不动产在建工程的进项税额分期抵扣问题进行了明确。该公告明确的不动产分年抵扣办法，适用于增值税一般纳税人 2016 年 5 月 1 日后取得并在会计制度上按固定资产核算的不动产，以及 2016 年 5 月 1 日后发生的不动产在建工程。房地产开发企业自行开发的房地产项目，融资租入的不动产，在施工现场修建的临时建筑物、构筑物，其进项税额抵扣不适用该公告的规定。

2016 年 3 月 31 日，国家税务总局发布了《纳税人提供不动产经营租赁服务增值税征收管理暂行办法》（国家税务总局公告 2016 年第 16 号），明确纳税人提供不动产经营租赁服务增值税征收管理问题。纳税人以经营租赁方式出租其取得的不动产，适用该办法。纳税人提供道路通行服务不适用该办法。

2016 年 3 月 31 日，国家税务总局发布了《跨县（市、区）提供建筑服务增值税征收管理暂行办法》（国家税务总局公告 2016 年第 17 号）。单位和个体工商户在其机构所在地以外的县（市、区）提供建筑服务，适用该办法。在同一直辖市、计划单列市范围内跨县（市、区）提供建筑服务的，由直辖市、计划单列市国家税务局决定是否适用该办法。其他个人提供建筑服务在建筑服务发生地申报纳税，不适用该办法。

2016 年 3 月 31 日，国家税务总局发布了《房地产开发企业销售自行开发的房地产项目增值税征收管理暂行办法》（国家税务总局公告 2016 年第 18号），以明确房地产开发企业销售自行开发的房地产项目如何征收管理的相关问题。房地产开发企业销售自行开发的房地产项目，以及房地产开发企业以接盘等形式购入未完工的房地产项目继续开发后、以自己的名义立项销售的，适用该办法。

2016 年 3 月 31 日，国家税务总局发布了《关于营业税改征增值税委托地税机关代征税款和代开增值税发票的公告》（国家税务总局公告 2016 年第 19 号），明确了纳税人销售其取得的不动产和其他个人出租不动产增值税的申报缴税流程均维持现状，仍在地税局办理，不发生变化，便利纳税人办税。

2016 年 3 月 31 日，国家税务总局发布了《关于营业税改征增值税委托地税局代征税款和代开增值税发票的通知》（税总函〔2016〕145 号），就营改增后纳税人销售其取得的不动产和其他个人出租不动产有关代征税款和代开增值税发票工作进行了规定，其目的是平稳推进营改增后国税、地税有关工作的顺利衔接，方便纳税人办税。

2016 年 4 月 19 日，国家税务总局发布了《关于全面推开营业税改征增值税试点有关税收征收管理事项的公告》（国家税务总局公告 2016 年第 23 号），该公告自 2016 年 5 月 1 日起施行，《国家税务总局关于使用新版不动产销售统一发票和新版建筑业统一发票有关问题的通知》（国税发〔2006〕173 号）、《国家税务总局关于营业税改征增值税试点增值税一般纳税人资格认定有关事项的公告》（国家税务总局公告 2013 年第 75 号）、《国家税务总局关于开展商品和服务税收分类与编码试点工作的通知》（税总函〔2016〕56 号）同时废止。

2016 年 4 月 26 日，国家税务总局发布了《关于明确营改增试点若干征管问题的公告》（国家税务总局公告 2016 年第 26 号），对《财政部 国家税务总局关于全面推开营业税改征增值税试点的通知》（财税〔2016〕36 号）以及《国家税务总局关于全面推开营业税改征增值税试点有关税收征收管理事项的公告》（国家税务总局公告 2016 年第 23 号）中涉及的一些征管问题进行了明确。

2016 年 4 月 29 日，国务院发布了《关于印发全面推开营改增试点后调整中央与地方增值税收入划分过渡方案的通知》（国发〔2016〕26 号），规定了全面推开营改增试点后调整中央与地方增值税收入划分的过渡方案。

2016 年 4 月 29 日，财政部、国家税务总局发布了《关于进一步明确全面推开营改增试点金融业有关政策的通知》（财税〔2016〕46 号），对营改增试点期间有关金融业政策进行了补充规定。

2016 年 4 月 30 日，财政部、国家税务总局发布了《关于进一步明确全面推开营改增试点有关劳务派遣服务、收费公路通行费抵扣等政策的通知》（财税〔2016〕47 号），就营改增试点期间劳务派遣服务等政策进行了补充通知。

2016年5月2日，国家税务总局发布了《关于纳税人销售其取得的不动产办理产权过户手续使用的增值税发票联次问题的通知》（税总函〔2016〕190号），明确了营改增后纳税人销售其取得的不动产，办理产权过户手续使用的增值税发票联次问题。

2016年5月5日，国家税务总局发布了《关于调整增值税纳税申报有关事项的公告》（国家税务总局公告2016年第27号），对增值税纳税申报有关事项进行了调整。

2016年5月6日，国家税务总局发布了《营业税改征增值税跨境应税行为增值税免税管理办法（试行）》（国家税务总局公告2016年第29号），自2016年5月1日起施行。

2016年5月10日，国家税务总局发布了《关于营业税改征增值税部分试点纳税人增值税纳税申报有关事项调整的公告》（国家税务总局公告2016年第30号），对增值税纳税申报有关事项进行了调整，自2016年6月1日起施行。

2016年5月13日，国家税务总局发布了《关于营业税改征增值税试点有关文化事业建设费政策及征收管理问题的补充通知》（财税〔2016〕60号），就全面推开营业税改征增值税试点后娱乐服务征收文化事业建设费有关事项进行了补充通知，自2016年5月1日起执行。

2016年5月25日，国家税务总局发布了《关于进一步优化营改增纳税服务工作的通知》（税总发〔2016〕75号），就进一步优化营改增纳税服务工作提出了新的要求。

第二节 营改增纳税人制度

一、营改增的纳税人

（一）营改增的纳税人

在中华人民共和国境内（以下称境内）销售服务、无形资产或者不动产（以下称应税行为）的单位和个人，为增值税纳税人，应当按照《营业税改征增值税试点实施办法》（财税〔2016〕36号）缴纳增值税，不缴纳营业税。单位，是指企业、行政单位、事业单位、军事单位、社会团体及其他单位。个人，是指个体工商户和其他个人（即自然人）。

（二）承包、承租、挂靠经营的纳税人

单位以承包、承租、挂靠方式经营的，承包人、承租人、挂靠人（以下统称承包人）以发包人、出租人、被挂靠人（以下统称发包人）名义对外经

营并由发包人承担相关法律责任的，以该发包人为纳税人。否则，以承包人为纳税人。

（三）纳税人的分类

纳税人分为一般纳税人和小规模纳税人。应税行为的年应征增值税销售额（以下称应税销售额）超过财政部和国家税务总局规定标准的纳税人为一般纳税人，未超过规定标准的纳税人为小规模纳税人。上述年应税销售额标准为 500 万元（含本数）。财政部和国家税务总局可以对年应税销售额标准进行调整。

年应税销售额超过规定标准的其他个人不属于一般纳税人。年应税销售额超过规定标准但不经常发生应税行为的单位和个体工商户可选择按照小规模纳税人纳税。

（四）选择成为一般纳税人

年应税销售额未超过规定标准的纳税人，会计核算健全，能够提供准确税务资料的，可以向主管税务机关办理一般纳税人资格登记，成为一般纳税人。会计核算健全，是指能够按照国家统一的会计制度规定设置账簿，根据合法、有效凭证核算。

（五）一般纳税人登记

符合一般纳税人条件的纳税人应当向主管税务机关办理一般纳税人资格登记。具体登记办法由国家税务总局制定。除国家税务总局另有规定的外，一经登记为一般纳税人后，不得转为小规模纳税人。

营改增试点实施前已取得增值税一般纳税人资格并兼有应税行为的试点纳税人，不需要重新登记一般纳税人资格，由主管税务机关制作、送达《税务事项通知书》，告知纳税人即可。其兼有的应税行为，除文件另有规定外，应按照一般计税方法计税。

（六）合并纳税人

两个或者两个以上的纳税人，经财政部和国家税务总局批准可以视为一个纳税人合并纳税。具体办法由财政部和国家税务总局另行制定。

（七）会计核算

纳税人应当按照国家统一的会计制度进行增值税会计核算。

二、营改增的扣缴义务人

（一）扣缴义务人制度

扣缴义务人，是指负有代扣代缴他人应纳税款义务的单位或个人。

扣缴义务人代扣代缴、代收代缴税款的义务是法定的，如果不作为，《税收征收管理法》规定，扣缴义务人应扣未扣、应收而不收税款的，由税务机关向纳税人追缴税款，对扣缴义务人处应扣未扣、应收未收税款百分之五十以上三倍以下的罚款。

（二）增值税扣缴义务人

中华人民共和国境外（以下称境外）单位或者个人在境内发生应税行为，在境内未设有经营机构的，以购买方为增值税扣缴义务人。财政部和国家税务总局另有规定的除外。

扣缴义务人在扣缴增值税的时候，应按照以下公式计算应扣缴税额：

$$应扣缴税额＝购买方支付的价款÷（1＋税率）×税率$$

这里需要注意的是，按照上述公式计算应扣缴税额时，无论购买方支付的价款是否超过500万元的一般纳税人标准，无论扣缴义务人是一般纳税人或者小规模纳税人，一律按照境外单位或者个人发生应税行为的适用税率予以计算。

境内购买方从境外单位或者个人购进服务、无形资产或者不动产的，其取得的解缴税款的完税凭证上注明的增值税额，准予从销项税额中抵扣。

扣缴义务发生时间为纳税人增值税纳税义务发生的当天。扣缴义务人应当向其机构所在地或者居住地主管税务机关申报缴纳扣缴的税款。

第三节 营改增征税对象制度

一、营改增的应税行为

（一）应税行为

应税行为分为三大类，即：销售应税服务、销售无形资产和销售不动产。其中，应税服务包括交通运输服务、邮政服务、电信服务、建筑服务、金融服务、现代服务、生活服务。具体范围按照《销售服务、无形资产、不动产注释》执行。

（二）销售的界定

销售服务、无形资产或者不动产，是指有偿提供服务、有偿转让无形资产或者不动产，但属于下列非经营活动的情形除外：

第一，行政单位收取的同时满足以下条件的政府性基金或者行政事业性收费：由国务院或者财政部批准设立的政府性基金，由国务院或者省级人民政府及其财政、价格主管部门批准设立的行政事业性收费；收取时开具省级以上（含省级）财政部门监（印）制的财政票据；所收款项全额上缴财政。

第二，单位或者个体工商户聘用的员工为本单位或者雇主提供取得工资的服务。

第三，单位或者个体工商户为聘用的员工提供服务。

第四，财政部和国家税务总局规定的其他情形。

（三）有偿的界定

有偿，是指取得货币、货物或者其他经济利益。

（四）境内的界定

在境内销售服务、无形资产或者不动产，是指：

（1）服务（租赁不动产除外）或者无形资产（自然资源使用权除外）的销售方或者购买方在境内；

（2）所销售或者租赁的不动产在境内；

（3）所销售自然资源使用权的自然资源在境内；

（4）财政部和国家税务总局规定的其他情形。

下列情形不属于在境内销售服务或者无形资产：

（1）境外单位或者个人向境内单位或者个人销售完全在境外发生的服务；

（2）境外单位或者个人向境内单位或者个人销售完全在境外使用的无形资产；

（3）境外单位或者个人向境内单位或者个人出租完全在境外使用的有形动产；

（4）财政部和国家税务总局规定的其他情形。

二、视同应税行为

下列情形视同销售服务、无形资产或者不动产：

（1）单位或者个体工商户向其他单位或者个人无偿提供服务，但用于公益事业或者以社会公众为对象的除外；

（2）单位或者个人向其他单位或者个人无偿转让无形资产或者不动产，但用于公益事业或者以社会公众为对象的除外；

（3）财政部和国家税务总局规定的其他情形。

三、不征收增值税项目

下列项目不征收增值税：

（1）根据国家指令无偿提供的铁路运输服务、航空运输服务；

（2）存款利息；

（3）被保险人获得的保险赔付；

（4）房地产主管部门或者其指定机构、公积金管理中心、开发企业以及物业管理单位代收的住宅专项维修资金；

（5）在资产重组过程中，通过合并、分立、出售、置换等方式，将全部或者部分实物资产以及与其相关联的债权、负债和劳动力一并转让给其他单位和个人，其中涉及的不动产、土地使用权转让行为。

第四节　营改增税率制度

一、增值税税率

纳税人发生应税行为，除另有规定外，税率为 6％。

纳税人提供交通运输、邮政、基础电信、建筑、不动产租赁服务，销售不动产，转让土地使用权，税率为 11％。

纳税人提供有形动产租赁服务，税率为 17％。

境内单位和个人发生的跨境应税行为，税率为零。具体范围由财政部和国家税务总局另行规定。

二、增值税征收率

增值税征收率为 3％，财政部和国家税务总局另有规定的除外。

三、跨境应税行为适用增值税零税率和免税政策的规定

（一）零税率政策

中华人民共和国境内（以下称境内）的单位和个人销售的下列服务和无形资产，适用增值税零税率：

第一，国际运输服务。国际运输服务，是指：

（1）在境内载运旅客或者货物出境。

（2）在境外载运旅客或者货物入境。

（3）在境外载运旅客或者货物。

第二，航天运输服务。

第三，向境外单位提供的完全在境外消费的下列服务：

（1）研发服务。

（2）合同能源管理服务。

（3）设计服务。

（4）广播影视节目（作品）的制作和发行服务。

（5）软件服务。

（6）电路设计及测试服务。

（7）信息系统服务。

（8）业务流程管理服务。

（9）离岸服务外包业务。离岸服务外包业务，包括信息技术外包服务（ITO）、技术性业务流程外包服务（BPO）、技术性知识流程外包服务（KPO），其所涉及的具体业务活动，按照《销售服务、无形资产、不动产注释》相对应的业务活动执行。

（10）转让技术。

第四，财政部和国家税务总局规定的其他服务。

（二）免税政策

境内的单位和个人销售的下列服务和无形资产免征增值税，但财政部和国家税务总局规定适用增值税零税率的除外：

第一，下列服务：

（1）工程项目在境外的建筑服务；

（2）工程项目在境外的工程监理服务；

（3）工程、矿产资源在境外的工程勘察勘探服务；

（4）会议展览地点在境外的会议展览服务；

（5）存储地点在境外的仓储服务；

（6）标的物在境外使用的有形动产租赁服务；

（7）在境外提供的广播影视节目（作品）的播映服务；

（8）在境外提供的文化体育服务、教育医疗服务、旅游服务。

第二，为出口货物提供的邮政服务、收派服务、保险服务。为出口货物提供的保险服务，包括出口货物保险和出口信用保险。

第三，向境外单位提供的完全在境外消费的下列服务和无形资产：

（1）电信服务；

（2）知识产权服务；

（3）物流辅助服务（仓储服务、收派服务除外）；

（4）鉴证咨询服务；

（5）专业技术服务；

（6）商务辅助服务；

（7）广告投放地在境外的广告服务；

（8）无形资产。

第四，以无运输工具承运方式提供的国际运输服务。

第五，为境外单位之间的货币资金融通及其他金融业务提供的直接收费金融服务，且该服务与境内的货物、无形资产和不动产无关。

第六，财政部和国家税务总局规定的其他服务。

（三）特殊业务零税率与免税政策的适用

按照国家有关规定应取得相关资质的国际运输服务项目，纳税人取得相关资质的，适用增值税零税率政策，未取得的，适用增值税免税政策。

境内的单位或个人提供程租服务，如果租赁的交通工具用于国际运输服务和港澳台运输服务，由出租方按规定申请适用增值税零税率。

境内的单位和个人向境内单位或个人提供期租、湿租服务，如果承租方利用租赁的交通工具向其他单位或个人提供国际运输服务和港澳台运输服务，由承租方适用增值税零税率。境内的单位或个人向境外单位或个人提供期租、湿租服务，由出租方适用增值税零税率。

境内单位和个人以无运输工具承运方式提供的国际运输服务，由境内实际承运人适用增值税零税率；无运输工具承运业务的经营者适用增值税免税政策。

（四）不同计税方法的处理

境内的单位和个人提供适用增值税零税率的服务或者无形资产，如果属于适用简易计税方法的，实行免征增值税办法。如果属于适用增值税一般计税方法的，生产企业实行免抵退税办法，外贸企业外购服务或者无形资产出口实行免退税办法，外贸企业直接将服务或自行研发的无形资产出口，视同生产企业连同其出口货物统一实行免抵退税办法。

服务和无形资产的退税率为其按照《营业税改征增值税试点实施办法》第十五条第（一）至第（三）项规定适用的增值税税率。实行退（免）税办法的服务和无形资产，如果主管税务机关认定出口价格偏高的，有权按照核定的出口价格计算退（免）税，核定的出口价格低于外贸企业购进价格的，低于部分对应的进项税额不予退税，转入成本。

（五）零税率的放弃

境内的单位和个人销售适用增值税零税率的服务或无形资产的，可以放弃适用增值税零税率，选择免税或按规定缴纳增值税。放弃适用增值税零税率后，36个月内不得再申请适用增值税零税率。

（六）纳税申报

境内的单位和个人销售适用增值税零税率的服务或无形资产，按月向主管退税的税务机关申报办理增值税退（免）税手续。具体管理办法由国家税务总局商财政部另行制定。

（七）完全在境外消费的含义

完全在境外消费，是指：

（1）服务的实际接受方在境外，且与境内的货物和不动产无关；

（2）无形资产完全在境外使用，且与境内的货物和不动产无关；

（3）财政部和国家税务总局规定的其他情形。

（八）港澳台的适用

境内单位和个人发生的与香港、澳门、台湾有关的应税行为，除《跨境应税行为适用增值税零税率和免税政策的规定》另有规定外，参照上述规定执行。

（九）已签合同的处理

2016 年 4 月 30 日前签订的合同，符合《财政部　国家税务总局关于将铁路运输和邮政业纳入营业税改征增值税试点的通知》（财税〔2013〕106 号）附件 4 和《财政部　国家税务总局关于影视等出口服务适用增值税零税率政策的通知》（财税〔2015〕118 号）规定的零税率或者免税政策条件的，在合同到期前可以继续享受零税率或者免税政策。

第五节　营改增应纳税额计算制度

一、一般性规定

（一）计税方法的分类

增值税的计税方法，包括一般计税方法和简易计税方法。

一般计税方法是按照销项税额减去进项税额的差额计算应纳税额，适用于增值税一般纳税人。

简易计税方法是按照销售额与征收率的乘积计算应纳税额，一般适用于小规模纳税人，一般纳税人销售服务、无形资产或者不动产的情况，符合规定的，也可以适用简易计税方法。

（二）一般纳税人的计税方法

一般纳税人发生应税行为适用一般计税方法计税。一般纳税人发生财政部和国家税务总局规定的特定应税行为，可以选择适用简易计税方法计税，但一经选择，36 个月内不得变更。

（三）小规模纳税人的计税方法

小规模纳税人发生应税行为适用简易计税方法计税。

（四）扣缴义务人扣缴税额计算方法

境外单位或者个人在境内发生应税行为，在境内未设有经营机构的，扣缴义务人按照下列公式计算应扣缴税额：

$$应扣缴税额 = 购买方支付的价款 ÷ (1 + 税率) × 税率$$

（五）营业税与增值税过渡期政策

第一，试点纳税人发生应税行为，按照国家有关营业税政策规定差额征收营业税的，因取得的全部价款和价外费用不足以抵减允许扣除项目金额，截至纳入营改增试点之日前尚未扣除的部分，不得在计算试点纳税人增值税应税销售额时抵减，应当向原主管地税机关申请退还营业税。

第二，试点纳税人发生应税行为，在纳入营改增试点之日前已缴纳营业税，营改增试点后因发生退款减除营业额的，应当向原主管地税机关申请退还已缴纳的营业税。

第三，试点纳税人纳入营改增试点之日前发生的应税行为，因税收检查等原因需要补缴税款的，应按照营业税政策规定补缴营业税。

二、一般计税方法

（一）应纳税额的计算公式

一般计税方法的应纳税额，是指当期销项税额抵扣当期进项税额后的余额。应纳税额计算公式：

$$应纳税额＝当期销项税额－当期进项税额$$

当期销项税额小于当期进项税额不足抵扣时，其不足部分可以结转下期继续抵扣。

（二）销项税额的计算公式

销项税额，是指纳税人发生应税行为按照销售额和增值税税率计算并收取的增值税额。销项税额计算公式：

$$销项税额＝销售额×税率$$

（三）销售额与含税销售额的换算

一般计税方法的销售额不包括销项税额，纳税人采用销售额和销项税额合并定价方法的，按照下列公式计算销售额：

$$销售额＝含税销售额÷（1＋税率）$$

（四）进项税额的概念

进项税额，是指纳税人购进货物、加工修理修配劳务、服务、无形资产或者不动产，支付或者负担的增值税额。

一般纳税人应在"应交税费"科目下设置"应交增值税"明细科目。在"应交增值税"明细账中，应设置"进项税额"等专栏。

"进项税额"专栏，记录一般纳税人购进货物、服务、无形资产、不动产或者接受加工修理修配劳务而支付的、准予从销项税额中抵扣的增值税额。一般纳税人购进货物、服务、无形资产、不动产或者接受加工修理修配劳务支付的进项税额，用蓝字登记；退回中止或者折让应冲销的进项税额，用红字登记。

（五）允许抵扣的进项税额

下列进项税额准予从销项税额中抵扣：

（1）从销售方取得的增值税专用发票（含税控机动车销售统一发票，下同）上注明的增值税额。

（2）从海关取得的海关进口增值税专用缴款书上注明的增值税额。

（3）购进农产品，除取得增值税专用发票或者海关进口增值税专用缴款书外，按照农产品收购发票或者销售发票上注明的农产品买价和13％的扣除率计算的进项税额。计算公式为：

$$进项税额＝买价×扣除率$$

买价，是指纳税人购进农产品在农产品收购发票或者销售发票上注明的价款和按照规定缴纳的烟叶税。

购进农产品，按照《农产品增值税进项税额核定扣除试点实施办法》抵扣进项税额的除外。

（4）从境外单位或者个人购进服务、无形资产或者不动产，自税务机关或者扣缴义务人取得的解缴税款的完税凭证上注明的增值税额。

餐饮行业增值税一般纳税人购进农业生产者自产农产品，可以使用国税机关监制的农产品收购发票，按照现行规定计算抵扣进项税额。有条件的地区，应积极在餐饮行业推行农产品进项税额核定扣除办法，按照《财政部 国家税务总局关于在部分行业试行农产品增值税进项税额核定扣除办法的通知》（财税〔2012〕38号）有关规定计算抵扣进项税额。

（六）抵扣进项税额的凭证要求

纳税人取得的增值税扣税凭证不符合法律、行政法规或者国家税务总局有关规定的，其进项税额不得从销项税额中抵扣。增值税扣税凭证，是指增值税专用发票、海关进口增值税专用缴款书、农产品收购发票、农产品销售发票和完税凭证。纳税人凭完税凭证抵扣进项税额的，应当具备书面合同、付款证明和境外单位的对账单或者发票。资料不全的，其进项税额不得从销项税额中抵扣。

（七）禁止抵扣的进项税额

下列项目的进项税额不得从销项税额中抵扣：

（1）用于简易计税方法计税项目、免征增值税项目、集体福利或者个人消费的购进货物、加工修理修配劳务、服务、无形资产和不动产。其中涉及的固定资产、无形资产、不动产，仅指专用于上述项目的固定资产、无形资产（不包括其他权益性无形资产）、不动产。纳税人的交际应酬消费属于个人消费。

（2）非正常损失的购进货物，以及相关的加工修理修配劳务和交通运输服务。

（3）非正常损失的在产品、产成品所耗用的购进货物（不包括固定资产）、加工修理修配劳务和交通运输服务。

（4）非正常损失的不动产，以及该不动产所耗用的购进货物、设计服务和建筑服务。

（5）非正常损失的不动产在建工程所耗用的购进货物、设计服务和建筑服务。纳税人新建、改建、扩建、修缮、装饰不动产，均属于不动产在建工程。

（6）购进的旅客运输服务、贷款服务、餐饮服务、居民日常服务和娱乐服务。

（7）财政部和国家税务总局规定的其他情形。

上述第（4）项、第（5）项所称货物，是指构成不动产实体的材料和设备，包括建筑装饰材料和给排水、采暖、卫生、通风、照明、通讯、煤气、消防、中央空调、电梯、电气、智能化楼宇设备及配套设施。

自 2013 年 8 月 1 日起，纳税人购进的应征消费税的摩托车、汽车、游艇视同购进固定资产允许抵扣进项税额。

（八）固定资产、非正常损失的解释

不动产、无形资产的具体范围，按照《营业税改征增值税试点实施办法》所附的《销售服务、无形资产或者不动产注释》执行。固定资产，是指使用期限超过 12 个月的机器、机械、运输工具以及其他与生产经营有关的设备、工具、器具等有形动产。非正常损失，是指因管理不善造成货物被盗、丢失、霉烂变质，以及因违反法律、法规造成货物或者不动产被依法没收、销毁、拆除的情形。

企业会计准则中的固定资产，是指同时具有下列特征的有形资产：

（1）为生产商品、提供劳务、出租或经营管理而持有的；

（2）使用寿命超过一个会计年度。使用寿命，是指企业使用固定资产的预计期间，或者该固定资产所能生产产品或提供劳务的数量。

根据企业会计准则的规定，固定资产同时满足下列条件的，才能予以确认：

（1）与该固定资产有关的经济利益很可能流入企业；

（2）该固定资产的成本能够可靠地计量。

（九）不得抵扣进项税额的划分

适用一般计税方法的纳税人，兼营简易计税方法计税项目、免征增值税项目而无法划分不得抵扣的进项税额，按照下列公式计算不得抵扣的进项税额：

$$\text{不得抵扣的进项税额} = \text{当期无法划分的全部进项税额} \times (\text{当期简易计税方法计税项目销售额} + \text{免征增值税项目销售额}) \div \text{当期全部销售额}$$

主管税务机关可以按照上述公式依据年度数据对不得抵扣的进项税额进行清算。

（十）用途改变导致进项税额扣减

已抵扣进项税额的购进货物（不含固定资产）、劳务、服务，发生《营业税改征增值税试点实施办法》第二十七条规定情形（简易计税方法计税项目、免征增值税项目除外）的，应当将该进项税额从当期进项税额中扣减；无法确定该进项税额的，按照当期实际成本计算应扣减的进项税额。

（十一）抵扣进项税额的特殊规定

已抵扣进项税额的固定资产、无形资产或者不动产，发生《营业税改征增值税试点实施办法》第二十七条规定情形的，按照下列公式计算不得抵扣的进项税额：

不得抵扣的进项税额＝固定资产、无形资产或者不动产净值×适用税率

固定资产、无形资产或者不动产净值，是指纳税人根据财务会计制度计提折旧或摊销后的余额。

（十二）扣减销项税额与进项税额

纳税人适用一般计税方法计税的，因销售折让、中止或者退回而退还给购买方的增值税额，应当从当期的销项税额中扣减；因销售折让、中止或者退回而收回的增值税额，应当从当期的进项税额中扣减。

《企业会计准则第14号——收入》第八条规定："销售折让，是指企业因售出商品的质量不合格等原因而在售价上给予的减让。"对增值税而言，销售折让其实是指纳税人提供应税行为后因为劳务成果（包括无形资产或者不动产）质量不合格等原因在售价上给予的减让。

一般纳税人开具增值税专用发票，发生销货退回、开票有误、应税行为中止以及发票抵扣联、发票联均无法认证等情形但不符合作废条件，或者因销货部分退回及发生销售折让，需要开具红字专用发票的，暂按以下方法处理：专用发票已交付购买方，购买方可在增值税专用发票新系统中填开并上传《开具红字增值税专用发票信息表》（以下统称《信息表》）。《信息表》所对应的蓝字专用发票应经税务机关认证（所购货物或服务等不属于增值税扣税项目范围的除外）。经认证结果为"认证相符"并且已经抵扣增值税进项税额的，购买方在填开《信息表》时不填写相对应的蓝字专用发票信息，应暂依《信息表》所列增值税税额从当期进项税额中转出，未抵扣增值税进项税额的可列入当期进项税额，待取得销售方开具的红字专用发票后，与《信息表》一并作为记账凭证；经认证结果"无法认证"、"纳税人识别号认证不符"、"专用发票代码、号码认证不符"，以及所购货物或服务不属于增值税扣税项目范围的，购买方不列入进项税额，不作进项税额转出，填开《信息表》时应填写相对应的蓝字专用发票信息。专用发票尚未交付购买方或者购买方拒收的，销售方应于专用发票认证期限内在增值税发票新系统中填开并上传

《信息表》。

主管税务机关通过网络接收纳税人上传的《信息表》，系统自动校验通过后，生成带有"红字发票信息表编号"的《信息表》，并将信息同步至纳税人端系统中。

销售方凭税务机关校验通过的《信息表》开具红字专用发票，在增值税发票系统升级版中以销项负数开具。红字专用发票应与《信息表》——对应。

纳税人也可凭《信息表》电子信息或纸质资料到税务机关对《信息表》内容进行系统校验。

纳税人需要开具红字增值税普通发票的，可以在所对应的蓝字发票金额范围内开具多份红字发票。红字机动车销售统一发票需与原蓝字机动车销售统一发票——对应。

（十三）抵扣进项税额的特殊规定

有下列情形之一者，应当按照销售额和增值税税率计算应纳税额，不得抵扣进项税额，也不得使用增值税专用发票：

（1）一般纳税人会计核算不健全，或者不能够提供准确税务资料的；

（2）应当办理一般纳税人资格登记而未办理的。

（十四）过渡期进项税额抵扣

第一，适用一般计税方法的试点纳税人，2016年5月1日后取得并在会计制度上按固定资产核算的不动产或者2016年5月1日后取得的不动产在建工程，其进项税额应自取得之日起分2年从销项税额中抵扣，第一年抵扣比例为60%，第二年抵扣比例为40%。

取得不动产，包括以直接购买、接受捐赠、接受投资入股、自建以及抵债等各种形式取得不动产，不包括房地产开发企业自行开发的房地产项目。

融资租入的不动产以及在施工现场修建的临时建筑物、构筑物，其进项税额不适用上述分2年抵扣的规定。

第二，按照《营业税改征增值税试点实施办法》第二十七条第（一）项规定不得抵扣且未抵扣进项税额的固定资产、无形资产、不动产，发生用途改变，用于允许抵扣进项税额的应税项目，可在用途改变的次月按照下列公式计算可以抵扣的进项税额：

$$可以抵扣的进项税额 = \frac{固定资产、无形资产、不动产净值}{(1+适用税率)} \times 适用税率$$

上述可以抵扣的进项税额应取得合法有效的增值税扣税凭证。

第三，纳税人接受贷款服务向贷款方支付的与该笔贷款直接相关的投融资顾问费、手续费、咨询费等费用，其进项税额不得从销项税额中抵扣。

（十五）销售不动产一般计税方法的过渡政策

一般纳税人销售其2016年4月30日前取得的不动产（不含自建），适用一般计税方法计税的，以取得的全部价款和价外费用为销售额计算应纳税额。上述纳税人应以取得的全部价款和价外费用减去该项不动产购置原价或者取得不动产时的作价后的余额，按照5％的预征率在不动产所在地预缴税款后，向机构所在地主管税务机关进行纳税申报。

房地产开发企业中的一般纳税人销售房地产老项目，以及一般纳税人出租其2016年4月30日前取得的不动产，适用一般计税方法计税的，应以取得的全部价款和价外费用，按照3％的预征率在不动产所在地预缴税款后，向机构所在地主管税务机关进行纳税申报。

一般纳税人销售其2016年4月30日前自建的不动产，适用一般计税方法计税的，应以取得的全部价款和价外费用为销售额计算应纳税额。纳税人应以取得的全部价款和价外费用，按照5％的预征率在不动产所在地预缴税款后，向机构所在地主管税务机关进行纳税申报。

一般纳税人跨省（自治区、直辖市或者计划单列市）提供建筑服务或者销售、出租取得的与机构所在地不在同一省（自治区、直辖市或者计划单列市）的不动产，在机构所在地申报纳税时，计算的应纳税额小于已预缴税额，且差额较大的，由国家税务总局通知建筑服务发生地或者不动产所在地省级税务机关，在一定时期内暂停预缴增值税。

三、简易计税方法

（一）应纳税额的计算公式

简易计税方法的应纳税额，是指按照销售额和增值税征收率计算的增值税额，不得抵扣进项税额。应纳税额计算公式：

$$应纳税额＝销售额×征收率$$

采取简易计税方法计算应纳税额时，不得抵扣进项税额。销售额为不含税销售额，征收率为3％。小规模纳税人一律采用简易计税方法计税，一般纳税人提供的特定应税服务可以选择适用简易计税方法。

（二）销售额与含税销售额的换算

简易计税方法的销售额不包括其应纳税额，纳税人采用销售额和应纳税额合并定价方法的，按照下列公式计算销售额：

$$销售额＝含税销售额÷(1＋征收率)$$

（三）销售额的扣减

纳税人适用简易计税方法计税的，因销售折让、中止或者退回而退还给购买方的销售额，应当从当期销售额中扣减。扣减当期销售额后仍有余额造成多缴的税款，可以从以后的应纳税额中扣减。

上述制度的适用对象包括：

（1）小规模纳税人销售服务、无形资产或者不动产；

（2）一般纳税人销售服务、无形资产或者不动产可选择简易计税方法计税的应税行为。

对小规模纳税人销售服务、无形资产或者不动产并收取价款后，发生服务中止、折让或者退回而退还销售额给购买方，依照上述规定将所退的款项扣减当期销售额的，如果小规模纳税人已就该项业务委托税务机关为其代开了增值税专用发票的，应按规定申请开具红字专用发票。

（四）一般纳税人选择简易计税方法

一般纳税人发生下列应税行为可以选择适用简易计税方法计税：

（1）公共交通运输服务。

（2）经认定的动漫企业为开发动漫产品提供的动漫脚本编撰、形象设计、背景设计、动画设计、分镜、动画制作、摄制、描线、上色、画面合成、配音、配乐、音效合成、剪辑、字幕制作、压缩转码（面向网络动漫、手机动漫格式适配）服务，以及在境内转让动漫版权（包括动漫品牌、形象或者内容的授权及再授权）。

（3）电影放映服务、仓储服务、装卸搬运服务、收派服务和文化体育服务。

（4）以纳入营改增试点之日前取得的有形动产为标的物提供的经营租赁服务。

（5）在纳入营改增试点之日前签订的尚未执行完毕的有形动产租赁合同。

（五）建筑服务的计税方法

1）一般纳税人以清包工方式提供的建筑服务，可以选择适用简易计税方法计税。

以清包工方式提供建筑服务，是指施工方不采购建筑工程所需的材料或只采购辅助材料，并收取人工费、管理费或者其他费用的建筑服务。

2）一般纳税人为甲供工程提供的建筑服务，可以选择适用简易计税方法计税。

甲供工程，是指全部或部分设备、材料、动力由工程发包方自行采购的建筑工程。

3）一般纳税人为建筑工程老项目提供的建筑服务，可以选择适用简易计税方法计税。

建筑工程老项目，是指：

（1）《建筑工程施工许可证》注明的合同开工日期在 2016 年 4 月 30 日前的建筑工程项目；

（2）未取得《建筑工程施工许可证》的，建筑工程承包合同注明的开工日期在 2016 年 4 月 30 日前的建筑工程项目。

4）一般纳税人跨县（市）提供建筑服务，适用一般计税方法计税的，应以取得的全部价款和价外费用为销售额计算应纳税额。纳税人应以取得的全部价款和价外费用扣除支付的分包款后的余额，按照2％的预征率在建筑服务发生地预缴税款后，向机构所在地主管税务机关进行纳税申报。

5）一般纳税人跨县（市）提供建筑服务，选择适用简易计税方法计税的，应以取得的全部价款和价外费用扣除支付的分包款后的余额为销售额，按照3％的征收率计算应纳税额。纳税人应按照上述计税方法在建筑服务发生地预缴税款后，向机构所在地主管税务机关进行纳税申报。

6）试点纳税人中的小规模纳税人（以下称小规模纳税人）跨县（市）提供建筑服务，应以取得的全部价款和价外费用扣除支付的分包款后的余额为销售额，按照3％的征收率计算应纳税额。纳税人应按照上述计税方法在建筑服务发生地预缴税款后，向机构所在地主管税务机关进行纳税申报。

（六）销售不动产的计税方法

（1）一般纳税人销售其2016年4月30日前取得（不含自建）的不动产，可以选择适用简易计税方法，以取得的全部价款和价外费用减去该项不动产购置原价或者取得不动产时的作价后的余额为销售额，按照5％的征收率计算应纳税额。纳税人应按照上述计税方法在不动产所在地预缴税款后，向机构所在地主管税务机关进行纳税申报。

（2）一般纳税人销售其2016年4月30日前自建的不动产，可以选择适用简易计税方法，以取得的全部价款和价外费用为销售额，按照5％的征收率计算应纳税额。纳税人应按照上述计税方法在不动产所在地预缴税款后，向机构所在地主管税务机关进行纳税申报。

（3）一般纳税人销售其2016年5月1日后取得（不含自建）的不动产，应适用一般计税方法，以取得的全部价款和价外费用为销售额计算应纳税额。纳税人应以取得的全部价款和价外费用减去该项不动产购置原价或者取得不动产时的作价后的余额，按照5％的预征率在不动产所在地预缴税款后，向机构所在地主管税务机关进行纳税申报。

（4）一般纳税人销售其2016年5月1日后自建的不动产，应适用一般计税方法，以取得的全部价款和价外费用为销售额计算应纳税额。纳税人应以取得的全部价款和价外费用，按照5％的预征率在不动产所在地预缴税款后，向机构所在地主管税务机关进行纳税申报。

（5）小规模纳税人销售其取得（不含自建）的不动产（不含个体工商户销售购买的住房和其他个人销售不动产），应以取得的全部价款和价外费用减去该项不动产购置原价或者取得不动产时的作价后的余额为销售额，按照5％的征收率计算应纳税额。纳税人应按照上述计税方法在不动产所在地预缴税款后，向机构所在地主管税务机关进行纳税申报。

（6）小规模纳税人销售其自建的不动产，应以取得的全部价款和价外费用为销售额，按照5％的征收率计算应纳税额。纳税人应按照上述计税方法在不动产所在地预缴税款后，向机构所在地主管税务机关进行纳税申报。

（7）房地产开发企业中的一般纳税人，销售自行开发的房地产老项目，可以选择适用简易计税方法按照5％的征收率计税。

（8）房地产开发企业中的小规模纳税人，销售自行开发的房地产项目，按照5％的征收率计税。

（9）房地产开发企业采取预收款方式销售所开发的房地产项目，在收到预收款时按照3％的预征率预缴增值税。

（10）个体工商户销售购买的住房，应按照《营业税改征增值税试点过渡政策的规定》第五条的规定征免增值税。纳税人应按照上述计税方法在不动产所在地预缴税款后，向机构所在地主管税务机关进行纳税申报。

（11）其他个人销售其取得（不含自建）的不动产（不含其购买的住房），应以取得的全部价款和价外费用减去该项不动产购置原价或者取得不动产时的作价后的余额为销售额，按照5％的征收率计算应纳税额。

（七）不动产经营租赁服务的计税方法

（1）一般纳税人出租其2016年4月30日前取得的不动产，可以选择适用简易计税方法，按照5％的征收率计算应纳税额。纳税人出租其2016年4月30日前取得的与机构所在地不在同一县（市）的不动产，应按照上述计税方法在不动产所在地预缴税款后，向机构所在地主管税务机关进行纳税申报。

（2）公路经营企业中的一般纳税人收取试点前开工的高速公路的车辆通行费，可以选择适用简易计税方法，减按3％的征收率计算应纳税额。

试点前开工的高速公路，是指相关施工许可证明上注明的合同开工日期在2016年4月30日前的高速公路。

（3）一般纳税人出租其2016年5月1日后取得的、与机构所在地不在同一县（市）的不动产，应按照3％的预征率在不动产所在地预缴税款后，向机构所在地主管税务机关进行纳税申报。

（4）小规模纳税人出租其取得的不动产（不含个人出租住房），应按照5％的征收率计算应纳税额。纳税人出租与机构所在地不在同一县（市）的不动产，应按照上述计税方法在不动产所在地预缴税款后，向机构所在地主管税务机关进行纳税申报。

（5）其他个人出租其取得的不动产（不含住房），应按照5％的征收率计算应纳税额。

（6）个人出租住房，应按照5％的征收率减按1.5％计算应纳税额。

四、销售额的确定

(一) 销售额的范围

销售额，是指纳税人发生应税行为取得的全部价款和价外费用，财政部和国家税务总局另有规定的除外。

价外费用，是指价外收取的各种性质的收费，但不包括以下项目：

(1) 代为收取并符合《营业税改征增值税试点实施办法》第十条规定的政府性基金或者行政事业性收费。

(2) 以委托方名义开具发票代委托方收取的款项。

(二) 销售额的计算货币

销售额以人民币计算。纳税人按照人民币以外的货币结算销售额的，应当折合成人民币计算，折合率可以选择销售额发生的当天或者当月 1 日的人民币汇率中间价。纳税人应当在事先确定采用何种折合率，确定后 12 个月内不得变更。

(三) 兼营不同项目的处理

纳税人兼营销售货物、劳务、服务、无形资产或者不动产，适用不同税率或者征收率的，应当分别核算适用不同税率或者征收率的销售额；未分别核算的，从高适用税率。

(四) 混合销售的处理

一项销售行为如果既涉及服务又涉及货物，为混合销售。从事货物的生产、批发或者零售的单位和个体工商户的混合销售行为，按照销售货物缴纳增值税；其他单位和个体工商户的混合销售行为，按照销售服务缴纳增值税。

从事货物的生产、批发或者零售的单位和个体工商户，包括以从事货物的生产、批发或者零售为主，并兼营销售服务的单位和个体工商户在内。

(五) 扣减销项税额或销售额

纳税人发生应税行为，开具增值税专用发票后，发生开票有误或者销售折让、中止、退回等情形的，应当按照国家税务总局的规定开具红字增值税专用发票；未按照规定开具红字增值税专用发票的，不得按照《营业税改征增值税试点实施办法》第三十二条和第三十六条的规定扣减销项税额或者销售额。

(六) 折扣销售的处理

纳税人发生应税行为，将价款和折扣额在同一张发票上分别注明的，以折扣后的价款为销售额；未在同一张发票上分别注明的，以价款为销售额，不得扣减折扣额。

纳税人采取折扣方式销售服务、无形资产或者不动产的，如果将价款和折扣额在同一张发票上分别注明的，纳税人可以按价款减除折扣额后的金额作为销售额计算缴纳增值税；如果没有在同一张发票上分别注明的，纳税人不得按价款减除折扣额后的金额作为销售额，应按价款作为销售额计算缴纳增值税。

（七）特殊情形下销售额的确定

纳税人发生应税行为价格明显偏低或者偏高且不具有合理商业目的的，或者发生《营业税改征增值税试点实施办法》第十四条所列行为而无销售额的，主管税务机关有权按照下列顺序确定销售额：

（1）按照纳税人最近时期销售同类服务、无形资产或者不动产的平均价格确定。

（2）按照其他纳税人最近时期销售同类服务、无形资产或者不动产的平均价格确定。

（3）按照组成计税价格确定。组成计税价格的公式为：

$$组成计税价格＝成本×（1＋成本利润率）$$

成本利润率由国家税务总局确定。

不具有合理商业目的，是指以谋取税收利益为主要目的，通过人为安排，减少、免除、推迟缴纳增值税税款，或者增加退还增值税税款。

（八）销售额的具体规定

1）贷款服务，以提供贷款服务取得的全部利息及利息性质的收入为销售额。

贷款服务的销售额为全部利息以及利息性质的收入，不含贷款本金。

2）直接收费金融服务，以提供直接收费金融服务收取的手续费、佣金、酬金、管理费、服务费、经手费、开户费、过户费、结算费、转托管费等各类费用为销售额。

3）金融商品转让，按照卖出价扣除买入价后的余额为销售额。

转让金融商品出现的正负差，按盈亏相抵后的余额为销售额。若相抵后出现负差，可结转下一纳税期与下期转让金融商品销售额相抵，但年末时仍出现负差的，不得转入下一个会计年度。

金融商品的买入价，可以选择按照加权平均法或者移动加权平均法进行核算，选择后 36 个月内不得变更。

金融商品转让，不得开具增值税专用发票。

4）经纪代理服务，以取得的全部价款和价外费用，扣除向委托方收取并代为支付的政府性基金或者行政事业性收费后的余额为销售额。向委托方收取的政府性基金或者行政事业性收费，不得开具增值税专用发票。

5）融资租赁和融资性售后回租业务。

（1）经人民银行、银监会或者商务部批准从事融资租赁业务的试点纳税人，提供融资租赁服务，以取得的全部价款和价外费用，扣除支付的借款利息（包括外汇借款和人民币借款利息）、发行债券利息和车辆购置税后的余额为销售额。

（2）经人民银行、银监会或者商务部批准从事融资租赁业务的试点纳税人，提供融资性售后回租服务，以取得的全部价款和价外费用（不含本金），扣除对外支付的借款利息（包括外汇借款和人民币借款利息）、发行债券利息后的余额作为销售额。

（3）试点纳税人根据 2016 年 4 月 30 日前签订的有形动产融资性售后回租合同，在合同到期前提供的有形动产融资性售后回租服务，可继续按照有形动产融资租赁服务缴纳增值税。

继续按照有形动产融资租赁服务缴纳增值税的试点纳税人，经人民银行、银监会或者商务部批准从事融资租赁业务的，根据 2016 年 4 月 30 日前签订的有形动产融资性售后回租合同，在合同到期前提供的有形动产融资性售后回租服务，可以选择以下方法之一计算销售额：

①以向承租方收取的全部价款和价外费用，扣除向承租方收取的价款本金，以及对外支付的借款利息（包括外汇借款和人民币借款利息）、发行债券利息后的余额为销售额。

纳税人提供有形动产融资性售后回租服务，计算当期销售额时可以扣除的价款本金，为书面合同约定的当期应当收取的本金。无书面合同或者书面合同没有约定的，为当期实际收取的本金。

试点纳税人提供有形动产融资性售后回租服务，向承租方收取的有形动产价款本金，不得开具增值税专用发票，可以开具普通发票。

②以向承租方收取的全部价款和价外费用，扣除支付的借款利息（包括外汇借款和人民币借款利息）、发行债券利息后的余额为销售额。

为保证营改增改革的平稳过渡，对于 2016 年 4 月 30 日前签订的有形动产融资性售后回租合同，仍采取老合同老办法的过渡政策。

对于 2016 年 4 月 30 日前签订的有形动产融资性售后回租合同，在合同到期前，纳税人提供的有形动产融资性售后回租服务，一是继续按照融资租赁服务适用 17% 的税率；二是在确定销售额时继续延续原政策，原政策有关规定可以参考《财政部　国家税务总局关于铁路运输和邮政业营业税改征增值税试点有关政策的补充通知》（财税〔2013〕121 号）。

（4）经商务部授权的省级商务主管部门和国家经济技术开发区批准的从事融资租赁业务的试点纳税人，2016 年 5 月 1 日后实收资本达到 1.7 亿元的，从达到标准的当月起按照上述第（1）、第（2）、第（3）点规定执行；2016 年

5月1日后实收资本未达到1.7亿元但注册资本达到1.7亿元的，在2016年7月31日前仍可按照上述第（1）、第（2）、第（3）点规定执行，2016年8月1日后开展的融资租赁业务和融资性售后回租业务不得按照上述第（1）、第（2）、第（3）点规定执行。

6）航空运输企业的销售额，不包括代收的机场建设费和代售其他航空运输企业客票而代收转付的价款。

7）试点纳税人中的一般纳税人（以下称一般纳税人）提供客运场站服务，以其取得的全部价款和价外费用，扣除支付给承运方运费后的余额为销售额。

8）试点纳税人提供旅游服务，可以选择以取得的全部价款和价外费用，扣除向旅游服务购买方收取并支付给其他单位或者个人的住宿费、餐饮费、交通费、签证费、门票费和支付给其他接团旅游企业的旅游费用后的余额为销售额。

选择上述办法计算销售额的试点纳税人，向旅游服务购买方收取并支付的上述费用，不得开具增值税专用发票，可以开具普通发票。

9）试点纳税人提供建筑服务适用简易计税方法的，以取得的全部价款和价外费用扣除支付的分包款后的余额为销售额。

10）房地产开发企业中的一般纳税人销售其开发的房地产项目（选择简易计税方法的房地产老项目除外），以取得的全部价款和价外费用，扣除受让土地时向政府部门支付的土地价款后的余额为销售额。

房地产老项目，是指《建筑工程施工许可证》注明的合同开工日期在2016年4月30日前的房地产项目。

11）试点纳税人按照上述第4～10项的规定从全部价款和价外费用中扣除的价款，应当取得符合法律、行政法规和国家税务总局规定的有效凭证。否则，不得扣除。

上述凭证是指：

（1）支付给境内单位或者个人的款项，以发票为合法有效凭证；

（2）支付给境外单位或者个人的款项，以该单位或者个人的签收单据为合法有效凭证，税务机关对签收单据有疑议的，可以要求其提供境外公证机构的确认证明；

（3）缴纳的税款，以完税凭证为合法有效凭证；

（4）扣除的政府性基金、行政事业性收费或者向政府支付的土地价款，以省级以上（含省级）财政部门监（印）制的财政票据为合法有效凭证；

（5）国家税务总局规定的其他凭证。

纳税人取得的上述凭证属于增值税扣税凭证的，其进项税额不得从销项税额中抵扣。

五、过渡期的其他政策

(一) 销售使用过的固定资产

一般纳税人销售自己使用过的、纳入营改增试点之日前取得的固定资产，按照现行旧货相关增值税政策执行。

使用过的固定资产，是指纳税人符合《营业税改征增值税试点实施办法》第二十八条规定并根据财务会计制度已经计提折旧的固定资产。

(二) 扣缴增值税适用税率

境内的购买方为境外单位和个人扣缴增值税的，按照适用税率扣缴增值税。

(三) 其他规定

(1) 试点纳税人销售电信服务时，附带赠送用户识别卡、电信终端等货物或者电信服务的，应将其取得的全部价款和价外费用进行分别核算，按各自适用的税率计算缴纳增值税。

(2) 油气田企业发生应税行为，适用《营业税改征增值税试点实施办法》规定的增值税税率，不再适用《财政部　国家税务总局关于印发〈油气田企业增值税管理办法〉的通知》（财税〔2009〕8号）规定的增值税税率。

(四) 原增值税纳税人 (指按照《增值税暂行条例》缴纳增值税的纳税人) 的进项税额

1) 原增值税一般纳税人购进服务、无形资产或者不动产，取得的增值税专用发票上注明的增值税额为进项税额，准予从销项税额中抵扣。

2016年5月1日后取得并在会计制度上按固定资产核算的不动产或者2016年5月1日后取得的不动产在建工程，其进项税额应自取得之日起分2年从销项税额中抵扣，第一年抵扣比例为60%，第二年抵扣比例为40%。

融资租入的不动产以及在施工现场修建的临时建筑物、构筑物，其进项税额不适用上述分2年抵扣的规定。

2) 原增值税一般纳税人自用的应征消费税的摩托车、汽车、游艇，其进项税额准予从销项税额中抵扣。

3) 原增值税一般纳税人从境外单位或者个人购进服务、无形资产或者不动产，按照规定应当扣缴增值税的，准予从销项税额中抵扣的进项税额为自税务机关或者扣缴义务人取得的解缴税款的完税凭证上注明的增值税额。

纳税人凭完税凭证抵扣进项税额的，应当具备书面合同、付款证明和境外单位的对账单或者发票。资料不全的，其进项税额不得从销项税额中抵扣。

4) 原增值税一般纳税人购进货物或者接受加工修理修配劳务，用于《销售服务、无形资产或者不动产注释》所列项目的，不属于《增值税暂行条例》

第十条所称的用于非增值税应税项目,其进项税额准予从销项税额中抵扣。

5) 原增值税一般纳税人购进服务、无形资产或者不动产,下列项目的进项税额不得从销项税额中抵扣:

(1) 用于简易计税方法计税项目、免征增值税项目、集体福利或者个人消费。其中涉及的无形资产、不动产,仅指专用于上述项目的无形资产(不包括其他权益性无形资产)、不动产。纳税人的交际应酬消费属于个人消费。

(2) 非正常损失的购进货物,以及相关的加工修理修配劳务和交通运输服务。

(3) 非正常损失的在产品、产成品所耗用的购进货物(不包括固定资产)、加工修理修配劳务和交通运输服务。

(4) 非正常损失的不动产,以及该不动产所耗用的购进货物、设计服务和建筑服务。

(5) 非正常损失的不动产在建工程所耗用的购进货物、设计服务和建筑服务。纳税人新建、改建、扩建、修缮、装饰不动产,均属于不动产在建工程。

(6) 购进的旅客运输服务、贷款服务、餐饮服务、居民日常服务和娱乐服务。

(7) 财政部和国家税务总局规定的其他情形。

上述第(4)点、第(5)点所称货物,是指构成不动产实体的材料和设备,包括建筑装饰材料和给排水、采暖、卫生、通风、照明、通讯、煤气、消防、中央空调、电梯、电气、智能化楼宇设备及配套设施。

纳税人接受贷款服务向贷款方支付的与该笔贷款直接相关的投融资顾问费、手续费、咨询费等费用,其进项税额不得从销项税额中抵扣。

6) 已抵扣进项税额的购进服务,发生上述第 5 点规定情形(简易计税方法计税项目、免征增值税项目除外)的,应当将该进项税额从当期进项税额中扣减;无法确定该进项税额的,按照当期实际成本计算应扣减的进项税额。

7) 已抵扣进项税额的无形资产或者不动产,发生上述第 5 点规定情形的,按照下列公式计算不得抵扣的进项税额:

$$不得抵扣的进项税额 = 无形资产或者不动产净值 \times 适用税率$$

8) 按照《增值税暂行条例》第十条和上述第 5 点不得抵扣且未抵扣进项税额的固定资产、无形资产、不动产,发生用途改变,用于允许抵扣进项税额的应税项目,可在用途改变的次月按照下列公式,依据合法有效的增值税扣税凭证,计算可以抵扣的进项税额:

$$\frac{可以抵扣的}{进项税额} = \frac{固定资产、无形}{资产、不动产净值} \div (1 + 适用税率) \times 适用税率$$

上述可以抵扣的进项税额应取得合法有效的增值税扣税凭证。

（五）增值税期末留抵税额

原增值税一般纳税人兼有销售服务、无形资产或者不动产的，截止到纳入营改增试点之日前的增值税期末留抵税额，不得从销售服务、无形资产或者不动产的销项税额中抵扣。

（六）混合销售

一项销售行为如果既涉及货物又涉及服务，为混合销售。从事货物的生产、批发或者零售的单位和个体工商户的混合销售行为，按照销售货物缴纳增值税；其他单位和个体工商户的混合销售行为，按照销售服务缴纳增值税。

上述从事货物的生产、批发或者零售的单位和个体工商户，包括以从事货物的生产、批发或者零售为主，并兼营销售服务的单位和个体工商户在内。

六、纳税人转让不动产增值税应纳税额的计算

（一）一般纳税人增值税应纳税额的计算

一般纳税人转让其取得的不动产，按照以下规定缴纳增值税：

（1）一般纳税人转让其 2016 年 4 月 30 日前取得（不含自建）的不动产，可以选择适用简易计税方法计税，以取得的全部价款和价外费用扣除不动产购置原价或者取得不动产时的作价后的余额为销售额，按照 5％的征收率计算应纳税额。纳税人应按照上述计税方法向不动产所在地主管地税机关预缴税款，向机构所在地主管国税机关申报纳税。

（2）一般纳税人转让其 2016 年 4 月 30 日前自建的不动产，可以选择适用简易计税方法计税，以取得的全部价款和价外费用为销售额，按照 5％的征收率计算应纳税额。纳税人应按照上述计税方法向不动产所在地主管地税机关预缴税款，向机构所在地主管国税机关申报纳税。

（3）一般纳税人转让其 2016 年 4 月 30 日前取得（不含自建）的不动产，选择适用一般计税方法计税的，以取得的全部价款和价外费用为销售额计算应纳税额。纳税人应以取得的全部价款和价外费用扣除不动产购置原价或者取得不动产时的作价后的余额，按照 5％的预征率向不动产所在地主管地税机关预缴税款，向机构所在地主管国税机关申报纳税。

（4）一般纳税人转让其 2016 年 4 月 30 日前自建的不动产，选择适用一般计税方法计税的，以取得的全部价款和价外费用为销售额计算应纳税额。纳税人应以取得的全部价款和价外费用，按照 5％的预征率向不动产所在地主管地税机关预缴税款，向机构所在地主管国税机关申报纳税。

（5）一般纳税人转让其 2016 年 5 月 1 日后取得（不含自建）的不动产，适用一般计税方法，以取得的全部价款和价外费用为销售额计算应纳税额。纳税人应以取得的全部价款和价外费用扣除不动产购置原价或者取得不动产

时的作价后的余额，按照 5% 的预征率向不动产所在地主管地税机关预缴税款，向机构所在地主管国税机关申报纳税。

（6）一般纳税人转让其 2016 年 5 月 1 日后自建的不动产，适用一般计税方法，以取得的全部价款和价外费用为销售额计算应纳税额。纳税人应以取得的全部价款和价外费用，按照 5% 的预征率向不动产所在地主管地税机关预缴税款，向机构所在地主管国税机关申报纳税。

（二）小规模纳税人增值税应纳税额的计算

小规模纳税人转让其取得的不动产，除个人转让其购买的住房外，按照以下规定缴纳增值税：

（1）小规模纳税人转让其取得（不含自建）的不动产，以取得的全部价款和价外费用扣除不动产购置原价或者取得不动产时的作价后的余额为销售额，按照 5% 的征收率计算应纳税额。

（2）小规模纳税人转让其自建的不动产，以取得的全部价款和价外费用为销售额，按照 5% 的征收率计算应纳税额。

除其他个人之外的小规模纳税人，应按照上述规定的计税方法向不动产所在地主管地税机关预缴税款，向机构所在地主管国税机关申报纳税；其他个人按照上述规定的计税方法向不动产所在地主管地税机关申报纳税。

（三）个人转让购置住房增值税应纳税额的计算

个人转让其购买的住房，按照以下规定缴纳增值税：

（1）个人转让其购买的住房，按照有关规定全额缴纳增值税的，以取得的全部价款和价外费用为销售额，按照 5% 的征收率计算应纳税额；

（2）个人转让其购买的住房，按照有关规定差额缴纳增值税的，以取得的全部价款和价外费用扣除购买住房价款后的余额为销售额，按照 5% 的征收率计算应纳税额。

个体工商户应按照上述规定的计税方法向住房所在地主管地税机关预缴税款，向机构所在地主管国税机关申报纳税；其他个人应按照上述规定的计税方法向住房所在地主管地税机关申报纳税。

（四）转让不动产预缴增值税

其他个人以外的纳税人转让其取得的不动产，区分以下情形计算应向不动产所在地主管地税机关预缴的税款：

（1）以转让不动产取得的全部价款和价外费用作为预缴税款计算依据的，计算公式为：

$$应预缴税款＝全部价款和价外费用÷(1＋5\%)×5\%$$

（2）以转让不动产取得的全部价款和价外费用扣除不动产购置原价或者取得不动产时的作价后的余额作为预缴税款计算依据的，计算公式为：

$$应预缴税款=\left(全部价款和价外费用-不动产购置原价或者取得不动产时的作价\right)\div(1+5\%)\times5\%$$

其他个人转让其取得的不动产，按照上述规定的计算方法计算应纳税额并向不动产所在地主管地税机关申报纳税。

（五）相关解释与特殊规定

取得的不动产，包括以直接购买、接受捐赠、接受投资入股、自建以及抵债等各种形式取得的不动产。房地产开发企业销售自行开发的房地产项目不适用上述《纳税人转让不动产增值税征收管理暂行办法》。

七、不动产进项税额分期抵扣制度

（一）不动产进项税额分期抵扣政策

增值税一般纳税人（以下称纳税人）2016年5月1日后取得并在会计制度上按固定资产核算的不动产，以及2016年5月1日后发生的不动产在建工程，其进项税额应按照《不动产进项税额分期抵扣暂行办法》有关规定分2年从销项税额中抵扣，第一年抵扣比例为60％，第二年抵扣比例为40％。

取得的不动产，包括以直接购买、接受捐赠、接受投资入股以及抵债等各种形式取得的不动产。

纳税人新建、改建、扩建、修缮、装饰不动产，属于不动产在建工程。

房地产开发企业自行开发的房地产项目，融资租入的不动产，以及在施工现场修建的临时建筑物、构筑物，其进项税额不适用上述分2年抵扣的规定。

（二）用于不动产进项税额分期抵扣政策

纳税人2016年5月1日后购进货物和设计服务、建筑服务，用于新建不动产，或者用于改建、扩建、修缮、装饰不动产并增加不动产原值超过50％的，其进项税额依照《不动产进项税额分期抵扣暂行办法》有关规定分2年从销项税额中抵扣。

不动产原值，是指取得不动产时的购置原价或作价。

上述分2年从销项税额中抵扣的购进货物，是指构成不动产实体的材料和设备，包括建筑装饰材料和给排水、采暖、卫生、通风、照明、通讯、煤气、消防、中央空调、电梯、电气、智能化楼宇设备及配套设施。

"在建工程"这个会计科目，主要用来归集和核算企业建设、改造不动产的价值，需要通过这个科目核算的项目很多，包括人工、材料、机械费用等。本着有利于纳税人核算方便的原则，对分2年抵扣的不动产在建工程项目范围，主要限定在了构成不动产实体的货物以及与不动产联系直接的设计服务、建筑服务。

（三）抵扣的凭证要求

纳税人按照《不动产进项税额分期抵扣暂行办法》规定从销项税额中抵扣进项税额，应取得 2016 年 5 月 1 日后开具的合法有效的增值税扣税凭证。上述进项税额中，60％的部分于取得扣税凭证的当期从销项税额中抵扣；40％的部分为待抵扣进项税额，于取得扣税凭证的当月起第 13 个月从销项税额中抵扣。

对纳税人 2016 年 5 月 1 日以后取得不动产，2016 年 5 月 1 日以后发生的用于不动产在建工程的购进项目（货物、设计服务、建筑服务），按照如下方法处理：

第一，进项税额 60％的部分于取得扣税凭证的当期，记入"应交税费——应交增值税（进项税额）"科目，当期从销项税额中抵扣。

第二，进项税额 40％的部分为待抵扣进项税额，记入"应交税费——待抵扣进项税额"科目，暂时挂账，于取得扣税凭证的当月起第 13 个月，将其转入"应交税费——应交增值税（进项税额）"科目，并从销项税额中抵扣。

需要特别说明的是，纳税人抵扣不动产进项税额的前提，是要求纳税人凭 2016 年 5 月 1 日以后开具的合法有效的增值税扣税凭证，也就是说，允许抵扣的前提是具备合法有效的抵扣凭证，作为抵扣进项税额的依据。

（四）进项税额扣减与抵扣

购进时已全额抵扣进项税额的货物和服务，转用于不动产在建工程的，其已抵扣进项税额的 40％部分，应于转用的当期从进项税额中扣减，计入待抵扣进项税额，并于转用的当月起第 13 个月从销项税额中抵扣。

纳税人销售其取得的不动产或者不动产在建工程时，尚未抵扣完毕的待抵扣进项税额，允许于销售的当期从销项税额中抵扣。

纳税人购进的货物和服务，当期没有直接用于在建工程（例如计入原材料、工程物资等科目），在 2016 年 5 月 1 日之后又用于不动产在建工程，按照如下方法处理：

第一，购进时允许全额抵扣。

第二，转用于允许抵扣的不动产项目时，其已抵扣进项税额的 40％部分，应于转用的当期从进项税额中转出，记入"待抵扣进项税额"科目，并于转用的当月起第 13 个月从销项税额中抵扣。

需要特别说明的是，纳税人抵扣不动产进项税额的前提，是要求纳税人凭合法有效的增值税扣税凭证，也就是说，允许抵扣的前提是具备合法有效的抵扣凭证。

（五）进项税额转出

已抵扣进项税额的不动产，发生非正常损失，或者改变用途，专用于简易计税方法计税项目、免征增值税项目、集体福利或者个人消费的，按照下列公式计算不得抵扣的进项税额：

$$不得抵扣的进项税额＝（已抵扣进项税额＋待抵扣进项税额）$$
$$×不动产净值率$$

$$不动产净值率＝（不动产净值÷不动产原值）×100\%$$

不得抵扣的进项税额小于或等于该不动产已抵扣进项税额的，应于该不动产改变用途的当期，将不得抵扣的进项税额从进项税额中扣减。

不得抵扣的进项税额大于该不动产已抵扣进项税额的，应于该不动产改变用途的当期，将已抵扣进项税额从进项税额中扣减，并从该不动产待抵扣进项税额中扣减不得抵扣进项税额与已抵扣进项税额的差额。

不动产在建工程发生非正常损失的，其所耗用的购进货物、设计服务和建筑服务已抵扣的进项税额应于当期全部转出；其待抵扣进项税额不得抵扣。

按照规定不得抵扣进项税额的不动产，发生用途改变，用于允许抵扣进项税额项目的，按照下列公式在改变用途的次月计算可抵扣进项税额。

$$可抵扣进项税额＝\frac{增值税扣税凭证注明}{或计算的进项税额}×不动产净值率$$

依照上述规定计算的可抵扣进项税额，应取得 2016 年 5 月 1 日后开具的合法有效的增值税扣税凭证。按照上述规定计算的可抵扣进项税额，60％的部分于改变用途的次月从销项税额中抵扣，40％的部分为待抵扣进项税额，于改变用途的次月起第 13 个月从销项税额中抵扣。

已抵扣进项税额的不动产，发生非正常损失，或者改变用途，专门用作简易计税方法计税项目、免征增值税项目、集体福利或者个人消费了，这种情况下，要将相应的进项税额做转出处理，具体是按照不动产净值率，计算不得抵扣的进项税额。

$$不动产净值率＝（不动产净值÷不动产原值）×100\%$$

$$不得抵扣进项税额＝（已抵扣进项税额＋待抵扣进项税额）×不动产净值率$$

第一，不得抵扣的进项税额小于或等于该不动产已抵扣进项税额的，应于该不动产改变用途的当期，将不得抵扣的进项税额从进项税额中扣减。待抵扣进项税额按原允许抵扣的属期纳入抵扣。

第二，不得抵扣的进项税额大于该不动产已抵扣进项税额的，应于该不动产改变用途的当期，将已抵扣进项税额从进项税额中扣减，并从该不动产待抵扣进项税额中扣减不得抵扣进项税额与已抵扣进项税额的差额。待抵扣进项税额的余额按原允许抵扣的属期纳入抵扣。

【例 1】 2016 年 5 月 1 日，纳税人买了一座楼办公用，价款 1 000 万元，进项税额 110 万元，正常情况下，应在 5 月当月抵扣 66 万元，2017 年 5 月

（第 13 个月）再抵扣剩余的 44 万元。可是在 2017 年 4 月，纳税人就将办公楼改造成员工食堂，用于集体福利了。

如果 2017 年 4 月该不动产的净值为 800 万元，不动产净值率就是 80%，不得抵扣的进项税额为 88 万元，大于已抵扣的进项税额 66 万元，按照政策规定，这时应将已抵扣的 66 万元进项税额转出，并在待抵扣进项税额中扣减不得抵扣进项税额与已抵扣进项税额的差额 22 万元（88－66）。余额 22 万元（44－22）在 2017 年 5 月允许抵扣。

如果 2017 年 4 月该不动产的净值为 500 万元，不动产净值率就是 50%，不得抵扣的进项税额为 55 万元，小于已抵扣的进项税额 66 万元，按照政策规定，这时将已抵扣的 66 万元进项税额转出 55 万元即可。剩余的 44 万元仍在 2017 年 5 月允许抵扣。

【例 2】　原来允许抵扣的不动产转变用途，专用于不得抵扣项目。

2016 年 6 月 5 日，纳税人购入一座厂房，取得增值税专用发票并认证通过，专用发票上注明的金额为 10 000 万元，增值税额 1 100 万元。该厂房既用于增值税应税项目，又用于增值税免税项目。该纳税人按照固定资产管理该办公楼，假定分 10 年计提折旧，无残值。

根据相关规定，1 100 万元的增值税进项税额中的 60% 应于取得的当期抵扣，剩余的 40%，应于取得扣税凭证的当月起第 13 个月抵扣。

该纳税人第一次允许抵扣的进项税额＝1 100×60%＝660（万元）

该纳税人第二次允许抵扣的进项税额＝1 100×40%＝440（万元）

该纳税人 2016 年 7 月申报期申报 6 月属期增值税时，具体处理方法参照［例 1］。

如果纳税人此后将该厂房改变用途，专用于增值税免税项目，则需按照如下情况分别处理：

第一，2016 年 10 月改变用途。

（1）计算不动产净值率：

不动产净值率＝［10 000－10 000÷（10×12）×4］÷10 000
＝96.67%

（2）计算不得抵扣的进项税额：

不得抵扣的进项税额＝1 100×96.67%＝1 063.33（万元）

（3）不得抵扣的进项税额处理

该厂房 60% 的进项税额 660 万元已经于 2016 年 7 月申报期申报 6 月属期增值税时申报抵扣；剩余 440 万元因未到抵扣期，仍属于待抵扣进项税额。

2016 年 10 月改变用途时，对不得抵扣的进项税额作如下处理。

不得抵扣的进项税额与已抵扣进项税额比较：

$$1\ 063.33\ （万元）>660\ （万元）$$

根据比较结果进行进项税额转出。

因为计算的不得抵扣的进项税额大于该不动产前期已抵扣进项税额，纳税人应在当期按照前期已抵扣进项税额进行进项税额转出处理。

该 660 万元应于 2016 年 11 月申报期申报 10 月属期增值税时做进项税转出；该 660 万元应计入改变用途当期"应交税费——应交增值税（进项税额转出）"科目核算。

剩余不得抵扣的进项税额差额处理：

$$差额＝不得抵扣的进项税额－已抵扣进项税额$$
$$＝1\ 063.33－660＝403.33\ （万元）$$

该 403.33 万元应于转变用途当期从待抵扣进项税额中扣减，填入《增值税纳税申报表（一般纳税人适用）》附列资料（五）"本期转出的待抵扣不动产进项税额"栏次，并作为减少项填入"期末待抵扣不动产进项税额"栏次。

$$剩余待抵扣进项税额＝待抵扣进项税额－差额＝440－403.33$$
$$＝36.67\ （万元）$$

该 403.33 万元应在改变用途当期从"应交税费——待抵扣进项税额"科目转入对应科目核算，无需填入《增值税纳税申报表（一般纳税人适用）》附列资料（二）。

第二，2017 年 10 月改变用途。

（1）计算不动产净值率：

$$不动产净值率＝[10\ 000－10\ 000÷(10×12)×16]$$
$$÷10\ 000＝86.67\%$$

（2）计算不得抵扣的进项税额：

$$不得抵扣的进项税额＝1\ 100×86.67\%＝953.33\ （万元）$$

（3）不得抵扣的进项税额处理。

该厂房 60% 的进项税额 660 万元已经于 2016 年 7 月申报期申报 6 月属期增值税时申报抵扣；该厂房 40% 的待抵扣进项税额 440 万元已经于 2017 年 8 月申报期申报 7 月属期增值税时申报抵扣。则：

$$已抵扣进项税额总额＝660＋440＝1\ 100\ （万元）$$

2017 年 10 月改变用途时，对不得抵扣的进项税额作如下处理：

不得抵扣的进项税额与已抵扣进项税额比较：

$$953.33\ （万元）<1\ 100\ （万元）$$

根据比较结果进行进项税额转出。

因为计算的不得抵扣的进项税额小于该不动产前期已抵扣进项税额，纳税人应在当期按照不得抵扣的进项税额进行进项税额转出处理。

该 953.33 万元应于 2017 年 11 月申报期申报 10 月属期增值税时做进项税转出。该 953.33 万元应计入改变用途当期"应交税费——应交增值税（进项税额转出）"科目核算。

纳税人已抵扣进项税额的不动产发生非正常损失的，应按照上述转变用途专用于不得抵扣项目情况处理。

不动产在建工程发生非正常损失的，其所耗用的购进货物、设计服务和建筑服务的进项税额应全部转出，无论是已抵扣的，还是待抵扣的。

【例 3】 不动产在建工程非正常损失。

纳税人新建不动产在建工程项目发生非正常损失的，如果该不动产在建工程项目存在对应的未到抵扣期的待抵扣进项税额，应在发生非正常损失当期，对该不动产在建工程项目对应的未到抵扣期的待抵扣进项税额全部扣减。

按照规定不得抵扣进项税额的不动产，2016 年 5 月 1 日以后发生用途改变，重新用于允许抵扣进项税额项目的，按照如下方法处理（这种情形的处理方式，与 36 号文附件 2 的相关规定有所差异，因此要特别注意）：

$$可抵扣进项税额 = \frac{增值税扣税凭证注明}{或计算的进项税额} \times 不动产净值率$$

（这样操作能够保证不属于抵扣范围，或不符合抵扣凭证管理规定的税额不进入抵扣链条。）

$$不动产净值率 = （不动产净值 \div 不动产原值） \times 100\%$$

计算的可抵扣进项税额，60% 的部分于改变用途的次月从销项税额中抵扣，40% 的部分为待抵扣进项税额，于改变用途的次月起第 13 个月从销项税额中抵扣。

某一不动产的用途发生改变，从用于"不得抵扣进项税额"的项目，转用于"允许抵扣进项税额"项目，相应的部分进项税额可允许抵扣。但允许抵扣的前提是，要求纳税人凭 2016 年 5 月 1 日以后开具的合法有效的增值税扣税凭证，也就是说，允许抵扣的前提是具备合法有效的抵扣凭证，作为抵扣进项税额的依据。

【例 4】原来不允许抵扣的不动产转变用途，用于允许抵扣项目。

2016 年 6 月 5 日，纳税人购进办公楼一座共计 2 220 万元（含税）。该大楼专用于进行技术开发使用，取得的收入均为免税收入，计入固定资产，并于次月开始计提折旧，假定分 10 年计提，无残值。6 月 20 日，该纳税人取得该大楼如下 3 份发票：

增值税专用发票一份并认证相符，专用发票注明的金额为 1 000 万元，税额 110 万元；

增值税专用发票一份一直未认证，专用发票注明的金额为 600 万元，税额 66 万元；

增值税普通发票一份，普通发票注明的金额为 400 万元，税额 44 万元。根据相关规定，该大楼当期进项税额不得抵扣，计入对应科目核算。

2017 年 6 月，纳税人将该大楼改变用途，用于允许抵扣项目，则需按照不动产净值计算可抵扣进项税额后分期抵扣。

第一，可抵扣进项税额处理。

（1）计算不动产净值率：

$$不动产净值率＝[2\ 220－2\ 220÷(10×12)×12]$$
$$÷2\ 220＝90\%$$

（2）计算可抵扣进项税额。

纳税人购进该大楼是共计取得三份增值税发票，其中两份增值税专用发票属于增值税扣税凭证，但其中一份增值税专用发票在用途改变前仍未认证相符，属于不得抵扣的增值税扣税凭证。因此，根据不动产分期抵扣管理暂行办法，该大楼允许抵扣的增值税扣税凭证注明税额为 110 万元。

$$\frac{可抵扣}{进项税额}＝\frac{增值税扣税凭证注明}{或计算的进项税额}×不动产净值率$$
$$＝110×90\%＝99（万元）$$

（3）可抵扣进项税额处理。

根据相关规定，该 99 万元进项税额中的 60％于改变用途的次月抵扣，剩余的 40％于改变用途的次月起，第 13 个月抵扣。

计算填报 2017 年 7 月应抵扣、待抵扣进项税额：

该大楼本期应抵扣进项税额为：

$$99×60\%＝59.4（万元）$$

该 59.4 万元应于 2017 年 8 月申报期申报 7 月所属期增值税时从销项税额中抵扣；应记入当期"应交税费——应交增值税（进项税额）"科目核算。

将不动产进项税额全额 99 万元，填入《增值税纳税申报表（一般纳税人适用）》附列资料（二）第 4 栏"其他扣税凭证"、第 8 栏"其中：其他"。

将不动产进项税额全额 99 万元，作为当期不动产扣税凭证填入第 9 栏"本期用于购建不动产的扣税凭证"（购建是指购进和自建）。

通过上述两步，一是能够保证"一窗式"比对相符；二是先将不动产进项税额全额扣减，通过以下后续步骤实现分期抵扣。

将不动产进项税额全额 99 万元，填入《增值税纳税申报表（一般纳税人适用）》附列资料（五）第 2 栏"本期不动产进项税额增加额"，并作为增加项计入第 5 栏"期末待抵扣不动产进项税额"。

计算的 59.4 万元填入《增值税纳税申报表（一般纳税人适用）》附列资料（五）第 3 栏"本期可抵扣不动产进项税额"，并作为减少项计入第 5 栏"期末待抵扣不动产进项税额"。

计算的 59.4 万元填入《增值税纳税申报表（一般纳税人适用）》附列资料（二）第 10 栏"本期不动产允许抵扣进项税额"。

本期《增值税纳税申报表（一般纳税人适用）》附列资料（二）第 10 栏"本期不动产允许抵扣进项税额"所填税额，作为增加项填入第 12 栏"当期申报抵扣进项税额合计"，并进入主表第 12 栏"进项税额——本月数"。

$$该大楼待抵扣进项税额＝99×40\%＝39.6（万元）$$

该 39.6 万元应计入当期"应交税费——待抵扣进项税额"科目核算。

第二，待抵扣进项税额到期处理。

2018 年 8 月申报期申报 7 月所属期增值税时，该 39.6 万元到抵扣期，应从当期销项税额中抵扣。纳税人自建不动产，用于不得抵扣项目的，原来不允许抵扣且未抵扣的所耗用的购进货物、设计服务和建筑服务等进项税额，在不动产发生用途改变，用于允许抵扣项目时，应按照上述购进不动产改变用途情况处理。

（六）纳税人注销时待抵扣进项税额的处理

纳税人注销税务登记时，其尚未抵扣完毕的待抵扣进项税额于注销清算的当期从销项税额中抵扣。

税务登记又称纳税登记，是指税务机关根据税法规定，对纳税人的生产、经营活动进行登记管理的一项法定制度，也是纳税人依法履行纳税义务的法定手续。税务登记是税务机关对纳税人实施税收管理的首要环节和基础工作，是征纳双方法律关系成立的依据和证明，也是纳税人必须依法履行的义务。

根据《税收征收管理法》《税收征收管理法实施细则》和《税务登记管理办法》的相关规定，注销税务登记，是指纳税人发生解散、破产、撤销以及其他情形，不能继续履行纳税义务时，向税务机关申请办理终止纳税人义务的税务登记管理制度。办理注销税务登记后，该当事人不再接受原税务机关的管理。

本着有利于纳税人的原则，纳税人在注销税务登记时，如果此时账上仍有尚未抵扣完毕的待抵扣进项税额，允许其在注销清算的当期，提前予以抵扣。

八、纳税人提供不动产经营租赁服务增值税应纳税额的计算

（一）适用范围

纳税人以经营租赁方式出租其取得的不动产（以下简称出租不动产），适用《纳税人提供不动产经营租赁服务增值税征收管理暂行办法》（国家税务总局公告 2016 年第 16 号）。

取得的不动产，包括以直接购买、接受捐赠、接受投资入股、自建以及

抵债等各种形式取得的不动产。

纳税人提供道路通行服务不适用《纳税人提供不动产经营租赁服务增值税征收管理暂行办法》。

（二）一般纳税人出租不动产增值税的计算

一般纳税人出租不动产，按照以下规定缴纳增值税：

（1）一般纳税人出租其 2016 年 4 月 30 日前取得的不动产，可以选择适用简易计税方法，按照 5％的征收率计算应纳税额。不动产所在地与机构所在地不在同一县（市、区）的，纳税人应按照上述计税方法向不动产所在地主管国税机关预缴税款，向机构所在地主管国税机关申报纳税。不动产所在地与机构所在地在同一县（市、区）的，纳税人向机构所在地主管国税机关申报纳税。

（2）一般纳税人出租其 2016 年 5 月 1 日后取得的不动产，适用一般计税方法计税。不动产所在地与机构所在地不在同一县（市、区）的，纳税人应按照 3％的预征率向不动产所在地主管国税机关预缴税款，向机构所在地主管国税机关申报纳税。不动产所在地与机构所在地在同一县（市、区）的，纳税人应向机构所在地主管国税机关申报纳税。

（3）一般纳税人出租其 2016 年 4 月 30 日前取得的不动产适用一般计税方法计税的，按照上述规定执行。

（三）小规模纳税人出租不动产增值税的计算

小规模纳税人出租不动产，按照以下规定缴纳增值税：

（1）单位和个体工商户出租不动产（不含个体工商户出租住房），按照 5％的征收率计算应纳税额。个体工商户出租住房，按照 5％的征收率减按 1.5％计算应纳税额。不动产所在地与机构所在地不在同一县（市、区）的，纳税人应按照上述计税方法向不动产所在地主管国税机关预缴税款，向机构所在地主管国税机关申报纳税。不动产所在地与机构所在地在同一县（市、区）的，纳税人应向机构所在地主管国税机关申报纳税。

（2）其他个人出租不动产（不含住房），按照 5％的征收率计算应纳税额，向不动产所在地主管地税机关申报纳税。其他个人出租住房，按照 5％的征收率减按 1.5％计算应纳税额，向不动产所在地主管地税机关申报纳税。

（四）其他个人出租不动产应纳税额的计算

其他个人出租不动产，按照以下公式计算应纳税款：

（1）出租住房：

$$应纳税款＝含税销售额÷(1＋5％)×1.5％$$

（2）出租非住房：

$$应纳税款＝含税销售额÷(1＋5％)×5％$$

九、房地产开发企业销售自行开发的房地产项目增值税应纳税额的计算

（一）适用范围

房地产开发企业销售自行开发的房地产项目，适用《房地产开发企业销售自行开发的房地产项目增值税征收管理暂行办法》（国家税务总局公告 2016 年第 18 号）。自行开发，是指在依法取得土地使用权的土地上进行基础设施和房屋建设。

（二）一般纳税人销售额的确定

1. 销售额的计算公式

房地产开发企业中的一般纳税人（以下简称一般纳税人）销售自行开发的房地产项目，适用一般计税方法计税，按照取得的全部价款和价外费用，扣除当期销售房地产项目对应的土地价款后的余额计算销售额。销售额的计算公式如下：

$$销售额＝（全部价款和价外费用－当期允许扣除的土地价款）$$
$$÷（1＋11\%）$$

2. 当期允许扣除的土地价款的计算公式

当期允许扣除的土地价款按照以下公式计算：

$$\frac{当期允许扣除}{的土地价款}=\left(\frac{当期销售房地产}{项目建筑面积}÷\frac{房地产项目可}{供销售建筑面积}\right)×\frac{支付的}{土地价款}$$

当期销售房地产项目建筑面积，是指当期进行纳税申报的增值税销售额对应的建筑面积。

房地产项目可供销售建筑面积，是指房地产项目可以出售的总建筑面积，不包括销售房地产项目时未单独作价结算的配套公共设施的建筑面积。

支付的土地价款，是指向政府、土地管理部门或受政府委托收取土地价款的单位直接支付的土地价款。

3. 扣除土地价款的票据要求

在计算销售额时从全部价款和价外费用中扣除土地价款，应当取得省级以上（含省级）财政部门监（印）制的财政票据。

4. 建立台账

一般纳税人应建立台账登记土地价款的扣除情况，扣除的土地价款不得超过纳税人实际支付的土地价款。

5. 简易计税方法的选择

一般纳税人销售自行开发的房地产老项目，可以选择适用简易计税方法按照 5% 的征收率计税。一经选择简易计税方法计税的，36 个月内不得变更为一般计税方法计税。

房地产老项目，是指：

（1）《建筑工程施工许可证》注明的合同开工日期在 2016 年 4 月 30 日前的房地产项目；

（2）《建筑工程施工许可证》未注明合同开工日期或者未取得《建筑工程施工许可证》但建筑工程承包合同注明的开工日期在 2016 年 4 月 30 日前的建筑工程项目。

6. 简易计税方法的销售额

一般纳税人销售自行开发的房地产老项目适用简易计税方法计税的，以取得的全部价款和价外费用为销售额，不得扣除对应的土地价款。

（三）一般纳税人预缴税款

一般纳税人采取预收款方式销售自行开发的房地产项目，应在收到预收款时按照 3％的预征率预缴增值税。

预收款是指房地产企业实际取得的售房款。包括：①分期取得的预收款（首付＋按揭＋尾款）；②全款取得的预收款（因为全款取得也要事后开票，确认应税收入，因此也可以叫做预收款）。

应预缴税款按照以下公式计算：

$$应预缴税款＝预收款÷（1＋适用税率或征收率）×3％$$

适用一般计税方法计税的，按照 11％的适用税率计算；适用简易计税方法计税的，按照 5％的征收率计算。

房地产开发企业收到这类预售款以后，应区分项目的具体情况，是老项目还是新项目，确定适用的计税方法，计算当期应预缴的税款。

一般纳税人应在取得预收款的次月纳税申报期向主管国税机关预缴税款。

（四）一般纳税人的进项税额

一般纳税人销售自行开发的房地产项目，兼有一般计税方法计税、简易计税方法计税、免征增值税的房地产项目而无法划分不得抵扣的进项税额的，应以《建筑工程施工许可证》注明的"建设规模"为依据进行划分。

$$\frac{\text{不得抵扣的}}{\text{进项税额}}＝\frac{\text{当期无法划分的}}{\text{全部进项税额}}×\left(\frac{\text{简易计税、免税}}{\text{房地产项目建设规模}}÷\frac{\text{房地产项目}}{\text{总建设规模}}\right)$$

（五）小规模纳税人预缴税款

房地产开发企业中的小规模纳税人（以下简称小规模纳税人）采取预收款方式销售自行开发的房地产项目，应在收到预收款时按照 3％的预征率预缴增值税。

应预缴税款按照以下公式计算：

$$应预缴税款＝预收款÷（1＋5％）×3％$$

小规模纳税人应在取得预收款的次月纳税申报期或主管国税机关核定的

纳税期限向主管国税机关预缴税款。

十、纳税人跨县（市、区）提供建筑服务增值税应纳税额的计算

（一）适用范围

跨县（市、区）提供建筑服务，是指单位和个体工商户（以下简称纳税人）在其机构所在地以外的县（市、区）提供建筑服务。

纳税人在同一直辖市、计划单列市范围内跨县（市、区）提供建筑服务的，由直辖市、计划单列市国家税务局决定是否适用《跨县（市、区）提供建筑服务增值税征收管理暂行办法》（国家税务总局公告 2016 年第 17 号）。

其他个人跨县（市、区）提供建筑服务，不适用《跨县（市、区）提供建筑服务增值税征收管理暂行办法》。

（二）纳税申报与简易计税方法的选择

纳税人跨县（市、区）提供建筑服务，应按照《营业税改征增值税试点实施办法》规定的纳税义务发生时间和计税方法，向建筑服务发生地主管国税机关预缴税款，向机构所在地主管国税机关申报纳税。

《建筑工程施工许可证》未注明合同开工日期，但建筑工程承包合同注明的开工日期在 2016 年 4 月 30 日前的建筑工程项目，属于《营业税改征增值税试点实施办法》规定的可以选择简易计税方法计税的建筑工程老项目。

（三）预缴税款的确定

纳税人跨县（市、区）提供建筑服务，按照以下规定预缴税款：

（1）一般纳税人跨县（市、区）提供建筑服务，适用一般计税方法计税的，以取得的全部价款和价外费用扣除支付的分包款后的余额，按照 2％ 的预征率计算应预缴税款；

（2）一般纳税人跨县（市、区）提供建筑服务，选择适用简易计税方法计税的，以取得的全部价款和价外费用扣除支付的分包款后的余额，按照 3％ 的征收率计算应预缴税款；

（3）小规模纳税人跨县（市、区）提供建筑服务，以取得的全部价款和价外费用扣除支付的分包款后的余额，按照 3％ 的征收率计算应预缴税款。

（四）预缴税款的计算公式

纳税人跨县（市、区）提供建筑服务，按照以下公式计算应预缴税款：

（1）适用一般计税方法计税的，应预缴税款＝（全部价款和价外费用－支付的分包款）÷（1＋11％）×2％。

（2）适用简易计税方法计税的，应预缴税款＝（全部价款和价外费用－支付的分包款）÷（1＋3％）×3％。

纳税人取得的全部价款和价外费用扣除支付的分包款后的余额为负数的，

可结转下次预缴税款时继续扣除。

纳税人应按照工程项目分别计算应预缴税款，分别预缴。

上述政策区分一般计税方法和简易计税方法，分别列出了应预缴税款的计算公式。需要注意的是，由于增值税是价外税，取得的含税的价款和价外费用在预缴税款计算时需要将含税价换算成不含税价格。

上述政策还明确了纳税人取得的全部价款和价外费用扣除支付的分包款后的余额为负数的，可结转下次预缴时继续扣除。保证纳税人不因收入和支出取得时间的不均衡造成多缴税款。

上述政策最后一段明确的是纳税人应分建筑工程项目分别计算应预缴税款，分别预缴。也就是说，如果纳税人同时为多个跨县（市、区）的建筑项目提供建筑服务，需要分项目计算预缴税款。这一规定保证了所有预缴税款的实现与建筑工程项目一一对应和匹配，减少对建筑服务发生地收入实现的交叉影响。下面区分不同计税方法分别举例说明：

【例5】某A省建筑公司在B省分别提供了两项建筑服务（适用一般计税方法），2016年5月，项目1当月取得建筑服务收入555万元，支付分包款1 555万元（取得了增值税专用发票），项目2当月取得建筑服务收入1 665万元，支付分包款555万元（取得了增值税专用发票），该项目公司该如何预缴税款？

该建筑公司应当在B省就两项建筑服务分别计算并预缴税款：

（1）项目1由于当月收入555万元扣除当月分包款支出1 555万元后为负数（−1 000万元），因此，项目1当月计算的预缴税款为0，且剩余的1 000万元可结转下次预缴税款时继续扣除。

（2）项目2当月收入1 665万元扣除分包款支出555万元后剩余1 110万元，因此，应以1 110万元为计算依据计算预缴税款。应预缴税款＝（1 665−555)÷(1+11%)×2%＝20（万元）。

【例6】某A省建筑公司在B省分别提供了两项建筑服务（适用简易计税方法），2016年5月，项目1当月取得建筑服务收入555万元，支付分包款1 555万元（取得了增值税专用发票），项目2当月取得建筑服务收入1 665万元，支付分包款555万元（取得了增值税专用发票），该项目公司该如何预缴税款？

该建筑公司应当在B省就两项建筑服务分别计算并预缴税款：

（1）项目1由于当月收入555万元扣除当月分包款支出1 555万元后为负数（−1 000万元），因此，项目1当月计算的预缴税款为0，且剩余的1 000万元可结转下次预缴税款时继续扣除。

（2）项目2当月收入1 665万元扣除分包款支出555万元后剩余1 110万

元，因此，应以 1 110 万元为计算依据计算预缴税款。应预缴税款＝（1 665－555)÷(1＋3％)×3％＝32.33（万元）。

十一、劳务派遣服务政策

（一）一般纳税人派遣服务政策

一般纳税人提供劳务派遣服务，可以按照《财政部 国家税务总局关于全面推开营业税改征增值税试点的通知》（财税〔2016〕36 号）的有关规定，以取得的全部价款和价外费用为销售额，按照一般计税方法计算缴纳增值税；也可以选择差额纳税，以取得的全部价款和价外费用，扣除代用工单位支付给劳务派遣员工的工资、福利和为其办理社会保险及住房公积金后的余额为销售额，按照简易计税方法依 5％的征收率计算缴纳增值税。

（二）小规模纳税人派遣服务政策

小规模纳税人提供劳务派遣服务，可以按照《财政部 国家税务总局关于全面推开营业税改征增值税试点的通知》的有关规定，以取得的全部价款和价外费用为销售额，按照简易计税方法依 3％的征收率计算缴纳增值税；也可以选择差额纳税，以取得的全部价款和价外费用，扣除代用工单位支付给劳务派遣员工的工资、福利和为其办理社会保险及住房公积金后的余额为销售额，按照简易计税方法依 5％的征收率计算缴纳增值税。

（三）发票开具与定义

选择差额纳税的纳税人，向用工单位收取用于支付给劳务派遣员工工资、福利和为其办理社会保险及住房公积金的费用，不得开具增值税专用发票，可以开具普通发票。

劳务派遣服务，是指劳务派遣公司为了满足用工单位对于各类灵活用工的需求，将员工派遣至用工单位，接受用工单位管理并为其工作的服务。

十二、收费公路通行费抵扣及征收政策

（一）收费公路通行费抵扣政策

2016 年 5 月 1 日至 7 月 31 日，一般纳税人支付的道路、桥、闸通行费，暂凭取得的通行费发票（不含财政票据，下同）上注明的收费金额按照下列公式计算可抵扣的进项税额：

$$\text{高速公路通行费可抵扣进项税额} = \frac{\text{高速公路通行费发票上注明的金额}}{(1+3\%)} \times 3\%$$

$$\text{一级公路、二级公路、桥、闸通行费可抵扣进项税额} = \frac{\text{一级公路、二级公路、桥、闸通行费发票上注明的金额}}{(1+5\%)} \times 5\%$$

通行费，是指有关单位依法或者依规设立并收取的过路、过桥和过闸费用。

（二）通行费纳税政策

一般纳税人收取试点前开工的一级公路、二级公路、桥、闸通行费，可以选择适用简易计税方法，按照 5% 的征收率计算缴纳增值税。

试点前开工，是指相关施工许可证注明的合同开工日期在 2016 年 4 月 30 日前。

十三、总分机构试点纳税人增值税计算缴纳制度

经财政部和国家税务总局批准的总机构试点纳税人及其分支机构，按照《总分机构试点纳税人增值税计算缴纳暂行办法》（财税〔2013〕74 号）的规定计算缴纳增值税。

总机构应当汇总计算总机构及其分支机构发生《应税服务范围注释》所列业务的应交增值税，抵减分支机构发生《应税服务范围注释》所列业务已缴纳的增值税税款（包括预缴和补缴的增值税税款）后，在总机构所在地解缴入库。总机构销售货物、提供加工修理修配劳务，按照增值税暂行条例及相关规定就地申报缴纳增值税。

总机构汇总的应征增值税销售额，为总机构及其分支机构发生《应税服务范围注释》所列业务的应征增值税销售额。总机构汇总的销项税额，按照上述规定的应征增值税销售额和增值税适用税率计算。

总机构汇总的进项税额，是指总机构及其分支机构因发生《应税服务范围注释》所列业务而购进货物或者接受加工修理修配劳务和应税服务，支付或者负担的增值税税额。总机构及其分支机构用于发生《应税服务范围注释》所列业务之外的进项税额不得汇总。

分支机构发生《应税服务范围注释》所列业务，按照应征增值税销售额和预征率计算缴纳增值税。计算公式如下：

$$应预缴的增值税＝应征增值税销售额×预征率$$

预征率由财政部和国家税务总局规定，并适时予以调整。

分支机构销售货物、提供加工修理修配劳务，按照增值税暂行条例及相关规定就地申报缴纳增值税。

分支机构发生《应税服务范围注释》所列业务当期已预缴的增值税税款，在总机构当期增值税应纳税额中抵减不完的，可以结转下期继续抵减。

每年的第一个纳税申报期结束后，对上一年度总分机构汇总纳税情况进行清算。总机构和分支机构年度清算应交增值税，按照各自销售收入占比和总机构汇总的上一年度应交增值税税额计算。分支机构预缴的增值税超过其年度清算应交增值税的，通过暂停以后纳税申报期预缴增值税的方式予以解决。分支机构预缴的增值税小于其年度清算应交增值税的，差额部分在以后

纳税申报期由分支机构在预缴增值税时一并就地补缴入库。

总机构及其分支机构的其他增值税涉税事项，按照营业税改征增值税试点政策及其他增值税有关政策执行。

十四、其他政策

（一）人力资源外包服务政策

纳税人提供人力资源外包服务，按照经纪代理服务缴纳增值税，其销售额不包括受客户单位委托代为向客户单位员工发放的工资和代理缴纳的社会保险、住房公积金。向委托方收取并代为发放的工资和代理缴纳的社会保险、住房公积金，不得开具增值税专用发票，可以开具普通发票。

一般纳税人提供人力资源外包服务，可以选择适用简易计税方法，按照5％的征收率计算缴纳增值税。

（二）土地使用权出租转让政策

纳税人以经营租赁方式将土地出租给他人使用，按照不动产经营租赁服务缴纳增值税。

纳税人转让2016年4月30日前取得的土地使用权，可以选择适用简易计税方法，以取得的全部价款和价外费用减去取得该土地使用权的原价后的余额为销售额，按照5％的征收率计算缴纳增值税。

（三）融资租赁合同政策

一般纳税人2016年4月30日前签订的不动产融资租赁合同，或以2016年4月30日前取得的不动产提供的融资租赁服务，可以选择适用简易计税方法，按照5％的征收率计算缴纳增值税。

（四）管道运输服务和有形动产融资租赁服务政策

一般纳税人提供管道运输服务和有形动产融资租赁服务，按照《营业税改征增值税试点过渡政策的规定》（财税〔2013〕106号）第二条有关规定适用的增值税实际税负超过3％部分即征即退政策，在2016年1月1日至4月30日期间继续执行。

第六节　营改增税收征管制度

一、纳税义务、扣缴义务发生时间

增值税纳税义务、扣缴义务发生时间为：

（1）纳税人发生应税行为并收讫销售款项或者取得索取销售款项凭据的当天；先开具发票的，为开具发票的当天。收讫销售款项，是指纳税人销售服务、无形资产、不动产过程中或者完成后收到款项。取得索取销售款项凭据的当天，是指书面合同确定的付款日期；未签订书面合同或者书面合同未确定付款日期的，为服务、无形资产转让完成的当天或者不动产权属变更的当天。

（2）纳税人提供建筑服务、租赁服务采取预收款方式的，其纳税义务发生时间为收到预收款的当天。

（3）纳税人从事金融商品转让的，为金融商品所有权转移的当天。

（4）纳税人发生《营业税改征增值税试点实施办法》第十四条规定情形的，其纳税义务发生时间为服务、无形资产转让完成的当天或者不动产权属变更的当天。

（5）增值税扣缴义务发生时间为纳税人增值税纳税义务发生的当天。

二、增值税纳税地点

（一）一般规定

增值税纳税地点为：

（1）固定业户应当向其机构所在地或者居住地主管税务机关申报纳税。总机构和分支机构不在同一县（市）的，应当分别向各自所在地的主管税务机关申报纳税；经财政部和国家税务总局或者其授权的财政和税务机关批准，可以由总机构汇总向总机构所在地的主管税务机关申报纳税。

（2）非固定业户应当向应税行为发生地主管税务机关申报纳税；未申报纳税的，由其机构所在地或者居住地主管税务机关补征税款。

（3）其他个人提供建筑服务，销售或者租赁不动产，转让自然资源使用权，应向建筑服务发生地、不动产所在地、自然资源所在地主管税务机关申报纳税。

（4）扣缴义务人应当向其机构所在地或者居住地主管税务机关申报缴纳扣缴的税款。

（二）过渡期政策

属于固定业户的试点纳税人，总分支机构不在同一县（市），但在同一省（自治区、直辖市、计划单列市）范围内的，经省（自治区、直辖市、计划单列市）财政厅（局）和国家税务局批准，可以由总机构汇总向总机构所在地的主管税务机关申报缴纳增值税。

三、纳税期限与申报期限

（一）纳税期限

增值税的纳税期限分别为1日、3日、5日、10日、15日、1个月或者1

个季度。纳税人的具体纳税期限，由主管税务机关根据纳税人应纳税额的大小分别核定。以 1 个季度为纳税期限的规定适用于小规模纳税人、银行、财务公司、信托投资公司、信用社，以及财政部和国家税务总局规定的其他纳税人。不能按照固定期限纳税的，可以按次纳税。

（二）申报期限

纳税人以 1 个月或者 1 个季度为一个纳税期的，自期满之日起 15 日内申报纳税；以 1 日、3 日、5 日、10 日或者 15 日为一个纳税期的，自期满之日起 5 日内预缴税款，于次月 1 日起 15 日内申报纳税并结清上月应纳税款。

自 2016 年 4 月 1 日起，增值税小规模纳税人原则上实行按季申报缴纳增值税。

（三）扣缴期限

扣缴义务人解缴税款的期限，按照上述规定执行。

四、征收主管机关与零税率申报

（一）增值税征收主管机关

营业税改征的增值税，由国家税务局负责征收。纳税人销售取得的不动产和其他个人出租不动产的增值税，国家税务局暂委托地方税务局代为征收。

（二）零税率的申报

纳税人发生适用零税率的应税行为，应当按期向主管税务机关申报办理退（免）税，具体办法由财政部和国家税务总局制定。

五、增值税发票的开具

（一）增值税专用发票

纳税人发生应税行为，应当向索取增值税专用发票的购买方开具增值税专用发票，并在增值税专用发票上分别注明销售额和销项税额。

属于下列情形之一的，不得开具增值税专用发票：

（1）向消费者个人销售服务、无形资产或者不动产。

（2）适用免征增值税规定的应税行为。

（二）小规模纳税人代开发票

小规模纳税人发生应税行为，购买方索取增值税专用发票的，可以向主管税务机关申请代开。

由于增值税小规模纳税人不能自行开具增值税专用发票，其销售服务、无形资产或者不动产，如果购买方索取增值税专用发票的，可以向主管税务机关申请代开增值税专用发票。但是，对小规模纳税人向消费者个人销售服务、无形资产或者不动产以及销售服务、无形资产或者不动产适用免征增值税规定的，不得申请代开增值税专用发票。

六、营改增过渡期税收征管制度

(一) 纳税申报期

2016年5月1日新纳入营改增试点范围的纳税人（以下简称试点纳税人），2016年6月份增值税纳税申报期延长至2016年6月27日。

根据工作实际情况，省、自治区、直辖市和计划单列市国家税务局（以下简称省国税局）可以适当延长2015年度企业所得税汇算清缴时间，但最长不得超过2016年6月30日。

实行按季申报的原营业税纳税人，2016年5月申报期内，向主管地税机关申报税款所属期为4月份的营业税；2016年7月申报期内，向主管国税机关申报税款所属期为5、6月份的增值税。

(二) 增值税一般纳税人资格登记

试点纳税人应按照《国家税务总局关于全面推开营业税改征增值税试点有关税收征收管理事项的公告》（国家税务总局公告2016年第23号）规定办理增值税一般纳税人资格登记。

除《国家税务总局关于全面推开营业税改征增值税试点有关税收征收管理事项的公告》第二条第（三）项规定的情形外，营改增试点实施前（以下简称试点实施前）销售服务、无形资产或者不动产（以下简称应税行为）的年应税销售额超过500万元的试点纳税人，应向主管国税机关办理增值税一般纳税人资格登记手续。

试点纳税人试点实施前的应税行为年应税销售额按以下公式换算：

$$\frac{应税行为年}{应税销售额} = \frac{连续不超过12个月}{应税行为营业额合计} \div (1+3\%)$$

按照现行营业税规定差额征收营业税的试点纳税人，其应税行为营业额按未扣除之前的营业额计算。

试点实施前，试点纳税人偶然发生的转让不动产的营业额，不计入应税行为年应税销售额。

试点实施前已取得增值税一般纳税人资格并兼有应税行为的试点纳税人，不需要重新办理增值税一般纳税人资格登记手续，由主管国税机关制作、送达《税务事项通知书》，告知纳税人。

试点实施前应税行为年应税销售额未超过500万元的试点纳税人，会计核算健全，能够提供准确税务资料的，也可以向主管国税机关办理增值税一般纳税人资格登记。

试点实施前，试点纳税人增值税一般纳税人资格登记可由省国税局按照《国家税务总局关于全面推开营业税改征增值税试点有关税收征收管理事项的公告》及相关规定采取预登记措施。

试点实施后，符合条件的试点纳税人应当按照《增值税一般纳税人资格认定管理办法》（国家税务总局令第 22 号）、《国家税务总局关于调整增值税一般纳税人管理有关事项的公告》（国家税务总局公告 2015 年第 18 号）及相关规定，办理增值税一般纳税人资格登记。按照营改增有关规定，应税行为有扣除项目的试点纳税人，其应税行为年应税销售额按未扣除之前的销售额计算。

增值税小规模纳税人偶然发生的转让不动产的销售额，不计入应税行为年应税销售额。

试点纳税人兼有销售货物、提供加工修理修配劳务和应税行为的，应税货物及劳务销售额与应税行为销售额分别计算，分别适用增值税一般纳税人资格登记标准。

兼有销售货物、提供加工修理修配劳务和应税行为，年应税销售额超过财政部、国家税务总局规定标准且不经常发生销售货物、提供加工修理修配劳务和应税行为的单位和个体工商户可选择按照小规模纳税人纳税。

试点纳税人在办理增值税一般纳税人资格登记后，发生增值税偷税、骗取出口退税和虚开增值税扣税凭证等行为的，主管国税机关可以对其实行 6 个月的纳税辅导期管理。

（三）发票使用

增值税一般纳税人销售货物、提供加工修理修配劳务和应税行为，使用增值税发票管理新系统（以下简称新系统）开具增值税专用发票、增值税普通发票、机动车销售统一发票、增值税电子普通发票。

增值税小规模纳税人销售货物、提供加工修理修配劳务月销售额超过 3 万元（按季纳税 9 万元），或者销售服务、无形资产月销售额超过 3 万元（按季纳税 9 万元），使用新系统开具增值税普通发票、机动车销售统一发票、增值税电子普通发票。

增值税普通发票（卷式）启用前，纳税人可通过新系统使用国税机关发放的现有卷式发票。

门票、过路（过桥）费发票、定额发票、客运发票和二手车销售统一发票继续使用。营改增后，门票、过路（过桥）费发票属于予以保留的票种，自 2016 年 5 月 1 日起，由国税机关监制管理。原地税机关监制的上述两类发票，可以延用至 2016 年 6 月 30 日。

采取汇总纳税的金融机构，省、自治区所辖地市以下分支机构可以使用地市级机构统一领取的增值税专用发票、增值税普通发票、增值税电子普通发票；直辖市、计划单列市所辖区县及以下分支机构可以使用直辖市、计划单列市机构统一领取的增值税专用发票、增值税普通发票、增值税电子普通发票。

国税机关、地税机关使用新系统代开增值税专用发票和增值税普通发票。代开增值税专用发票使用六联票，代开增值税普通发票使用五联票。

自2016年5月1日起，地税机关不再向试点纳税人发放发票。试点纳税人已领取地税机关印制的发票以及印有本单位名称的发票，可继续使用至2016年6月30日，特殊情况经省国税局确定，可适当延长使用期限，最迟不超过2016年8月31日。

纳税人在地税机关已申报营业税未开具发票，2016年5月1日以后需要补开发票的，可于2016年12月31日前开具增值税普通发票（国家税务总局另有规定的除外）。

（四）增值税发票开具

国家税务总局编写了《商品和服务税收分类与编码（试行）》（以下简称编码），并在新系统中增加了编码相关功能。自2016年5月1日起，纳入新系统推行范围的试点纳税人及新办增值税纳税人，应使用新系统选择相应的编码开具增值税发票。北京市、上海市、江苏省和广东省已使用编码的纳税人，应于5月1日前完成开票软件升级。5月1日前已使用新系统的纳税人，应于8月1日前完成开票软件升级。

按照现行政策规定适用差额征税办法缴纳增值税，且不得全额开具增值税发票的（财政部、税务总局另有规定的除外），纳税人自行开具或者税务机关代开增值税发票时，通过新系统中差额征税开票功能，录入含税销售额（或含税评估额）和扣除额，系统自动计算税额和不含税金额，备注栏自动打印"差额征税"字样，发票开具不应与其他应税行为混开。

提供建筑服务，纳税人自行开具或者税务机关代开增值税发票时，应在发票的备注栏注明建筑服务发生地县（市、区）名称及项目名称。

销售不动产，纳税人自行开具或者税务机关代开增值税发票时，应在发票"货物或应税劳务、服务名称"栏填写不动产名称及房屋产权证书号码（无房屋产权证书的可不填写），"单位"栏填写面积单位，备注栏注明不动产的详细地址。

出租不动产，纳税人自行开具或者税务机关代开增值税发票时，应在备注栏注明不动产的详细地址。

个人出租住房适用优惠政策减按1.5%征收，纳税人自行开具或者税务机关代开增值税发票时，通过新系统中征收率减按1.5%征收开票功能，录入含税销售额，系统自动计算税额和不含税金额，发票开具不应与其他应税行为混开。

税务机关代开增值税发票时，"销售方开户行及账号"栏填写税收完税凭证字轨及号码或系统税票号码（免税代开增值税普通发票可不填写）。

国税机关为跨县（市、区）提供不动产经营租赁服务、建筑服务的小规模纳税人（不包括其他个人），代开增值税发票时，在发票备注栏中自动打印"YD"字样。

（五）扩大取消增值税发票认证的纳税人范围

纳税信用B级增值税一般纳税人取得销售方使用新系统开具的增值税发票（包括增值税专用发票、货物运输业增值税专用发票、机动车销售统一发票，下同），可以不再进行扫描认证，登录本省增值税发票查询平台，查询、选择用于申报抵扣或者出口退税的增值税发票信息，未查询到对应发票信息的，仍可进行扫描认证。

2016年5月1日新纳入营改增试点的增值税一般纳税人，2016年5月至7月期间不需进行增值税发票认证，登录本省增值税发票查询平台，查询、选择用于申报抵扣或者出口退税的增值税发票信息，未查询到对应发票信息的，可进行扫描认证。2016年8月起按照纳税信用级别分别适用发票认证的有关规定。

（六）其他纳税事项

原以地市一级机构汇总缴纳营业税的金融机构，营改增后继续以地市一级机构汇总缴纳增值税。同一省（自治区、直辖市、计划单列市）范围内的金融机构，经省（自治区、直辖市、计划单列市）国家税务局和财政厅（局）批准，可以由总机构汇总向总机构所在地的主管国税机关申报缴纳增值税。

增值税小规模纳税人应分别核算销售货物，提供加工、修理修配劳务的销售额，和销售服务、无形资产的销售额。增值税小规模纳税人销售货物，提供加工、修理修配劳务月销售额不超过3万元（按季纳税9万元），销售服务、无形资产月销售额不超过3万元（按季纳税9万元）的，自2016年5月1日起至2017年12月31日，可分别享受小微企业暂免征收增值税优惠政策。按照现行规定，适用增值税差额征收政策的增值税小规模纳税人，以差额前的销售额确定是否可以享受3万元（按季纳税9万元）以下免征增值税政策。

按季纳税申报的增值税小规模纳税人，实际经营期不足一个季度的，以实际经营月份计算当期可享受小微企业免征增值税政策的销售额度。按照《国家税务总局关于全面推开营业税改征增值税试点有关税收征收管理事项的公告》第一条第（三）项规定，按季纳税的试点增值税小规模纳税人，2016年7月纳税申报时，申报的2016年5月、6月增值税应税销售额中，销售货物，提供加工、修理修配劳务的销售额不超过6万元，销售服务、无形资产的销售额不超过6万元的，可分别享受小微企业暂免征收增值税优惠政策。

其他个人采取预收款形式出租不动产，取得的预收租金收入，可在预收款对应的租赁期内平均分摊，分摊后的月租金收入不超过 3 万元的，可享受小微企业免征增值税优惠政策。

七、纳税人转让不动产增值税的征管

（一）增值税扣除原价的凭证

纳税人按规定从取得的全部价款和价外费用中扣除不动产购置原价或者取得不动产时的作价的，应当取得符合法律、行政法规和国家税务总局规定的合法有效凭证。否则，不得扣除。

上述凭证是指：

（1）税务部门监制的发票；

（2）法院判决书、裁定书、调解书，以及仲裁裁决书、公证债权文书；

（3）国家税务总局规定的其他凭证。

（二）预缴增值税的抵减

纳税人转让其取得的不动产，向不动产所在地主管地税机关预缴的增值税税款，可以在当期增值税应纳税额中抵减，抵减不完的，结转下期继续抵减。纳税人以预缴税款抵减应纳税额，应以完税凭证作为合法有效凭证。

（三）增值税发票的开具

小规模纳税人转让其取得的不动产，不能自行开具增值税发票的，可向不动产所在地主管地税机关申请代开。

纳税人向其他个人转让其取得的不动产，不得开具或申请代开增值税专用发票。

（四）不动产过户发票的使用

纳税人销售其取得的不动产，自行开具或者税务机关代开增值税发票时，使用六联增值税专用发票或者五联增值税普通发票。纳税人办理产权过户手续需要使用发票的，可以使用增值税专用发票第六联或者增值税普通发票第三联。

（五）未按规定预缴税款的处理

纳税人转让不动产，按照《纳税人转让不动产增值税征收管理暂行办法》规定应向不动产所在地主管地税机关预缴税款而自应当预缴之月起超过 6 个月没有预缴税款的，由机构所在地主管国税机关按照《税收征收管理法》及相关规定进行处理。

纳税人转让不动产，未按照《纳税人转让不动产增值税征收管理暂行办法》规定缴纳税款的，由主管税务机关按照《税收征收管理法》及相关规定进行处理。

八、不动产进项税额分期抵扣的征管

(一) 待抵扣进项税额的核算

待抵扣进项税额记入"应交税费——待抵扣进项税额"科目核算,并于可抵扣当期转入"应交税费——应交增值税(进项税额)"科目。对不同的不动产和不动产在建工程,纳税人应分别核算其待抵扣进项税额。

增值税一般纳税人2016年5月1日后取得并在会计制度上按固定资产核算的不动产,以及2016年5月1日后发生的不动产在建工程,其进项税额应分2年从销项税额中抵扣,第一年抵扣比例为60%,第二年抵扣比例为40%。

根据上述规定,纳税人在进行账务处理时,需按如下步骤处理:将取得进项税额的40%作为待抵扣进项税额,记入"应交税费——待抵扣进项税额"科目,并于该不动产允许抵扣的当期,转入"应交税费——应交增值税(进项税额)"科目进行正常的申报抵扣。

(二) 分期抵扣进项税额的纳税申报

纳税人分期抵扣不动产的进项税额,应据实填报增值税纳税申报表附列资料。

按照《国家税务总局关于全面推开营业税改征增值税试点后增值税纳税申报有关事项的公告》(国家税务总局公告2016年第13号)相关规定填报。

(三) 分期抵扣进项税额台账制度

纳税人应建立不动产和不动产在建工程台账,分别记录并归集不动产和不动产在建工程的成本、费用、扣税凭证及进项税额抵扣情况,留存备查。

用于简易计税方法计税项目、免征增值税项目、集体福利或者个人消费的不动产和不动产在建工程,也应在纳税人建立的台账中记录。

(四) 法律责任

纳税人未按照《不动产进项税额分期抵扣暂行办法》(国家税务总局公告2016年第15号)有关规定抵扣不动产和不动产在建工程进项税额的,主管税务机关应按照《税收征收管理法》及有关规定进行处理。

九、纳税人提供不动产经营租赁服务增值税的征管

(一) 是否预缴的确定

纳税人出租的不动产所在地与其机构所在地在同一直辖市或计划单列市但不在同一县(市、区)的,由直辖市或计划单列市国家税务局决定是否在不动产所在地预缴税款。

(二) 增值税的预缴

纳税人出租不动产,按照《纳税人提供不动产经营租赁服务增值税征收

管理暂行办法》（国家税务总局公告 2016 年第 16 号）规定需要预缴税款的，应在取得租金的次月纳税申报期或不动产所在地主管国税机关核定的纳税期限预缴税款。

（三）预缴税款的计算

预缴税款的计算方法如下：

（1）纳税人出租不动产适用一般计税方法计税的，按照以下公式计算应预缴税款：

$$应预缴税款＝含税销售额÷(1＋11\%)×3\%$$

（2）纳税人出租不动产适用简易计税方法计税的，除个人出租住房外，按照以下公式计算应预缴税款：

$$应预缴税款＝含税销售额÷(1＋5\%)×5\%$$

（3）个体工商户出租住房，按照以下公式计算应预缴税款：

$$应预缴税款＝含税销售额÷(1＋5\%)×1.5\%$$

【例 7】 北京市西城区某纳税人（增值税一般纳税人）2013 年购买河南商铺 10 套，全部用于出租。每月租金收入 20 万元。请问，自 2016 年 5 月 1 日起，纳税人出租该商铺，应如何计算预缴税款？

分析：纳税人机构所在地在北京西城区，不动产在河南，不动产所在地与机构所在地不在同一县（市、区），因此纳税人应向不动产所在地国税预缴税款。该纳税人为增值税一般纳税人，如果纳税人选择一般计税方法，预缴税款＝20÷(1＋11%)×3%＝0.54（万元）。如果纳税人选择简易计税方法，预缴税款＝20÷(1＋5%)×5%＝0.95（万元）。

【例 8】 接上例，如果纳税人为个体工商户，购买的不是商铺，而是河南的住房一套（住房登记在该个体工商户名下），每月租金 3.5 万元，自 2016 年 5 月 1 日起，纳税人出租该住房，应如何计算预缴税款？

分析：个人出租住房，按 5% 的征收率减按 1.5% 计算应纳税额。此例中，个体工商户应以收取的租金减按 1.5% 征收率计算应预缴税额。

$$预缴税款＝3.5÷(1＋5\%)×1.5\%＝0.05（万元）$$

（四）预缴税款纳税申报

单位和个体工商户出租不动产，按照《纳税人提供不动产经营租赁服务增值税征收管理暂行办法》规定向不动产所在地主管国税机关预缴税款时，应填写《增值税预缴税款表》。

（五）预缴税款的抵减

单位和个体工商户出租不动产，向不动产所在地主管国税机关预缴的增值税款，可以在当期增值税应纳税额中抵减，抵减不完的，结转下期继续抵减。纳税人以预缴税款抵减应纳税额，应以完税凭证作为合法有效凭证。

【**例9**】北京海淀区某纳税人为增值税一般纳税人，该纳税人2013年购买了天津商铺一层用于出租，购买时价格为500万元，取得《不动产销售统一发票》。纳税人每月收到的租金为10万元。假设该纳税人2016年5月份其他业务的增值税应纳税额为25万元。请问，2016年6月申报期，纳税人应如何计算5月所属期的增值税应纳税额？应如何申报纳税？

分析：第一，假设该纳税人对出租商铺业务选择简易计税方法计税。

根据规定，纳税人出租与机构所在地不在同一县（市、区）的不动产，需在不动产所在地预缴税款，则该纳税人应在天津国税部门预缴的税款为：预缴税款＝10÷(1＋5%)×5%＝0.48（万元）。

纳税人取得天津国税部门开具的完税凭证。纳税人回机构所在地后，计算5月份的增值税应纳税额：应纳税额＝10÷(1＋5%)×5%（出租业务）＋25（其他业务）＝25.48（万元）。

纳税人6月15日前向主管国税机关申报5月份应纳税额25.48万元，同时以完税凭证为合法有效凭证，扣减已经在天津预缴的0.48万元，即纳税人应缴纳增值税25万元。

第二，假设该纳税人对出租商铺业务选择一般计税方法计税。

纳税人出租与机构所在地不在同一县（市、区）的不动产，需在不动产所在地预缴税款，该纳税人应在天津国税部门预缴的税款为：预缴税款＝10÷(1＋11%)×3%＝0.27（万元）。

纳税人取得天津国税部门开具的完税凭证。纳税人回机构所在地后，计算5月份的增值税应纳税额：应纳税额＝10÷(1＋11%)×11%（出租业务）＋25（其他业务）＝25.99（万元）。

由于纳税人在2013年购买不动产，2016年5月，则没有相应的不动产进项税额抵扣。纳税人6月15日前向主管国税机关申报5月份应纳税额25.99万元，同时以完税凭证为合法有效凭证，扣减已经在天津预缴的0.27万元，即纳税人应缴纳增值税25.72万元。

【**例10**】与［例9］类似，但纳税人出租的不动产为改革后取得的不动产。北京海淀区某纳税人2016年5月1日购买了天津商铺一层用于出租，购买时价格为555万元，取得增值税专用发票，注明增值税款55万元。纳税人立即将该商铺出租，每月租金为10万元，自2016年5月开始收取租金。假设该纳税人2016年5月份其他业务的增值税应纳税额为25万元。请问，2016年6月申报期，纳税人应如何计算5月所属期的增值税应纳税额？应如何申报纳税？

分析：第一，假设该纳税人为增值税一般纳税人。

增值税一般纳税人出租改革后取得的不动产，适用一般计税方法，其应在天津国税部门预缴税款：预缴税款＝10÷(1＋11％)×3％＝0.27（万元)。

纳税人取得天津国税部门开具的完税凭证。纳税人回机构所在地后，计算5月份的增值税应纳税额：应纳税额＝10÷(1＋11％)×11％（出租业务)－55×60％（购入不动产分2年抵扣，购进当月抵扣60％)＋25（其他业务)＝－7.01（万元)。

纳税人5月份的增值税留抵税额为7.01万元，可留待以后纳税期继续抵扣。同时，纳税人在天津预缴的0.27万元税款，也可以结转下期继续抵减。

第二，假设该纳税人为增值税小规模纳税人。

增值税小规模纳税人出租改革后取得的不动产，仍适用简易计税方法，其应在天津国税部门预缴税款：预缴税款＝10÷(1＋5％)×5％＝0.48（万元)。

纳税人取得天津国税部门开具的完税凭证。纳税人回机构所在地后，计算5月份的增值税应纳税额：应纳税额＝10÷(1＋5％)×5％（出租业务)＋25（其他业务)＝25.48（万元)。

纳税人6月15日前向主管国税机关申报5月份应纳税额25.48万元，同时以完税凭证为合法有效凭证，扣减已经在天津预缴的0.48万元，即纳税人应缴纳增值税25万元。

【例11】张三零售店为个体工商户，位于北京市西城区，张三零售店名下拥有北京东城区住宅三套，购于2012年，一直用于出租。月租金3.5万元。2016年8月，该个体工商户其他业务的销售额4.5万元。纳税人8月份应如何计算纳税?

分析：第一，假设纳税人需要预缴税款。

纳税人出租与机构所在地不在同一县（市、区)不动产，需要在不动产所在地预缴税款。个人出租住房按照5％征收率减按1.5％计算应纳税额。按照规定，该个体工商户需在北京东城区预缴税款：预缴税款＝3.5÷(1＋5％)×1.5％＝0.05（万元)。

纳税人取得东城国税部门开具的完税凭证。该纳税人8月份应纳税额＝3.5÷(1＋5％)×1.5％（出租住房)＋4.5÷(1＋3％)×3％（其他业务)＝0.18（万元)。

该个体工商户应在9月15日前向主管国税机关申报8月份应纳税额0.18万元，同时以完税凭证为合法有效凭证，扣减已经在东城预缴的0.05万元，即纳税人应缴纳增值税0.13万元。

第二，假设纳税人不需要预缴税款。

假设北京市国税局决定，北京市纳税人出租北京市内的不动产，不需要预缴税款，直接在机构所在地申报纳税。则该个体工商户9月15日前直接向主管国税机关申报 8 月份应纳税额 0.181 万元。

该纳税人 8 月份应纳税额＝3.5÷(1＋5％)×1.5％（出租住房）＋4.5÷(1＋3％)×3％（其他业务）＝0.18 万元。

（六）增值税发票的代开

小规模纳税人中的单位和个体工商户出租不动产，不能自行开具增值税发票的，可向不动产所在地主管国税机关申请代开增值税发票。其他个人出租不动产，可向不动产所在地主管地税机关申请代开增值税发票。

纳税人向其他个人出租不动产，不得开具或申请代开增值税专用发票。

（七）法律责任

纳税人出租不动产，按照《纳税人提供不动产经营租赁服务增值税征收管理暂行办法》规定应向不动产所在地主管国税机关预缴税款而自应当预缴之月起超过 6 个月没有预缴税款的，由机构所在地主管国税机关按照《税收征收管理法》及相关规定进行处理。

纳税人出租不动产，未按照《纳税人提供不动产经营租赁服务增值税征收管理暂行办法》规定缴纳税款的，由主管税务机关按照《税收征收管理法》及相关规定进行处理。

十、房地产开发企业销售自行开发的房地产项目增值税的征管

（一）一般纳税人的纳税申报

一般纳税人销售自行开发的房地产项目适用一般计税方法计税的，应按照《营业税改征增值税试点实施办法》第四十五条规定的纳税义务发生时间，以当期销售额和 11％ 的适用税率计算当期应纳税额，抵减已预缴税款后，向主管国税机关申报纳税。未抵减完的预缴税款可以结转下期继续抵减。

一般纳税人销售自行开发的房地产项目适用简易计税方法计税的，应按照《营业税改征增值税试点实施办法》第四十五条规定的纳税义务发生时间，以当期销售额和 5％ 的征收率计算当期应纳税额，抵减已预缴税款后，向主管国税机关申报纳税。未抵减完的预缴税款可以结转下期继续抵减。

（二）一般纳税人发票开具

一般纳税人销售自行开发的房地产项目，自行开具增值税发票。

一般纳税人销售自行开发的房地产项目，其 2016 年 4 月 30 日前收取并已向主管地税机关申报缴纳营业税的预收款，未开具营业税发票的，可以开具增值税普通发票，不得开具增值税专用发票。

一般纳税人向其他个人销售自行开发的房地产项目，不得开具增值税专用发票。

【例 12】A 房地产企业（一般纳税人）自行开发了 B 房地产项目，施工许

可证注明的开工日期是 2015 年 3 月 15 日，2016 年 1 月 15 日开始预售房地产，至 2016 年 4 月 30 日共取得预收款 5 250 万元，已按照营业税规定申报缴纳营业税。A 房地产企业对上述预收款开具收据，未开具营业税发票。该企业 2016 年 5 月又收到预收款 5 250 万元。2016 年 6 月共开具了增值税普通发票 10 500 万元（含 2016 年 4 月 30 日前取得的未开票预收款 5 250 万元，和 2016 年 5 月收到的 5 250 万元），同时办理房产产权转移手续。问：纳税人在 7 月申报期应申报多少增值税税款？

（1）由于 A 房地产企业销售了自行开发的房地产老项目，纳税人可选择适用简易计税方法按照 5% 的征收率计税。

（2）纳税人 6 月开具增值税普通发票 10 500 万元，其中包括 5 250 万元属于可以开具增值税普通发票的情形。

（3）纳税人应在 6 月申报期就取得的预收款 5 250 万元预缴税款 150 万元。应预缴税款＝5 250÷（1＋5%）×3%＝150（万元）。

（4）纳税人应在 7 月申报期应申报的增值税税款为 5 250÷（1＋5%）×5%－150＝250－150＝100（万元）。

【例 13】A 房地产企业销售自行开发的房地产项目有关情况同上例。2016 年 6 月还取得了建筑服务增值税专用发票价税合计 1 110 万元（其中：注明的增值税税额为 110 万元），纳税人选择放弃选择简易计税方法，按照适用税率计算缴纳增值税。问：纳税人在 7 月申报期应申报多少增值税税款？

（1）纳税人应在 6 月申报期就取得的预收款计算应预缴税款。应预缴税款＝5 250÷（1＋11%）×3%＝141.9（万元）。

（2）纳税人 6 月开具增值税普通发票 10 500 万元，其中包括 5 250 万元属于可以开具增值税普通发票的情形。

（3）纳税人应在 7 月申报期确定应纳税额销项税额＝5 250÷（1＋11%）×11%＝520.3（万元）；进项税额＝110（万元）；应纳税额＝520.3－110－141.9＝268.4（万元）。纳税人应在 7 月申报期申报增值税 268.4 万元。

（三）小规模纳税人纳税申报

小规模纳税人销售自行开发的房地产项目，应按照《营业税改征增值税试点实施办法》第四十五条规定的纳税义务发生时间，以当期销售额和 5% 的征收率计算当期应纳税额，抵减已预缴税款后，向主管国税机关申报纳税。未抵减完的预缴税款可以结转下期继续抵减。

（四）小规模纳税人发票开具

小规模纳税人销售自行开发的房地产项目，自行开具增值税普通发票。购买方需要增值税专用发票的，小规模纳税人向主管国税机关申请代开。

增值税专用发票一般只能由增值税一般纳税人领购使用，小规模纳税人需要使用的，只能在缴纳税款后向当地主管税务机关申请代开。增值税专用发票不仅是购销双方收付款的凭证，而且可以用作购买方抵扣增值税的凭证；而增值税普通发票不具有进项抵扣功能。

小规模纳税人销售自行开发的房地产项目，其 2016 年 4 月 30 日前收取并已向主管地税机关申报缴纳营业税的预收款，未开具营业税发票的，可以开具增值税普通发票，不得申请代开增值税专用发票。

【例 14】C 房地产企业（小规模纳税人）自行开发了 D 房地产项目，施工许可证注明的开工日期是 2015 年 3 月 15 日，2016 年 1 月 15 日开始预售房地产，至 2016 年 4 月 30 日共取得预收款 200 万元，已按照营业税规定申报缴纳营业税。C 房地产企业对上述预收款开具收据，未开具营业税发票。该企业 2016 年 5 月又收到预收款 200 万元。2016 年 6 月共开具了增值税普通发票 400 万元（含 2016 年 4 月 30 日取得的未开票预收款 200 万元和 2016 年 5 月收到的预收款 200 万元）。问：纳税人在 7 月征期申报时，如何纳税？

（1）纳税人 6 月开具增值税普通发票 400 万元，其中包括 200 万元属于可以开具增值税普通发票的情形。

（2）纳税人应于 6 月申报期就取得的预收款计算应预缴税款。应预缴税款＝200÷（1＋5％）×3％＝5.7（万元）。

（3）C 房地产企业应以当期销售额和 5％的征收率计税在 7 月申报期向主管税务机关申报税款 3.8 万元。200÷（1＋5％）×5％－5.7＝9.5－5.7＝3.8（万元）。

（五）其他事项

房地产开发企业销售自行开发的房地产项目，按照《房地产开发企业销售自行开发的房地产项目增值税征收管理暂行办法》（国家税务总局公告 2016 年第 18 号）规定预缴税款时，应填报《增值税预缴税款表》。

房地产开发企业以预缴税款抵减应纳税额，应以完税凭证作为合法有效凭证。

房地产开发企业销售自行开发的房地产项目，未按《房地产开发企业销售自行开发的房地产项目增值税征收管理暂行办法》规定预缴或缴纳税款的，由主管国税机关按照《税收征收管理法》及相关规定进行处理。

十一、纳税人跨县（市、区）提供建筑服务增值税的征管

（一）扣除分包款的凭证

纳税人按照《跨县（市、区）提供建筑服务增值税征收管理暂行办法》（国家税务总局公告 2016 年第 17 号）的规定从取得的全部价款和价外费用中扣除支付的分包款，应当取得符合法律、行政法规和国家税务总局规定的合

法有效凭证，否则不得扣除。

上述凭证是指：

（1）从分包方取得的 2016 年 4 月 30 日前开具的建筑业营业税发票。上述建筑业营业税发票在 2016 年 6 月 30 日前可作为预缴税款的扣除凭证；

（2）从分包方取得的 2016 年 5 月 1 日后开具的，备注栏注明建筑服务发生地所在县（市、区）、项目名称的增值税发票；

（3）国家税务总局规定的其他凭证。

（二）预缴税款提交的资料

纳税人跨县（市、区）提供建筑服务，在向建筑服务发生地主管国税机关预缴税款时，需提交以下资料：

（1）《增值税预缴税款表》；

（2）与发包方签订的建筑合同原件及复印件；

（3）与分包方签订的分包合同原件及复印件；

（4）从分包方取得的发票原件及复印件。

（三）预缴税款的抵减

纳税人跨县（市、区）提供建筑服务，向建筑服务发生地主管国税机关预缴的增值税税款，可以在当期增值税应纳税额中抵减，抵减不完的，结转下期继续抵减。

纳税人以预缴税款抵减应纳税额，应以完税凭证作为合法有效凭证。

【例 15】 A 省某建筑企业（一般纳税人）2016 年 8 月分别在 B 省和 C 省提供建筑服务（非简易计税项目），当月分别取得建筑服务收入（含税）1 665 万元和 2 997 万元，分别支付分包款 555 万元（取得增值税专用发票上注明的增值税额为 55 万元）和 777 万元（取得增值税专用发票上注明的增值税额为 77 万元），支付不动产租赁费用 111 万元（取得增值税专用发票上注明的增值税额为 11 万元），购入建筑材料 1 170 万元（取得增值税专用发票上注明的增值税额为 170 万元）。该建筑企业在 9 月纳税申报期如何申报缴纳增值税？该建筑公司应当在 B 省和 C 省就两项建筑服务分别计算并预缴税款：

（1）就 B 省的建筑服务计算并向建筑服务发生地主管国税机关预缴增值税。

当期预缴税款＝（1 665－555)÷(1＋11％)×2％＝20（万元）

（2）就 C 省的建筑服务计算并预缴增值税：

当期预缴税款＝（2 997－777)÷(1＋11％)×2％＝40（万元）

（3）分项目预缴后，需要回到机构所在地 A 省向主管国税机关申报纳税：

当期应纳税额＝(1 665＋2 997)÷(1＋11％)×11％

－55－77－11－170＝149（万元）

当期应补税额＝149－20－40＝89（万元）

【例16】A省某建筑企业（一般纳税人）2016年8月分别在B省和C省提供建筑服务（均为简易计税项目），当月分别取得建筑服务收入（含税）1 665万元和2 997万元，分别支付分包款555万元（取得增值税专用发票上注明的增值税额为55万元）和777万元（取得增值税专用发票上注明的增值税额为77万元），支付不动产租赁费用111万元（取得增值税专用发票上注明的增值税额为11万元），购入建筑材料1 170万元（取得增值税专用发票上注明的增值税额为170 478万元）。该建筑企业在9月纳税申报期如何申报缴纳增值税？

（1）就B省的建筑服务计算并向建筑服务发生地主管国税机关预缴增值税。

当期预缴税款＝（1 665－555）÷（1＋3％）×3％＝32.33（万元）

（2）就C省的建筑服务计算并向建筑服务发生地主管国税机关预缴增值税。

当期预缴税款＝（2 997－777）÷（1＋3％）×3％＝64.66（万元）

（3）分项目预缴后，需要回到机构所在地A省向主管国税机关申报纳税：

当期应纳税额＝（1 665＋2 997－555－777）÷（1＋3％）×3％
＝96.99（万元）

当期应补税额＝96.99－32.33－64.66＝0（万元）

以上可以看出，如果该纳税人除了这两项建筑服务外不再发生其他增值税应税行为，那么，该纳税人回到机构所在地计算的增值税应纳税额应该为0，即所有的增值税款均已在建筑服务发生地实现了。

（四）小规模纳税人发票的代开

小规模纳税人跨县（市、区）提供建筑服务，不能自行开具增值税发票的，可向建筑服务发生地主管国税机关按照其取得的全部价款和价外费用申请代开增值税发票。

（五）建立台账的要求

对跨县（市、区）提供的建筑服务，纳税人应自行建立预缴税款台账，区分不同县（市、区）和项目逐笔登记全部收入、支付的分包款、已扣除的分包款、扣除分包款的发票号码、已预缴税款以及预缴税款的完税凭证号码等相关内容，留存备查。

（六）纳税义务发生时间与期限

纳税人跨县（市、区）提供建筑服务预缴税款时间，按照《营业税改征增值税试点实施办法》规定的纳税义务发生时间和纳税期限执行。

【例17】某建筑企业（一般纳税人）在2016年8月跨县提供建筑服务取

得了 100 万收入，取得预收款 50 万元。纳税人应该如何进行申报？

纳税人应该在 9 月纳税申报期就 150 万元（100＋50）计算预缴税款并在建筑服务发生地进行预缴，同时，在 9 月纳税申报期核算进销项计算应纳税额后，向机构所在地主管国税税务机关申报缴纳增值税

（七）法律责任

纳税人跨县（市、区）提供建筑服务，按照《跨县（市、区）提供建筑服务增值税征收管理暂行办法》应向建筑服务发生地主管国税机关预缴税款而自应当预缴之月起超过 6 个月没有预缴税款的，由机构所在地主管国税机关按照《税收征收管理法》及相关规定进行处理。

纳税人跨县（市、区）提供建筑服务，未按照《跨县（市、区）提供建筑服务增值税征收管理暂行办法》缴纳税款的，由机构所在地主管国税机关按照《税收征收管理法》及相关规定进行处理。

十二、营改增委托地税局代征税款和代开增值税发票

（一）分工安排

国税局是增值税的主管税务机关。营改增后，为方便纳税人，暂定由地税局办理纳税人销售其取得的不动产和其他个人出租不动产增值税的纳税申报受理、计税价格评估、税款征收、税收优惠备案、发票代开等有关事项。地税局办理征缴、退库业务，使用地税局税收票证，并负责收入对账、会计核算、汇总上报工作。本代征业务国税局和地税局不需签订委托代征协议。

纳税人销售其取得的不动产和其他个人出租不动产，申请代开发票的，由代征税款的地税局代开增值税专用发票或者增值税普通发票（以下简称增值税发票）。对于具备增值税发票安全保管条件、可连通网络、地税局可有效监控代征税款及代开发票情况的政府部门等单位，县（区）以上地税局经评估后认为风险可控的，可以同意其代征税款并代开增值税发票。

2016 年 4 月 25 日前，国税局负责完成同级地税局代开增值税发票操作及相关政策培训工作。

（二）代开发票流程

在国税局代开增值税发票流程基础上，地税局按照纳税人销售其取得的不动产和其他个人出租不动产增值税征收管理办法有关规定，为纳税人代开增值税发票。原地税营业税发票停止使用。

1. 代开发票部门登记

比照国税局现有代开增值税发票模式，在国税综合征管软件或金税三期系统中登记维护地税局代开发票部门信息。地税局代开发票部门编码为 15 位，第 11 位为"D"，其他编码规则按照《国家税务总局关于增值税防伪税控

代开专用发票系统设备及软件配备的通知》（国税发〔2004〕139 号）规定编制。

2. 税控专用设备发行

地税局代开发票部门登记信息同步至增值税发票管理新系统，比照现有代开增值税发票税控专用设备发行流程，国税局为同级地税局代开发票部门发行税控专用设备并加载税务数字证书。

3. 发票提供

国税局向同级地税局提供六联增值税专用发票和五联增值税普通发票。

4. 发票开具

增值税小规模纳税人销售其取得的不动产以及其他个人出租不动产，购买方或承租方不属于其他个人的，纳税人缴纳增值税后可以向地税局申请代开增值税专用发票。不能自开增值税普通发票的小规模纳税人销售其取得的不动产，以及其他个人出租不动产，可以向地税局申请代开增值税普通发票。地税局代开发票部门通过增值税发票管理新系统代开增值税发票，系统自动在发票上打印"代开"字样。

地税局代开发票部门为纳税人代开的增值税发票，统一使用六联增值税专用发票和五联增值税普通发票。第四联由代开发票岗位留存，以备发票扫描补录；第五联交征收岗位留存，用于代开发票与征收税款的定期核对；其他联次交纳税人。

代开发票岗位应按下列要求填写增值税发票：

（1）"税率"栏填写增值税征收率。免税、其他个人出租其取得的不动产适用优惠政策减按 1.5％征收、差额征税的，"税率"栏自动打印"＊＊＊"；

（2）"销售方名称"栏填写代开地税局名称；

（3）"销售方纳税人识别号"栏填写代开发票地税局代码；

（4）"销售方开户行及账号"栏填写税收完税凭证字轨及号码（免税代开增值税普通发票可不填写）；

（5）备注栏填写销售或出租不动产纳税人的名称、纳税人识别号（或者组织机构代码）、不动产的详细地址；

（6）差额征税代开发票，通过系统中差额征税开票功能，录入含税销售额（或含税评估额）和扣除额，系统自动计算税额和金额，备注栏自动打印"差额征税"字样；

（7）纳税人销售其取得的不动产代开发票，"货物或应税劳务、服务名称"栏填写不动产名称及房屋产权证书号码，"单位"栏填写面积单位；

（8）按照核定计税价格征税的，"金额"栏填写不含税计税价格，备注栏注明"核定计税价格，实际成交含税金额×××元"。

其他项目按照增值税发票填开的有关规定填写。

地税局代开发票部门应在代开增值税发票的备注栏上，加盖地税代开发票专用章。

5. 开票数据传输

地税局代开发票部门通过网络实时或定期将已代开增值税发票信息传输至增值税发票管理新系统。

6. 发票再次领取

地税局代开发票部门需再次领取增值税发票的，发票抄报税后，国税局通过系统验旧缴销，再次提供发票。

（三）发票管理

1. 专用发票安全管理

按照国税局现有增值税发票管理有关规定，地税局应加强安全保卫，采取有效措施，保障增值税发票的安全。

2. 日常信息比对

地税局应加强内部管理，每周将代开发票岗代开发票信息与征收岗税款征收信息进行比对，发现问题的要按有关规定及时处理。

3. 事后信息比对

税务总局将根据有关工作安排，提取地税局征收税款信息与代开发票信息进行比对，防范不征税代开增值税专用发票和少征税多开票等风险。

（四）信息系统升级改造

2016年4月25日前，金税三期未上线省份应由各省地税局按照税务总局有关规定及时更新升级相关信息系统，调配征管资源、规范受理申报缴税工作。金税三期已上线省份由税务总局（征管科技司）负责统一调试相关信息系统。

（五）税控专用设备配备和维护

2016年4月5日前，各省地税局将代开增值税发票需要使用的税控专用设备数量告知省国税局。4月8日前，各省国税局将需要初始化的专用设备数量通过可控FTP报税务总局（货物劳务税司）。4月20日前，各省国税局向地税局提供税控专用设备。国税局负责协调增值税税控系统服务单位，做好地税局代开增值税发票系统的安装及维护工作。

国税局委托地税局代征和代开增值税发票是深化部门合作的重要内容，各地国税局、地税局要切实履行职责，加强协调配合，形成工作合力；要对纳税人做好政策宣传和纳税辅导工作，提供优质服务和便利条件，方便纳税人申报纳税；要认真做好应急预案，切实关注纳税人反映和动态舆情，确保税制转换平稳顺利。

十三、营业税改征增值税跨境应税行为增值税免税管理

（一）适用范围

中华人民共和国境内（以下简称境内）的单位和个人（以下称纳税人）发生跨境应税行为，适用《营业税改征增值税跨境应税行为增值税免税管理办法（试行）》（国家税务总局公告 2016 年第 29 号）。

纳税人发生的与香港、澳门、台湾有关的应税行为，参照《营业税改征增值税跨境应税行为增值税免税管理办法（试行）》执行。

纳税人向国内海关特殊监管区域内的单位或者个人销售服务、无形资产，不属于跨境应税行为，应照章征收增值税。

（二）免征增值税的跨境应税行为

下列跨境应税行为免征增值税：

第一，工程项目在境外的建筑服务。

工程总承包方和工程分包方为施工地点在境外的工程项目提供的建筑服务，均属于工程项目在境外的建筑服务。

第二，工程项目在境外的工程监理服务。

第三，工程、矿产资源在境外的工程勘察勘探服务。

第四，会议展览地点在境外的会议展览服务。

为客户参加在境外举办的会议、展览而提供的组织安排服务，属于会议展览地点在境外的会议展览服务。

第五，存储地点在境外的仓储服务。

第六，标的物在境外使用的有形动产租赁服务。

第七，在境外提供的广播影视节目（作品）的播映服务。

在境外提供的广播影视节目（作品）播映服务，是指在境外的影院、剧院、录像厅及其他场所播映广播影视节目（作品）。

通过境内的电台、电视台、卫星通信、互联网、有线电视等无线或者有线装置向境外播映广播影视节目（作品），不属于在境外提供的广播影视节目（作品）播映服务。

第八，在境外提供的文化体育服务、教育医疗服务、旅游服务。

在境外提供的文化体育服务和教育医疗服务，是指纳税人在境外现场提供的文化体育服务和教育医疗服务。

为参加在境外举办的科技活动、文化活动、文化演出、文化比赛、体育比赛、体育表演、体育活动而提供的组织安排服务，属于在境外提供的文化体育服务。

通过境内的电台、电视台、卫星通信、互联网、有线电视等媒体向境外

单位或个人提供的文化体育服务或教育医疗服务，不属于在境外提供的文化体育服务、教育医疗服务。

第九，为出口货物提供的邮政服务、收派服务、保险服务。

为出口货物提供的邮政服务，是指：

（1）寄递函件、包裹等邮件出境；

（2）向境外发行邮票；

（3）出口邮册等邮品。

为出口货物提供的收派服务，是指为出境的函件、包裹提供的收件、分拣、派送服务。纳税人为出口货物提供收派服务，免税销售额为其向寄件人收取的全部价款和价外费用。

为出口货物提供的保险服务，包括出口货物保险和出口信用保险。

第十，向境外单位销售的完全在境外消费的电信服务。

纳税人向境外单位或者个人提供的电信服务，通过境外电信单位结算费用的，服务接受方为境外电信单位，属于完全在境外消费的电信服务。

第十一，向境外单位销售的完全在境外消费的知识产权服务。

服务实际接受方为境内单位或者个人的知识产权服务，不属于完全在境外消费的知识产权服务。

第十二，向境外单位销售的完全在境外消费的物流辅助服务（仓储服务、收派服务除外）。

境外单位从事国际运输和港澳台运输业务经停我国机场、码头、车站、领空、内河、海域时，纳税人向其提供的航空地面服务、港口码头服务、货运客运站场服务、打捞救助服务、装卸搬运服务，属于完全在境外消费的物流辅助服务。

第十三，向境外单位销售的完全在境外消费的鉴证咨询服务。

下列情形不属于完全在境外消费的鉴证咨询服务：

（1）服务的实际接受方为境内单位或者个人；

（2）对境内的货物或不动产进行的认证服务、鉴证服务和咨询服务。

第十四，向境外单位销售的完全在境外消费的专业技术服务。

下列情形不属于完全在境外消费的专业技术服务：

（1）服务的实际接受方为境内单位或者个人；

（2）对境内的天气情况、地震情况、海洋情况、环境和生态情况进行的气象服务、地震服务、海洋服务、环境和生态监测服务；

（3）为境内的地形地貌、地质构造、水文、矿藏等进行的测绘服务；

（4）为境内的城、乡、镇提供的城市规划服务。

第十五，向境外单位销售的完全在境外消费的商务辅助服务。

纳税人向境外单位提供的代理报关服务和货物运输代理服务，属于完全在境外消费的代理报关服务和货物运输代理服务。

纳税人向境外单位提供的外派海员服务，属于完全在境外消费的人力资源服务。外派海员服务，是指境内单位派出属于本单位员工的海员，为境外单位在境外提供的船舶驾驶和船舶管理等服务。

纳税人以对外劳务合作方式，向境外单位提供的完全在境外发生的人力资源服务，属于完全在境外消费的人力资源服务。对外劳务合作，是指境内单位与境外单位签订劳务合作合同，按照合同约定组织和协助中国公民赴境外工作的活动。

下列情形不属于完全在境外消费的商务辅助服务：

（1）服务的实际接受方为境内单位或者个人；

（2）对境内不动产的投资与资产管理服务、物业管理服务、房地产中介服务；

（3）拍卖境内货物或不动产过程中提供的经纪代理服务；

（4）为境内货物或不动产的物权纠纷提供的法律代理服务；

（5）为境内货物或不动产提供的安全保护服务。

第十六，向境外单位销售的广告投放地在境外的广告服务。

广告投放地在境外的广告服务，是指为在境外发布的广告提供的广告服务。

第十七，向境外单位销售的完全在境外消费的无形资产（技术除外）。

下列情形不属于向境外单位销售的完全在境外消费的无形资产：

（1）无形资产未完全在境外使用；

（2）所转让的自然资源使用权与境内自然资源相关；

（3）所转让的基础设施资产经营权、公共事业特许权与境内货物或不动产相关；

（4）向境外单位转让在境内销售货物、应税劳务、服务、无形资产或不动产的配额、经营权、经销权、分销权、代理权。

第十八，为境外单位之间的货币资金融通及其他金融业务提供的直接收费金融服务，且该服务与境内的货物、无形资产和不动产无关。

为境外单位之间、境外单位和个人之间的外币、人民币资金往来提供的资金清算、资金结算、金融支付、账户管理服务，属于为境外单位之间的货币资金融通及其他金融业务提供的直接收费金融服务。

第十九，属于以下情形的国际运输服务：

（1）以无运输工具承运方式提供的国际运输服务；

（2）以水路运输方式提供国际运输服务但未取得《国际船舶运输经营许

可证》的；

（3）以公路运输方式提供国际运输服务但未取得《道路运输经营许可证》或者《国际汽车运输行车许可证》，或者《道路运输经营许可证》的经营范围未包括"国际运输"的；

（4）以航空运输方式提供国际运输服务但未取得《公共航空运输企业经营许可证》，或者其经营范围未包括"国际航空客货邮运输业务"的；

（5）以航空运输方式提供国际运输服务但未持有《通用航空经营许可证》，或者其经营范围未包括"公务飞行"的。

第二十，符合零税率政策但适用简易计税方法或声明放弃适用零税率选择免税的下列应税行为：

（1）国际运输服务；

（2）航天运输服务；

（3）向境外单位提供的完全在境外消费的下列服务：研发服务；合同能源管理服务；设计服务；广播影视节目（作品）的制作和发行服务；软件服务；电路设计及测试服务；信息系统服务；业务流程管理服务；离岸服务外包业务；

（4）向境外单位转让完全在境外消费的技术。

2016 年 4 月 30 日前签订的合同，符合《财政部　国家税务总局关于将铁路运输和邮政业纳入营业税改征增值税试点的通知》（财税〔2013〕106 号）附件 4 和《财政部　国家税务总局关于影视等出口服务适用增值税零税率政策的通知》（财税〔2015〕118 号）规定的免税政策条件的，在合同到期前可以继续享受免税政策。

（三）享受免税待遇的条件

纳税人发生上述所列跨境应税行为，除第九项、第二十项外，必须签订跨境销售服务或无形资产书面合同。否则，不予免征增值税。纳税人向外国航空运输企业提供空中飞行管理服务，以中国民用航空局下发的航班计划或者中国民用航空局清算中心临时来华飞行记录为跨境销售服务书面合同。纳税人向外国航空运输企业提供物流辅助服务（除空中飞行管理服务外），与经中国民用航空局批准设立的外国航空运输企业常驻代表机构签订的书面合同，属于与服务接受方签订跨境销售服务书面合同。外国航空运输企业临时来华飞行，未签订跨境服务书面合同的，以中国民用航空局清算中心临时来华飞行记录为跨境销售服务书面合同。施工地点在境外的工程项目，工程分包方应提供工程项目在境外的证明、与发包方签订的建筑合同原件及复印件等资料，作为跨境销售服务书面合同。

纳税人向境外单位销售服务或无形资产，按上述规定免征增值税的，该

项销售服务或无形资产的全部收入应从境外取得,否则,不予免征增值税。下列情形视同从境外取得收入:

(1)纳税人向外国航空运输企业提供物流辅助服务,从中国民用航空局清算中心、中国航空结算有限责任公司或者经中国民用航空局批准设立的外国航空运输企业常驻代表机构取得的收入;

(2)纳税人与境外关联单位发生跨境应税行为,从境内第三方结算公司取得的收入,上述所称第三方结算公司,是指承担跨国企业集团内部成员单位资金集中运营管理职能的资金结算公司,包括财务公司、资金池、资金结算中心等;

(3)纳税人向外国船舶运输企业提供物流辅助服务,通过外国船舶运输企业指定的境内代理公司结算取得的收入;

(4)国家税务总局规定的其他情形。

纳税人发生跨境应税行为免征增值税的,应单独核算跨境应税行为的销售额,准确计算不得抵扣的进项税额,其免税收入不得开具增值税专用发票。纳税人为出口货物提供收派服务,按照下列公式计算不得抵扣的进项税额:

$$
\begin{aligned}
\frac{\text{不得抵扣的}}{\text{进项税额}} = &\frac{\text{当期无法划分的}}{\text{全部进项税额}} \times \left(\frac{\text{当期简易计税方法}}{\text{计税项目销售额}} + \frac{\text{免征增值税}}{\text{项目销售额}}\right. \\
&\left. -\frac{\text{为出口货物提供收派服务}}{\text{支付给境外合作方的费用}}\right) \div \frac{\text{当期全部}}{\text{销售额}}
\end{aligned}
$$

(四) 办理备案手续

纳税人发生免征增值税跨境应税行为,除提供上述第二十项所列服务外,应在首次享受免税的纳税申报期内或在各省、自治区、直辖市和计划单列市国家税务局规定的申报征期后的其他期限内,到主管税务机关办理跨境应税行为免税备案手续,同时提交以下备案材料:

(1)《跨境应税行为免税备案表》;

(2)上述规定的跨境销售服务或无形资产的合同原件及复印件;

(3)提供上述第一项至第八项和第十六项服务,应提交服务地点在境外的证明材料原件及复印件;

(4)提供上述规定的国际运输服务,应提交实际发生相关业务的证明材料;

(5)向境外单位销售服务或无形资产,应提交服务或无形资产购买方的机构所在地在境外的证明材料;

(6)国家税务总局规定的其他资料。

纳税人发生上述第二十项所列应税行为的,应在首次享受免税的纳税申报期内或在各省、自治区、直辖市和计划单列市国家税务局规定的申报征期后的其他期限内,到主管税务机关办理跨境应税行为免税备案手续,同时提交以下备案材料：

（1）已向办理增值税免抵退税或免退税的主管税务机关备案的《放弃适用增值税零税率声明》；

（2）该项应税行为享受零税率到主管税务机关办理增值税免抵退税或免退税申报时需报送的材料和原始凭证。

按照上述规定提交备案的跨境销售服务或无形资产合同原件为外文的，应提供中文翻译件并由法定代表人（负责人）签字或者单位盖章。纳税人无法提供上述规定的境外资料原件的，可只提供复印件，注明"复印件与原件一致"字样，并由法定代表人（负责人）签字或者单位盖章；境外资料原件为外文的，应提供中文翻译件并由法定代表人（负责人）签字或者单位盖章。主管税务机关对提交的境外证明材料有明显疑义的，可以要求纳税人提供境外公证部门出具的证明材料。

（五）税务机关的职责

纳税人办理跨境应税行为免税备案手续时，主管税务机关应当根据以下情况分别作出处理：

（1）备案材料存在错误的，应当告知并允许纳税人更正；

（2）备案材料不齐全或者不符合规定形式的，应当场一次性告知纳税人补正；

（3）备案材料齐全、符合规定形式的，或者纳税人按照税务机关的要求提交全部补正备案材料的，应当受理纳税人的备案，并将有关资料原件退还纳税人；

（4）按照税务机关的要求补正后的备案材料仍不符合上述规定的，应当对纳税人的本次跨境应税行为免税备案不予受理，并将所有报送材料退还纳税人。

主管税务机关受理或者不予受理纳税人跨境应税行为免税备案，应当出具加盖本机关专用印章和注明日期的书面凭证。

（六）其他事项

原签订的跨境销售服务或无形资产合同发生变更，或者跨境销售服务或无形资产的有关情况发生变化，变化后仍属于上述规定的免税范围的，纳税人应向主管税务机关重新办理跨境应税行为免税备案手续。

纳税人应当完整保存上述要求的各项材料。纳税人在税务机关后续管理中不能提供上述材料的，不得享受上述规定的免税政策，对已享受的减免税款应予补缴，并依照《税收征收管理法》的有关规定处理。

纳税人发生跨境应税行为享受免税的，应当按规定进行纳税申报。纳税人享受免税到期或实际经营情况不再符合上述规定的免税条件的，应当停止享受免税，并按照规定申报纳税。

纳税人发生实际经营情况不符合上述规定的免税条件、采用欺骗手段获取免税、或者享受减免税条件发生变化未及时向税务机关报告，以及未按照上述规定履行相关程序自行减免税的，税务机关依照《税收征收管理法》有关规定予以处理。

税务机关应高度重视跨境应税行为增值税免税管理工作，针对纳税人的备案材料，采取案头分析、日常检查、重点稽查等方式，加强对纳税人业务真实性的核实，发现问题的，按照现行有关规定处理。

十四、铁路运输企业增值税征收管理制度

经财政部、国家税务总局批准，汇总申报缴纳增值税的中国铁路总公司及其所属运输企业（含下属站段，下同）适用《铁路运输企业增值税征收管理暂行办法》。中国铁路总公司所属运输企业按照该办法规定预缴增值税，中国铁路总公司汇总向机构所在地主管税务机关申报纳税。

中国铁路总公司应当汇总计算本部及其所属运输企业提供铁路运输服务以及与铁路运输相关的物流辅助服务（以下称铁路运输及辅助服务）的增值税应纳税额，抵减所属运输企业提供上述应税服务已缴纳（包括预缴和查补，下同）的增值税额后，向主管税务机关申报纳税。中国铁路总公司发生除铁路运输及辅助服务以外的增值税应税行为，按照增值税条例、试点实施办法及相关规定就地申报纳税。

中国铁路总公司汇总的销售额，为中国铁路总公司及其所属运输企业提供铁路运输及辅助服务的销售额。中国铁路总公司汇总的销项税额，按照上述销售额和增值税适用税率计算。

中国铁路总公司汇总的进项税额，是指中国铁路总公司及其所属运输企业为提供铁路运输及辅助服务而购进货物、接受加工修理修配劳务和应税服务，支付或者负担的增值税额。中国铁路总公司及其所属运输企业取得与铁路运输及辅助服务相关的固定资产、专利技术、非专利技术、商誉、商标、著作权、有形动产租赁的进项税额，由中国铁路总公司汇总缴纳增值税时抵扣。中国铁路总公司及其所属运输企业用于铁路运输及辅助服务以外的进项税额不得汇总。

中国铁路总公司及其所属运输企业用于提供铁路运输及辅助服务的进项税额与不得汇总的进项税额无法准确划分的，按照试点实施办法确定的原则执行。

中国铁路总公司所属运输企业提供铁路运输及辅助服务，按照除铁路建设基金以外的销售额和预征率计算应预缴税额，按月向主管税务机关申报纳

税，不得抵扣进项税额。计算公式为：

应预缴税额＝（销售额－铁路建设基金）×预征率

销售额是指为旅客、托运人、收货人和其他铁路运输企业提供铁路运输及辅助服务取得的收入。其他铁路运输企业，是指中国铁路总公司及其所属运输企业以外的铁路运输企业。中国铁路总公司所属运输企业发生除铁路运输及辅助服务以外的增值税应税行为，按照增值税条例、试点实施办法及相关规定就地申报纳税。

中国铁路总公司所属运输企业，应按月将当月提供铁路运输及辅助服务的销售额、进项税额和已缴纳增值税额归集汇总，填写《铁路运输企业分支机构增值税汇总纳税信息传递单》，报送主管税务机关签章确认后，于次月10日前传递给中国铁路总公司。

中国铁路总公司的增值税纳税期限为1个季度。中国铁路总公司应当根据《铁路运输企业分支机构增值税汇总纳税信息传递单》，汇总计算当期提供铁路运输及辅助服务的增值税应纳税额，抵减其所属运输企业提供铁路运输及辅助服务当期已缴纳的增值税额后，向主管税务机关申报纳税。抵减不完的，可以结转下期继续抵减。计算公式为：

当期汇总应纳税额＝当期汇总销项税额－当期汇总进项税额

当期应补（退）税额＝当期汇总应纳税额－当期已缴纳税额

中国铁路总公司及其所属运输企业，一律由主管税务机关认定为增值税一般纳税人。中国铁路总公司应当在开具增值税专用发票（含货物运输业增值税专用发票）的次月申报期结束前向主管税务机关报税。中国铁路总公司及其所属运输企业取得的增值税扣税凭证，应当按照有关规定到主管税务机关办理认证或者申请稽核比对。中国铁路总公司汇总的进项税额，应当在季度终了后的第一个申报期内申报抵扣。

中国铁路总公司及其所属运输企业所在地主管税务机关应定期或不定期对其纳税情况进行检查。中国铁路总公司所属铁路运输企业提供铁路运输及辅助服务申报不实的，由其主管税务机关按适用税率全额补征增值税。

十五、航空运输企业增值税征收管理制度

经财政部和国家税务总局批准，按照《总分机构试点纳税人增值税计算缴纳暂行办法》计算缴纳增值税的航空运输企业，适用《航空运输企业增值税征收管理暂行办法》。

航空运输企业的总机构（以下简称总机构），应当汇总计算总机构及其分支机构发生《应税服务范围注释》所列业务的应纳税额，抵减分支机构发生《应税服务范围注释》所列业务已缴纳（包括预缴和补缴，下同）的税额后，向主管税务机关申报纳税。总机构销售货物和提供加工修理修配劳务，按照增值税暂行条例及相关规定就地申报纳税。

总机构汇总的销售额，为总机构及其分支机构发生《应税服务范围注释》所列业务的销售额。总机构应当按照增值税现行规定核算汇总的销售额。总机构汇总的销项税额，按照上述规定的销售额和增值税适用税率计算。

总机构汇总的进项税额，是指总机构及其分支机构因发生《应税服务范围注释》所列业务而购进货物或者接受加工修理修配劳务和应税服务，支付或者负担的增值税税额。总机构和分支机构用于《应税服务范围注释》所列业务之外的进项税额不得汇总。

分支机构发生《应税服务范围注释》所列业务，按照销售额和预征率计算应预缴税额，按月向主管税务机关申报纳税，不得抵扣进项税额。计算公式为：

$$应预缴税额 = 销售额 \times 预征率$$

分支机构销售货物和提供加工修理修配劳务，按照增值税暂行条例及相关规定就地申报纳税。

分支机构应按月将《应税服务范围注释》所列业务的销售额、进项税额和已缴纳税额归集汇总，填写《航空运输企业分支机构传递单》，报送主管税务机关签章确认后，于次月 10 日前传递给总机构。

总机构的纳税期限为 1 个季度。总机构应当依据《航空运输企业分支机构传递单》，汇总计算当期发生《应税服务范围注释》所列业务的应纳税额，抵减分支机构发生《应税服务范围注释》所列业务当期已缴纳的税额后，向主管税务机关申报纳税。抵减不完的，可以结转下期继续抵减。计算公式为：

$$总机构当期汇总应纳税额 = 当期汇总销项税额 - 当期汇总进项税额$$

$$总机构当期应补（退）税额 = 总机构当期汇总应纳税额 - 分支机构当期已缴纳税额$$

航空运输企业汇总缴纳的增值税实行年度清算。年度终了后 25 个工作日内，总机构应当计算分支机构发生《应税服务范围注释》所列业务年度清算的应纳税额，并向主管税务机关报送《____年度航空运输企业年度清算表》。计算公式为：

$$分支机构年度清算的应纳税额 = \left(\frac{分支机构发生《应税服务范围注释》所列业务的年度销售额}{总机构汇总的年度销售额} \right) \times 总机构汇总的年度应纳税额$$

总机构汇总的年度应纳税额，为总机构年度内各季度汇总应纳税额的合计数。

年度终了后 40 个工作日内，总机构主管税务机关应将《____年度航空运输企业年度清算表》逐级报送国家税务总局。

分支机构年度清算的应纳税额小于分支机构已预缴税额，且差额较大的，由国家税务总局通知分支机构所在地的省税务机关，在一定时期内暂停分支机构预缴增值税。分支机构年度清算的应纳税额大于分支机构已预缴税额，差额部分由国家税务总局通知分支机构所在地的省税务机关，在分支机构预缴增值税时一并补缴入库。

总机构及其分支机构，一律由主管税务机关认定为增值税一般纳税人。总机构应当在开具增值税专用发票（含货物运输业增值税专用发票）的次月申报期结束前向主管税务机关报税。总机构及其分支机构取得的增值税扣税凭证，应当按照有关规定到主管税务机关办理认证或者申请稽核比对。总机构汇总的进项税额，应当在季度终了后的第一个申报期内申报抵扣。

主管税务机关应定期或不定期对分支机构纳税情况进行检查。分支机构发生《应税服务范围注释》所列业务申报不实的，就地按适用税率全额补征增值税。主管税务机关应将检查情况及结果发函通知总机构主管税务机关。

十六、邮政企业增值税征收管理制度

邮政企业，是指中国邮政集团公司所属提供邮政服务的企业。经省、自治区、直辖市或者计划单列市财政厅（局）和国家税务局批准，可以汇总申报缴纳增值税的邮政企业，适用《邮政企业增值税征收管理暂行办法》。

各省、自治区、直辖市和计划单列市邮政企业（以下称总机构）应当汇总计算总机构及其所属邮政企业（以下称分支机构）提供邮政服务的增值税应纳税额，抵减分支机构提供邮政服务已缴纳（包括预缴和查补，下同）的增值税额后，向主管税务机关申报纳税。总机构发生除邮政服务以外的增值税应税行为，按照增值税条例、试点实施办法及相关规定就地申报纳税。

总机构汇总的销售额，为总机构及其分支机构提供邮政服务的销售额。总机构汇总的销项税额，按照上述销售额和增值税适用税率计算。

总机构汇总的进项税额，是指总机构及其分支机构提供邮政服务而购进货物、接受加工修理修配劳务和应税服务，支付或者负担的增值税额。总机构及其分支机构取得的与邮政服务相关的固定资产、专利技术、非专利技术、商誉、商标、著作权、有形动产租赁的进项税额，由总机构汇总缴纳增值税时抵扣。总机构及其分支机构用于邮政服务以外的进项税额不得汇总。

总机构及其分支机构用于提供邮政服务的进项税额与不得汇总的进项税额无法准确划分的，按照试点实施办法确定的原则执行。

分支机构提供邮政服务，按照销售额和预征率计算应预缴税额，按月向主管税务机关申报纳税，不得抵扣进项税额。计算公式为：

$$应预缴税额 = （销售额 + 预订款）\times 预征率$$

销售额为分支机构对外（包括向邮政服务接受方和本总、分支机构外的其他邮政企业）提供邮政服务取得的收入；预订款为分支机构向邮政服务接受方收取的预订款。销售额不包括免税项目的销售额；预订款不包括免税项目的预订款。分支机构发生除邮政服务以外的增值税应税行为，按照增值税条例、试点实施办法及相关规定就地申报纳税。

分支机构应按月将提供邮政服务的销售额、预订款、进项税额和已缴纳增值税额归集汇总，填写《邮政企业分支机构增值税汇总纳税信息传递单》，报送主管税务机关签章确认后，于次月10日前传递给总机构。汇总的销售额包括免税项目的销售额。汇总的进项税额包括用于免税项目的进项税额。

总机构的纳税期限为1个季度。总机构应当依据《邮政企业分支机构增值税汇总纳税信息传递单》，汇总计算当期提供邮政服务的应纳税额，抵减分支机构提供邮政服务当期已缴纳的增值税额后，向主管税务机关申报纳税。抵减不完的，可以结转下期继续抵减。计算公式为：

$$\frac{总机构当期}{汇总应纳税额} = \frac{当期汇总}{销项税额} - \frac{当期汇总的允许}{抵扣的进项税额}$$

$$\frac{总机构当期应}{补（退）税额} = \frac{总机构当期}{汇总应纳税额} - \frac{分支机构当期}{已缴纳税额}$$

邮政企业为中国邮政速递物流股份有限公司及其所属机构代办速递物流类业务，从寄件人取得的收入，由总机构并入汇总的销售额计算缴纳增值税。分支机构收取的上述收入不预缴税款。寄件人索取增值税专用发票的，邮政企业应向寄件人开具增值税专用发票。

总机构及其分支机构，一律由主管税务机关认定为增值税一般纳税人。总机构应当在开具增值税专用发票（含货物运输业增值税专用发票）的次月申报期结束前向主管税务机关报税。总机构及其分支机构取得的增值税扣税凭证，应当按照有关规定到主管税务机关办理认证或者申请稽核比对。总机构汇总的允许抵扣的进项税额，应当在季度终了后的第一个申报期内申报抵扣。

分支机构的预征率由省、自治区、直辖市或者计划单列市国家税务局商同级财政部门确定。总机构和分支机构所在地主管税务机关应定期或不定期对其纳税情况进行检查。分支机构提供邮政服务申报不实的，由其主管税务机关按适用税率全额补征增值税。

十七、电信企业增值税征收管理制度

电信企业，是指中国电信集团公司、中国移动通信集团公司、中国联合网络通信集团有限公司所属提供电信服务的企业。经省、自治区、直辖市或者计划单列市财政厅（局）和国家税务局批准，可以汇总申报缴纳增值税的

电信企业，适用《电信企业增值税征收管理暂行办法》。

各省、自治区、直辖市和计划单列市电信企业（以下简称总机构）应当汇总计算总机构及其所属电信企业（以下简称分支机构）提供电信服务及其他应税服务的增值税应纳税额，抵减分支机构提供电信服务及其他应税服务已缴纳（包括预缴和查补，下同）的增值税额后，向主管税务机关申报纳税。总机构发生除电信服务及其他应税服务以外的增值税应税行为，按照增值税条例及相关规定就地申报纳税。

总机构汇总的销售额，为总机构及其分支机构提供电信服务及其他应税服务的销售额。总机构汇总的销项税额，按照上述规定的销售额和增值税适用税率计算。

总机构汇总的进项税额，是指总机构及其分支机构提供电信服务及其他应税服务而购进货物、接受加工修理修配劳务和应税服务，支付或者负担的增值税额。总机构及其分支机构取得的与电信服务及其他应税服务相关的固定资产、专利技术、非专利技术、商誉、商标、著作权、有形动产租赁的进项税额，由总机构汇总缴纳增值税时抵扣。总机构及其分支机构用于电信服务及其他应税服务以外的进项税额不得汇总。

总机构及其分支机构用于提供电信服务及其他应税服务的进项税额与不得汇总的进项税额无法准确划分的，按照试点实施办法确定的原则执行。

分支机构提供电信服务及其他应税服务，按照销售额和预征率计算应预缴税额，按月向主管税务机关申报纳税，不得抵扣进项税额。计算公式为：

$$应预缴税额＝（销售额＋预收款）×预征率$$

销售额为分支机构对外（包括向电信服务及其他应税服务接受方和本总机构、分支机构外的其他电信企业）提供电信服务及其他应税服务取得的收入；预收款为分支机构以销售电信充值卡（储值卡）、预存话费等方式收取的预收性质的款项。销售额不包括免税项目的销售额；预收款不包括免税项目的预收款。分支机构发生除电信服务及其他应税服务以外的增值税应税行为，按照增值税条例及相关规定就地申报纳税。

分支机构应按月将提供电信服务及其他应税服务的销售额、预收款、进项税额和已缴纳增值税额归集汇总，填写《电信企业分支机构增值税汇总纳税信息传递单》，报送主管税务机关签章确认后，于次月10日前传递给总机构。汇总的销售额包括免税项目的销售额。汇总的进项税额包括用于免税项目的进项税额。

总机构的纳税期限为一个季度。总机构应当依据《电信企业分支机构增值税汇总纳税信息传递单》，汇总计算当期提供电信服务及其他应税服务的应纳税额，抵减分支机构提供电信服务及其他应税服务当期已缴纳的增值税额后，向主管税务机关申报纳税。抵减不完的，可以结转下期继续抵减。计算公式为：

$$\frac{总机构当期}{汇总应纳税额} = \frac{当期汇总}{销项税额} - \frac{当期汇总的允许}{抵扣的进项税额}$$

$$\frac{总机构当期应}{补（退）税额} = \frac{总机构当期}{汇总应纳税额} - \frac{分支机构当期}{已缴纳税额}$$

　　总机构及其分支机构，一律由主管税务机关认定为增值税一般纳税人。总机构应当在开具增值税专用发票的次月申报期结束前向主管税务机关报税。总机构及其分支机构取得的增值税扣税凭证，应当按照有关规定到主管税务机关办理认证或者申请稽核比对。总机构汇总的允许抵扣的进项税额，应当在季度终了后的第一个申报期内申报抵扣。分支机构的预征率由省、自治区、直辖市或者计划单列市国家税务局商同级财政部门确定。

　　电信企业通过手机短信公益特服号为公益机构接受捐款提供服务，如果捐款人索取增值税专用发票的，应按照捐款人支付的全部价款和价外费用，扣除支付给公益性机构捐款后的余额开具增值税专用发票。

　　总机构和分支机构所在地主管税务机关应定期或不定期对其纳税情况进行检查。分支机构提供电信服务及其他应税服务申报不实的，由其主管税务机关按适用税率全额补征增值税。

　　电信企业普通发票的适用暂由各省、自治区、直辖市和计划单列市国家税务局确定。各省、自治区分支机构可以使用上级分支机构统一领取的增值税专用发票和普通发票；各直辖市、计划单列市分支机构可以使用总机构统一领取的增值税专用发票和普通发票。总机构"一窗式"比对内容中，不含分支机构按照上述规定就地申报纳税的专用发票销项金额和税额。

十八、优化营改增纳税服务工作

（一）强化纳税申报的宣传培训

　　6月份，营改增纳税人将迎来首个纳税申报期。针对部分纳税人初次填报增值税申报表、不熟悉申报流程的实际问题，各地税务机关要强化对纳税申报的辅导培训，提前制作各类申报表填写样表、辅导填报"二维码"等，通过网站、手机APP等方式主动推送给营改增纳税人，帮助其熟练掌握申报表的填报。同时要根据税收政策的调整，及时做好"二维码"的更新工作。

（二）做好纳税申报的现场和上门辅导

　　要在办税服务厅组建辅导队、增设预审岗，强化现场辅导和现场审核，帮助纳税人正确填报增值税申报表。要组织税收管理员和业务骨干主动深入重点企业，尤其是对样本企业进行上门辅导，通过"一对一"、"面对面"的方式帮助纳税人正确填写增值税申报表或者辅导其进行网上申报，确保在6

月 10 日前所有样本企业完成好申报。

（三）确保减免税优惠政策不折不扣落实

各地税务机关要对营改增试点纳税人减免税申报、备案等工作进行重点辅导，确保纳税人全面、准确申报，确保减免税政策不折不扣得以落实。

（四）做好取消增值税发票认证的宣传工作

纳入营改增试点的增值税一般纳税人暂不需要进行增值税发票认证，纳税信用 A 级、B 级增值税一般纳税人取得销售方使用新系统开具的增值税发票，也可以不再进行扫描认证。各地国税机关要通过制作简便易懂的宣传资料、操作视频等，加大对取消增值税发票认证的宣传，帮助纳税人熟练掌握登录勾选方法，使取消认证这一便利措施落到实处，真正减少办税环节，减轻征纳双方办税负担。

（五）积极引导营改增纳税人网上申报

各地税务机关要针对此次全面推开营改增试点涉及纳税人数量众多、业态差异大的实际情况，根据纳税人办税的不同习惯、不同方式，在尊重纳税人意愿的基础上，积极向纳税人提供网上办税、自助办税、移动办税等多元化办税方式。

（六）设置办税服务厅首次申报专窗

各地国税机关要结合本地营改增纳税人数量和办税服务厅实际情况，在办税服务厅合理设置营改增纳税人专窗和专用通道，方便首次进行申报的营改增纳税人顺畅办理申报业务，避免纳税人因对办税流程及办税场所不熟悉而影响申报。

（七）错峰预约纳税人申报

各地国税机关要对需到办税服务厅办理申报的纳税人进行科学预判，根据纳税人财务核算状况，合理划分申报时段，分批量主动预约纳税人，引导纳税人错峰申报，缓解申报高峰压力。特别要注意避免申报期最后几天办税服务厅过度拥挤现象的发生。

（八）帮助纳税人合理选择办税地点

各地税务机关要充分发挥同城通办给纳税人办税带来的便利，建立办税服务厅等候状况实时发布机制，让纳税人通过官方网站、手机 APP、微信、短信等多种渠道，实时了解各办税服务厅的等候状况，合理选择办税服务厅进行办税，避免因纳税人过度集中而造成办税不畅、效率不高等问题。

（九）探索建设国税地税"一窗式"服务

各地国税机关、地税机关要加强沟通、密切协作，采取互设窗口、共建办税服务厅、共驻政务中心的方式，整合办税服务资源。已经实现联合办税的，要根据窗口业务量变化，适时调整业务办理窗口和服务人员数量，最大限度地发挥好窗口资源的整体效能，缩短纳税人办税等候时间。各地税务机关要积极探索推进"全职能一窗式"办税服务，缓解办税服务厅窗口压力。

（十）进驻窗口实现全流程办结

对进驻政务中心的税务窗口，要完善进驻职能、充分授权到位。积极争取当地政府的支持，通过增设窗口、增配人员等方式配齐配足窗口职能，努力达到规范化全职能办税服务厅的标准。在此基础上，按照"窗口受理、内部流转、限时办结、窗口出件"工作要求，确保同一事项能够全流程办结，不得以需要税务机关内部其他部门签字盖章为由，让纳税人往返于政务中心和税务机关。要采取多种方式向纳税人做好"三证合一"的宣传解释工作，重点讲明按照"三证合一"的有关规定，工商部门办理完毕后，工商、税务的登记事宜即已完成，不需要再到税务窗口办理税务登记手续。各地税务机关要强化督导落实，及时对进驻政务中心税务窗口的服务情况开展督导和检查，树立税务部门良好形象。

（十一）确保服务制度和兜底责任落到实处

一线窗口单位要切实落实好首问责任、限时办结、延时服务、绿色通道、流动导税、领导值班等服务制度及兜底责任，确保纳税人业务有人办、咨询有人答、疑难有人解。6月份申报期内，各地税务机关领导要亲临一线，坐镇办税服务厅统筹指挥协调，及时处理纳税服务工作中出现的问题和突发事件。

（十二）提高12366热线咨询质效

针对营改增纳税人业务咨询量日益增加的实际，各地12366中心要进一步充实营改增咨询专线力量，增配设备、增加人员、科学排班、加强现场管理、严格质量监控，确保12366纳税服务热线畅通。同时，加大对座席人员的培训力度，强化对答复准确率和服务规范性的考核测评，确保做到答复问题口径一致，内容规范准确。

（十三）建立疑难问题解答机制

各地税务机关要建立疑难问题解答机制，定期收集整理疑难问题和热点问题，送交业务部门研究确定答复口径，及时维护进入12366税收知识库并推送至办税服务厅咨询岗，确保咨询答复及时精准。

（十四）切实做好不动产交易代征、代开的导税服务工作

针对二手房交易和个人出租不动产增值税代征工作业务流程相对复杂且涉及自然人的实际情况，各地税务机关要加强导税力量的配备，在各代征场所设立导税人员，全程做好导税服务，维护好办税秩序，确保不动产交易申报工作顺利有序开展。同时，要通过办税服务厅、税务网站、官方微信等渠道，主动做好相关税收政策的宣传和纳税辅导。

（十五）发挥各自优势做好纳税服务

各地国税机关、地税机关要切实发挥各自业务优势，进一步密切合作，加强沟通交流，共享涉税信息，共同解决营改增纳税人提出的疑难问题。要落实好首问责任制，纳税人无论到国税局、地税局办理涉税事项或寻求涉税帮助时，负责接洽的税务机关要全程负责涉税业务的指引、协调等工作。不能因合作不到位而造成纳税人在国税局、地税局之间"往返跑"的现象。

（十六）建立先收后办机制

各地税务机关要在突发事件发生的第一时间，立即启动应急预案。对因系统故障、停电等因素不能正常工作时，各办税服务厅可先行收取纳税人资料，并延时加班办理，办结后主动通知纳税人前来办理后续事项。

（十七）强化对技术服务单位监管

各地国税机关要加强对税控系统服务单位的监督管理，督促其不断提高服务质量，满足纳税人对操作培训和技术服务的要求。对出现服务不到位、违规搭售设备、软件或乱收费等问题的服务单位，责令其立即纠正并限期整改。严格按照《增值税税控系统服务单位监督管理办法》执行，切实维护纳税人合法权益。

（十八）加强增值税发票开具工作的宣传辅导

各地税务机关要认真做好增值税发票开具方面的政策宣传，消除社会上对增值税发票开具方面的误解。增值税纳税人购买货物、劳务、服务、无形资产或不动产，索取增值税专用发票时，须向销售方提供购买方名称（不得为自然人）、纳税人识别号、地址电话、开户行及账号信息，不需要提供营业执照、税务登记证、组织机构代码证、开户许可证、增值税一般纳税人登记表等相关证件或其他证明材料。个人消费者购买货物、劳务、服务、无形资产或不动产，索取增值税普通发票时，不需要向销售方提供纳税人识别号、地址电话、开户行及账号信息，也不需要提供相关证件或其他证明材料。

（十九）严肃查处借营改增之名损害纳税人利益的行为

针对个别企业假借营改增之名刻意曲解政策、趁机涨价谋取不当利益的情况，各地税务机关要做好营改增政策的宣传解读工作，确保每个企业、每个纳税人都能充分了解营改增政策。对借营改增之名提价、违反价格诚信、涉嫌价格欺诈、联合串通涨价等违法违规行为，要主动向地方党委政府进行汇报，积极配合相关部门，加大监管力度，及时查处纠正。

（二十）畅通投诉渠道维护纳税人权益

拓宽纳税人诉求表达渠道，畅通12366热线、税务网站、微信平台等多渠道投诉响应机制。进一步压缩投诉响应时间，提高投诉办理效率。当场投诉的，即时处理；事后投诉的，提速至3个工作日内办结，切实维护纳税人权益。

第七节 营改增税收优惠制度

一、税收优惠的放弃与选择

纳税人发生应税行为适用免税、减税规定的，可以放弃免税、减税，依照《营业税改征增值税试点实施办法》的规定缴纳增值税。放弃免税、减税后，36个月内不得再申请免税、减税。

纳税人发生应税行为同时适用免税和零税率规定的，纳税人可以选择适用免税或者零税率。

二、起征点

个人发生应税行为的销售额未达到增值税起征点的，免征增值税；达到起征点的，全额计算缴纳增值税。增值税起征点不适用于登记为一般纳税人的个体工商户。

增值税起征点幅度如下：

（1）按期纳税的，为月销售额5 000～20 000元（含本数）。

（2）按次纳税的，为每次（日）销售额300～500元（含本数）。

起征点的调整由财政部和国家税务总局规定。省、自治区、直辖市财政厅（局）和国家税务局应当在规定的幅度内，根据实际情况确定本地区适用的起征点，并报财政部和国家税务总局备案。

【例18】 纳税人提供应税服务的起征点为20 000元，某个体工商户（小规模纳税人）本月取得交通运输服务收入20 000元（含税），该个体工商户本月应缴纳多少增值税？

分析：因为提供应税服务的起征点为20 000元，该个体工商户本月交通运输服务不含税收入为20 000÷（1＋3％）＝19 417.48（元）。交通运输服务取得的收入未达到起征点，因此对该部分收入无需缴纳增值税。

为了鼓励小微企业的发展，目前全国适用于个人（不含登记为一般纳税人的个体工商户）的增值税起征点如下：①销售货物的，为月应税销售额20 000元；②销售应税劳务的，为月应税销售额20 000元；③发生应税行为的，为月应税销售额20 000元；④按次纳税的，为每次（日）销售额300～500元。

三、小微企业免税优惠

对增值税小规模纳税人月销售额未达到2万元的企业或非企业性单位，

免征增值税。2017 年 12 月 31 日前，对月销售额 2 万元（含本数）至 3 万元的增值税小规模纳税人，免征增值税。

四、试点期间免征增值税项目

（一）托儿所、幼儿园提供的保育和教育服务

托儿所、幼儿园，是指经县级以上教育部门审批成立、取得办园许可证的实施 0～6 岁学前教育的机构，包括公办和民办的托儿所、幼儿园、学前班、幼儿班、保育院、幼儿院。

公办托儿所、幼儿园免征增值税的收入，是指在省级财政部门和价格主管部门审核报省级人民政府批准的收费标准以内收取的教育费、保育费。

民办托儿所、幼儿园免征增值税的收入，是指在报经当地有关部门备案并公示的收费标准范围内收取的教育费、保育费。

超过规定收费标准的收费，以开办实验班、特色班和兴趣班等为由另外收取的费用以及与幼儿入园挂钩的赞助费、支教费等超过规定范围的收入，不属于免征增值税的收入。

（二）养老机构提供的养老服务

养老机构，是指依照民政部《养老机构设立许可办法》（民政部令第 48 号）设立并依法办理登记的为老年人提供集中居住和照料服务的各类养老机构；养老服务，是指上述养老机构按照民政部《养老机构管理办法》（民政部令第 49 号）的规定，为收住的老年人提供的生活照料、康复护理、精神慰藉、文化娱乐等服务。

（三）残疾人福利机构提供的育养服务

这一规定延续了《营业税暂行条例》第八条第（一）款的规定：对残疾人福利机构提供的育养服务免征营业税。

（四）婚姻介绍服务

这一规定延续了《营业税暂行条例》第八条第（一）款的规定：对婚姻介绍服务免征营业税。

（五）殡葬服务

殡葬服务，是指收费标准由各地价格主管部门会同有关部门核定，或者实行政府指导价管理的遗体接运（含抬尸、消毒）、遗体整容、遗体防腐、存放（含冷藏）、火化、骨灰寄存、吊唁设施设备租赁、墓穴租赁及管理等服务。

（六）残疾人员本人为社会提供的服务

这一规定延续了下列原营业税优惠政策及执行口径的相关规定：

第一，《营业税暂行条例》第八条第（二）款规定：对残疾人员个人提供

的劳务，免征营业税。

第二，《营业税暂行条例实施细则》第二十二条第（一）款规定："条例第八条所称残疾人员个人提供的劳务，是指残疾人员本人为社会提供的劳务。"

（七）医疗机构提供的医疗服务

医疗机构，是指依据国务院《医疗机构管理条例》（国务院令第 149 号）及卫生部《医疗机构管理条例实施细则》（卫生部令第 35 号）的规定，经登记取得《医疗机构执业许可证》的机构，以及军队、武警部队各级各类医疗机构。具体包括：各级各类医院、门诊部（所）、社区卫生服务中心（站）、急救中心（站）、城乡卫生院、护理院（所）、疗养院、临床检验中心，各级政府及有关部门举办的卫生防疫站（疾病控制中心）、各种专科疾病防治站（所），各级政府举办的妇幼保健所（站）、母婴保健机构、儿童保健机构，各级政府举办的血站（血液中心）等医疗机构。

上述所称的医疗服务，是指医疗机构按照不高于地（市）级以上价格主管部门会同同级卫生主管部门及其他相关部门制定的医疗服务指导价格（包括政府指导价和按照规定由供需双方协商确定的价格等）为就医者提供《全国医疗服务价格项目规范》所列的各项服务，以及医疗机构向社会提供卫生防疫、卫生检疫的服务。

（八）从事学历教育的学校提供的教育服务

1）学历教育，是指受教育者经过国家教育考试或者国家规定的其他入学方式，进入国家有关部门批准的学校或者其他教育机构学习，获得国家承认的学历证书的教育形式。具体包括：

（1）初等教育：普通小学、成人小学。

（2）初级中等教育：普通初中、职业初中、成人初中。

（3）高级中等教育：普通高中、成人高中和中等职业学校（包括普通中专、成人中专、职业高中、技工学校）。

（4）高等教育：普通本专科、成人本专科、网络本专科、研究生（博士、硕士）、高等教育自学考试、高等教育学历文凭考试。

2）从事学历教育的学校，是指：

（1）普通学校。

（2）经地（市）级以上人民政府或者同级政府的教育行政部门批准成立、国家承认其学员学历的各类学校。

（3）经省级及以上人力资源社会保障行政部门批准成立的技工学校、高级技工学校。

（4）经省级人民政府批准成立的技师学院。

上述学校均包括符合规定的从事学历教育的民办学校，但不包括职业培训机构等国家不承认学历的教育机构。

3）提供教育服务免征增值税的收入，是指对列入规定招生计划的在籍学生提供学历教育服务取得的收入，具体包括：经有关部门审核批准并按规定标准收取的学费、住宿费、课本费、作业本费、考试报名费收入，以及学校食堂提供餐饮服务取得的伙食费收入。除此之外的收入，包括学校以各种名义收取的赞助费、择校费等，不属于免征增值税的范围。

学校食堂是指依照《学校食堂与学生集体用餐卫生管理规定》（教育部令第14号）管理的学校食堂。

（九）学生勤工俭学提供的服务

这一规定延续了《营业税暂行条例》第八条第（四）款规定：对学生勤工俭学提供的劳务，免征营业税。

（十）农业机耕、排灌、病虫害防治、植物保护、农牧保险以及相关技术培训业务，家禽、牲畜、水生动物的配种和疾病防治

农业机耕，是指在农业、林业、牧业中使用农业机械进行耕作（包括耕耘、种植、收割、脱粒、植物保护等）的业务；排灌，是指对农田进行灌溉或者排涝的业务；病虫害防治，是指从事农业、林业、牧业、渔业的病虫害测报和防治的业务；农牧保险，是指为种植业、养殖业、牧业种植和饲养的动植物提供保险的业务；相关技术培训，是指与农业机耕、排灌、病虫害防治、植物保护业务相关以及为使农民获得农牧保险知识的技术培训业务；家禽、牲畜、水生动物的配种和疾病防治业务的免税范围，包括与该项服务有关的提供药品和医疗用具的业务。

（十一）纪念馆、博物馆、文化馆、文物保护单位管理机构、美术馆、展览馆、书画院、图书馆在自己的场所提供文化体育服务取得的第一道门票收入

这一规定延续了《营业税暂行条例》第八条第（六）款的规定：对纪念馆、博物馆、文化馆、文物保护单位管理机构、美术馆、展览馆、书画院、图书馆举办文化活动的门票收入，宗教场所举办文化、宗教活动的门票收入，免征营业税。

（十二）寺院、宫观、清真寺和教堂举办文化、宗教活动的门票收入

这一规定延续了《营业税暂行条例实施细则》第二十二条第（四）款规定：纪念馆、博物馆、文化馆、文物保护单位管理机构、美术馆、展览馆、书画院、图书馆举办文化活动，是指这些单位在自己的场所举办的属于文化体育业税目征税范围的文化活动。其门票收入，是指销售第一道门票的收入。宗教场所举办文化、宗教活动的门票收入，是指寺院、宫观、清真寺和教堂举办文化、宗教活动销售门票的收入。

（十三）行政单位之外的其他单位收取的符合《营业税改征增值税试点实施办法》第十条规定条件的政府性基金和行政事业性收费

在此次营业税改征增值税试点的政策设计中，重新明确了政府性基金、行政事业性收费不征税的主体，仅指行政单位。除行政单位以外的非企业性单位应为增值税的纳税人，但是考虑到政府性基金和行政事业性收费纳入财政体系管理的特殊性，且行政单位之外的其他单位的收费行为是代行政府职能，因此给予了增值税免税政策。

（十四）个人转让著作权

这一规定平移了《财政部　国家税务总局关于将铁路运输和邮政业纳入营业税改征增值税试点的通知》（财税〔2013〕106号）附件3第一条第（一）款的相关政策规定。

（十五）个人销售自建自用住房

这一规定延续了《财政部　国家税务总局关于职业教育等营业税若干政策问题的通知》（财税〔2013〕62号）第二条规定：对个人销售自建自用住房，免征营业税。

（十六）2018年12月31日前，公共租赁住房经营管理单位出租公共租赁住房

公共租赁住房，是指纳入省、自治区、直辖市、计划单列市人民政府及新疆生产建设兵团批准的公共租赁住房发展规划和年度计划，并按照《关于加快发展公共租赁住房的指导意见》（建保〔2010〕87号）和市、县人民政府制定的具体管理办法进行管理的公共租赁住房。

（十七）国家商品储备管理单位及其直属企业承担商品储备任务，从中央或者地方财政取得的利息补贴收入和价差补贴收入

国家商品储备管理单位及其直属企业，是指接受中央、省、市、县四级政府有关部门（或者政府指定管理单位）委托，承担粮（含大豆）、食用油、棉、糖、肉、盐（限于中央储备）等6种商品储备任务，并按有关政策收储、销售上述6种储备商品，取得财政储备经费或者补贴的商品储备企业。利息补贴收入，是指国家商品储备管理单位及其直属企业因承担上述商品储备任务从金融机构贷款，并从中央或者地方财政取得的用于偿还贷款利息的贴息收入。价差补贴收入包括销售价差补贴收入和轮换价差补贴收入。销售价差补贴收入，是指按照中央或者地方政府指令销售上述储备商品时，由于销售收入小于库存成本而从中央或者地方财政获得的全额价差补贴收入。轮换价差补贴收入，是指根据要求定期组织政策性储备商品轮换而从中央或者地方财政取得的商品新陈品质价差补贴收入。

（十八）纳税人提供技术转让、技术开发和与之相关的技术咨询、技术服务

（1）技术转让、技术开发，是指《销售服务、无形资产、不动产注释》中"转让技术"、"研发服务"范围内的业务活动。技术咨询，是指就特定技术项目提供可行性论证、技术预测、专题技术调查、分析评价报告等业务活动。

与技术转让、技术开发相关的技术咨询、技术服务，是指转让方（或者受托方）根据技术转让或者开发合同的规定，为帮助受让方（或者委托方）掌握所转让（或者委托开发）的技术而提供的技术咨询、技术服务业务，且这部分技术咨询、技术服务的价款与技术转让或者技术开发的价款应当在同一张发票上开具。

（2）备案程序。试点纳税人申请免征增值税时，须持技术转让、开发的书面合同，到纳税人所在地省级科技主管部门进行认定，并持有关的书面合同和科技主管部门审核意见证明文件报主管税务机关备查。

（十九）**2017 年 12 月 31 日前，科普单位的门票收入，以及县级及以上党政部门和科协开展科普活动的门票收入**

科普单位，是指科技馆、自然博物馆，对公众开放的天文馆（站、台）、气象台（站）、地震台（站），以及高等院校、科研机构对公众开放的科普基地。

科普活动，是指利用各种传媒以浅显的、让公众易于理解、接受和参与的方式，向普通大众介绍自然科学和社会科学知识，推广科学技术的应用，倡导科学方法，传播科学思想，弘扬科学精神的活动。

（二十）**政府举办的从事学历教育的高等、中等和初等学校（不含下属单位），举办进修班、培训班取得的全部归该学校所有的收入**

全部归该学校所有，是指举办进修班、培训班取得的全部收入进入该学校统一账户，并纳入预算全额上缴财政专户管理，同时由该学校对有关票据进行统一管理和开具。举办进修班、培训班取得的收入进入该学校下属部门自行开设账户的，不予免征增值税。

（二十一）**政府举办的职业学校设立的主要为在校学生提供实习场所、并由学校出资自办、由学校负责经营管理、经营收入归学校所有的企业，从事《销售服务、无形资产或者不动产注释》中"现代服务"（不含融资租赁服务、广告服务和其他现代服务）、"生活服务"（不含文化体育服务、其他生活服务和桑拿、氧吧）业务活动取得的收入**

这一规定是对《财政部　国家税务总局关于教育税收政策的通知》（财税〔2004〕39 号）有关营业税政策的延续。

（二十二）**福利彩票、体育彩票的发行收入**

这一规定是《财政部　国家税务总局关于福利彩票代销手续费收入征收

营业税问题的通知》（财税〔2005〕118 号）、《财政部、国家税务总局关于营业税若干政策问题的通知》（财税〔2003〕16 号）、《财政部　国家税务总局关于发行福利彩票有关税收问题的通知》（财税〔2002〕59 号）、《财政部　国家税务总局关于体育彩票发行收入税收问题的通知》（财税字〔1996〕77 号）原有营业税政策的延续。

（二十三）军队空余房产租赁收入

这一规定是对《财政部　国家税务总局关于暂免征收军队空余房产租赁收入营业税房产税的通知》（财税〔2004〕123 号）有关营业税政策的延续。

（二十四）为了配合国家住房制度改革，企业、行政事业单位按房改成本价、标准价出售住房取得的收入

这一规定是对《财政部　国家税务总局关于职业教育等营业税若干政策问题的通知》（财税〔2013〕62 号）有关营业税政策的延续。

（二十五）将土地使用权转让给农业生产者用于农业生产

这一规定是对《财政部　国家税务总局关于对若干项目免征营业税的通知》（财税字〔1994〕第 2 号）有关营业税政策的延续。

（二十六）涉及家庭财产分割的个人无偿转让不动产、土地使用权

家庭财产分割，包括下列情形：离婚财产分割；无偿赠与配偶、父母、子女、祖父母、外祖父母、孙子女、外孙子女、兄弟姐妹；无偿赠与对其承担直接抚养或者赡养义务的抚养人或者赡养人；房屋产权所有人死亡，法定继承人、遗嘱继承人或者受遗赠人依法取得房屋产权。

《国家税务总局关于进一步简化和规范个人无偿赠与或受赠不动产免征营业税、个人所得税所需证明资料的公告》（国家税务总局公告 2015 年第 75 号）规定：

第一，纳税人在办理个人无偿赠与或受赠不动产免征营业税、个人所得税手续时，应报送《个人无偿赠与不动产登记表》、双方当事人的身份证明原件及复印件（继承或接受遗赠的，只须提供继承人或接受遗赠人的身份证明原件及复印件）、房屋所有权证原件及复印件。属于以下四类情形之一的，还应分别提交相应证明资料：

（1）离婚分割财产的，应当提交：离婚协议或者人民法院判决书或者人民法院调解书的原件及复印件；离婚证原件及复印件。

（2）亲属之间无偿赠与的，应当提交：无偿赠与配偶的，提交结婚证原件及复印件；无偿赠与父母、子女、祖父母、外祖父母、孙子女、外孙子女、兄弟姐妹的，提交户口簿或者出生证明或者人民法院判决书或者人民法院调解书或者其他部门（有资质的机构）出具的能够证明双方亲属关系的证明资料原件及复印件。

（3）无偿赠与非亲属抚养或赡养关系人的，应当提交：人民法院判决书或者人民法院调解书或者乡镇政府或街道办事处出具的抚养（赡养）关系证明或者其他部门（有资质的机构）出具的能够证明双方抚养（赡养）关系的证明资料原件及复印件。

（4）继承或接受遗赠的，应当提交：房屋产权所有人死亡证明原件及复印件；经公证的能够证明有权继承或接受遗赠的证明资料原件及复印件。

第二，税务机关应当认真核对上述资料，资料齐全并且填写正确的，在《个人无偿赠与不动产登记表》上签字盖章，留存《个人无偿赠与不动产登记表》复印件和有关证明资料复印件，原件退还纳税人，同时办理免税手续。

（二十七）土地所有者出让土地使用权和土地使用者将土地使用权归还给土地所有者

这一规定是对《关于印发〈营业税税目注释（试行稿）〉的通知》（国税发〔1993〕149号）中无形资产税目注释的调整。

《营业税税目注释（试行稿）》中规定，对土地所有者出让土地使用权和土地使用者将土地使用权归还给土地所有者的行为，不征收营业税。在此次营业税改征增值税试点的政策设计时，考虑土地所有者出让土地使用权和土地使用者将土地使用权归还给土地所有者的行为，满足征收增值税的各个征税要素，不应排除在征税范围之外。但同时考虑到上述土地转让行为的特殊性，给予了增值税免税政策。

（二十八）县级以上地方人民政府或自然资源行政主管部门出让、转让或收回自然资源使用权（不含土地使用权）

这一规定是《财政部　国家税务总局关于转让自然资源使用权营业税政策的通知》（财税〔2012〕6号）有关营业税政策的调整。

（二十九）随军家属就业

（1）为安置随军家属就业而新开办的企业，自领取税务登记证之日起，其提供的应税服务3年内免征增值税。

享受税收优惠政策的企业，随军家属必须占企业总人数的60%（含）以上，并有军（含）以上政治和后勤机关出具的证明。

（2）从事个体经营的随军家属，自办理税务登记事项之日起，其提供的应税服务3年内免征增值税。

随军家属必须有师以上政治机关出具的可以表明其身份的证明。

（三十）军队转业干部就业

（1）从事个体经营的军队转业干部，自领取税务登记证之日起，其提供的应税服务3年内免征增值税。

（2）为安置自主择业的军队转业干部就业而新开办的企业，凡安置自主择业的军队转业干部占企业总人数 60%（含）以上的，自领取税务登记证之日起，其提供的应税服务 3 年内免征增值税。

享受上述优惠政策的自主择业的军队转业干部必须持有师以上部队颁发的转业证件。

五、金融业营改增税收优惠政策

（一）以下利息收入免税

1）2016 年 12 月 31 日前，金融机构农户小额贷款。

小额贷款，是指单笔且该农户贷款余额总额在 10 万元（含本数）以下的贷款。

所称农户，是指长期（1 年以上）居住在乡镇（不包括城关镇）行政管理区域内的住户，还包括长期居住在城关镇所辖行政村范围内的住户和户口不在本地而在本地居住 1 年以上的住户，国有农场的职工和农村个体工商户。位于乡镇（不包括城关镇）行政管理区域内和在城关镇所辖行政村范围内的国有经济的机关、团体、学校、企事业单位的集体户；有本地户口，但举家外出谋生 1 年以上的住户，无论是否保留承包耕地均不属于农户。农户以户为统计单位，既可以从事农业生产经营，也可以从事非农业生产经营。农户贷款的判定应以贷款发放时的承贷主体是否属于农户为准。

2）国家助学贷款。

这一规定延续了《中国人民银行、财政部、教育部、国家税务总局关于进一步推进国家助学贷款业务发展的通知》（银发〔2001〕245 号）的规定：经国务院批准，免征国家助学贷款利息收入营业税。

3）国债、地方政府债。

这里关于国债利息免征增值税的规定，继续遵循《中华人民共和国国库券条例》第十二条"国库券的利息收入享受免税待遇"的原则。考虑到地方政府债与国债在性质和意义上具有一致性，因此也对地方政府债利息收入给予了增值税免税优惠。

4）人民银行对金融机构的贷款。

这一规定延续了《国家税务总局关于人民银行贷款业务不征收营业税的具体范围的通知》（国税发〔1994〕88 号）的规定：对人民银行的贷款业务不征税，是指人民银行对金融机构的贷款业务，人民银行对企业贷款或委托金融机构贷款的业务应当征收营业税。

5）住房公积金管理中心用住房公积金在指定的委托银行发放的个人住房贷款。

这一规定是对《财政部 国家税务总局关于住房公积金管理中心有关税

收政策的通知》（财税〔2000〕94号）营业税政策的延续。《财政部 国家税务总局关于住房公积金管理中心有关税收政策的通知》（财税〔2000〕94号）规定：自2000年9月1日起，对住房公积金管理中心用住房公积金在指定的委托银行发放个人住房贷款取得的收入，免征营业税。

6）外汇管理部门在从事国家外汇储备经营过程中，委托金融机构发放的外汇贷款。

这一规定是对《财政部 国家税务总局关于对外汇管理部门委托贷款利息收入免征营业税的通知》（财税〔2000〕78号）营业税政策的延续。《财政部 国家税务总局关于对外汇管理部门委托贷款利息收入免征营业税的通知》（财税〔2000〕78号）规定：自2000年7月1日起，对外汇管理部门在从事国家外汇储备经营过程中，委托金融机构发放的外汇贷款利息收入免征营业税。

7）统借统还业务中，企业集团或企业集团中的核心企业以及集团所属财务公司按不高于支付给金融机构的借款利率水平或者支付的债券票面利率水平，向企业集团或者集团内下属单位收取的利息。

统借方向资金使用单位收取的利息，高于支付给金融机构借款利率水平或者支付的债券票面利率水平的，应全额缴纳增值税。

统借统还业务，是指：

（1）企业集团或者企业集团中的核心企业向金融机构借款或对外发行债券取得资金后，将所借资金分拨给下属单位（包括独立核算单位和非独立核算单位，下同），并向下属单位收取用于归还金融机构或债券购买方本息的业务。

（2）企业集团向金融机构借款或对外发行债券取得资金后，由集团所属财务公司与企业集团或者集团内下属单位签订统借统还贷款合同并分拨资金，并向企业集团或者集团内下属单位收取本息，再转付企业集团，由企业集团统一归还金融机构或债券购买方的业务。

（二）金融同业往来利息收入免税

1）金融机构与人民银行所发生的资金往来业务。包括人民银行对一般金融机构贷款，以及人民银行对商业银行的再贴现等。

2）银行联行往来业务。同一银行系统内部不同行、处之间所发生的资金账务往来业务。

3）金融机构间的资金往来业务。是指经人民银行批准，进入全国银行间同业拆借市场的金融机构之间通过全国统一的同业拆借网络进行的短期（1年以下含1年）无担保资金融通行为。

4）金融机构之间开展的转贴现业务。

金融机构是指：

（1）银行：包括人民银行、商业银行、政策性银行；

（2）信用合作社；

（3）证券公司；

（4）金融租赁公司、证券基金管理公司、财务公司、信托投资公司、证券投资基金；

（5）保险公司；

（6）其他经人民银行、银监会、证监会、保监会批准成立且经营金融保险业务的机构等。

金融机构开展下列业务取得的利息收入，属于上述金融同业往来利息收入：

（1）质押式买入返售金融商品。质押式买入返售金融商品，是指交易双方进行的以债券等金融商品为权利质押的一种短期资金融通业务。

（2）持有政策性金融债券。政策性金融债券，是指开发性、政策性金融机构发行的债券。

（三）金融企业利息收入暂不缴纳增值税

金融企业发放贷款后，自结息日起90天内发生的应收未收利息按现行规定缴纳增值税，自结息日起90天后发生的应收未收利息暂不缴纳增值税，待实际收到利息时按规定缴纳增值税。

上述所称金融企业，是指银行（包括国有、集体、股份制、合资、外资银行以及其他所有制形式的银行）、城市信用社、农村信用社、信托投资公司、财务公司。

（四）保险公司开办的1年期以上人身保险产品取得的保费收入免税

1年期以上人身保险，是指保险期间为1年期及以上返还本利的人寿保险、养老年金保险，以及保险期间为1年期及以上的健康保险。享受免征增值税的1年期及以上返还本利的人身保险包括其他年金保险，其他年金保险是指养老年金以外的年金保险。

人寿保险，是指以人的寿命为保险标的的人身保险。

养老年金保险，是指以养老保障为目的，以被保险人生存为给付保险金条件，并按约定的时间间隔分期给付生存保险金的人身保险。养老年金保险应当同时符合下列条件：

（1）保险合同约定给付被保险人生存保险金的年龄不得小于国家规定的退休年龄；

（2）相邻两次给付的时间间隔不得超过1年。

健康保险，是指以因健康原因导致损失为给付保险金条件的人身保险。

（五）下列金融商品转让收入免税

这里将原营业税制度下对金融商品转让收入的免税政策进行了梳理归类，并分条列示。

（1）合格境外投资者（QFII）委托境内公司在我国从事证券买卖业务；

（2）香港市场投资者（包括单位和个人）通过沪港通买卖上海证券交易所上市 A 股；

（3）对香港市场投资者（包括单位和个人）通过基金互认买卖内地基金份额；

（4）证券投资基金（封闭式证券投资基金，开放式证券投资基金）管理人运用基金买卖股票、债券；

（5）个人从事金融商品转让业务。

（六）融资租赁服务超 3% 即征即退

经人民银行、银监会或者商务部批准从事融资租赁业务的试点纳税人中的一般纳税人，提供有形动产融资租赁服务和有形动产融资性售后回租服务，对其增值税实际税负超过 3% 的部分实行增值税即征即退政策。商务部授权的省级商务主管部门和国家经济技术开发区批准的从事融资租赁业务和融资性售后回租业务的试点纳税人中的一般纳税人，2016 年 5 月 1 日后实收资本达到 1.7 亿元的，从达到标准的当月起按照上述规定执行；2016 年 5 月 1 日后实收资本未达到 1.7 亿元但注册资本达到 1.7 亿元的，在 2016 年 7 月 31 日前仍可按照上述规定执行，2016 年 8 月 1 日后开展的有形动产融资租赁业务和有形动产融资性售后回租业务不得按照上述规定执行。增值税实际税负，是指纳税人当期提供应税服务实际缴纳的增值税额占纳税人当期提供应税服务取得的全部价款和价外费用的比例。

（七）被撤销金融机构以货物、不动产、无形资产、有价证券、票据等财产清偿债务

被撤销金融机构，是指经人民银行、银监会依法决定撤销的金融机构及其分设于各地的分支机构，包括被依法撤销的商业银行、信托投资公司、财务公司、金融租赁公司、城市信用社和农村信用社。除另有规定外，被撤销金融机构所属、附属企业，不享受被撤销金融机构增值税免税政策。

（八）同时符合下列条件的担保机构从事中小企业信用担保或者再担保业务取得的收入（不含信用评级、咨询、培训等收入）3 年内免征增值税

（1）已取得监管部门颁发的融资性担保机构经营许可证，依法登记注册为企（事）业法人，实收资本超过 2 000 万元。

（2）平均年担保费率不超过银行同期贷款基准利率的 50%。平均年担保费率＝本期担保费收入÷（期初担保余额＋本期增加担保金额）×100%。

（3）连续合规经营 2 年以上，资金主要用于担保业务，具备健全的内部管理制度和为中小企业提供担保的能力，经营业绩突出，对受保项目具有完善的事前评估、事中监控、事后追偿与处置机制。

（4）为中小企业提供的累计担保贷款额占其 2 年累计担保业务总额的 80％以上，单笔 800 万元以下的累计担保贷款额占其累计担保业务总额的 50％以上。

（5）对单个受保企业提供的担保余额不超过担保机构实收资本总额的 10％，且平均单笔担保责任金额最多不超过 3 000 万元人民币。

（6）担保责任余额不低于其净资产的 3 倍，且代偿率不超过 2％。

担保机构免征增值税政策采取备案管理方式。符合条件的担保机构应到所在地县（市）主管税务机关和同级中小企业管理部门履行规定的备案手续，自完成备案手续之日起，享受 3 年免征增值税政策。3 年免税期满后，符合条件的担保机构可按规定程序办理备案手续后继续享受该项政策。

具体备案管理办法按照《国家税务总局关于中小企业信用担保机构免征营业税审批事项取消后有关管理问题的公告》（国家税务总局公告 2015 年第 69 号）规定执行，其中税务机关的备案管理部门统一调整为县（市）级国家税务局。

（九）农村金融机构可选择 3% 的简易计税方法

农村信用社、村镇银行、农村资金互助社、由银行业机构全资发起设立的贷款公司、法人机构在县（县级市、区、旗）及县以下地区的农村合作银行和农村商业银行提供金融服务收入，可以选择适用简易计税方法按照 3％的征收率计算缴纳增值税。

村镇银行，是指经中国银行业监督管理委员会依据有关法律、法规批准，由境内外金融机构、境内非金融机构企业法人、境内自然人出资，在农村地区设立的主要为当地农民、农业和农村经济发展提供金融服务的银行业金融机构。

农村资金互助社，是指经银行业监督管理机构批准，由乡（镇）、行政村农民和农村小企业自愿入股组成，为社员提供存款、贷款、结算等业务的社区互助性银行业金融机构。

由银行业机构全资发起设立的贷款公司，是指经中国银行业监督管理委员会依据有关法律、法规批准，由境内商业银行或农村合作银行在农村地区设立的专门为县域农民、农业和农村经济发展提供贷款服务的非银行业金融机构。

县（县级市、区、旗），不包括直辖市和地级市所辖城区。

（十）农行涉农贷款可选择 3% 的简易计税方法

对中国农业银行纳入"三农金融事业部"改革试点的各省、自治区、直辖市、计划单列市分行下辖的县域支行和新疆生产建设兵团分行下辖的县域支行（也称县事业部），提供农户贷款、农村企业和农村各类组织贷款取得的利息收入，可以选择适用简易计税方法按照 3% 的征收率计算缴纳增值税。农户贷款，是指金融机构发放给农户的贷款，但不包括免征增值税的农户小额贷款。农村企业和农村各类组织贷款，是指金融机构发放给注册在农村地区的企业及各类组织的贷款。

享受增值税优惠的涉农贷款业务清单包括：

（1）法人农业贷款；

（2）法人林业贷款；

（3）法人畜牧业贷款；

（4）法人渔业贷款；

（5）法人农林牧渔服务业贷款；

（6）法人其他涉农贷款（煤炭、烟草、采矿业、房地产业、城市基础设施建设和其他类的法人涉农贷款除外）；

（7）小型农田水利设施贷款；

（8）大型灌区改造；

（9）中低产田改造；

（10）防涝抗旱减灾体系建设；

（11）农产品加工贷款；

（12）农业生产资料制造贷款；

（13）农业物资流通贷款；

（14）农副产品流通贷款；

（15）农产品出口贷款；

（16）农业科技贷款；

（17）农业综合生产能力建设；

（18）农田水利设施建设；

（19）农产品流通设施建设；

（20）其他农业生产性基础设施建设；

（21）农村饮水安全工程；

（22）农村公路建设；

（23）农村能源建设；

（24）农村沼气建设；

（25）其他农村生活基础设施建设；

（26）农村教育设施建设；

（27）农村卫生设施建设；

（28）农村文化体育设施建设；

（29）林业和生态环境建设；

（30）个人农业贷款；

（31）个人林业贷款；

（32）个人畜牧业贷款；

（33）个人渔业贷款；

（34）个人农林牧渔服务业贷款；

（35）农户其他生产经营贷款；

（36）农户助学贷款；

（37）农户医疗贷款；

（38）农户住房贷款；

（39）农户其他消费贷款。

六、交通运输业营改增税收优惠政策

（一）台湾航运公司、航空公司从事海峡两岸海上直航、空中直航业务在大陆取得的运输收入免税

台湾航运公司，是指取得交通运输部颁发的"台湾海峡两岸间水路运输许可证"且该许可证上注明的公司登记地址在台湾的航运公司。

台湾航空公司，是指取得中国民用航空局颁发的"经营许可"或者依据《海峡两岸空运协议》和《海峡两岸空运补充协议》规定，批准经营两岸旅客、货物和邮件不定期（包机）运输业务，且公司登记地址在台湾的航空公司。

（二）纳税人提供的直接或者间接国际货物运输代理服务免税

（1）纳税人提供直接或者间接国际货物运输代理服务，向委托方收取的全部国际货物运输代理服务收入，以及向国际运输承运人支付的国际运输费用，必须通过金融机构进行结算。

（2）纳税人为大陆与香港、澳门、台湾地区之间的货物运输提供的货物运输代理服务参照国际货物运输代理服务有关规定执行。

（3）委托方索取发票的，纳税人应当就国际货物运输代理服务收入向委托方全额开具增值税普通发票。

（三）管道运输服务超 3% 即征即退

一般纳税人提供管道运输服务，对其增值税实际税负超过 3% 的部分实行增值税即征即退政策。

增值税实际税负，是指纳税人当期提供应税服务实际缴纳的增值税额占纳税人当期提供应税服务取得的全部价款和价外费用的比例。

七、服务业营改增税收优惠政策

（一）同时符合下列条件的合同能源管理服务免税

（1）节能服务公司实施合同能源管理项目相关技术，应当符合国家质量监督检验检疫总局和国家标准化管理委员会发布的《合同能源管理技术通则》（GB/T24915—2010）规定的技术要求。

（2）节能服务公司与用能企业签订节能效益分享型合同，其合同格式和内容，符合《中华人民共和国合同法》和《合同能源管理技术通则》（GB/T24915—2010）等规定。

（二）家政服务企业由员工制家政服务员提供家政服务取得的收入免税

家政服务企业，是指在企业营业执照的规定经营范围中包括家政服务内容的企业。

员工制家政服务员，是指同时符合下列 3 个条件的家政服务员：

（1）依法与家政服务企业签订半年及半年以上的劳动合同或者服务协议，且在该企业实际上岗工作。

（2）家政服务企业为其按月足额缴纳了企业所在地人民政府根据国家政策规定的基本养老保险、基本医疗保险、工伤保险、失业保险等社会保险。对已享受新型农村养老保险和新型农村合作医疗等社会保险或者下岗职工原单位继续为其缴纳社会保险的家政服务员，如果本人书面提出不再缴纳企业所在地人民政府根据国家政策规定的相应的社会保险，并出具其所在乡镇或者原单位开具的已缴纳相关保险的证明，可视同家政服务企业已为其按月足额缴纳了相应的社会保险。

（3）家政服务企业通过金融机构向其实际支付不低于企业所在地适用的经省级人民政府批准的最低工资标准的工资。

八、个人销售住房营改增税收优惠政策

（一）北上广深优惠政策

个人将购买不足 2 年的住房对外销售的，按照 5% 的征收率全额缴纳增值税；个人将购买 2 年以上（含 2 年）的非普通住房对外销售的，以销售收入减去购买住房价款后的差额按照 5% 的征收率缴纳增值税；个人将购买 2 年以上（含 2 年）的普通住房对外销售的，免征增值税。上述政策仅适用于北京市、上海市、广州市和深圳市。

（二）其他地区优惠政策

个人将购买不足 2 年的住房对外销售的，按照 5% 的征收率全额缴纳增值税；个人将购买 2 年以上（含 2 年）的住房对外销售的，免征增值税。上述

政策适用于北京市、上海市、广州市和深圳市之外的地区。

（三）免税程序

办理免税的具体程序、购买房屋的时间、开具发票、非购买形式取得住房行为及其他相关税收管理规定，按照《国务院办公厅转发建设部等部门关于做好稳定住房价格工作意见的通知》（国办发〔2005〕26号）、《国家税务总局　财政部　建设部关于加强房地产税收管理的通知》（国税发〔2005〕89号）和《国家税务总局关于房地产税收政策执行中几个具体问题的通知》（国税发〔2005〕172号）的有关规定执行。

享受优惠政策的住房原则上应同时满足以下条件：住宅小区建筑容积率在1.0以上、单套建筑面积在120平方米以下、实际成交价格低于同级别土地上住房平均交易价格1.2倍以下。各省、自治区、直辖市要根据实际情况，制定本地区享受优惠政策普通住房的具体标准。允许单套建筑面积和价格标准适当浮动，但向上浮动的比例不得超过上述标准的20％。各直辖市和省会城市的具体标准要报建设部、财政部、税务总局备案后，在2005年5月31日前公布。享受税收优惠政策普通住房的面积标准是指地方政府按国办发〔2005〕26号文件规定确定并公布的普通住房建筑面积标准。对于以套内面积进行计量的，应换算成建筑面积，判断该房屋是否符合普通住房标准。

个人购买住房以取得的房屋产权证或契税完税证明上注明的时间作为其购买房屋的时间。"契税完税证明上注明的时间"是指契税完税证明上注明的填发日期。纳税人申报时，同时出具房屋产权证和契税完税证明且两者所注明的时间不一致的，按照"孰先"的原则确定购买房屋的时间。即房屋产权证上注明的时间早于契税完税证明上注明的时间的，以房屋产权证注明的时间为购买房屋的时间；契税完税证明上注明的时间早于房屋产权证上注明的时间的，以契税完税证明上注明的时间为购买房屋的时间。根据国家房改政策购买的公有住房，以购房合同的生效时间、房款收据的开具日期或房屋产权证上注明的时间，按照"孰先"的原则确定购买房屋的时间。

个人将通过受赠、继承、离婚财产分割等非购买形式取得的住房对外销售的行为，也适用《国家税务总局　财政部　建设部关于加强房地产税收管理的通知》（国税发〔2005〕89号）的有关规定。其购房时间按发生受赠、继承、离婚财产分割行为前的购房时间确定，其购房价格按发生受赠、继承、离婚财产分割行为前的购房原价确定。个人需持其通过受赠、继承、离婚财产分割等非购买形式取得住房的合法、有效法律证明文书，到地方税务部门办理相关手续。

（四）营改增的适用

个人转让住房，在2016年4月30日前已签订转让合同，2016年5月1

日以后办理产权变更事项的，应缴纳增值税，不缴纳营业税。

九、退役士兵创业就业营改增税收优惠政策

1）对自主就业退役士兵从事个体经营的，在 3 年内按每户每年 8 000 元为限额依次扣减其当年实际应缴纳的增值税、城市维护建设税、教育费附加、地方教育附加和个人所得税。限额标准最高可上浮 20％，各省、自治区、直辖市人民政府可根据本地区实际情况在此幅度内确定具体限额标准，并报财政部和国家税务总局备案。

纳税人年度应缴纳税款小于上述扣减限额的，以其实际缴纳的税款为限；大于上述扣减限额的，应以上述扣减限额为限。纳税人的实际经营期不足 1 年的，应当以实际月份换算其减免税限额。换算公式为：减免税限额＝年度减免税限额÷12×实际经营月数。

纳税人在享受税收优惠政策的当月，持《中国人民解放军义务兵退出现役证》或《中国人民解放军士官退出现役证》以及税务机关要求的相关材料向主管税务机关备案。

2）对商贸企业、服务型企业、劳动就业服务企业中的加工型企业和街道社区具有加工性质的小型企业实体，在新增加的岗位中，当年新招用自主就业退役士兵，与其签订 1 年以上期限劳动合同并依法缴纳社会保险费的，在 3 年内按实际招用人数予以定额依次扣减增值税、城市维护建设税、教育费附加、地方教育附加和企业所得税优惠。定额标准为每人每年 4 000 元，最高可上浮 50％，各省、自治区、直辖市人民政府可根据本地区实际情况在此幅度内确定具体定额标准，并报财政部和国家税务总局备案。

上述所称服务型企业是指从事《销售服务、无形资产、不动产注释》中"不动产租赁服务"、"商务辅助服务"（不含货物运输代理和代理报关服务）、"生活服务"（不含文化体育服务）范围内业务活动的企业以及按照《民办非企业单位登记管理暂行条例》（国务院令第 251 号）登记成立的民办非企业单位。

纳税人按企业招用人数和签订的劳动合同时间核定企业减免税总额，在核定减免税总额内每月依次扣减增值税、城市维护建设税、教育费附加和地方教育附加。纳税人实际应缴纳的增值税、城市维护建设税、教育费附加和地方教育附加小于核定减免税总额的，以实际应缴纳的增值税、城市维护建设税、教育费附加和地方教育附加为限；实际应缴纳的增值税、城市维护建设税、教育费附加和地方教育附加大于核定减免税总额的，以核定减免税总额为限。

纳税年度终了，如果企业实际减免的增值税、城市维护建设税、教育费

附加和地方教育附加小于核定的减免税总额，企业在企业所得税汇算清缴时扣减企业所得税。当年扣减不足的，不再结转以后年度扣减。

计算公式为：

$$企业减免税总额 = \sum \frac{每名自主就业退役士兵}{本年度在本企业工作月份} \div 12 \times 定额标准$$

企业自招用自主就业退役士兵的次月起享受税收优惠政策，并于享受税收优惠政策的当月，持下列材料向主管税务机关备案：

（1）新招用自主就业退役士兵的《中国人民解放军义务兵退出现役证》或《中国人民解放军士官退出现役证》。

（2）企业与新招用自主就业退役士兵签订的劳动合同（副本），企业为职工缴纳的社会保险费记录。

（3）自主就业退役士兵本年度在企业工作时间表。

（4）主管税务机关要求的其他相关材料。

3）上述所称自主就业退役士兵是指依照《退役士兵安置条例》（国务院、中央军委令第 608 号）的规定退出现役并按自主就业方式安置的退役士兵。

4）上述税收优惠政策的执行期限为 2016 年 5 月 1 日至 2016 年 12 月 31 日，纳税人在 2016 年 12 月 31 日未享受满 3 年的，可继续享受至 3 年期满为止。

按照《财政部　国家税务总局　民政部关于调整完善扶持自主就业退役士兵创业就业有关税收政策的通知》（财税〔2014〕42 号）规定享受营业税优惠政策的纳税人，自 2016 年 5 月 1 日起按照上述规定享受增值税优惠政策，在 2016 年 12 月 31 日未享受满 3 年的，可继续享受至 3 年期满为止。

《财政部　国家税务总局关于将铁路运输和邮政业纳入营业税改征增值税试点的通知》（财税〔2013〕106 号）附件 3 第一条第（十二）项城镇退役士兵就业免征增值税政策，自 2014 年 7 月 1 日起停止执行。在 2014 年 6 月 30 日未享受满 3 年的，可继续享受至 3 年期满为止。

十、重点群体创业就业营改增税收优惠政策

（一）个体经营税收优惠

对持《就业创业证》（注明"自主创业税收政策"或"毕业年度内自主创业税收政策"）或 2015 年 1 月 27 日前取得的《就业失业登记证》（注明"自主创业税收政策"或附着《高校毕业生自主创业证》）的人员从事个体经营的，在 3 年内按每户每年 8 000 元为限额依次扣减其当年实际应缴纳的增值税、城市维护建设税、教育费附加、地方教育附加和个人所得税。限额标准最高可上浮 20%，各省、自治区、直辖市人民政府可根据本地区实际情况在此幅度内确定具体限额标准，并报财政部和国家税务总局备案。

纳税人年度应缴纳税款小于上述扣减限额的，以其实际缴纳的税款为限；大于上述扣减限额的，应以上述扣减限额为限。

上述人员是指：

（1）在人力资源社会保障部门公共就业服务机构登记失业半年以上的人员；

（2）零就业家庭、享受城市居民最低生活保障家庭劳动年龄内的登记失业人员；

（3）毕业年度内高校毕业生。高校毕业生是指实施高等学历教育的普通高等学校、成人高等学校毕业的学生；毕业年度是指毕业所在自然年，即1月1日至12月31日。

（二）企业雇佣税收优惠

对商贸企业、服务型企业、劳动就业服务企业中的加工型企业和街道社区具有加工性质的小型企业实体，在新增加的岗位中，当年新招用在人力资源社会保障部门公共就业服务机构登记失业半年以上且持《就业创业证》或2015年1月27日前取得的《就业失业登记证》（注明"企业吸纳税收政策"）人员，与其签订1年以上期限劳动合同并依法缴纳社会保险费的，在3年内按实际招用人数予以定额依次扣减增值税、城市维护建设税、教育费附加、地方教育附加和企业所得税优惠。定额标准为每人每年4 000元，最高可上浮30％，各省、自治区、直辖市人民政府可根据本地区实际情况在此幅度内确定具体定额标准，并报财政部和国家税务总局备案。

按上述标准计算的税收扣减额应在企业当年实际应缴纳的增值税、城市维护建设税、教育费附加、地方教育附加和企业所得税税额中扣减，当年扣减不足的，不得结转下年使用。

服务型企业是指从事《销售服务、无形资产、不动产注释》中"不动产租赁服务"、"商务辅助服务"（不含货物运输代理和代理报关服务）、"生活服务"（不含文化体育服务）范围内业务活动的企业以及按照《民办非企业单位登记管理暂行条例》（国务院令第251号）登记成立的民办非企业单位。

享受上述优惠政策的人员按以下规定申领《就业创业证》：

（1）按照《就业服务与就业管理规定》（劳动和社会保障部令第28号）第六十三条的规定，在法定劳动年龄内，有劳动能力，有就业要求，处于无业状态的城镇常住人员，在公共就业服务机构进行失业登记，申领《就业创业证》。其中，农村进城务工人员和其他非本地户籍人员在常住地稳定就业满6个月的，失业后可以在常住地登记。

（2）零就业家庭凭社区出具的证明，城镇低保家庭凭低保证明，在公共就业服务机构登记失业，申领《就业创业证》。

（3）毕业年度内高校毕业生在校期间凭学生证向公共就业服务机构按规定申领《就业创业证》，或委托所在高校就业指导中心向公共就业服务机构按规定代为其申领《就业创业证》；毕业年度内高校毕业生离校后直接向公共就业服务机构按规定申领《就业创业证》。

（4）上述人员申领相关凭证后，由就业和创业地人力资源社会保障部门对人员范围、就业失业状态、已享受政策情况进行核实，在《就业创业证》上注明"自主创业税收政策""毕业年度内自主创业税收政策"或"企业吸纳税收政策"字样，同时符合自主创业和企业吸纳税收政策条件的，可同时加注；主管税务机关在《就业创业证》上加盖戳记，注明减免税所属时间。

上述税收优惠政策的执行期限为 2016 年 5 月 1 日至 2016 年 12 月 31 日，纳税人在 2016 年 12 月 31 日未享受满 3 年的，可继续享受至 3 年期满为止。

按照《财政部 国家税务总局 人力资源社会保障部关于继续实施支持和促进重点群体创业就业有关税收政策的通知》（财税〔2014〕39 号）规定享受营业税优惠政策的纳税人，自 2016 年 5 月 1 日起按照上述规定享受增值税优惠政策，在 2016 年 12 月 31 日未享受满 3 年的，可继续享受至 3 年期满为止。

《财政部 国家税务总局关于将铁路运输和邮政业纳入营业税改征增值税试点的通知》（财税〔2013〕106 号）附件 3 第一条第（十三）项失业人员就业增值税优惠政策，自 2014 年 1 月 1 日起停止执行。在 2013 年 12 月 31 日未享受满 3 年的，可继续享受至 3 年期满为止。

第三章 税务稽查基本制度

第一节 税务稽查概述

一、税务稽查的概念、任务与原则

(一) 税务稽查的概念与形式

税务稽查是税收征收管理工作的重要步骤和环节，是税务机关代表国家依法对纳税人的纳税情况进行检查监督的一种形式。税务稽查的依据是具有各级法律效力的税收法律、法规、规章及其他规范性文件。

税务稽查的具体形式包括日常稽查、专项稽查和专案稽查。日常稽查是税务稽查局有计划地对税收管辖范围内的纳税人及扣缴义务人履行纳税义务和扣缴义务的情况进行检查和处理的执法行为。专项稽查是稽查局按照上级税务机关的统一部署或下达的任务对管辖范围内的特定行业、或特定的纳税人、或特定的税务事宜所进行的专门稽查。专案稽查是指稽查局依照税收法律、法规及有关规定，以立案形式对纳税人、扣缴义务人履行纳税义务、扣缴义务情况所进行的调查和处理。

(二) 税务稽查的基本任务

税务稽查的基本任务，是依法查处税收违法行为，保障税收收入，维护税收秩序，促进依法纳税。

税务稽查由税务局稽查局依法实施。稽查局主要职责，是依法对纳税人、扣缴义务人和其他涉税当事人履行纳税义务、扣缴义务情况及涉税事项进行检查处理，以及围绕检查处理开展的其他相关工作。稽查局具体职责由国家税务总局依照《税收征收管理法》、《税收征收管理法实施细则》有关规定确定。

(三) 税务稽查的原则

税务稽查应当以事实为根据，以法律为准绳，坚持公平、公开、公正、效率的原则。税务稽查应当依靠人民群众，加强与有关部门、单位的联系和配合。

(四) 税务稽查应遵守的主要规范性文件

税务稽查应遵守的最直接的规范性文件为 1998 年 3 月 26 日国家税务总

局发布的《增值税日常稽查办法》（国税发〔1998〕044号）、2000年3月22日国家税务总局发布的《税务稽查案件复查暂行办法》（国税发〔2000〕54号）、2000年9月22日国家税务总局发布的《税务稽查业务公开制度（试行）》（国税发〔2000〕163号）、2009年12月23日财政部、国家税务总局发布的《税务稽查办案专项经费管理暂行办法》（财行〔2009〕557号）、2009年12月24日国家税务总局发布的《税务稽查工作规程》（国税发〔2009〕157号）、2014年10月23日国家税务总局印发的《税务稽查案卷管理暂行办法》和《税务稽查案卷电子文件管理参考规范》（税总发〔2014〕127号）、2015年5月25日国家税务总局发布的《推进税务稽查随机抽查实施方案》（税总发〔2015〕104号）、2016年5月19日国家税务总局发布的《税务稽查案源管理办法（试行）》、2016年5月24日国家税务总局发布的《税务稽查随机抽查对象名录库管理办法（试行）》和《税务稽查随机抽查执法检查人员名录库管理办法（试行）》。

税务稽查应遵守的主要法律有《税收征收管理法》《行政处罚法》《行政复议法》《行政诉讼法》《企业所得税法》《个人所得税法》《车船税法》等。

税务稽查应遵守的主要行政法规有《税收征收管理法实施细则》《行政复议法实施条例》以及国务院发布的关于各税种的暂行条例。

税务稽查应遵守的主要其他规范性文件主要有1996年9月28日国家税务总局发布的《税务行政处罚听证程序实施办法（试行）》（国税发〔1996〕190号）《税务案件调查取证与处罚决定分开制度实施办法（试行）》（国税发〔1996〕190号）《税务违法案件公告办法》（国税发〔1998〕156号）《税收违法案件一案双查办法（试行）》（国税发〔2008〕125号）《重大税收违法案件督办管理暂行办法》（国税发〔2010〕103号）《税收违法行为检举管理办法》（国家税务总局令第24号）《重大税收违法案件信息公布办法（试行）》（国家税务总局公告2014年第41号）《国家税务总局关于加强税收风险管理工作的意见》（税总发〔2014〕105号）2015年2月1日起施行的《重大税务案件审理办法》（国家税务总局令第34号）以及《税收违法案件一案双查工作补充规定》（税总发〔2015〕20号）。

二、税务稽查的管理体制

（一）稽查局的执法体系

稽查局在所属税务局领导下开展税务稽查工作。上级稽查局对下级稽查局的稽查业务进行管理、指导、考核和监督，对执法办案进行指挥和协调。

各级国家税务局稽查局、地方税务局稽查局应当加强联系和协作，及时进行信息交流与共享，对同一被查对象尽量实施联合检查，并分别作出处理决定。

（二）案件稽查程序

稽查局查处税收违法案件时，实行选案、检查、审理、执行分工制约原则。稽查局设立选案、检查、审理、执行部门，分别实施选案、检查、审理、执行工作。

（三）保密义务

税务稽查人员应当依法为纳税人、扣缴义务人的商业秘密、个人隐私保密。纳税人、扣缴义务人的税收违法行为不属于保密范围。

未按照《税收征收管理法》规定为纳税人、扣缴义务人、检举人保密的，对直接负责的主管人员和其他直接责任人员，由所在单位或者有关单位依法给予行政处分。

（四）稽查人员的回避

税务稽查人员有《税收征收管理法实施细则》规定回避情形的，应当回避。根据《税收征收管理法实施细则》第八条规定，税务人员在核定应纳税额、调整税收定额、进行税务检查、实施税务行政处罚、办理税务行政复议时，与纳税人、扣缴义务人或者其法定代表人、直接责任人有下列关系之一的，应当回避：

（1）夫妻关系；

（2）直系血亲关系；

（3）三代以内旁系血亲关系；

（4）近姻亲关系；

（5）可能影响公正执法的其他利害关系。

被查对象要求税务稽查人员回避的，或者税务稽查人员自己提出回避的，由稽查局局长依法决定是否回避。稽查局局长发现税务稽查人员有规定回避情形的，应当要求其回避。稽查局局长的回避，由所属税务局领导依法审查决定。

税务人员在查处税收违法案件时，未按照《税收征收管理法》规定进行回避的，对直接负责的主管人员和其他直接责任人员，依法给予行政处分。

（五）稽查人员的行为规范

税务稽查人员应当遵守工作纪律，恪守职业道德，不得有下列行为：

（1）违反法定程序、超越权限行使职权；

（2）利用职权为自己或者他人谋取利益；

（3）玩忽职守，不履行法定义务；

（4）泄露国家秘密、工作秘密，向被查对象通风报信、泄露案情；

（5）弄虚作假，故意夸大或者隐瞒案情；

（6）接受被查对象的请客送礼；

（7）未经批准私自会见被查对象；

（8）其他违法乱纪行为。

税务稽查人员在执法办案中滥用职权、玩忽职守、徇私舞弊的，依照有关规定严肃处理；涉嫌犯罪的，依法移送司法机关处理。

税务人员徇私舞弊或者玩忽职守，不征或者少征应征税款，致使国家税收遭受重大损失，构成犯罪的，依法追究刑事责任；尚不构成犯罪的，依法给予行政处分。

税务人员滥用职权，故意刁难纳税人、扣缴义务人的，调离税收工作岗位，并依法给予行政处分。

税务人员对控告、检举税收违法违纪行为的纳税人、扣缴义务人以及其他检举人进行打击报复的，依法给予行政处分；构成犯罪的，依法追究刑事责任。

（六）税务稽查的现代化

税务机关必须不断提高稽查信息化应用水平，充分利用现代信息技术采集涉税信息，强化稽查管理和执法监督。

三、税务稽查的管辖

（一）税务管辖的属地原则

稽查局应当在所属税务局的征收管理范围内实施税务稽查。

上述规定以外的税收违法行为，由违法行为发生地或者发现地的稽查局查处。

税收法律、行政法规和国家税务总局对税务稽查管辖另有规定的，从其规定。

（二）税务管辖争议的解决

税务稽查管辖有争议的，由争议各方本着有利于案件查处的原则逐级协商解决；不能协商一致的，报请共同的上级税务机关协调或者决定。

（三）分级分类稽查

省、自治区、直辖市和计划单列市国家税务局稽查局、地方税务局稽查局可以充分利用税源管理和税收违法情况分析成果，结合本地实际，按照以下标准在管辖区域范围内实施分级分类稽查：

（1）纳税人生产经营规模、纳税规模；

（2）分地区、分行业、分税种的税负水平；

（3）税收违法行为发生频度及轻重程度；

（4）税收违法案件复杂程度；

（5）纳税人产权状况、组织体系构成；

（6）其他合理的分类标准。

分级分类稽查应当结合税收违法案件查处、税收专项检查、税收专项整治等相关工作统筹确定。

（四）上下级稽查局的管辖分工

上级稽查局可以根据税收违法案件性质、复杂程度、查处难度以及社会影响等情况，组织查处或者直接查处管辖区域内发生的税收违法案件。

下级稽查局查处有困难的重大税收违法案件，可以报请上级稽查局查处。

四、税收违法案件一案双查制度

（一）《税收违法案件一案双查办法（试行）》的基本制度

为加强对税务机关和税务人员征收管理和执法行为的监督检查，依法依纪查处征收管理和执法中的违法违纪行为，制定《税收违法案件一案双查办法（试行）》。

本办法所称一案双查，是指在查处纳税人、扣缴义务人（以下简称纳税人）税收违法案件中，对涉案税务机关或税务人员违法违纪行为进行调查，并依照有关规定追究税务机关或税务人员的责任。一案双查由稽查部门和监察部门按照职责分工实施。稽查部门负责检查纳税人税收违法行为，监察部门负责调查税务机关和税务人员违法违纪问题。

税务机关在下列情况下，实行一案双查：

（1）稽查部门在检查中发现税务机关或税务人员失职渎职、滥用职权、贪污受贿或者利用职权侵犯公民权利等，涉嫌违法违纪的；

（2）举报纳税人税收违法行为，同时举报税务机关或税务人员违法违纪并且问题严重，线索具体的；

（3）重大税收违法案件，税务机关认为需要实行一案双查的。

稽查部门发现税务机关或税务人员涉嫌以下违法违纪行为的事实或线索，应将有关证据和材料转交有管辖权的监察部门：

（1）与不法分子相勾结，虚开、买卖发票，骗取国家税款的；

（2）为涉案纳税人通风报信、作伪证、说情、影响案件查处的；

（3）索取、收受贿赂，利用职务之便为自己或者他人谋取利益的；

（4）经商办企业或在企业入股分红的；

（5）不履行或者不认真履行职责造成税款损失的；

（6）违法违纪和失职渎职的其他行为。

稽查人员发现税务机关或者税务人员涉嫌存在上述所列违法违纪行为的事实或线索的，应在24小时内报告本稽查局局长或者主持工作的负责人；稽查局局长或者主持工作的负责人应在三个工作日内提出同意转交或者不同意转交监察部门的意见，并将意见报告分管稽查工作的税务局领导；分管稽查工作的税务局领导应当在三个工作日内作出批准转交或者不批准转交的决定。决定批准的，应当在 24 小时内将有关证据和材料转交监察部门；决定不批准的，应当将不予批准的理由记录在案。稽查人员发现税务机关或者税务人员涉嫌违法违纪行为的事实或线索涉及本部门负责人或者分管稽查工作的税务局领导的，可以直接报告上级税务机关或者监察部门。

稽查部门向监察部门转交违法违纪线索，应制作《税务机关（人员）违法违纪线索转交单》，办理交接手续。

举报纳税人税收违法行为同时举报税务机关或税务人员违法违纪问题的，一般先由稽查部门实施税务检查，检查结束后，稽查部门应当将检查结论通报监察部门。举报纳税人税收违法行为同时举报税务机关或税务人员违法违纪问题严重，线索具体的，经分管稽查和监察工作的税务局领导批准同意，稽查部门和监察部门可组成联合检查组，同时进行调查。

监察部门在接到稽查部门转交的违法违纪问题线索后，应当及时决定是否受理，并将受理情况反馈给稽查部门。对于不属于本部门管辖范围的，应当及时转送有管辖权的部门，并告知转交线索的稽查部门。

稽查部门在实施税收检查中，发现税务机关或税务人员涉嫌违法违纪行为的事实或线索，应当妥善保存与违法违纪行为有关的证据材料。

监察部门对稽查部门转交的税务机关或税务人员违法违纪行为线索，可征求有关税收业务部门的意见，作为是否受理和调查的参考，并可提请有关部门协助收集、审查、判断或者认定证据。

稽查部门和监察部门实施检查、调查，应按有关法律、法规和制度、规定执行。

稽查部门、监察部门对所发现的税务机关或税务人员违法违纪的证据、线索，以及涉案纳税人的有关情况，应当遵守保密工作纪律，不得泄露、传播。

稽查部门、监察部门违反本办法，或者有下列行为情节严重的，应当追究有关人员的责任：

（1）稽查部门发现税务机关或者税务人员涉嫌违法违纪或失职渎职行为的事实或证据，隐瞒不报，或者隐匿、销毁有关线索、证据的；

（2）监察部门接到稽查部门转交的证据、线索，无正当理由不受理的。

税务机关其他部门在履行职责过程中，发现税务机关或税务人员有涉嫌违法违纪行为的事实或线索的，比照本办法执行。

（二）《税收违法案件一案双查工作补充规定》的基本制度

本《规定》所称一案双查，是指在查处纳税人、扣缴义务人和其他涉税当事人（以下简称涉税当事人）税收违法案件中，对税务机关或者税务人员的执法行为规范性和履职行为廉洁性进行检查，对违纪违法行为依照有关规定进行调查和追究责任的活动。一案双查由稽查部门、纪检监察部门按照职责分工实施。稽查部门负责查处涉税当事人税收违法行为，纪检监察部门负责查处税务机关和税务人员违纪违法行为。稽查部门、纪检监察部门实施检查、调查应当使用各自文书，并按照有关法律、行政法规和规章制度执行。

有下列情形之一的，实行一案双查：

（1）稽查部门在检查中发现税务机关或者税务人员涉嫌失职渎职、索贿受贿或者侵犯公民、法人和其他组织合法权益等行为的；

（2）重大税收违法案件存在税务机关或者税务人员涉嫌违法违纪行为的；

（3）检举涉税当事人税收违法行为，同时检举税务机关或者税务人员违纪违法行为，线索具体的；

（4）纪检监察部门认为需要实行一案双查的其他税收违法案件。

本《规定》所称重大税收违法案件包括：

（1）虚开增值税专用发票及其他增值税抵扣凭证、偷税、逃税、骗税、抗税达到规定数额标准的案件；

（2）上级税务机关督办的重大案件；

（3）造成重大社会影响的案件。

具体数额及金额标准由各省、自治区、直辖市和计划单列市国家税务局、地方税务局分别规定，并报监察部驻国家税务总局监察局、国家税务总局稽查局备案。

对重大税收违法案件，稽查部门应当在作出税务处理处罚决定后5个工作日内制作《重大税收违法案件一案双查转交单》，连同《税务处理决定书》《税务行政处罚决定书》（或者《税务稽查结论》）以及《税务稽查报告》《税务稽查审理报告》，经稽查部门主要负责人批准后，通过税收管理信息系统或者其他有效途径，转交所属税务局纪检监察部门。对稽查部门转交的重大税收违法案件，纪检监察部门应当对随案转交的相关材料进行案头分析，需要时可调阅税务稽查案卷等有关资料，认为存在税务机关或者税务人员涉嫌违纪违法行为的，应当填写《税收违法案件一案双查审批表》，报经分管纪检监察工作的税务局领导批准后开展调查。

稽查部门在检查中发现税务机关或者税务人员涉嫌下列行为之一的，应当妥善保存有关证据和材料，并按规定转交所在税务局纪检监察部门：

（1）与不法分子相勾结，虚开、非法买卖发票，偷税、逃税、骗税、抗税的；

（2）为涉案当事人通风报信、提供伪证、说情，影响案件查处的；

（3）隐匿、转移、毁灭证据的；

（4）索取、收受贿赂，利用职务之便为自己或者他人谋取利益的；

（5）侵犯公民、法人和其他组织合法权益等行为的；

（6）经商办企业或者在企业入股分红，以及其他违反规定从事营利性活动的；

（7）违反税收法律、行政法规以及税收征管制度、规定、流程的；

（8）有其他违纪违法行为的。

稽查部门发现税务机关以外的国家机关或者工作人员涉嫌违反税收法律、行政法规或者其他违纪违法行为的，应当将相关证据或者线索转交纪检监察部门，由纪检监察部门依照有关规定移送有权机关处理。

对税务机关发函委托的协查事项，受托方税务机关或者税务人员不按照规定进行协查、反馈协查情况，或者提供虚假情况的，委托方税务机关应当将相关情况或者线索逐级上报至与受托方税务机关共同的上级税务机关，请求上级税务机关调查核实或者责令受托方上级税务机关调查核实，追究相关税务机关或者税务人员责任。

稽查人员在检查中发现税务机关或者税务人员涉嫌本《规定》所列违纪违法行为的情况或者线索的，应当在 2 个工作日内逐级上报至稽查部门主要负责人；稽查部门应当在 3 个工作日内填写《税务机关（人员）涉嫌违纪违法问题线索转交单》，由主要负责人签报分管稽查工作的税务局领导；分管稽查工作的税务局领导应当在 3 个工作日内作出是否批准转交的决定，决定批准的，应当在 2 个工作日内批转纪检监察部门；不批准转交的，应当签署不批准转交的理由。

纪检监察部门在接到稽查部门转交的问题线索后，应当在 5 个工作日内决定是否受理，并将受理情况反馈给稽查部门。对于不属于本部门管辖范围的，应当及时转交有管辖权的部门，并告知稽查部门。

纪检监察部门对稽查部门转交的问题线索，可征求有关税收业务部门的意见，作为是否调查的参考，并可提请有关部门协助收集、审查、判断或者认定证据。

检举涉税当事人税收违法行为同时检举税务机关或者税务人员违纪违法问题的，一般先由稽查部门实施税务检查，检查结束后，稽查部门应当将检查结果通报纪检监察部门。检举涉税当事人税收违法行为同时检举税务机关或者税务人员违纪违法线索具体的，稽查部门和纪检监察部门可组成联合检查组，同时进行检查、调查。

稽查部门在税收违法案件检查中，可以提请纪检监察部门提前介入。纪检监察部门可以提前介入稽查部门正在查处的税收违法案件，对税务机关或者税务人员涉嫌违纪违法行为开展调查。有证据或者线索证明税务机关或者税务人员涉嫌重大违纪违法行为的，纪检监察部门应当提前介入查处。

上级纪检监察部门可以根据具体工作情况要求下级纪检监察部门开展一案双查，也可以直接或者联合同级稽查部门对下级税务机关查处的税收违法案件开展一案双查。

稽查、纪检监察部门应当遵守保密工作纪律，对所发现的税务机关或者税务人员违纪违法的证据、线索，以及提供线索的稽查人员有关情况，不得泄露、传播。税务机关应当对提供线索的稽查人员给予鼓励和保护。

稽查、纪检监察部门应当建立一案双查工作沟通联系机制，互相协助、密切配合。

违反《规定》，或者有下列行为之一的，应当追究有关人员的责任：

（1）稽查部门发现税务机关或者税务人员涉嫌失职渎职以及其他违纪违法行为的事实或者线索，隐瞒不报或者销毁有关证据的；

（2）纪检监察部门接到稽查部门转交的证据、线索，无正当理由不调查的；

（3）对提供线索的稽查人员打击报复的。

税务机关其他部门在履行职责过程中，发现税务机关或者税务人员涉嫌违纪违法行为的情况或者线索的，比照本《规定》执行。

各级税务机关应当将一案双查情况纳入工作考核的重要内容。

五、税收风险管理工作

（一）统一思想认识，把握工作定位

（1）提高对税收风险管理工作重要意义的认识。

税收风险管理贯穿于税收工作的全过程，是税务机关运用风险管理理论和方法，在全面分析纳税人税法遵从状况的基础上，针对纳税人不同类型不同等级的税收风险，合理配置税收管理资源，通过风险提醒、纳税评估、税务审计、反避税调查、税务稽查等风险应对手段，防控税收风险，提高纳税人的税法遵从度，提升税务机关管理水平的税收管理活动。准确把握和有效运用风险管理理论与方法，对于税收工作意义重大。

第一，税收风险管理是现代税收管理的先进理念和国际通行做法，是完善我国税收管理体系、提高治理能力、实现税收现代化的有效举措，是构建科学严密税收征管体系的核心工作。

第二，税收风险管理是税收征管改革的突破口，实施税收风险管理，就是要把有限的征管资源优先配置到高风险领域和大企业税收领域，实现税源管理专业化，推动服务管理方式创新和税收管理体制变革。

第三，税收风险管理是完成组织收入目标的重要抓手，开展税收风险管理，通过风险分析识别，有助于找准税收漏洞，有效实施风险应对，促进税收收入的可持续增长。

（2）处理好税收风险管理在税收工作中的关系。

税收风险管理是加强税种管理的有效方法和手段。在税种管理中，要把税收风险管理的方法与税种管理特点紧密结合起来，研究各税种的风险发生规律，建立税种风险分析指标体系和模型，形成体现税种特点的风险任务，并为开展综合性的统一应对提供专业支撑。

税收风险管理也是加强日常征管的有效方法和手段。在日常征管过程中，要应用税收风险管理方法，按照税收风险管理流程，加强登记、发票、申报、征收等环节的管理。特别是要结合精简审批、减少环节、下放权力等创新税收服务和管理的要求，发挥税收风险管理的优势，加强事前、事中和事后的风险监控，堵塞管理漏洞，提高征管质效。

税收风险管理还是加强大企业税收管理的有效方法和手段。在大企业税收管理过程中，要运用税收风险管理的理念和方法，提升大企业复杂涉税事项的管理层级，发挥各级税务机关的系统优势，实现大企业由基层的分散管理转变为跨层级的统筹管理，促进税收征管整体资源的优化配置。

此外，税收风险管理是一项需要持续改进的系统工程。需要在统一认识、明确任务、建立机制、厘清职责的基础上，不断调整、改革、完善，使之发挥越来越大的作用。

（二）明确工作内容，规范管理流程

税收风险管理的基本内容包括目标规划、信息收集、风险识别、等级排序、风险应对、过程监控和评价反馈，以及通过评价成果应用于规划目标的修订校正，从而形成良性互动、持续改进的管理闭环。各级税务机关，尤其是税务总局和省税务机关，要加强对税收风险管理工作的统筹管理，指定专门机构牵头负责税收风险管理工作。

第一，制定目标规划。要结合税收形势和外部环境，确定税收风险管理工作重点、工作措施和实施步骤，形成系统性、全局性的战略规划和年度计划，统领和指导税收风险管理工作。

第二，收集涉税信息。各级税务机关要落实信息管税的工作思路，将挖掘和利用好内外部涉税信息作为税收风险管理工作的基础。注重收集宏观经济信息、第三方涉税信息、企业财务信息、生产经营信息、纳税申报信息，整合不同应用系统信息。建立企业基础信息库，并定期予以更新。对于集团性大企业，还要注重收集集团总部信息。

第三，开展风险识别。各级税务机关要建立覆盖税收征管全流程、各环节、各税种、各行业的风险识别指标体系、风险特征库和分析模型等风险分析工具。统筹安排风险识别工作，运用风险分析工具，对纳税人的涉税信息进行扫描、分析和识别，找出容易发生风险的领域、环节或纳税人群体，为税收风险管理提供精准指向和具体对象。

第四，确定等级排序。根据风险识别结果，建立风险纳税人库，按纳税人归集风险点，综合评定纳税人的风险分值，并进行等级排序，确定每个纳税人的风险等级。结合征管资源和专业人员的配置情况，按照风险等级由高到低合理确定需采取措施的应对任务数量。

第五，组织风险应对。要按纳税人区域、规模和特定事项等要素，合理确定风险应对层级和承办部门。风险应对过程中，可采取风险提醒、纳税评估、税务审计、反避税调查、税务稽查等差异化应对手段。风险应对任务应扎口管理并统一推送下达。

第六，实施过程监控及评价反馈。要对税收风险管理全过程实施有效监控，建立健全考核评价机制，及时监控和通报各环节的运行情况，并对风险识别的科学性和针对性、风险等级排序的准确性、风险应对措施的有效性等进行效果评价。要将风险应对效果纳入绩效考核体系。加强对过程监控和评价结果的应用，优化识别指标和模型，完善管理措施，提出政策调整建议，实现持续改进。要全面归集分析税务总局定点联系企业税收风险的性质及成因，提出风险防控建议，反馈给企业集团。

各级税务机关在遵循税收风险管理规律的基础上，可结合工作实际，灵活运用税收风险管理的基本流程和工作方法开展税收风险管理工作。

（三）完善工作机制，明确职责分工

各级税务机关要因地制宜，统筹安排管理资源，按照统分结合、分类分级应对的原则，合理划分各层级和各部门在税收风险管理工作中的职责，形成纵向联动、横向互动的工作机制，做到职责清晰、分工明确、运行顺畅。

1. 税务总局

税务总局成立税收风险管理工作领导小组（以下简称领导小组），下设领导小组办公室（以下简称办公室），办公室设在征管科技司。

（1）税务总局税收风险管理工作领导小组。

领导小组组长由税务总局主要负责人担任，分管局领导任副组长。领导小组成员为办公厅、法规司、货物劳务税司、所得税司、财产行为税司、国际税务司、规划核算司、纳税服务司、征管科技司、大企业管理司、稽查局、人事司、电子税务中心主要负责人。

领导小组负责审议决定税收风险管理战略规划、风险管理年度计划、风险管理年度报告以及风险管理其他重大事项。

（2）办公室。

办公室主任由总局领导兼任，征管科技司和大企业管理司主要负责人担任副主任，办公厅、法规司、货物劳务税司、所得税司、财产行为税司、国际税务司、规划核算司、纳税服务司、征管科技司、大企业管理司、稽查局、人事司、电子税务中心等单位1名司领导为成员。

办公室负责指导全国范围内的税收风险管理工作。组织制定税收风险管理战略规划；制定税收风险管理工作规程；制定税收风险过程监控和效果评价标准；组织开展特定微观领域的税收风险分析；有选择地整合风险应对任务并向省税务机关推送；组织对省税务机关的风险管理过程监控和效果评价。税务总局定点联系企业税收风险管理工作在办公室的指导下，由大企业管理司具体组织实施。

办公室工作规则另行制定。

2. 省税务机关

省税务机关应按照税务总局工作部署，结合本地实际，建立健全税收风险管理工作机制，厘清职责分工，持续改进、优化风险管理特征库、模型和指标体系，统筹安排税收风险管理各项工作任务。在运行机制上，对税务总局下达的风险应对任务，省税务机关应统一接收；在此基础上，统一确定全省（区、市）的税收风险管理重点，统一实施税收风险等级排序，统一下达税收风险应对任务，统一组织实施税收风险管理工作的检查和考评，切实做好任务应对并及时反馈应对情况。

第一，成立由主要负责人任组长的税收风险管理工作领导小组，下设领导小组办公室，各有关部门参加。

第二，办公室主要负责以下工作：

（1）制定本省（区、市）税收风险管理战略规划和年度计划。

（2）组织各单位，根据本省（区、市）税收风险管理战略规划及年度计划，结合税务总局推送的宏观税收风险指向任务和微观税收风险应对任务，进一步开展专业分析，形成本省（区、市）按纳税人归集风险点的风险纳税人库。

（3）组织对风险纳税人进行等级排序，确定应对任务。其中，税务总局推送的应对任务，须优先安排。

（4）组织本级税务机关开展风险应对，或将风险应对任务推送给下级税务机关。

（5）组织对下级税务机关的过程监控及效果评价，并向税务总局反馈整体应对情况。

（6）建立、整合本省（区、市）的税收风险管理模型和指标体系并适时发布。

第三，在办公室的统筹领导下，省级定点联系企业（列名企业）税收风险管理工作机制比照税务总局定点联系企业办理，统一风险分析识别，共享分析成果。

3. 市、县税务机关。

市、县税务机关重点做好税收风险应对工作，必要时，也可以组织开展风险分析识别工作。其他税收风险管理工作事项，由省税务机关具体规定。

（四）工作要求

第一，加强组织领导，抓好贯彻落实。各级税务机关要成立税收风险管理工作领导小组，主要负责人要亲自领导税收风险管理工作，指定分管领导专门负责税收风险管理的组织协调工作，同时成立一个职能部门牵头、相关职能部门派专人参加的办公室或工作团队，共同开展税收风险管理工作。要按照税收风险管理工作流程，明确职责分工，完善工作制度，合理配置资源，积极探索专业化管理方式。省税务机关税收风险管理工作领导小组情况及办公室（工作小组）的牵头单位、成员单位和联络人员等情况须报税务总局备案。

第二，完善配套措施，夯实管理基础。各级税务机关要加强对纳税人涉税信息的采集和应用；规范数据资源管理，统一口径和标准。加强国税机关、地税机关的风险管理合作，强化与地方政府、相关部门及社会组织的信息交换和共享。逐步建立健全覆盖国民经济主要行业和主要产品的风险分析模型和指标体系。围绕已取消的行政审批和前移办税服务厅的涉税事项，加强后续管理，有针对性地进行风险分析和应对。进一步加大各类管理人才的培养力度，充分发挥税收风险管理领军人才和专业人才库人才的引领作用，为有效实施税收风险管理奠定基础。

第三，发挥平台作用，支撑风险管理。各级税务机关要结合实际积极应用税务总局的决策支持（风险管理）系统，实现税收征管信息系统与决策支持系统的有机衔接，充分发挥信息化平台的支撑作用。已有税收风险管理系统且功能完善的地区，可以继续使用现有系统，并须做好与税务总局系统的衔接工作；现有系统功能不健全的，可按照税务总局系统的设计理念、标准和流程，完善现有系统功能后继续使用，也可直接使用税务总局系统；没有系统的，须使用税务总局系统。

第四，创新大企业管理，实现重点突破。要强化税务总局、省税务机关两级统筹，提升复杂事项管理层级。要创新税务审计，突出案头审计、现场审计等重点环节，规范工作底稿和相关文书，切实发挥税务审计在大企业税收风险管理中的核心作用。要加强税务审计的后续管理，建立自下而上的风险报告备案和自上而下的风险推送整改制度，增强税收政策的确定性和税法执行的统一性。要建立税务总局定点联系企业一户式信息库。

（五）税收征管风险事项

1. 加强户籍风险管理

充分利用工商、质监、统计等部门提供的信息，通过比对分析，开展漏征漏管户清理检查；重点关注"一址多照"、"一照多址"、"虚拟经营地址"等企业涉税风险；加强非正常户风险管理，对同一法定代表人存在跨地区、跨国税机关和地税机关非正常登记状态的企业进行清理；加强注销清算风险管理。

2. 加强发票风险管理

加强发票开具信息的采集及后续跟踪管理，围绕滞留票、虚开虚抵、频繁大额代开、大头小尾等风险点，开展对纳税人开票不规范、开票与申报比对不符、发票作废异常、红字发票异常等情况的监控分析；开展纳税人接受违规发票列支成本费用的调查核实，实现发票闭环管理；利用机动车发票税控系统发票信息与车辆购置税征收信息进行比对，查找未缴、少缴车辆购置税企业。

3. 加强营改增风险管理

对营改增风险易发的领域、环节、事项等进行全面监控。围绕纳税人滥用地方财政补贴政策、税负异常、虚开虚抵发票、税率混用等风险点，开展风险分析，筛选具有一定规模的高风险企业，集中组织风险应对。

4. 加强出口退税风险管理

利用征管系统、出口退税系统、防伪税控系统的征退信息和第三方涉税信息，针对出口增长异常、货物流或资金流异常、综合税负偏低、换汇成本偏高、出口价格异常、商品结构异常、征退税衔接异常，以及既有欠税又有出口退税等风险企业和风险点，进行重点分析。建立出口退税长效预警机制，定期开展出口退税与税收收入总量分析比对，有效管控退税风险。

5. 加强股权转让风险管理

深化与工商部门的协作，获取股权变更信息，查找虚假转让，以及关联方之间平价转让、低价转让和无偿转让等问题，应对漏报瞒报股权转让信息、少计股权转让收入、多计转让成本等风险；从证券登记结算、股权托管交易或产权交易等机构获取企业股权及其他资产转让信息，通过与纳税人报送的财务报表、企业所得税年度纳税申报表、个人所得税申报表等相关信息进行比对分析，查找税收风险。

6. 加强非学历教育培训风险管理

强化与教育、民政、人社、工商和物价等部门信息共享和税收征管协作。

围绕非学历教育培训单位在发票使用、营业收入确认、成本核算以及使用免税单位房产和兼职教师劳务报酬支付等风险易发领域，开展风险分析识别，防止税款流失。

7. 加强国际税收风险管理

加强对外支付股息红利、向避税地大额支付以及大额集团服务费分摊、非居民企业转让股权等税收风险管控，强化关联申报风险监控。深化转让定价调查，强化国际税收情报交换。收集和掌握非居民税源信息，加强非居民享受税收协定（含税收安排）待遇的管理，防范税收协定滥用。

六、税务稽查办案专项经费管理制度

（一）总则性规定

为了规范税务稽查办案专项经费管理，加强税务稽查办案专项经费使用的监督，提高财政资金使用效益，根据《预算法》等法规的相关规定，制定《税务稽查办案专项经费管理暂行办法》。

税务稽查办案专项经费，是指中央财政保障国家税务局系统（以下简称国税系统）查办税收案件任务的完成，安排用于税务稽查部门查办税收案件的专项经费。包括一般办案费和大案要案办案费。一般办案费，是指县以上国家税务局依照国家税务总局《税务稽查工作规程》（国税发〔2009〕157号）有关规定立案查办除大案要案以外的税收案件所发生的相关费用。大案要案办案费，是指国家税务总局直接组织查办或者督办税收违法大案要案所发生的有关费用。

国家税务总局直接组织查办或督办的大案要案主要包括：

（1）党中央、国务院批转交办的案件；

（2）最高人民法院、最高人民检察院、公安部、审计署、国家信访局等部门需要国税系统协助查办的案件；

（3）国家税务总局领导批转交办，或者由国家税务总局稽查局直接组织查办或负责督办的案件等。

各省、自治区、直辖市、计划单列市国家税务局提请国家税务总局督办或者组织协查，并符合下列标准之一的案件，视同大案要案处理：

（1）单位偷税、逃避追缴欠税数额在250万元以上（含250万元，下同），个人（包括个体工商户）偷税、逃避追缴欠税数额在50万元以上的；

（2）抗税数额在30万元以上，或者聚众抗税，或者冲击、打砸税务机关，或者围攻、殴打税务人员，或者暴力抗税致人重伤、死亡的；

（3）骗取出口退税款数额在200万元以上的；

（4）虚开增值税专用发票及其他可抵扣凭证，涉及税款数额在300万元以上的；

（5）伪造增值税专用发票及其他可抵扣凭证，或者出售伪造的增值税专用发票及其他可抵扣凭证，份数在 250 份以上的；

（6）非法出售增值税专用发票及其他可抵扣凭证，或者非法购买增值税专用发票及其他可抵扣凭证，或者购买伪造的增值税专用发票及其他可抵扣凭证，份数在 250 份以上的；

（7）非法出售其他发票，或者伪造、擅自制造其他发票，或者出售伪造、擅自制造的其他发票，份数在 1 000 份以上的。

税务稽查办案专项经费的管理使用应当遵循专款专用、专项管理、厉行节约、注重实效的原则，不得用于弥补日常经费支出或挪作其他用途。

（二）支出范围和标准

税务稽查办案专项经费的支出范围包括：

（1）差旅费，是指办案人员外出调查取证所发生的住宿费、旅费、伙食补助费及杂费。

（2）邮电费，是指办案人员在集中办案或者异地办案期间所发生的邮寄费、电话费（不含移动通讯费）、电报费、传真费、网络通讯费等。

（3）会议费，是指召开与办案直接相关的会议所发生的会议场地租用费、印刷费等。

（4）设备购置费，是指为查办税收案件购置必需计算机、摄像器材、传真机、复印机等办案设备所发生的费用。

（5）租赁费，是指集中办案过程中临时租赁办公用房、交通工具及其他设备所发生的费用。

（6）培训费，是指集中办案期间，对办案人员进行培训所发生的费用。

（7）检举奖励费，是指按照有关规定，用于奖励已查实并结案的税收违法案件检举有功人员的经费。

（8）协查办案费，是指办案单位在办案过程中支付给案件协查单位的有关费用、复制、翻拍、传递情报材料的费用以及组织、委托有关方面人员进行专题情报研究的费用等。

（9）误餐费，是指办案人员在市内调查取证过程中，因工作需要不能正常用餐的补助。

税务稽查办案专项经费支出，国家已有相关支出标准的，应当严格执行有关规定；没有支出标准的，应当严格控制支出。

（1）差旅费、会议费和培训费的支出标准，按照有关规定执行。

（2）从严控制设备购置支出，办案所需设备原则上使用已有设备。需新购置设备的，所需经费从基本支出经费中安排，确实无法安排而办案又急需的，可从设备购置经费中安排。设备购置按照政府采购有关规定执行。

（3）严格控制租赁设备支出，根据办案工作需要，应当在参照当地相关设备租赁价格水平的基础上，从严控制租赁费支出。

（4）检举奖励费标准，按照财政部、国家税务总局、人力资源社会保障部的有关规定执行。

（5）邮电费、误餐费根据相关规定执行。

（6）根据协查办案业务量，从严控制协查办案费支出。

（三）预算编制和执行

税务稽查办案专项经费的预算编制和批复程序，按照财政部部门预算的要求和国家税务总局的规定执行。

财政部批复国家税务总局部门预算后，国家税务总局应当按照部门预算管理的相关要求，及时向下级预算单位批复稽查办案专项经费预算。

各级国家税务局应当严格执行税务稽查办案专项经费预算，不得自行调整。预算执行过程中如确需调整税务稽查办案专项经费预算的，必须按照规定的程序报批。

税务稽查办案专项经费年底形成的结余资金，按照财政部结余资金管理的有关规定执行。

（四）经费使用和监督

税务稽查办案专项经费由各级国家税务局、财务部门和稽查部门按照职责分工实施管理。财务部门负责编制税务稽查办案专项经费预算、决算，实施日常会计核算。稽查部门负责提出税务稽查办案专项经费预算申请，并严格按照本办法有关规定使用。

各级国家税务局、财务部门要加强税务稽查办案专项经费支出的财务管理，按照规定的支出范围和标准支付费用。

（1）差旅费、会议费、邮电费和培训费，凭有效发票（单据），经专案负责人和稽查部门审核后，报主管本级稽查办案的国家税务局（以下简称主管局）审批。

（2）购置办案所需设备，应当由办案单位提出申请，经专案交办单位或者批准立案单位相关领导批准后，由同级固定资产管理部门和财务部门按照政府采购的有关规定进行购置。发生的相关费用，按照相关财务审核审批程序和国库集中支付的有关规定办理。用办案经费购置的设备，由省级国家税务局按照规定权限和程序审批，报国家税务总局备案。

（3）租赁办案用房、办案设备由办案单位提出申请，经专案交办单位或者批准立案单位相关领导审核，报主管局审批。发生的相关费用，由办案单位的相关负责人签字后凭有效单据报销。

（4）检举奖励按照国家税务总局的有关规定执行。

（5）协查办案费，应当由办案单位提出申请，经专案交办单位或者批准立案单位相关领导审核，由办案单位的相关责任人签字后，报主管局审批。

（6）误餐费，应当由办案单位的相关负责人签字后，按照财政部规定的有关标准，凭有效单据报销。

使用税务稽查办案专项经费购置的固定资产，应当按照有关政策规定纳入本单位固定资产核算和管理。

各级国家税务局应当按照本办法规定的支出范围和标准，加强对税务稽查办案专项经费使用情况的监督检查。财政部和国家税务总局按照有关规定和职责分工对稽查办案专项经费的使用情况进行监督检查。对超范围使用、超标准支出、挤占挪用税务稽查办案专项经费的依照《财政违法行为处罚处分条例》（国务院令第 427 号）等有关规定追究法律责任，并由上级税务机关按照有关规定扣减下一年度税务稽查办案专项经费。

第二节　税法稽查案件的选择

一、案源信息管理与税务稽查计划

（一）案源信息管理

稽查局应当通过多种渠道获取案源信息，集体研究，合理、准确地选择和确定稽查对象。选案部门负责稽查对象的选取，并对税收违法案件查处情况进行跟踪管理。

选案部门应当建立案源信息档案，对所获取的案源信息实行分类管理。案源信息主要包括：

（1）财务指标、税收征管资料、稽查资料、情报交换和协查线索；

（2）上级税务机关交办的税收违法案件；

（3）上级税务机关安排的税收专项检查；

（4）税务局相关部门移交的税收违法信息；

（5）检举的涉税违法信息；

（6）其他部门和单位转来的涉税违法信息；

（7）社会公共信息；

（8）其他相关信息。

（二）税务稽查计划

稽查局必须有计划地实施稽查，严格控制对纳税人、扣缴义务人的税务检查次数。

稽查局应当在年度终了前制订下一年度的稽查工作计划，经所属税务局领导批准后实施，并报上一级稽查局备案。

年度稽查工作计划中的税收专项检查内容，应当根据上级税务机关税收专项检查安排，结合工作实际确定。

经所属税务局领导批准，年度稽查工作计划可以适当调整。

二、税收违法案件举报中心的设立及其对检举信息的处理

（一）税收违法案件举报中心的设立

国家税务总局和各级国家税务局、地方税务局在稽查局设立税收违法案件举报中心，负责受理单位和个人对税收违法行为的检举。

对单位和个人实名检举税收违法行为并经查实，为国家挽回税收损失的，根据其贡献大小，依照国家税务总局有关规定给予相应奖励。

（二）对检举信息的处理

税收违法案件举报中心应当对检举信息进行分析筛选，区分不同情形，经稽查局局长批准后分别处理：

（1）线索清楚，涉嫌偷税、逃避追缴欠税、骗税、虚开发票、制售假发票或者其他严重税收违法行为的，由选案部门列入案源信息；

（2）检举内容不详，无明确线索或者内容重复的，暂存待办；

（3）属于税务局其他部门工作职责范围的，转交相关部门处理；

（4）不属于自己受理范围的检举，将检举材料转送有处理权的单位。

三、税收违法行为检举管理制度

（一）总则性规定

税收违法行为检举是指单位、个人采用书信、互联网、传真、电话、来访等形式，向税务机关提供纳税人、扣缴义务人税收违法行为线索的行为。采用上述形式，检举税收违法行为的单位、个人称检举人；被检举的纳税人、扣缴义务人称被检举人。检举人使用与其营业执照、身份证等符合法律、行政法规和国家有关规定的身份证件上一致的名称、姓名检举的，为实名检举；否则为匿名检举。

检举管理工作坚持依法行政、统一领导、分级负责、属地管理、严格保密的原则。市（地）及市（地）以上税务机关稽查局设立税收违法案件举报中心（以下简称举报中心），其工作人员由所在机关根据工作需要配备；没有设立举报中心的县（区）税务机关稽查局应当指定专门部门负责税收违法行为检举管理工作，并可挂举报中心牌子。举报中心的主要职责是：

（1）受理、处理、管理检举材料；

（2）转办、交办、督办、催办检举案件；

（3）跟踪、了解、掌握检举案件的查办情况；

（4）上报、通报举报中心工作开展情况及检举事项的查办情况；

（5）统计、分析检举管理工作的数据情况；

（6）指导、监督、检查下级税务机关举报中心的工作；

（7）负责本级检举奖金的发放和对检举人的答复工作。

税务机关应当向社会公布举报中心的电话（传真）号码、电子信箱、通讯地址及邮政编码，设立检举箱和检举接待室，并以适当方式公布与检举工作有关的法律、行政法规、规章及检举事项处理程序。

税务机关应与公安、信访、纪检、监察等单位加强联系和合作，税务系统内部应当加强沟通协调，共同做好检举管理工作。

检举税收违法行为是单位、个人的自愿行为。单位、个人因检举而产生的支出应由其自行负担。

检举事项经查证属实，为国家挽回或者减少损失的，对实名检举人按照财政部和国家税务总局的有关规定给予相应奖励。

（二）检举事项的受理

举报中心受理检举事项的范围是：涉嫌偷税，逃避追缴欠税，骗税，虚开、伪造、非法提供、非法取得发票，以及其他税收违法行为。

实名检举和匿名检举均须受理。检举人不愿提供自己的姓名、身份、单位、地址、联系方式或者不愿公开检举行为的，税务机关应当予以尊重和保密。检举人应当至少提供被检举人的名称或者姓名、地址、税收违法行为线索等资料。检举人检举税收违法行为应当实事求是，对提供检举材料的真实性负责，不得诬陷、捏造事实。举报中心受理实名检举，应当应检举人的要求向检举人出具书面回执。

受理检举的税务人员应当文明礼貌，耐心细致，正确疏导，认真负责。鼓励检举人尽可能提供书面检举材料。受理口头检举，应当准确记录检举事项，交检举人阅读或者向检举人宣读，经确认无误以后由检举人签名或者盖章。检举人不愿签名或者盖章的，由受理检举的税务人员记录在案。受理电话检举，应当细心接听，询问清楚，准确记录。受理电话、口头检举，经检举人同意以后，可以录音或者录像。

不属于举报中心受理范围的检举事项，举报中心应当告知检举人向有处理权的单位反映，或者将检举事项登记以后按照分类处理的规定处理。

涉及两个或者两个以上税务机关管辖的检举事项，由所涉及的税务机关协商受理；有争议的，由其共同的上一级税务机关决定受理机关。

（三）检举事项的处理

举报中心将检举事项登记以后，应当按照以下方式分类处理：

（1）检举内容详细、税收违法行为线索清楚、案情重大、涉及范围广的，作为重大检举案件，经本级税务机关稽查局或者本级税务机关负责人批准，由本级税务机关稽查局直接查处或者转下级税务机关稽查局查处并督办，必要时可以向上级税务机关稽查局申请督办。上级税务机关批示督办并指定查办单位的案件，原则上不得再下转处理。

（2）检举内容提供了一定线索，有可能存在税收违法行为的，作为一般案件，经本级税务机关稽查局负责人批准，由本级税务机关稽查局直接查处或者转下级税务机关稽查局查处。

（3）检举事项不完整或者内容不清、线索不明的，经本级税务机关稽查局负责人批准，可以暂存待查，待检举人将情况补充完整以后，再进行处理。

（4）不属于稽查局职责范围的检举事项，经本级税务机关稽查局负责人批准，移交有处理权的单位或者部门。

上级税务机关举报中心对下级税务机关申请督办的重大检举案件，应当及时审查，提出办理意见，报该级税务机关稽查局负责人批准以后督办。

检举事项的处理，应当在接到检举以后的 15 个工作日内办理，特殊情况除外；情况紧急的应当立即办理。

经本级税务机关稽查局或者本级税务机关负责人批准，举报中心可以代表稽查局或者以自己的名义向下级税务机关督办、交办或者向有关单位转办检举事项。

对上级税务机关稽查局及其举报中心督办的检举案件，除有特定时限者以外，承办部门应当在收到纸质督办函后 3 个月内上报查办结果；案情复杂无法在限期内查结的，报经督办部门批准，可以延期上报查办结果，并定期上报阶段性的查办情况。上级不要求上报查办结果的交办案件，应当定期汇总上报办理情况。本级税务机关稽查局直接查办的检举案件，除有特定时限者以外，承办部门应当在收到纸质交办单以后 3 个月内将查办结果报告本级税务机关稽查局负责人并回复举报中心；案情复杂无法在限期内查结的，报经本级税务机关稽查局负责人批准，时限可以适当延长，同时将阶段性的查办情况报告本级税务机关稽查局负责人并回复举报中心。

已经受理尚未查结的检举案件，再次检举的，可以作为重复案件并案处理。已经结案的检举案件，检举人就同一事项再次检举，没有提供新的线索、资料；或者提供了新的线索、资料，经审查没有价值的，税务机关可以不再检查。

对实名检举案件，举报中心收到承办部门回复的查办结果以后，可以应检举人的要求将与检举线索有关的查办结果简要告知检举人；检举案件查结以前，不得向检举人透露案件查处情况。向检举人告知查办结果时，不得告知其检举线索以外的税收违法行为的查处情况，不得提供税务处理（处罚）决定书及有关案情资料。

上级税务机关稽查局对下级税务机关稽查局报告的督办案件处理结果，应当认真审查。对于事实不清、处理不当的，应当通知下级税务机关稽查局补充调查或者重新调查，依法处理。

（四）检举事项的管理

税收违法行为的检举材料，由举报中心统一管理。税务机关其他部门收到的检举材料，应当及时移交举报中心。

暂存待查的检举材料，若在2年内未收到有价值的补充材料，经本级税务机关稽查局负责人批准以后，可以销毁。

举报中心必须严格管理检举材料，逐件登记检举事项的主要内容、办理情况和检举人、被检举人的基本情况。税务机关不得将收到的检举材料退还检举人。

督办案件的检举材料应当确定专人管理，并按照规定承办督办案件材料的转送、报告等具体事项。

检举材料的保管和整理，参照《全国税务机关档案管理办法》及有关规定办理。

对于检举案件和有关事项的数量、类别及办理情况，每年度应当进行汇总分析，并报告上级税务机关举报中心。上级税务机关举报中心要求专门报告的事项，应当按时报告。

（五）权利保护

税务机关及其举报中心应当在自己的职责范围内依法保护检举人、被检举人的合法权利。

举报中心工作人员与检举事项或者检举人、被检举人有直接利害关系的，应当回避。检举人有正当理由并且有证据证明举报中心工作人员应当回避的，经本级税务机关稽查局负责人批准以后，予以回避。

税务机关工作人员在检举管理工作中必须严格遵守以下保密规定：

（1）检举事项的受理、登记、处理及检查、审理、执行等各个环节，应当依照国家有关法律、法规严格保密，并建立健全工作责任制，不得私自摘抄、复制、扣压、销毁检举材料。

（2）严禁泄露检举人的姓名、身份、单位、地址、联系方式等情况；严禁将检举情况透露给被检举人及与案件查处无关的人员。

（3）调查核实情况时不得出示检举信原件或者复印件，不得暴露检举人的有关信息；对匿名的检举书信及材料，除特殊情况以外，不得鉴定笔迹。

（4）宣传报道和奖励检举有功人员，未经检举人书面同意，不得公开检举人的姓名、身份、单位、地址、联系方式等情况。

（六）法律责任

税务机关工作人员违反《税收违法行为检举管理办法》规定，将检举人的检举材料或者有关情况提供给被检举人及与案件查处无关的人员的，依法给予行政处分。

税务机关工作人员打击报复检举人，视情节和后果，依法给予行政处分；构成犯罪的，依法追究刑事责任。

税务机关在检举管理工作中不履行职责、推诿、敷衍、拖延的，上级税务机关应当通报批评并责令改正；造成严重后果的，对直接负责的主管人员和其他直接责任人员依法给予行政处分。

检举管理工作人员不履行职责、玩忽职守、徇私舞弊，给工作造成损失的，税务机关应当给予批评教育；情节严重的，依法给予行政处分并调离工作岗位；构成犯罪的，依法追究刑事责任。

四、稽查对象的确定与选案部门的任务

（一）稽查对象的确定

选案部门对案源信息采取计算机分析、人工分析、人机结合分析等方法进行筛选，发现有税收违法嫌疑的，应当确定为待查对象。

待查对象确定后，选案部门填制《税务稽查立案审批表》，附有关资料，经稽查局局长批准后立案检查。

税务局相关部门移交的税收违法信息，稽查局经筛选未立案检查的，应当及时告知移交信息的部门；移交信息的部门仍然认为需要立案检查的，经所属税务局领导批准后，由稽查局立案检查。

对上级税务机关指定和税收专项检查安排的检查对象，应当立案检查。

（二）选案部门制作通知书并建立台账

经批准立案检查的，由选案部门制作《税务稽查任务通知书》，连同有关资料一并移交检查部门。

选案部门应当建立案件管理台账，跟踪案件查处进展情况，并及时报告稽查局局长。

五、重大税收违法案件督办管理办法

上级税务局可以根据税收违法案件性质、涉案数额、复杂程度、查处难度以及社会影响等情况，督办管辖区域内发生的重大税收违法案件。对跨越多个地区且案情特别复杂的重大税收违法案件，本级税务局查处确有困难的，可以报请上级税务局督办，并提出具体查处方案及相关建议。重大税收违法

案件具体督办事项由稽查局实施。

国家税务总局督办的重大税收违法案件主要包括：

（1）国务院等上级机关、上级领导批办的案件；

（2）国家税务总局领导批办的案件；

（3）在全国或者省、自治区、直辖市范围内有重大影响的案件；

（4）税收违法数额特别巨大、情节特别严重的案件；

（5）国家税务总局认为需要督办的其他案件。

省、自治区、直辖市和计划单列市国家税务局、地方税务局督办重大税收违法案件的范围和标准，由本级国家税务局、地方税务局根据本地实际情况分别确定。

省、自治区、直辖市和计划单列市国家税务局、地方税务局依照国家税务总局规定的范围、标准、时限向国家税务总局报告税收违法案件，国家税务总局根据案情复杂程度和查处工作需要确定督办案件。省以下重大税收违法案件报告的范围和标准，由省、自治区、直辖市和计划单列市国家税务局、地方税务局根据本地实际情况分别确定。

对需要督办的重大税收违法案件，督办税务局（以下简称督办机关）所属稽查局填写《重大税收违法案件督办立项审批表》，提出拟办意见。拟办意见主要包括承办案件的税务局（以下简称承办机关）及所属稽查局、承办时限和工作要求等，经督办机关领导审批或者督办机关授权所属稽查局局长审批后，向承办机关发出《重大税收违法案件督办函》，要求承办机关在确定的期限内查证事实，并作出税务处理、处罚决定。需要多个地区税务机关共同查处的督办案件，督办机关应当明确主办机关和协办机关，或者按照管辖职责确定涉案重点事项查处工作任务。协办机关应当积极协助主办机关查处督办案件，及时查证并提供相关证据材料。对主办机关请求协助查证的事项，协办机关应当及时准确反馈情况，不得敷衍塞责或者懈怠应付。督办案件同时涉及国家税务局、地方税务局管辖的税收事项，国家税务局、地方税务局分别依照职责查处，并相互通报相关情况；必要时可以联合办案，分别作出税务处理、处罚决定。

督办案件未经督办机关批准，承办机关不得擅自转给下级税务机关或者其他机关查处。对因督办案件情况发生变化，不需要继续督办的，督办机关可以撤销督办，并向承办机关发出《重大税收违法案件撤销督办函》。

承办机关应当在接到督办机关《重大税收违法案件督办函》后7个工作日内按照《税务稽查工作规程》规定立案，在10个工作日内制订具体查处方案，并组织实施检查。承办机关具体查处方案应当报送督办机关备案；督办机关要求承办机关在实施检查前报告具体查处方案的，承办机关应当按照要求报告，经督办机关同意后实施检查。督办机关督办前承办机关已经立案的，承办机关不停止实施检查，但应当将具体查处方案及相关情况报告督办机关；督办机关要求调整具体查处方案的，承办机关应当调整。

承办机关应当按照《重大税收违法案件督办函》要求填写《重大税收违法案件情况报告表》，每30日向督办机关报告一次案件查处进展情况；《重大税收违法案件督办函》有确定报告时限的，按照确定时限报告；案件查处有重大进展或者遇到紧急情形的，应当及时报告；案件查处没有进展或者进展缓慢的，应当说明原因，并明确提出下一步查处工作安排。对有《税务稽查工作规程》第四十四条规定的中止检查情形或者第七十条规定的中止执行情形的，承办机关应当报请督办机关批准后中止检查或者中止执行。中止期间可以暂不填报《重大税收违法案件情况报告表》；中止检查或者中止执行情形消失后，承办机关应当及时恢复检查或者执行，并依照前款规定填报《重大税收违法案件情况报告表》。

督办机关应当指导、协调督办案件查处，可以根据工作需要派员前往案发地区督促检查或者参与办案，随时了解案件查处进展情况以及存在问题。督办机关稽查局应当确定督办案件的主要责任部门和责任人员。主要责任部门应当及时跟踪监控案件查处过程，根据承办机关案件查处进度、处理结果和督促检查情况，向稽查局领导报告督办案件查处进展情况；案情重大或者上级机关、上级领导批办的重要案件，应当及时向督办机关领导报告查处情况。

承办机关可以就督办案件向相关地区同级税务机关发出《税收违法案件协查函》，提出具体协查要求和回复时限，相关地区同级税务机关应当及时回复协查结果，提供明确的协查结论和相关证据资料。案情重大复杂的，承办机关可以报请督办机关组织协查。

承办机关稽查局应当严格依照《税务稽查工作规程》相关规定对督办案件实施检查和审理，并报请承办机关集体审理。承办机关稽查局应当根据审理认定的结果，拟制《重大税收违法案件拟处理意见报告》，经承办机关领导审核后报送督办机关。在查处督办案件中，遇有法律、行政法规、规章或者其他规范性文件的疑义问题，承办机关稽查局应当征询同级法规、税政、征管、监察等相关部门意见；相关部门无法确定的，应当依照规定请示上级税务机关或者咨询有权解释的其他机关。

《重大税收违法案件拟处理意见报告》应当包括以下主要内容：

（1）案件基本情况；

（2）检查时段和范围；

（3）检查方法和措施；

（4）检查人员查明的事实及相关证据材料；

（5）相关部门和当事人的意见；

（6）审理认定的事实及相关证据材料；

（7）拟税务处理、处罚意见及依据；

（8）其他相关事项说明。

对督办案件定性处理具有关键决定作用的重要证据，应当附报制作证据说明，写明证据目录、名称、内容、证明对象等事项。

对承办机关《重大税收违法案件拟处理意见报告》，督办机关应当在接到之日起 15 日内审查；如有本办法第十一条第三款规定情形的，审查期限可以适当延长。督办机关对承办机关提出的定性处理意见没有表示异议的，承办机关依法作出《税务处理决定书》《税务行政处罚决定书》《税务稽查结论》《不予税务行政处罚决定书》，送达当事人执行。督办机关审查认为承办机关《重大税收违法案件拟处理意见报告》认定的案件事实不清、证据不足、违反法定程序或者拟税务处理、处罚意见依据错误的，通知承办机关说明情况或者补充检查。

对督办案件中涉嫌犯罪的税收违法行为，承办机关填制《涉嫌犯罪案件移送书》，依照规定程序和权限批准后，依法移送司法机关。对移送司法机关的案件，承办机关应当随时关注司法处理进展情况，并及时报告督办机关。

承办机关应当在 90 日内查证督办案件事实并依法作出税务处理、处罚决定；督办机关确定查处期限的，承办机关应当严格按照确定的期限查处；案情复杂确实无法按时查处的，应当在查处期限届满前 10 日内向督办机关申请延期查处，提出延长查处期限和理由，经批准后延期查处。

对承办机关超过规定期限未填报《重大税收违法案件情况报告表》，或者未查处督办案件且未按照规定提出延期查处申请的，督办机关应当向其发出《重大税收违法案件催办函》进行催办，并责令说明情况和理由。承办机关对督办案件查处不力的，督办机关可以召集承办机关分管稽查的税务局领导或者稽查局局长汇报；必要时督办机关可以直接组织查处。

督办案件有下列情形之一的，可以认定为结案：

（1）税收违法事实已经查证清楚，并依法作出《税务处理决定书》、《税务行政处罚决定书》，税款、滞纳金、罚款等税收款项追缴入库，纳税人或者其他当事人在法定期限内没有申请行政复议或者提起行政诉讼的；

（2）查明税收违法事实不存在或者情节轻微，依法作出《税务稽查结论》或者《不予税务行政处罚决定书》，纳税人或者其他当事人在法定期限内没有申请行政复议或者提起行政诉讼的；

（3）纳税人或者其他当事人对税务机关处理、处罚决定或者强制执行措施申请行政复议或者提起行政诉讼，行政复议决定或者人民法院判决、裁定生效并执行完毕的；

（4）符合《税务稽查工作规程》第四十五条规定的终结检查情形的；

（5）符合《税务稽查工作规程》第七十一条规定的终结执行情形的；

（6）法律、行政法规或者国家税务总局规定的其他情形的。

税务机关依照法定职权确实无法查证全部或者部分税收违法行为，但有根据认为其涉嫌犯罪并依法移送司法机关处理的，以司法程序终结为结案。

承办机关应当在督办案件结案之日起 10 个工作日内向督办机关报送《重大税收违法案件结案报告》。《重大税收违法案件结案报告》应当包括案件来源、案件查处情况、税务处理、处罚决定内容、案件执行情况等内容。督办机关要求附列《税务处理决定书》《税务行政处罚决定书》《税务稽查结论》《不予税务行政处罚决定书》《执行报告》、税款、滞纳金、罚款等税收款项入库凭证以及案件终结检查、终结执行审批文书等资料复印件的，应当附列。

查处督办案件实行工作责任制。承办机关主要领导承担领导责任；承办机关分管稽查的领导承担监管责任；承办机关稽查局局长承担执行责任；稽查局分管案件的领导和具体承办部门负责人以及承办人员按照各自分工职责承担相应的责任。对督办案件重要线索、证据不及时调查收集，或者故意隐瞒案情，转移、藏匿、毁灭证据，或者因工作懈怠、泄露案情致使相关证据被转移、藏匿、毁灭，或者相关财产被转移、藏匿，或者有其他徇私舞弊、玩忽职守、滥用职权行为，应当承担纪律责任的，依法给予行政处分；涉嫌犯罪的，应当依法移送司法机关处理。

承办机关及承办人员和协办机关及协办人员在查处督办案件中成绩突出的，可以给予表彰；承办、协办不力的，给予通报批评。

第三节　税务稽查案源管理与随机抽查

一、税务稽查案源管理

（一）一般性规定

为规范税务稽查案源管理，提高税务稽查质效，推进税务稽查体制机制改革，根据《税收征收管理法》及其实施细则等相关规定国家税务总局制定了《税务稽查案源管理办法（试行）》。本办法适用于国家税务总局及省、市、县国家税务局、地方税务局（以下统称税务局）。

本办法所称税务稽查案源（以下统称案源）即税收违法案件的来源，是指经过收集、分析、判断、处理等程序形成的涉嫌偷税（逃避缴纳税款）、逃避追缴欠税、骗税、抗税、虚开发票等税收违法行为的相关数据、信息和线索。

本办法所称税务稽查案源管理，是指税务局稽查局（以下简称稽查局）按照规定程序，对各类涉税数据、信息和线索进行收集、处理、立案、反馈的管理过程。案源管理的具体流程主要包括：案源信息的收集、案源的分类处理、案源的立案分配和处理结果的使用。

案源管理应当遵循依法依规、风险导向、统筹协调、分类分级、动态管理的原则。

税务局应当以风险管理为导向，以税收大数据为支撑，以风险推送、外部转办、稽查自选为重点，以打击偷税（逃避缴纳税款）、逃避追缴欠税、骗税、抗税、虚开发票等税收违法行为为目标，注重处理结果的分析反馈和增值使用，形成风险闭环式案源管理的新格局。

案源由稽查局归口管理。上级稽查局对下级稽查局的案源管理工作进行指导和监督。下级稽查局确定的案源属于上级稽查局重点稽查对象名录范围的，应当报上级稽查局审批。实施案源集中管理的地区，由上级稽查局审批确定下级稽查局选取的案源。

各级税务机关应当不断提高案源管理信息化水平，高效采集、有效整合税收征管数据与社会公共数据，保障案源信息的及时性、有效性和准确性。国家税务局、地方税务局应当加强案源管理工作的联系与协作，建立健全国税、地税案源管理合作机制，实现涉税数据、信息和线索共建共享、互联互通。

案源管理工作适用保密条款的，应当依照《保守国家秘密法》《税收征收管理法》《税收征收管理法实施细则》《国家税务机关系统保密工作规则》《税收违法行为检举管理办法》《税务稽查案件协查管理办法（试行）》等有关规定执行。

本办法所称税务局负责人，是指税务局局长或者经税务局局长授权的税务局领导。本办法所称稽查局负责人，是指稽查局局长或者经稽查局局长授权的稽查局领导。

（二）案源信息

案源信息是指税务局在税收管理中形成的，以及外部相关单位、部门或者个人提供的纳税人、扣缴义务人和其他涉税当事人（以下简称纳税人）的税收数据、信息和违法行为线索。

案源信息的内容具体包括：

（1）纳税人自行申报的税收数据和信息，以及税务局在税收管理过程中形成的税务登记、发票使用、税收优惠、资格认定、出口退税、企业财务报表等涉税数据和信息；

（2）税务局风险管理等部门在风险分析和识别工作中发现并推送的高风险纳税人风险信息；

（3）上级党委、政府、纪检监察等单位和上级税务机关（以下统称上级机关）通过督办函、交办函等形式下发的督办、交办任务提供的税收违法线索；

（4）检举人提供的税收违法线索；

（5）受托协查事项形成的税收违法线索；

（6）公安、检察、审计、纪检监察等外部单位以及税务局督察内审、纪检监察等部门提供的税收违法线索；

（7）专项情报交换、自动情报交换和自发情报交换等过程中形成的国际税收情报信息；

（8）稽查局执法过程中形成的案件线索、处理处罚等税务稽查数据；

（9）政府部门和社会组织共享的涉税信息以及税务局收集的社会公共信息等第三方信息；

（10）其他涉税数据、信息和税收违法线索。

稽查局应当拓展信息来源渠道，按规定收集和整理案源信息。稽查局案源部门（以下简称案源部门）负责以下事项：

①接收风险管理等部门推送的高风险纳税人风险信息，税务局内、外部相关单位和部门提供的税收违法线索，并确认案源信息来源部门的工作和时限要求；

②接收督办、交办线索，并明确督办、交办事项的工作和时限要求；

③收集和整理纳税人自行申报信息、税收管理数据、税务稽查数据、国际税收情报信息和第三方信息等涉税数据、信息，并按照稽查任务和计划，提取选案所需的案源信息。

稽查局举报受理部门（以下简称举报受理部门）负责接收书信、来访、互联网、传真等形式的检举线索。12366纳税服务热线举报专岗负责接收的电话形式的检举线索，应填制举报工单后移交举报受理部门进一步处理。稽查局协查部门（以下简称协查部门）负责接收协查信息管理系统发函、不通过协查系统发起的纸质发函、实地协查等形式的协查线索，并按照《税收违法案件协查函》的内容登记案源信息。

案源信息以纳税人识别号为标识，一户一档建立案源信息档案。案源信息档案包括基本信息、分类信息、异常信息、共享信息和必要的信息标识等。

稽查局应当对案源信息进行分类处理，建立案源信息库；同时按照随机抽查工作要求，在案源信息档案中分级标识重点稽查对象，作为建立税务稽查随机抽查对象名录库的重要信息来源。

（三）案源类型

根据案源信息的来源不同，将案源分为九种类型：

（1）推送案源，是指根据风险管理等部门按照风险管理工作流程推送的高风险纳税人风险信息分析选取的案源；

（2）督办案源，是指根据上级机关以督办函等形式下达的，有明确工作和时限要求的特定纳税人税收违法线索或者工作任务确认的案源；

（3）交办案源，是指根据上级机关以交办函等形式交办的特定纳税人税收违法线索或者工作任务确认的案源；

（4）安排案源，是指根据上级税务局安排的随机抽查计划和打击偷税（逃避缴纳税款）、逃避追缴欠税、骗税、抗税、虚开发票等稽查任务，对案源信息进行分析选取的案源；

（5）自选案源，是指根据本级税务局制定的随机抽查和打击偷税（逃避缴纳税款）、逃避追缴欠税、骗税、抗税、虚开发票等稽查任务，对案源信息进行分析选取的案源；

（6）检举案源，是指对检举线索进行识别判断确认的案源；

（7）协查案源，是指对协查线索进行识别判断确认的案源；

（8）转办案源，是指对公安、检察、审计、纪检监察等外部单位以及税务局督察内审、纪检监察等部门提供的税收违法线索进行识别判断确认的案源；

（9）其他案源，是指对税务稽查部门自行收集或者税务局内、外部相关单位和部门提供的其他税收违法线索进行识别判断确认的案源。

督办案源、交办案源、转办案源、检举案源和协查案源由于来源渠道特殊，统称为特殊案源。对特殊案源应当由稽查局指定专人负责管理，严格遵守保密纪律，依法依规进行处理。

（四）案源处理

案源处理是指案源部门对收集的案源信息进行识别和判断，根据案源类型、纳税人状态、线索清晰程度、税收风险等级等因素，进行退回或者补正、移交税务局相关部门、暂存待查、调查核实（包括协查）、立案检查等分类处理的过程。

案源部门对案源信息进行识别判断，提出拟处理意见，填写《税务稽查案源审批表》，经稽查局负责人批准后处理。

推送和转办的案源信息符合下列情形之一的，案源部门制作《案源信息退回（补正）函》，退回信息来源部门或者要求信息来源部门补充资料：

（1）纳税人不属于管辖范围，纳税人状态为非正常或者注销的，可以作退回处理；

（2）案源信息数据有误、未提供必要数据资料或者其他导致无法进一步处理的情形，可以作退回处理或者要求补充资料；

（3）税收违法线索不清晰或者资料不完整，要求补充资料不能补充资料的，可以作退回处理；

（4）其他需要退回信息来源部门或者要求补充资料的情形。

符合下列情形之一的，案源部门制作《转办函》，移交税务局相关部门处理：

（1）检举、转办等案源信息涉及发票违法等事项，通过日常税务管理能够纠正的，经税务局负责人批准移交相关部门处理；

（2）协查事项需要提供纳税人查无此户、非正常、注销等状态证明或者提取征管资料、鉴定发票等事项，经稽查局负责人批准移交相关部门配合取证；

（3）案源信息涉及特别纳税调整事项的，经税务局负责人批准移交反避税部门处理；

（4）其他需要移交相关部门配合工作的事项。

符合下列情形之一的，作暂存待查处理：

（1）纳税人状态为非正常或者注销的督办、交办案源信息，经督办、交办部门同意可以作暂存待查处理；

（2）纳税人状态为非正常、注销或者税收违法线索不清晰的检举案源信息可以作暂存待查处理；

（3）纳税人走逃而无法开展检查的可以作暂存待查处理；

（4）其他不宜开展检查又无法退回的情形。

符合下列情形之一的特殊案源，经稽查局负责人批准进行调查核实（包括协查）：

（1）督办、交办的工作任务只涉及协助取证等事项，通过调查核实（包括协查）可以完成，经督办、交办部门同意的；

（2）检举案源信息线索较明确但缺少必要证明资料，举报受理部门认为需要通过调查核实（包括协查）确认的；

（3）协查案源信息不符合《税收违法案件发票协查管理办法（试行）》规定的直接立案条件的，应当根据协查要求及时安排调查核实（包括协查）；

（4）其他特殊案源信息，存在一定疑点线索但缺少必要证明资料，需要通过进一步调查核实（包括协查）确认的；需要调查核实（包括协查）的，应由案源部门或者举报受理部门或者协查部门制作《税务稽查调查核实（包括协查）任务通知书》，转送稽查局检查部门（以下简称检查部门），检查部门制作《税务检查通知书（检通二）》进行调查核实（包括协查）。检查部门应当按照有关要求根据调查核实结果制作《税务稽查调查核实（包括协查）报告》反馈安排调查核实（包括协查）任务的部门。

符合下列情形之一的，确认为需要立案检查的案源：

（1）督办、交办事项明确要求立案检查的案源；

（2）案源部门接收并确认的高风险纳税人风险信息案源，以及按照稽查任务和计划要求安排和自选的案源；

（3）举报受理部门受理的检举内容详细、线索清楚的案源；

（4）协查部门接收的协查案源信息涉及的纳税人状态正常，且存在下列情形之一的案源：委托方已开具《已证实虚开通知单》并提供相关证据的；委托方提供的证据资料能够证明协查对象存在税收违法嫌疑的；协查证实协查对象存在税收违法行为的；

（5）转办案源涉及的纳税人状态正常，且税收违法线索清晰的案源；

（6）经过调查核实（包括协查）发现纳税人存在税收违法行为的案源；

（7）其他经过识别判断后应当立案的案源；

（8）上级稽查局要求立案检查的案源。

（五）案源分配

稽查局应当建立案源管理集体审议会议制度，负责重点稽查对象和批量案源立案或者撤销的审批，并制定集体审议案源的标准。对达到集体审议标准的重点稽查对象和批量案源立案或者撤销案源的审批，由稽查局负责人主持召开案源管理集体审议会议，稽查局相关部门负责人参加。

需要立案检查的案源，由案源部门制作《税务稽查立案审批表》，经稽查局负责人批准或者案源管理集体审议会议审议决定立案。同一批次立案户数较多的，可附《税务稽查案源清册》。

案源立案的优先原则：

（1）督办案源优先于其他案源；

（2）重要或者紧急的案源，优先于一般案源；

（3）实名检举案源优先于匿名检举案源。

涉及国税、地税共同管辖的案源，符合下列情形的应当共同立案：

（1）上级机关要求开展联合稽查的；

（2）共同管辖的重点稽查对象；

（3）通过联合随机抽查选取的；

（4）共同获得具体税收违法线索的；

（5）除以上情形之外，经国税、地税协商一致，需要共同立案的。

案源部门对立案的案源，应当合理地分配到检查部门，实施检查。

（1）稽查层级与管理对象相匹配。对纳入全国、省级和市级重点稽查对象名录库的案源，按照分级管理的原则，由国家税务总局和省、市税务局稽查局分别组织或者实施检查。

（2）执法主体与案件性质相匹配。按照案源的涉税违法数额大小、情节轻重、案情复杂程度、涉案地区多少、社会影响情况等因素，分别由国家税务总局和省、市、县税务局稽查局组织或者实施检查。本级稽查局查处确有困难的案源，可以报请上级稽查局督办。上级机关下发的督办案源未经批准，本级稽查局不得转给下级稽查局查处。

（3）稽查力量与检查任务相匹配。案情复杂的案源可以采取"项目式管理、团队化作业"的形式组织检查。

（4）办案能力与案源特点相匹配。根据案源所属行业和税收违法类型等特点，合理搭配检查人员力量或者采取竞标等形式选派检查人员。

案源分配计划经批准后，案源部门制作《税务稽查任务通知书》，附《税务稽查项目书》，列明检查所属期、检查疑点、检查时限和要求等内容，连同相关资料一并移交检查部门。

符合下列情形之一的，提请撤销案源的部门填写《税务稽查案源撤销审批表》，经稽查局负责人批准或者案源管理集体审议会议决定，可以撤销案源：

（1）案源登记有误或者案源重复的；

（2）多个部门同时入户，经所属税务局负责人决定稽查局停止实施检查的；

（3）不符合上级政策规定或者上级机关要求撤销案源的。

（六）结果使用

稽查局应当按照风险管理要求，对案源处理结果进行跟踪反馈和统计分析，实现案源闭环管理。

稽查局相关部门应当及时将案源处理结果填写《案源处理结果反馈单》，归集到案源部门。

（1）未立案的，由案源部门记录未立案理由；

（2）中止、终结检查的，由检查部门反馈并附阶段性检查情况和中止、终结理由；

（3）中止、终结执行的，由执行部门反馈并附中止、终结理由、《税务处理决定书》《税务行政处罚决定书》及相关资料；

（4）执行完毕的，由执行部门反馈并附《税务处理决定书》《税务行政处罚决定书》《税收缴款书》及相关资料。

案源部门接到案源处理结果，应当及时处理，并填写《案源处理结果反馈单》。

（1）推送案源，按照风险管理工作流程的要求向风险管理等部门反馈处理结果，对于高风险应对任务中反映出的行业性、地域性或者特定类型纳税人的共性税收风险特征，及时提交风险管理等部门；

（2）督办案源、交办案源和转办案源，根据案源来源部门要求就需核实的税收违法线索检查情况进行反馈；

（3）自选案源和安排案源，汇总检查情况并定期上报稽查局负责人；

（4）检举案源和协查案源，将检查情况反馈给举报受理部门或者协查部门，由举报受理部门或者协查部门反馈给实名检举人或者协查委托方。

按反馈对象的不同，《案源处理结果反馈单》的审批要求如下：

（1）反馈稽查局相关部门、实名检举人和协查委托方的，分别由案源部门、举报受理部门和协查部门负责人批准；

（2）反馈税务局其他部门的，由稽查局负责人批准；

（3）反馈税务局外部单位的，由税务局负责人批准。

稽查局未立案检查的推送案源，反馈后推送部门仍认为需要立案检查的，经税务局负责人批准，由稽查局按交办案源程序立案检查。确因案情复杂无法按期查结反馈的，应当向信息来源部门说明情况。

案源部门负责按照年度工作任务和计划的要求，从案源信息的收集、案源的分类处理和立案分配、案源处理结果的使用等方面，对立案检查案源的分布区域、所属行业、企业规模、经济性质、税收违法类型、查补入库税额等情况定期进行统计分析。

稽查局要通过对稽查结果的统计分析和典型案例剖析，查找税收管理薄弱环节，并就完善税收政策和加强管理等方面提出意见和建议。

二、推进税务稽查随机抽查实施方案

（一）总体要求

1. 指导思想

贯彻党中央、国务院的决策部署，落实简政放权、放管结合、优化服务要求，坚持执法公正，提高执法效率，以风险管理为导向，建立健全科学的随机抽查机制，规范税务稽查，创新方式方法，加强专业化和集约化，努力实现执法成本最小化和执法效能最大化，促进税法遵从和公平竞争。

2. 基本原则

第一，依法实施。严格执行相关法律、行政法规和规章，规范执法行为，确保税务稽查随机抽查工作依法顺利进行。

第二，公正高效。坚持规范公正文明执法，对不同类型税务稽查对象分别采取适当的随机抽查方法，注重公平，兼顾效率，减轻纳税人负担，优化市场环境。

第三，公开透明。在阳光下运行执法权力，公开税务稽查随机抽查职责、程序、事项、结果等，强化社会监督，切实做到确职限权，尽责担当。

第四，稳步推进。充分利用相关信息数据，立足税源分布结构、稽查资源配置等实际情况，分步实施，有序推进，务求实效。

（二）完善税务稽查随机抽查机制

1. 随机抽查依据

《税收征收管理法》第四章及其实施细则第六章等法律、行政法规和税务部门规章相关规定。

2. 随机抽查主体

税务稽查随机抽查主体是各级税务稽查部门。国家税务总局稽查局负责组织、协调全国税务稽查随机抽查工作，根据工作需要从全国重点税源企业中随机抽取待查对象，组织或督促相关地区税务稽查部门实施稽查。省、市税务局稽查局负责组织、协调、实施辖区内税务稽查随机抽查工作。县税务局稽查局负责实施辖区内税务稽查随机抽查工作。

省税务局可以根据本地实际情况，适当调整税务稽查选案层级，对辖区内的全国、省、市重点税源企业由省税务局稽查局集中确定随机抽查对象。上级税务稽查部门随机抽取的待查对象，可以自行稽查，也可以交由下级税务稽查部门稽查。下级税务稽查部门因力量不足实施稽查确有困难的，可以报请上级税务稽查部门从其他地区选调人员参与稽查。

上级税务稽查部门可以对下级税务稽查部门随机抽查情况进行复查，以检验抽查绩效。复查以案卷审核为主，必要时可以实地核查。

3. 随机抽查对象和内容

依法检查纳税人、扣缴义务人和其他涉税当事人（以下统称为税务稽查对象）履行纳税义务、扣缴税款义务情况及其他税法遵从情况。所有待查对象，除线索明显涉嫌偷逃骗抗税和虚开发票等税收违法行为直接立案查处的外，均须通过摇号等方式，从税务稽查对象分类名录库和税务稽查异常对象名录库中随机抽取。

各级税务局建立税务稽查对象分类名录库，实施动态管理。国家税务总局名录库包括全国重点税源企业，相关信息由税务稽查对象所在省税务局提供。省税务局名录库包括辖区内的全国、省、市重点税源企业。市、县税务局名录库包括辖区内的所有税务稽查对象。名录库应录入税务稽查对象税务登记基本信息和前三个年度经营规模、纳税数额以及税务检查、税务处理处罚、涉税刑事追究等情况。该项工作应于2015年12月31日前完成。

省、市、县税务局在收集各类税务稽查案源信息的基础上，建立税务稽查异常对象名录库，实施动态管理。名录库应包括长期纳税申报异常企业、税收高风险企业、纳税信用级别低的企业、多次被检举有税收违法行为的企业、相关部门列明违法失信联合惩戒企业等，并录入税务登记基本信息以及涉嫌税收违法等异常线索情况。该项工作应于 2016 年 3 月 31 日前完成。

税务稽查对象分类名录库和税务稽查异常对象名录库相关信息应从税收信息管理系统获取。

4. 随机抽查方式

随机抽查分为定向抽查和不定向抽查。定向抽查是指按照税务稽查对象类型、行业、性质、隶属关系、组织架构、经营规模、收入规模、纳税数额、成本利润率、税负率、地理区域、税收风险等级、纳税信用级别等特定条件，通过摇号等方式，随机抽取确定待查对象名单，对其纳税等情况进行稽查。不定向抽查是指不设定条件，通过摇号等方式，随机抽取确定待查对象名单，对其纳税等情况进行稽查。定向抽查与不定向抽查要结合应用，兼施并举，确保稽查执法效能。

对随机抽查对象，税务稽查部门可以直接检查，也可以要求其先行自查，再实施重点检查，或自查与重点检查同时进行。对自查如实报告税收违法行为，主动配合税务稽查部门检查，主动补缴税款和缴纳滞纳金的，依法从轻、减轻或不予行政处罚；税务稽查部门重点检查发现存在重大税收违法行为或故意隐瞒税收违法行为的，应依法从严处罚；涉嫌犯罪的，应依法移送公安机关处理。

5. 分类确定随机抽查比例和频次

随机抽查比例和频次要合理适度，切合实际，以不影响公正与效率为前提，既要保证必要的抽查覆盖面和工作力度，又要防止检查过多和执法扰民。

对全国、省、市重点税源企业，采取定向抽查与不定向抽查相结合的方式，每年抽查比例 20％ 左右，原则上每 5 年检查一轮。

对非重点税源企业，采取以定向抽查为主、辅以不定向抽查的方式，每年抽查比例不超过 3％。

对非企业纳税人，主要采取不定向抽查方式，每年抽查比例不超过 1％。

对列入税务稽查异常对象名录库的企业，要加大抽查力度，提高抽查比例和频次。

3 年内已被随机抽查的税务稽查对象，不列入随机抽查范围。

6. 随机和竞标选派执法检查人员

各级税务局建立税务稽查执法检查人员分类名录库，实施动态管理。国家税务总局名录库人员由各省税务局推荐，国家税务总局稽查局审核确定。

省、市、县税务局名录库应包括辖区内所有税务稽查执法检查人员。名录库应录入执法检查人员基本信息及其专长、业绩等情况，并按照执法检查人员擅长检查的行业、领域、税种、案件等进行分类。该项工作应于 2015 年 12 月 31 日前完成。

实施抽查的执法检查人员，通过摇号方式，从税务稽查执法检查人员分类名录库中随机选派，也可以采取竞标等方式选派。执法检查人员应根据抽查内容，结合其专长进行选派。在一定周期内对同一抽查对象不得由同一执法检查人员实施检查。对同一抽查对象实施检查，选派执法检查人员不得少于 2 人。执法检查人员与抽查对象有利害关系的，应依法回避。

7. 国税、地税开展联合抽查

国税、地税机关建立税务稽查联合随机抽查机制，共同制订并实施联合抽查计划，确定重点抽查对象，实施联合稽查，同步入户执法，及时互通查获的情况，商讨解决疑难问题，准确定性处理。

8. 实现抽查成果增值运用

对随机抽查发现税收违法行为的税务稽查对象，综合运用经济惩戒、信用惩戒、联合惩戒和从严监管等措施，加大税收违法代价，加强抽查威慑力，引导纳税人自觉遵从税法，提高税收征管整体效能。抽查中发现的税收征管薄弱环节和税收政策缺陷，及时向相关部门反馈，强化工作成果增值运用。

（三）保障措施

1. 实行计划统筹管理

科学安排年度税务稽查随机抽查工作计划，制订严密的具体实施方案，统筹考虑辖区内税务稽查对象数量、稽查资源配置、税收违法案件数量、工作任务计划及企业、行业分布结构等因素，合理确定年度定向抽查、不定向抽查的比例，保持各类税务稽查对象相对均衡。税务稽查部门的检查与税收征管部门的检查要相互协调，统筹安排实地检查事项，统一规范进户执法，避免多头重复检查和交叉重叠执法，切实解决检查任性、执法扰民、效率低下、影响形象问题。税务稽查部门与税收征管、大企业税收管理等部门要充分沟通配合，统筹协同做好国家税务总局、省税务局定点联系企业（列名企业）等重点税源企业抽查工作。

2. 强化信息技术支持

将税务稽查随机抽查纳入税收信息管理系统，运用信息技术手段确保其落实到位，并实现全程跟踪记录，运行透明，痕迹可查，效果可评，责任可追。税务稽查对象分类名录库和税务稽查异常对象名录库相关信息，通过税收信息管理系统在税务系统共享。国家税务总局和省税务局应加强税务稽查选案指标体系建设，加快定向抽查分析模型设计，并不断修正完善。该项工作应于 2016 年 6 月 30 日前取得阶段性成果。

3. 加强纵向横向联动

上级税务机关布置、安排、督办随机抽查事项，要严密跟踪，督促、指导实施稽查的税务机关开展工作，防止敷衍塞责和消极懈怠。下级税务机关对上级税务机关布置、安排、督办的随机抽查事项，应严格按照规定的时限和要求办理。随机抽查事项涉及其他地区的，相关地区税务机关应积极协助主办地区税务机关调查取证，不得推诿抵制和包庇祖护。积极参与当地人民政府协调组织的联合抽查，进一步加强与公安、海关、工商等部门执法协作。

4. 推进与社会信用体系相衔接

将税务稽查随机抽查结果纳入纳税信用和社会信用记录，按规定推送至全国信用信息共享交换平台和全国企业信用信息公示系统平台，与相关部门实现信息共享；将严重税收违法行为列入税收违法"黑名单"，实施联合惩戒，让失信者一处违法、处处受限。

5. 接受社会监督

向社会公布税务稽查随机抽查的依据、主体、内容、方式等事项清单，公布抽查情况和抽查结果，自觉接受社会监督，扩大执法社会影响。

（四）工作要求

1. 统一思想认识

推进税务稽查随机抽查，是税务系统贯彻落实党中央、国务院关于深化行政体制改革，加快转变政府职能，推进简政放权、放管结合、优化服务的决策部署的重要举措。各级税务机关务必高度认识此项工作的重要性和必要性，创造性地落实工作部署和要求，充分发挥税务稽查职能作用，打击税收违法活动，整顿规范税收秩序，促进市场公平竞争，服务经济社会发展。

2. 加强组织领导

各级税务机关主要领导对税务稽查随机抽查工作要亲自抓，分管领导具体抓，税务稽查部门牵头落实，相关部门协作配合。根据本实施方案确定的抽查工作任务和目标，相应调整充实一线执法检查力量。加强对抽查工作的组织部署、督促指导和业绩考评，确保抽查工作顺利开展，取得明显实效。

3. 强化责任落实

明确工作进度要求，落实责任任务，一级抓一级，一级督一级，强化对税务稽查随机抽查工作的过程监控和绩效评价。各省税务局要根据本实施方案要求，具体细化辖区内推进随机抽查的任务和步骤，确保此项工作落到实处，抓出成效。要激励先进，鞭策后进，通过纳入绩效考核，对落实到位、成绩突出的单位和个人，按有关规定给予激励；对落实不力、成绩较差的单位和个人，按有关规定处理。

4. 注重培训宣传

加强税务稽查随机抽查业务培训和交流，转变执法理念，增强执法能力，组建专业团队。充分利用广播、电视、报刊、网络等多种渠道，广泛开展宣传报道，积极争取各界支持。加大相关税收政策法规解读力度，及时回应纳税人关切，解疑释惑，增进理解，促进和谐，为随机抽查工作顺利开展营造良好的氛围。

各省税务局要按照本实施方案的要求，作出贯彻落实国办发〔2015〕58号文件和本实施方案的具体工作安排，于 2015 年 9 月 15 日前报送国家税务总局（稽查局）；后续工作进展及主要成果等情况，于每年 7 月 1 日前和 12 月 31 日前各报送一次。

三、税务稽查随机抽查对象名录库管理

（一）一般性规定

为贯彻落实《国务院办公厅关于推广随机抽查规范事中事后监管的通知》（国办发〔2015〕58 号）精神，健全完善税务稽查随机抽查机制，统一规范税务稽查随机抽查对象名录库管理，根据国家税务总局《推进税务稽查随机抽查实施方案》（税总发〔2015〕104 号文件印发）有关要求，国家税务总局制定了《税务稽查随机抽查对象名录库管理办法（试行）》。本办法适用于市以上税务局随机抽查对象名录库的建设、使用和维护。

随机抽查对象包括各级税务局辖区内的全部纳税人、扣缴义务人和其他涉税当事人。随机抽查对象名录库是指市（地、盟、州以及直辖市和计划单列市的区，下同）以上税务局根据税务稽查随机抽查工作要求，针对随机抽查对象的不同类别，按照不同层级建设和管理的信息库。

本办法所称随机抽查对象名录库包括随机抽查对象异常名录。随机抽查对象名录库的建设、使用和维护应当充分运用信息化手段，遵循统筹规划、分类管理、分级使用、动态维护的原则。随机抽查对象名录库由市以上税务局稽查局案源管理部门归口管理，专人负责。市以上税务局相关部门应当加强协作配合，为随机抽查对象名录库的建设提供符合需求的数据和信息，实现数据和信息共建共享。市以上国家税务局、地方税务局应当加强联系与协作，定期交换、共享随机抽查对象名录库的相关数据和信息。随机抽查对象名录库主要适用于市以上税务局稽查局随机抽查对象的选取。

（二）分类管理

市以上税务局稽查局应当按照管理层级、稽查资源配置与纳税规模等标准，将随机抽查对象分为重点稽查对象和非重点稽查对象。

重点稽查对象由市以上税务局稽查局根据稽查工作任务和计划，参照收入规划核算、大企业税收管理等相关部门确定的重点税源企业范围，按照纳税规模、所属行业、分布区域、注册类型、集团类企业等因素以及稽查资源的匹配程度确定。非重点稽查对象为未达到市以上税务局稽查局确定的重点稽查对象标准的随机抽查对象，包括非企业纳税人。

国家税务总局稽查局和省（自治区、直辖市、计划单列市，下同）、市税务局稽查局依照上述原则和不同层级分别确定相应层级重点稽查对象。

国家税务总局重点稽查对象主要包括：

（1）国务院国有资产监督管理委员会中央企业名录列名的企业，由财政部按规定管理的金融类企业以及代表国务院履行出资人职责管理的国有企业；

（2）国家税务总局稽查局确定的纳税规模较大的重点税源企业；

（3）国家税务总局稽查局确定的跨区域经营的大型企业集团；

（4）国家税务总局稽查局确定的其他重点稽查对象。

省税务局稽查局根据稽查工作任务和计划，在国家税务总局重点稽查对象之外，按照本级确定重点稽查对象的要求，综合考虑纳税规模、所属行业、分布区域、稽查资源配置等因素，确定本级税务局重点稽查对象名录。

市税务局稽查局根据稽查工作任务和计划，在国家税务总局和省税务局重点稽查对象之外，按照本级确定重点稽查对象的要求，综合考虑纳税规模、所属行业、稽查资源配置等因素，确定本级税务局重点稽查对象名录。

市以上税务局应当建立随机抽查对象名录库。国家税务总局随机抽查对象名录库主要包括国家税务总局重点稽查对象；省税务局随机抽查对象名录库主要包括辖区内的国家税务总局、省税务局重点稽查对象，并对国家税务总局重点稽查对象进行标识；市税务局随机抽查对象名录库包括辖区内的所有随机抽查对象，并对国家税务总局、省税务局重点稽查对象进行分别标识。

省、市税务局应当在建立随机抽查对象名录库的基础上，通过接收、分析、整理和确认随机抽查对象的异常涉税信息并进行标识，建立随机抽查对象异常名录。

对符合下列情形之一的随机抽查对象，列入随机抽查对象异常名录：

（1）税收风险等级为高风险的；

（2）两个年度内两次以上被检举且经检查均有税收违法行为的；

（3）受托协查事项中存在税收违法行为的；

（4）长期纳税申报异常的；

（5）纳税信用级别为 D 级的；

（6）被相关部门列为违法失信联合惩戒的；

（7）存在其他异常情况的。

随机抽查对象名录库应当按照随机抽查对象类型，完整准确采录相关涉税信息。重点稽查对象的采录信息主要包括：登记类信息、前3年纳税申报及财务报表、税控开票、风险分析、纳税评估、出口退税、纳税信用等级、跨区域企业集团组织架构情况，以及是否为国家税务局、地方税务局共管户等信息。非重点稽查对象的采录信息主要包括：登记类信息、前3年纳税申报及财务报表、税控开票，以及是否为国家税务局、地方税务局共管户等信息。非企业纳税人的采录信息主要包括：登记类信息、前3年纳税申报、税控开票，以及自行确定的其他信息。随机抽查对象标识的异常涉税信息主要包括：高风险分析信息、检举线索、协查违法线索、长期异常纳税申报、纳税信用等级、相关部门列明的违法失信联合惩戒等相关信息。

国家税务总局随机抽查对象名录库的信息由国家税务总局稽查局采录，重点稽查对象所在省税务局稽查局负责协助补充相关信息。省、市税务局随机抽查对象名录库的信息由省、市税务局稽查局分别采录，涉及国家税务局、地方税务局共同管辖的，由国家税务局、地方税务局稽查局联合采录。

（三）分级使用

市以上税务局稽查局应当按照随机抽查工作要求，遵循分级使用的原则，运用随机抽查对象名录库，采用定向抽查和不定向抽查的方式选取检查对象。

市以上税务局稽查局对随机抽查对象名录库中的随机抽查对象，应当合理适度确定随机抽查比例和频次。

（1）国家税务总局稽查局根据稽查工作任务和计划，按照计划有序、依次安排的原则，每年按行业随机选取重点稽查对象组织开展检查，原则上每5年检查一轮。对国家税务总局大企业税收管理司列名的"千户集团"企业，国家税务总局稽查局和大企业税收管理司共同协商制定工作规划和年度计划，选取随机抽查对象，实现数据共享、资源共享、结果共享。

（2）省、市税务局稽查局根据本级稽查工作任务和计划，有序选取重点稽查对象开展检查，原则上每5年检查一轮。

（3）对非重点稽查对象中的企业纳税人，每年抽查比例不超过3％；对非重点稽查对象中的非企业纳税人，每年抽查比例不超过1％。

（4）3年内已被抽查的随机抽查对象，不列入随机抽查范围。

对列入随机抽查对象异常名录且属于持续经营状态的随机抽查对象，省、市税务局稽查局要加大抽查力度，具体抽查比例和频次由省、市税务局稽查局确定。

市以上税务局稽查局对随机选取的检查对象，按照税务稽查案源管理相关规定进行立案审批。

国家税务局、地方税务局稽查局应当根据联合稽查工作计划，按照相关行业、区域、项目，随机选取共同管辖的检查对象，开展联合稽查工作。

市以上税务局稽查局要按照风险管理制度和机制要求，对随机抽查中发现的税收政策及管理问题，及时向税务局相关部门反馈，提出管理建议，强化稽查成果增值利用。

（四）动态维护

市以上税务局应当充分运用信息化手段建立随机抽查对象名录库，逐步实现国家税务总局、省税务局和市税务局三级信息共享。

国家税务总局统一规划建设随机抽查对象名录库管理信息系统，满足按照纳税规模、所属行业、分布区域、注册类型等条件进行随机抽查的需要。

市以上税务局稽查局应当定期维护、及时更新辖区内随机抽查对象名录库的相关信息。

四、税务稽查随机抽查执法检查人员名录库管理

（一）一般性规定

为贯彻落实《国务院办公厅关于推广随机抽查规范事中事后监管的通知》（国办发〔2015〕58号）精神，健全税务稽查随机抽查机制，统一规范税务稽查随机抽查执法检查人员名录库管理，根据国家税务总局《推进税务稽查随机抽查实施方案》（税总发〔2015〕104号文件印发）有关要求，国家税务总局制定了《税务稽查随机抽查执法检查人员名录库管理办法（试行）》。各级税务机关税务稽查随机抽查执法检查人员名录库的建立、运用和管理适用本办法。

本办法所称税务稽查随机抽查执法检查人员（以下简称执法检查人员），是指各级税务机关中取得《中华人民共和国税务检查证》的从事稽查实施工作的人员。本办法所称税务稽查随机抽查执法检查人员名录库（以下简称执法检查人员名录库），是指国家税务总局和省（自治区、直辖市和计划单列市，下同）、市（地、盟、州及直辖市和计划单列市的区，下同）、县（县级市、旗，下同）税务局根据税务稽查随机抽查工作要求，按照不同层级建设和管理的执法检查人员相关信息库。

建立、运用和管理执法检查人员名录库应当遵循统筹规划、统一建设、规范运用、动态管理、公正公开、持续完善的原则。各级税务机关由稽查部门牵头负责、相关部门协作配合，建立、运用和管理本级执法检查人员名录库。

（二）执法检查人员名录库的建立

国家税务总局、省、市、县税务局分别建立执法检查人员名录库。国家税务总局执法检查人员名录库人员包括税务总局本级执法检查人员和各省税务局推荐执法检查人员，推荐执法检查人员的数量为本省执法检查人员总数的1‰，由国家税务总局稽查局审核确定。各省税务局执法检查人员名录库人员包括省税务局本级执法检查人员和各市税务局推荐执法检查人员，推荐执法检查人员的数量由各省税务局自行确定。市、县税务局执法检查人员名录库包括辖区内所有执法检查人员。

改革了属地稽查方式，推行省、市一级稽查模式或者实施稽查集约化管理的地区，相应的市、县税务局可不建立执法检查人员名录库。

国家税务总局、省税务局执法检查人员名录库中的推荐执法检查人员应当具备以下基本条件：

（1）热爱税收事业，具有良好的政治素质，敬业爱岗，勤政廉洁，累计从事税务稽查工作2年以上，身体健康，能够承担外出办案等特定工作任务。

（2）工作实绩突出，领导和群众认可度较高，骨干带头作用较为明显，在本单位或者本专业领域具有一定的影响。

（3）具备较高的业务素质和专业素养，熟练掌握财税知识，具有较强的检查办案能力、组织协调能力、解决复杂问题能力，有一定业务专长，对相关行业有较丰富的实际检查工作经验，有办理重大案件经历。

（4）符合下列情形之一的，同等条件下可优先备选税务总局、省税务局执法检查人员名录库：获得各类专业资格证书或相应职称的；获得市税务局以上稽查能手、征管能手等荣誉称号的；省税务局以上税务领军人才或者专业人才库成员；多次被上级机关抽调参与全国、全省、全市各类案件检查、业务检查、重大专项行动等工作，取得突出成绩并受到表彰的。

执法检查人员信息包括以下四类：

第一，基本信息：包括姓名、性别、年龄、政治面貌、学历学位、所学专业、职业资格、所在单位、所在岗位、职务、稽查工作年限、能级等次（主辅查）、证件号码等。

第二，专长信息：是指执法检查人员擅长检查的行业、税种、案件、其他特长等信息。一名执法检查人员可以同时具备一项或多项专长，具体包括：

（1）擅长检查的行业门类（包括采矿业，制造业，电力、热力、燃气及水的生产和供应业，建筑业；批发和零售业，交通运输、仓储和邮政业，住宿和餐饮业，信息传输、软件和信息技术服务业，金融保险业，房地产业，租赁和商务服务业，文化、体育和娱乐业等）。

（2）擅长检查的税种（包括增值税、营业税、消费税、企业所得税、个人所得税、资源税、土地增值税、其他各税）。

（3）擅长检查的案件（包括逃避缴纳税款案件、逃避追缴欠税案件、骗取出口退税案件、虚开发票案件、制售非法发票案件等）。

（4）擅长的其他领域（包括法律、会计、电子查账等领域）。

第三，业绩信息，包括：

（1）近3年检查的企业数量、重大税收违法案件数量、重点税源企业数量及相应查补数额；

（2）工作考核考评结果、获得各类奖励情况等；

（3）上级评价信息：包括上级借调记录及借调期间工作评价等；

（4）其他业绩信息，如科研成果、各类竞赛荣誉等。

第四，状态信息，包括：

（1）个人当前在查案件数量；

（2）个人为税务总局、省税务局执法检查人员名录库成员的标记信息；

（3）个人为各级税务领军人才、各类人才库成员的标记信息；

（4）个人应当回避的信息，主要是指本人配偶、直系血亲、三代以内旁系血亲、近姻亲等可能影响公正执法的利害关系人担任执法检查人员本人执法权限范围内企业的法定代表人、实际控制人、重要股东或者直接责任人等信息。

国家税务总局执法检查人员名录库的信息由国家税务总局稽查局采录，推荐执法检查人员所在省税务局稽查局协助提供相关信息。省、市、县税务局执法检查人员名录库的信息由省、市、县税务局稽查局分别采录。

（三）执法检查人员的选派

选派执法检查人员实施随机抽查，可以通过摇号方式从执法检查人员名录库中随机选派，也可以采取竞标等方式选派。随机选派分为定向选派和不定向选派。定向选派是指根据抽查对象类型、性质和抽查内容，结合执法检查人员专长进行选派。不定向选派是指随机抽取检查对象后完全随机抽取主查、辅查等执法检查人员。执法检查人员的分组相对固定的稽查局，可只随机选派主查人员，由该主查人员所属的检查组实施随机抽查。定向选派与不定向选派要结合应用，兼施并举，确保稽查执法效能。竞标选派是指相关执法检查人员组成相对固定的检查团队或者检查小组，针对特定稽查对象，按照先申请、后评定的方式，取得承担随机抽查任务的资格。竞标选派的具体方式可由各地税务局结合实际情况探索施行。

选派执法检查人员应符合以下要求：

（1）执法检查人员在检查工作完成后，原则上3年内不得被选派对同一抽查对象再次实施检查；

（2）对同一抽查对象选派执法检查人员不得少于2人；

（3）执法检查人员与抽查对象有利害关系的，应当依法回避。

当前承担在查案件数量3起以上（含）的执法检查人员，原则上不再列入随机选派人员范围。

市以上税务局稽查局组织开展随机抽查工作，应当从本级执法检查人员名录库中随机选派执法检查人员。确有必要时，可以从下级稽查局执法检查人员名录库中抽调成员参加检查工作。下级稽查局可以提请上级稽查局随机选派执法检查人员，指导、协调或者直接参加下级稽查局组织开展的随机抽查工作。

同一执法检查人员在被上级稽查局选派承担抽查任务期间，本级稽查局不再将其列入随机选派人员范围。

上级稽查局从下级稽查局执法检查人员名录库中选派参加随机抽查工作的人员，原则上连续调用时间不得超过半年。情况特殊需要延长调用时间的，必须经上级稽查局主管领导批准，并且延长期限最长不得超过1年。

国家税务局、地方税务局对共同管辖的纳税人开展联合抽查，应当协商选派执法检查人员组成检查组，同步入户执法，履行各自执法程序，协作开展查处工作。

（四）执法检查人员名录库的管理

国家税务总局统一开发执法检查人员名录库管理信息系统，实现对随机选派执法检查人员工作全程跟踪、痕迹可查、效果可评、责任可追。

各级税务机关使用国家税务总局统一开发的执法检查人员名录库管理信息系统，实施动态管理。执法检查人员所属税务局稽查局按要求录入各类人员信息，并对信息的真实性进行严格审核。执法检查人员信息因职务晋升、岗位变动或者其他原因发生变更的，所属税务局稽查局应当及时在系统内调整、更新。

国家税务总局稽查局、省税务局稽查局要按照定期与不定期相结合的原则，及时对本级执法检查人员名录库人员信息进行调整、更新。

上级稽查局选派下级稽查局执法检查人员工作结束后，应当对调用人员进行工作评价，作为后续管理使用的依据。上级稽查局在工作评价中给予充分肯定的，相关执法检查人员在年终绩效考评时应当给予加分。对在重大专项行动、重大案件查处工作中有突出贡献的人员，人事部门应当在评先评优、选拔后备、晋升职务等方面，在同等条件下给予优先考虑。

负责执法检查人员名录库管理信息系统维护的工作人员不得将相关信息用于税务稽查随机抽查以外的目的。

第四节 税务稽查案件的实施

一、检查准备与基本程序要求

(一) 检查前的准备工作

检查部门接到《税务稽查任务通知书》后，应当及时安排人员实施检查。

检查人员实施检查前，应当查阅被查对象纳税档案，了解被查对象的生产经营情况、所属行业特点、财务会计制度、财务会计处理办法和会计核算软件，熟悉相关税收政策，确定相应的检查方法。

(二) 告知、出示证件以及检查期限

税务机关派出的人员进行税务检查时，应当出示税务检查证和税务检查通知书，并有责任为被检查人保守秘密；未出示税务检查证和税务检查通知书的，被检查人有权拒绝检查。

检查前，应当告知被查对象检查时间、需要准备的资料等，但预先通知有碍检查的除外。

检查应当由两名以上检查人员共同实施，并向被查对象出示税务检查证和《税务检查通知书》。

国家税务局稽查局、地方税务局稽查局联合检查的，应当出示各自的税务检查证和《税务检查通知书》。

检查应当自实施检查之日起 60 日内完成；确需延长检查时间的，应当经稽查局局长批准。

二、检查方式与证据收集

(一) 检查的方法与手段

税务机关有权进行下列税务检查：

(1) 检查纳税人的账簿、记账凭证、报表和有关资料，检查扣缴义务人代扣代缴、代收代缴税款账簿、记账凭证和有关资料；

(2) 到纳税人的生产、经营场所和货物存放地检查纳税人应纳税的商品、货物或者其他财产，检查扣缴义务人与代扣代缴、代收代缴税款有关的经营情况；

(3) 责成纳税人、扣缴义务人提供与纳税或者代扣代缴、代收代缴税款有关的文件、证明材料和有关资料；

(4) 询问纳税人、扣缴义务人与纳税或者代扣代缴、代收代缴税款有关的问题和情况；

（5）到车站、码头、机场、邮政企业及其分支机构检查纳税人托运、邮寄应纳税商品、货物或者其他财产的有关单据、凭证和有关资料；

（6）经县以上税务局（分局）局长批准，凭全国统一格式的检查存款账户许可证明，查询从事生产、经营的纳税人、扣缴义务人在银行或者其他金融机构的存款账户。税务机关在调查税收违法案件时，经设区的市、自治州以上税务局（分局）局长批准，可以查询案件涉嫌人员的储蓄存款。税务机关查询所获得的资料，不得用于税收以外的用途。

实施检查时，依照法定权限和程序，可以采取实地检查、调取账簿资料、询问、查询存款账户或者储蓄存款、异地协查等方法。税务机关调查税务违法案件时，对与案件有关的情况和资料，可以记录、录音、录像、照相和复制。

对采用电子信息系统进行管理和核算的被查对象，可以要求其打开该电子信息系统，或者提供与原始电子数据、电子信息系统技术资料一致的复制件。被查对象拒不打开或者拒不提供的，经稽查局局长批准，可以采用适当的技术手段对该电子信息系统进行直接检查，或者提取、复制电子数据进行检查，但所采用的技术手段不得破坏该电子信息系统原始电子数据，或者影响该电子信息系统正常运行。

（二）收集证据

实施检查时，应当依照法定权限和程序，收集能够证明案件事实的证据材料。收集的证据材料应当真实，并与所证明的事项相关联。

调查取证时，不得违反法定程序收集证据材料；不得以偷拍、偷录、窃听等手段获取侵害他人合法权益的证据材料；不得以利诱、欺诈、胁迫、暴力等不正当手段获取证据材料。

三、调取账簿资料与提取证据材料

（一）调取账簿资料

调取账簿、记账凭证、报表和其他有关资料时，应当向被查对象出具《调取账簿资料通知书》，并填写《调取账簿资料清单》交其核对后签章确认。签章，区分以下情况确定：

（1）属于法人或者其他组织的，由相关人员签名，加盖单位印章并注明日期；

（2）属于个人的，由个人签名并注明日期。

调取纳税人、扣缴义务人以前会计年度的账簿、记账凭证、报表和其他有关资料的，应当经所属税务局局长批准，并在3个月内完整退还；调取纳税人、扣缴义务人当年的账簿、记账凭证、报表和其他有关资料的，应当经所属设区的市、自治州以上税务局局长批准，并在 30 日内退还。

（二）提取证据材料

需要提取证据材料原件的，应当向当事人出具《提取证据专用收据》，由当事人核对后签章确认。对需要归还的证据材料原件，检查结束后应当及时归还，并履行相关签收手续。需要将已开具的发票调出查验时，应当向被查验的单位或者个人开具《发票换票证》；需要将空白发票调出查验时，应当向被查验的单位或者个人开具《调验空白发票收据》，经查无问题的，应当及时退还。

提取证据材料复制件的，应当由原件保存单位或者个人在复制件上注明"与原件核对无误，原件存于我处"，并由提供人签章。

四、询问、陈述与证言

（一）询问

询问应当由两名以上检查人员实施。除在被查对象生产、经营场所询问外，应当向被询问人送达《询问通知书》。

询问时应当告知被询问人如实回答问题。询问笔录应当交被询问人核对或者向其宣读；询问笔录有修改的，应当由被询问人在改动处捺指印；核对无误后，由被询问人在尾页结束处写明"以上笔录我看过（或者向我宣读过），与我说的相符"，并逐页签章、捺指印。被询问人拒绝在询问笔录上签章、捺指印的，检查人员应当在笔录上注明。

（二）陈述与证言

当事人、证人可以采取书面或者口头方式陈述或者提供证言。当事人、证人口头陈述或者提供证言的，检查人员可以笔录、录音、录像。笔录应当使用能够长期保持字迹的书写工具书写，也可使用计算机记录并打印，陈述或者证言应当由陈述人或者证人逐页签章、捺指印。

当事人、证人口头提出变更陈述或者证言的，检查人员应当就变更部分重新制作笔录，注明原因，由当事人、证人逐页签章、捺指印。当事人、证人变更书面陈述或者证言的，不退回原件。

五、视听资料与电子数据

（一）制作与调取视听资料

制作录音、录像等视听资料的，应当注明制作方法、制作时间、制作人和证明对象等内容。

调取视听资料时，应当调取有关资料的原始载体；难以调取原始载体的，可以调取复制件，但应当说明复制方法、人员、时间和原件存放处等事项。

对声音资料，应当附有该声音内容的文字记录；对图像资料，应当附有必要的文字说明。

（二）电子数据的保存

以电子数据的内容证明案件事实的，应当要求当事人将电子数据打印成纸质资料，在纸质资料上注明数据出处、打印场所，注明"与电子数据核对无误"，并由当事人签章。

需要以有形载体形式固定电子数据的，应当与提供电子数据的个人、单位的法定代表人或者财务负责人一起将电子数据复制到存储介质上并封存，同时在封存包装物上注明制作方法、制作时间、制作人、文件格式及长度等，注明"与原始载体记载的电子数据核对无误"，并由电子数据提供人签章。

六、实地调查取证、异地调查取证与查询存款账户

（一）实地调查取证

检查人员实地调查取证时，可以制作现场笔录、勘验笔录，对实地检查情况予以记录或者说明。

制作现场笔录、勘验笔录，应当载明时间、地点和事件等内容，并由检查人员签名和当事人签章。

当事人拒绝在现场笔录、勘验笔录上签章的，检查人员应当在笔录上注明原因；如有其他人员在场，可以由其签章证明。

（二）异地调查取证

需要异地调查取证的，可以发函委托相关稽查局调查取证；必要时可以派人参与受托地稽查局的调查取证。

受托地稽查局应当根据协查请求，依照法定权限和程序调查；对取得的证据材料，应当连同相关文书一并作为协查案卷立卷存档；同时根据委托地稽查局协查函委托的事项，将相关证据材料及文书复制，注明"与原件核对无误"，注明原件存放处，并加盖本单位印章后一并移交委托地稽查局。

需要取得境外资料的，稽查局可以提请国际税收管理部门依照税收协定情报交换程序获取，或者通过我国驻外机构收集有关信息。

（三）查询存款账户

查询从事生产、经营的纳税人、扣缴义务人存款账户的，应当经所属税务局局长批准，凭《检查存款账户许可证明》向相关银行或者其他金融机构查询。

查询案件涉嫌人员储蓄存款的，应当经所属设区的市、自治州以上税务局局长批准，凭《检查存款账户许可证明》向相关银行或者其他金融机构查询。

七、税收保全措施

(一) 采取税收保全措施

检查从事生产、经营的纳税人以前纳税期的纳税情况时，发现纳税人有逃避纳税义务行为，并有明显的转移、隐匿其应纳税的商品、货物以及其他财产或者应纳税收入迹象的，经所属税务局局长批准，可以依法采取税收保全措施。税收保全措施的种类包括：

(1) 书面通知纳税人开户银行或者其他金融机构冻结纳税人的金额相当于应纳税款的存款；

(2) 扣押、查封纳税人的价值相当于应纳税款的商品、货物或者其他财产。

个人及其所扶养家属维持生活必需的住房和用品，不在税收保全措施的范围之内。

实施扣押、查封时，对有产权证件的动产或者不动产，税务机关可以责令当事人将产权证件交税务机关保管，同时可以向有关机关发出协助执行通知书，有关机关在扣押、查封期间不再办理该动产或者不动产的过户手续。

对查封的商品、货物或者其他财产，税务机关可以指令被执行人负责保管，保管责任由被执行人承担。继续使用被查封的财产不会减少其价值的，税务机关可以允许被执行人继续使用；因被执行人保管或者使用的过错造成的损失，由被执行人承担。

稽查局采取税收保全措施时，应当向纳税人送达《税收保全措施决定书》，告知其采取税收保全措施的内容、理由及依据，并依法告知其申请行政复议和提起行政诉讼的权利。

采取冻结纳税人在开户银行或者其他金融机构的存款措施时，应当向纳税人开户银行或者其他金融机构送达《冻结存款通知书》，冻结其相当于应纳税款的存款。

采取查封商品、货物或者其他财产措施时，应当填写《查封商品、货物或者其他财产清单》，由纳税人核对后签章；采取扣押纳税人商品、货物或者其他财产措施时，应当出具《扣押商品、货物或者其他财产专用收据》，由纳税人核对后签章。

采取查封、扣押有产权证件的动产或者不动产措施时，应当依法向有关单位送达《税务协助执行通知书》，通知其在查封、扣押期间不再办理该动产或者不动产的过户手续。

采取税收保全措施的权力，不得由法定的税务机关以外的单位和个人行使。税务机关采取税收保全措施必须依照法定权限和法定程序，不得查封、扣押纳税人个人及其所扶养家属维持生活必需的住房和用品。机动车辆、金银饰品、古玩字画、豪华住宅或者一处以外的住房不属于个人及其所扶养家属维持生活必需的住房和用品。税务机关对单价 5 000 元以下的其他生活用品，不采取税收保全措施。

（二）解除税收保全措施

有下列情形之一的，稽查局应当依法及时解除税收保全措施：

（1）纳税人已按履行期限缴纳税款的；

（2）税收保全措施被复议机关决定撤销的；

（3）税收保全措施被人民法院裁决撤销的；

（4）其他法定应当解除税收保全措施的。

解除税收保全措施时，应当向纳税人送达《解除税收保全措施通知书》，告知其解除税收保全措施的时间、内容和依据，并通知其在限定时间内办理解除税收保全措施的有关事宜：

（1）采取冻结存款措施的，应当向冻结存款的纳税人开户银行或者其他金融机构送达《解除冻结存款通知书》，解除冻结。

（2）采取查封商品、货物或者其他财产措施的，应当解除查封并收回《查封商品、货物或者其他财产清单》。

（3）采取扣押商品、货物或者其他财产的，应当予以返还并收回《扣押商品、货物或者其他财产专用收据》。

税收保全措施涉及协助执行单位的，应当向协助执行单位送达《税务协助执行通知书》，通知解除税收保全措施相关事项。

（三）税收保全措施的期限

采取税收保全措施的期限一般不得超过 6 个月；查处重大税收违法案件中，有下列情形之一，需要延长税收保全期限的，应当逐级报请国家税务总局批准：

（1）案情复杂，在税收保全期限内确实难以查明案件事实的；

（2）被查对象转移、隐匿、销毁账簿、记账凭证或者其他证据材料的；

（3）被查对象拒不提供相关情况或者以其他方式拒绝、阻挠检查的；

（4）解除税收保全措施可能使纳税人转移、隐匿、损毁或者违法处置财产，从而导致税款无法追缴的。

（四）违法采取税收保全措施的法律责任

税务机关滥用职权违法采取税收保全措施，或者采取税收保全措施不当，使纳税人、扣缴义务人或者纳税担保人的合法权益遭受损失的，应当依法承担赔偿责任。

纳税人在限期内已缴纳税款，税务机关未立即解除税收保全措施，使纳税人的合法利益遭受损失的，税务机关应当承担赔偿责任。

税务机关、税务人员查封、扣押纳税人个人及其所扶养家属维持生活必需的住房和用品的，责令退还，依法给予行政处分；构成犯罪的，依法追究刑事责任。

八、阻扰检查及其法律责任

（一）被检查人与第三人的配合义务

纳税人、扣缴义务人必须接受税务机关依法进行的税务检查，如实反映情况，提供有关资料，不得拒绝、隐瞒。

税务机关依法进行税务检查时，有权向有关单位和个人调查纳税人、扣缴义务人和其他当事人与纳税或者代扣代缴、代收代缴税款有关的情况，有关单位和个人有义务向税务机关如实提供有关资料及证明材料。

（二）阻扰检查的情形

被查对象有下列情形之一的，依照《税收征收管理法》和《税收征收管理法实施细则》有关逃避、拒绝或者以其他方式阻挠税务检查的规定处理：

（1）提供虚假资料，不如实反映情况，或者拒绝提供有关资料的；

（2）拒绝或者阻止检查人员记录、录音、录像、照相、复制与税收违法案件有关资料的；

（3）在检查期间转移、隐匿、损毁、丢弃有关资料的；

（4）其他不依法接受税务检查行为的。

（三）法律责任

纳税人、扣缴义务人逃避、拒绝或者以其他方式阻挠税务机关检查的，由税务机关责令改正，可以处一万元以下的罚款；情节严重的，处一万元以上五万元以下的罚款。

纳税人、扣缴义务人的开户银行或者其他金融机构拒绝接受税务机关依法检查纳税人、扣缴义务人存款账户，或者拒绝执行税务机关作出的冻结存款或者扣缴税款的决定，或者在接到税务机关的书面通知后帮助纳税人、扣缴义务人转移存款，造成税款流失的，由税务机关处十万元以上五十万元以下的罚款，对直接负责的主管人员和其他直接责任人员处一千元以上一万元以下的罚款。

九、税务稽查文书制作与移交

（一）税务稽查工作底稿

检查过程中，检查人员应当制作《税务稽查工作底稿》，记录案件事实，归集相关证据材料，并签字、注明日期。

（二）告知违法事实

检查结束前，检查人员可以将发现的税收违法事实和依据告知被查对象；必要时，可以向被查对象发出《税务事项通知书》，要求其在限期内书面说明，并提供有关资料；被查对象口头说明的，检查人员应当制作笔录，由当事人签章。

（三）税务稽查报告

检查结束时，应当根据《税务稽查工作底稿》及有关资料，制作《税务稽查报告》，由检查部门负责人审核。

经检查发现有税收违法事实的，《税务稽查报告》应当包括以下主要内容：

（1）案件来源；

（2）被查对象基本情况；

（3）检查时间和检查所属期间；

（4）检查方式、方法以及检查过程中采取的措施；

（5）查明的税收违法事实及性质、手段；

（6）被查对象是否有拒绝、阻挠检查的情形；

（7）被查对象对调查事实的意见；

（8）税务处理、处罚建议及依据；

（9）其他应当说明的事项；

（10）检查人员签名和报告时间。

经检查没有发现税收违法事实的，应当在《税务稽查报告》中说明检查内容、过程、事实情况。

（四）移交档案

检查完毕，检查部门应当将《税务稽查报告》《税务稽查工作底稿》及相关证据材料，在 5 个工作日内移交审理部门审理，并办理交接手续。

十、税务检查的中止与终结

（一）中止税务检查

有下列情形之一，致使检查暂时无法进行的，检查部门可以填制《税收违法案件中止检查审批表》，附相关证据材料，经稽查局局长批准后，中止检查：

（1）当事人被有关机关依法限制人身自由的；

（2）账簿、记账凭证及有关资料被其他国家机关依法调取且尚未归还的；

（3）法律、行政法规或者国家税务总局规定的其他可以中止检查的。

中止检查的情形消失后，应当及时填制《税收违法案件解除中止检查审批表》，经稽查局局长批准后，恢复检查。

（二）终结税务检查

有下列情形之一，致使检查确实无法进行的，检查部门可以填制《税收违法案件终结检查审批表》，附相关证据材料，移交审理部门审核，经稽查局局长批准后，终结检查：

（1）被查对象死亡或者被依法宣告死亡或者依法注销，且无财产可抵缴税款或者无法定税收义务承担主体的；

（2）被查对象税收违法行为均已超过法定追究期限的；

（3）法律、行政法规或者国家税务总局规定的其他可以终结检查的。

第五节　税务稽查案件的审理

一、审理的主体与审核内容

（一）审理人员的安排

审理部门接到检查部门移交的《税务稽查报告》及有关资料后，应当及时安排人员进行审理。

审理人员应当依据法律、行政法规、规章及其他规范性文件，对检查部门移交的《税务稽查报告》及相关材料进行逐项审核，提出书面审理意见，由审理部门负责人审核。

案情复杂的，稽查局应当集体审理；案情重大的，稽查局应当依照国家税务总局有关规定报请所属税务局集体审理。

（二）审核内容

对《税务稽查报告》及有关资料，审理人员应当着重审核以下内容：

（1）被查对象是否准确；

（2）税收违法事实是否清楚、证据是否充分、数据是否准确、资料是否齐全；

（3）适用法律、行政法规、规章及其他规范性文件是否适当，定性是否正确；

（4）是否符合法定程序；

（5）是否超越或者滥用职权；

（6）税务处理、处罚建议是否适当；

（7）其他应当审核确认的事项或者问题。

二、补充调查、重新提出处理处罚意见与审理期限

(一) 退会补充调查

有下列情形之一的，审理部门可以将《税务稽查报告》及有关资料退回检查部门补正或者补充调查：

(1) 被查对象认定错误的；

(2) 税收违法事实不清、证据不足的；

(3) 不符合法定程序的；

(4) 税务文书不规范、不完整的；

(5) 其他需要退回补正或者补充调查的。

(二) 重新提出处理处罚意见

《税务稽查报告》认定的税收违法事实清楚、证据充分，但适用法律、行政法规、规章及其他规范性文件错误，或者提出的税务处理、处罚建议错误或者不当的，审理部门应当另行提出税务处理、处罚意见。

(三) 审理期限

审理部门接到检查部门移交的《税务稽查报告》及有关资料后，应当在15日内提出审理意见。但下列时间不计算在内：

(1) 检查人员补充调查的时间；

(2) 向上级机关请示或者向相关部门征询政策问题的时间。

案情复杂确需延长审理时限的，经稽查局局长批准，可以适当延长。

三、告知税务处罚事项与当事人陈述申辩

(一) 告知税务处罚事项

拟对被查对象或者其他涉税当事人作出税务行政处罚的，向其送达《税务行政处罚事项告知书》，告知其依法享有陈述、申辩及要求听证的权利。《税务行政处罚事项告知书》应当包括以下内容：

(1) 认定的税收违法事实和性质；

(2) 适用的法律、行政法规、规章及其他规范性文件；

(3) 拟作出的税务行政处罚；

(4) 当事人依法享有的权利；

(5) 告知书的文号、制作日期、税务机关名称及印章；

(6) 其他相关事项。

(二) 当事人陈述申辩

对被查对象或者其他涉税当事人的陈述、申辩意见，审理人员应当认真对待，提出判断意见。

对当事人口头陈述、申辩意见，审理人员应当制作《陈述申辩笔录》，如实记录，由陈述人、申辩人签章。

四、税务行政处罚听证

（一）听证的原则

税务行政处罚的听证，遵循合法、公正、公开、及时和便民的原则。

（二）当事人申请听证

税务机关对公民作出2 000元以上（含本数）罚款或者对法人或者其他组织作出一万元以上（含本数）罚款的行政处罚之前，应当向当事人送达《税务行政处罚事项告知书》，告知当事人已经查明的违法事实、证据、行政处罚的法律依据和拟将给予的行政处罚，并告知有要求举行听证的权利。

要求听证的当事人，应当在《税务行政处罚事项告知书》送达后3日内向税务机关书面提出听证；逾期不提出的、视为放弃听证权利。

当事人要求听证的，税务机关应当组织听证。

（三）税务机关通知听证

税务机关应当在收到当事人听证要求后15日内举行听证，并在举行听证的7日前将《税务行政处罚听证通知书》送达当事人，通知当事人举行听证的时间、地点、听证主持人的姓名及有关事项。

当事人由于不可抗力或者其他特殊情况而耽误提出听证期限的，在障碍消除后5日以内，可以申请延长期限。申请是否准许，由组织听证的税务机关决定。

（四）税务机关改变决定

当事人提出听证后，税务机关发现自己拟作的行政处罚决定对事实认定有错误或者偏差，应当予以改变，并及时向当事人说明。

（五）听证的主持

税务行政处罚的听证，由税务机关负责人指定的非本案调查机构的人员主持，当事人、本案调查人员及其他有关人员参加。

听证主持人应当依法行使职权，不受任何组织和个人的干涉。

（六）当事人参与听证与申请回避

当事人可以亲自参加听证，也可以委托一至二人代理。当事人委托代理人参加听证的，应当向其代理人出具代理委托书。代理委托书应当注明有关事项，并经税务机关或者听证主持人审核确认。

当事人认为听证主持人与本案有直接利害关系的，有权申请回避。回避申请，应当在举行听证的3日前向税务机关提出，并说明理由。

听证主持人是本案当事人的近亲属，或者认为自己与本案有直接利害关系或其他关系可能影响公正听证的，应当自行提出回避。

听证主持人的回避，由组织听证的税务机关负责人决定。对驳回申请回避的决定，当事人可以申请复核一次。

（七）公开举行听证

税务行政处罚听证应当公开进行。但是涉及国家秘密、商业秘密或者个人隐私的，听证不公开进行。对公开听证的案件，应当先期公告当事人和本案调查人员的姓名、案由和听证的时间、地点。公开进行的听证，应当允许群众旁听。经听证主持人许可，旁听群众可以发表意见。对不公开听证的案件，应当宣布不公开听证的理由。

当事人或者其代理人应当按照税务机关的通知参加听证，无正当理由不参加的，视为放弃听证权利。听证应当予以终止。本案调查人员有上述规定情形的，不影响听证的进行。

（八）听证程序

听证开始时，听证主持人应当首先声明并出示税务机关负责人授权主持听证的决定，然后查明当事人或者其代理人、本案调查人员、证人及其他有关人员是否到场，宣布案由；宣布听证会的组成人员名单；告知当事人有关的权利义务。记录员宣读听证会场纪律。

听证过程中，由本案调查人员就当事人的违法行为予以指控，并出示事实证据材料，提出行政处罚建议。当事人或者其代理人可以就所指控的事实及相关问题进行申辩和质证。听证主持人可以对本案所及事实进行询问，保障控辩双方充分陈述事实，发表意见，并就各自出示的证据的合法性、真实性进行辩论。辩论先由本案调查人员发言，再由当事人或者其代理人答辩，然后双方相互辩论。辩论终结，听证主持人可以再就本案的事实、证据及有关问题向当事人或者其代理人、本案调查人员征求意见。当事人或者其代理人有最后陈述的权利。

听证主持人认为证据有疑问无法听证辩明，可能影响税务行政处罚的准确公正的，可以宣布中止听证，由本案调查人员对证据进行调查核实后再行听证。当事人或者其代理人可以申请对有关证据进行重新核实，或者提出延期听证；是否准许，由听证主持人或者税务机关作出决定。

听证过程中，当事人或者其代理人放弃申辩和质证权利，声明退出听证会；或者不经听证主持人许可擅自退出听证会的，听证主持人可以宣布听证终止。

听证过程中，当事人或者其代理人、本案调查人员、证人及其他人员违反听证秩序，听证主持人应当警告制止；对不听制止的，可以责令其退出听证会场。当事人或者其代理人有上述规定严重行为致使听证无法进行的，听证主持人或者税务机关可以终止听证。

（九）听证笔录

听证的全部活动，应当由记录员写成笔录，经听证主持人审阅并由听证主持人和记录员签名后，封卷上交税务机关负责人审阅。听证笔录应交当事人或者其代理人、本案调查人员、证人及其他有关人员阅读或者向他们宣读，他们认为有遗漏或者有差错的，可以请求补充或者改正。他们在承认没有错误后，应当签字或者盖章。拒绝签名或者盖章的，记明情况附卷。

听证结束后，听证主持人应当将听证情况和处理意见报告税务机关负责人。

（十）不组织听证的后果与听证费的承担

对应当进行听证的案件，税务机关不组织听证，行政处罚决定不能成立；当事人放弃听证权利或者被正当取消听证权利的除外。

听证费用由组织听证的税务机关支付，不得由要求听证的当事人承担或者变相承担。

五、税务稽查审理报告与审理部门处理结果

（一）税务稽查审理报告

审理完毕，审理人员应当制作《税务稽查审理报告》，由审理部门负责人审核。《税务稽查审理报告》应当包括以下主要内容：

（1）审理基本情况；

（2）检查人员查明的事实及相关证据；

（3）被查对象或者其他涉税当事人的陈述、申辩情况；

（4）经审理认定的事实及相关证据；

（5）税务处理、处罚意见及依据；

（6）审理人员、审理日期。

（二）审理部门处理结果

审理部门区分下列情形分别作出处理：

（1）认为有税收违法行为，应当进行税务处理的，拟制《税务处理决定书》；

（2）认为有税收违法行为，应当进行税务行政处罚的，拟制《税务行政处罚决定书》；

（3）认为税收违法行为轻微，依法可以不予税务行政处罚的，拟制《不予税务行政处罚决定书》；

（4）认为没有税收违法行为的，拟制《税务稽查结论》。

《税务处理决定书》《税务行政处罚决定书》《不予税务行政处罚决定书》

《税务稽查结论》引用的法律、行政法规、规章及其他规范性文件，应当注明文件全称、文号和有关条款。

《税务处理决定书》《税务行政处罚决定书》《不予税务行政处罚决定书》《税务稽查结论》经稽查局局长或者所属税务局领导批准后由执行部门送达执行。

六、各类税务文书的制作

（一）税务处理决定书

《税务处理决定书》应当包括以下主要内容：

（1）被查对象姓名或者名称及地址；

（2）检查范围和内容；

（3）税收违法事实及所属期间；

（4）处理决定及依据；

（5）税款金额、缴纳期限及地点；

（6）税款滞纳时间、滞纳金计算方法、缴纳期限及地点；

（7）告知被查对象不按期履行处理决定应当承担的责任；

（8）申请行政复议或者提起行政诉讼的途径和期限；

（9）处理决定的文号、制作日期、税务机关名称及印章。

（二）税务行政处罚决定书

《税务行政处罚决定书》应当包括以下主要内容：

（1）被查对象或者其他涉税当事人姓名或者名称及地址；

（2）检查范围和内容；

（3）税收违法事实及所属期间；

（4）行政处罚种类和依据；

（5）行政处罚履行方式、期限和地点；

（6）告知当事人不按期履行行政处罚决定应当承担的责任；

（7）申请行政复议或者提起行政诉讼的途径和期限；

（8）行政处罚决定的文号、制作日期、税务机关名称及印章。

（三）不予税务行政处罚决定书

《不予税务行政处罚决定书》应当包括以下主要内容：

（1）被查对象或者其他涉税当事人姓名或者名称及地址；

（2）检查范围和内容；

（3）税收违法事实及所属期间；

（4）不予税务行政处罚的理由及依据；

（5）申请行政复议或者提起行政诉讼的途径和期限；

（6）不予行政处罚决定的文号、制作日期、税务机关名称及印章。

（四）税务稽查结论

《税务稽查结论》应当包括以下主要内容：

（1）被查对象姓名或者名称及地址；

（2）检查范围和内容；

（3）检查时间和检查所属期间；

（4）检查结论；

（5）结论的文号、制作日期、税务机关名称及印章。

（五）涉嫌犯罪案件移送书

税收违法行为涉嫌犯罪的，填制《涉嫌犯罪案件移送书》，经所属税务局局长批准后，依法移送公安机关，并附送以下资料：

（1）《涉嫌犯罪案件情况的调查报告》；

（2）《税务处理决定书》《税务行政处罚决定书》的复制件；

（3）涉嫌犯罪的主要证据材料复制件；

（4）补缴应纳税款、缴纳滞纳金、已受行政处罚情况明细表及凭据复制件。

第六节　重大税务案件审理制度

一、重大税务案件审理制度的适用于基本原则

省以下各级税务局开展重大税务案件审理工作适用《重大税务案件审理办法》（国家税务总局令第 34 号）。

重大税务案件审理应当以事实为根据、以法律为准绳，遵循合法、合理、公平、公正、效率的原则，注重法律效果和社会效果相统一。

参与重大税务案件审理的人员应当严格遵守国家保密规定和工作纪律，依法为纳税人、扣缴义务人的商业秘密和个人隐私保密。

二、审理机构和职责

省以下各级税务局设立重大税务案件审理委员会（以下简称审理委员会）。审理委员会由主任、副主任和成员单位组成，实行主任负责制。审理委员会主任由税务局局长担任，副主任由税务局其他领导担任。审理委员会成员单位包括政策法规、税政业务、纳税服务、征管科技、大企业税收管理、税务稽查、督察内审部门。各级税务局可以根据实际需要，增加其他与案件审理有关的部门作为成员单位。

审理委员会履行下列职责：

（1）拟定本机关审理委员会工作规程、议事规则等制度；

（2）审理重大税务案件；

（3）指导监督下级税务局重大税务案件审理工作。

审理委员会下设办公室，办公室设在政策法规部门，办公室主任由政策法规部门负责人兼任。

审理委员会办公室履行下列职责：

（1）组织实施重大税务案件审理工作；

（2）提出初审意见；

（3）制作审理会议纪要和审理意见书；

（4）办理重大税务案件审理工作的统计、报告、案卷归档；

（5）承担审理委员会交办的其他工作。

审理委员会成员单位根据部门职责参加案件审理，提出审理意见。稽查局负责提交重大税务案件证据材料、拟作税务处理处罚意见、举行听证。稽查局对其提交的案件材料的真实性、合法性、准确性负责。

参与重大税务案件审理的人员有法律、法规规定的回避情形的，应当回避。重大税务案件审理参与人员的回避，由其所在部门的负责人决定；审理委员会成员单位负责人的回避，由审理委员会主任或其授权的副主任决定。

三、审理范围

重大税务案件包括：

（1）重大税务行政处罚案件，具体标准由各省、自治区、直辖市和计划单列市税务局根据本地情况自行制定，报国家税务总局备案；

（2）根据重大税收违法案件督办管理暂行办法督办的案件；

（3）应司法、监察机关要求出具认定意见的案件；

（4）拟移送公安机关处理的案件；

（5）审理委员会成员单位认为案情重大、复杂，需要审理的案件；

（6）其他需要审理委员会审理的案件。

上述第（3）项规定的案件经审理委员会审理后，应当将拟处理意见报上一级税务局审理委员会备案。备案5日后可以作出决定。

稽查局应当在每季度终了后5日内将稽查案件审理情况备案表送审理委员会办公室备案。

四、提请和受理

稽查局应当在内部审理程序终结后5日内，将重大税务案件提请审理委员会审理。当事人要求听证的，由稽查局组织听证。

稽查局提请审理委员会审理案件，应当提交以下案件材料：

(1) 重大税务案件审理案卷交接单；

(2) 重大税务案件审理提请书；

(3) 税务稽查报告；

(4) 税务稽查审理报告；

(5) 听证材料；

(6) 相关证据材料。

重大税务案件审理提请书应当写明拟处理意见，所认定的案件事实应当标明证据指向。证据材料应当制作证据目录。稽查局应当完整移交证据目录所列全部证据材料，不能当场移交的应当注明存放地点。

审理委员会办公室收到稽查局提请审理的案件材料后，应当在重大税务案件审理案卷交接单上注明接收部门和收到日期，并由接收人签名。对于证据目录中列举的不能当场移交的证据材料，必要时，接收人在签收前可以到证据存放地点现场查验。

审理委员会办公室收到稽查局提请审理的案件材料后，应当在 5 日内进行审核。根据审核结果，审理委员会办公室提出处理意见，报审理委员会主任或其授权的副主任批准：

(1) 提请审理的案件属于本办法规定的审理范围，提交了本办法第十五条规定的材料的，建议受理；

(2) 提请审理的案件属于本办法规定的审理范围，但未按照本办法第十五条的规定提交相关材料的，建议补正材料；

(3) 提请审理的案件不属于本办法规定的审理范围的，建议不予受理。

五、审理程序

(一) 一般规定

重大税务案件应当自批准受理之日起 30 日内作出审理决定，不能在规定期限内作出审理决定的，经审理委员会主任或其授权的副主任批准，可以适当延长，但延长期限最多不超过 15 日。补充调查、请示上级机关或征求有权机关意见的时间不计入审理期限。

审理委员会审理重大税务案件，应当重点审查：

(1) 案件事实是否清楚；

(2) 证据是否充分、确凿；

(3) 执法程序是否合法；

(4) 适用法律是否正确；

（5）案件定性是否准确；

（6）拟处理意见是否合法适当。

审理委员会成员单位应当认真履行职责，根据上述规定提出审理意见，所出具的审理意见应当详细阐述理由、列明法律依据。审理委员会成员单位审理案件，可以到审理委员会办公室或证据存放地查阅案卷材料，向稽查局了解案件有关情况。

重大税务案件审理采取书面审理和会议审理相结合的方式。

（二）书面审理

审理委员会办公室自批准受理重大税务案件之日起 5 日内，将重大税务案件审理提请书及必要的案件材料分送审理委员会成员单位。

审理委员会成员单位自收到审理委员会办公室分送的案件材料之日起 10 日内，提出书面审理意见送审理委员会办公室。

审理委员会成员单位认为案件事实不清、证据不足，需要补充调查的，应当在书面审理意见中列明需要补充调查的问题并说明理由。审理委员会办公室应当召集提请补充调查的成员单位和稽查局进行协调，确需补充调查的，由审理委员会办公室报审理委员会主任或其授权的副主任批准，将案件材料退回稽查局补充调查。

稽查局补充调查不应超过 30 日，有特殊情况的，经稽查局局长批准可以适当延长，但延长期限最多不超过 30 日。稽查局完成补充调查后，应当按照上述规定重新提交案件材料、办理交接手续。稽查局不能在规定期限内完成补充调查的，或者补充调查后仍然事实不清、证据不足的，由审理委员会办公室报请审理委员会主任或其授权的副主任批准，终止审理。

审理委员会成员单位认为案件事实清楚、证据确凿，但法律依据不明确或者需要处理的相关事项超出本机关权限的，按规定程序请示上级税务机关或者征求有权机关意见。

审理委员会成员单位书面审理意见一致，或者经审理委员会办公室协调后达成一致意见的，由审理委员会办公室起草审理意见书，报审理委员会主任批准。

（三）会议审理

审理委员会成员单位书面审理意见存在较大分歧，经审理委员会办公室协调仍不能达成一致意见的，由审理委员会办公室向审理委员会主任或其授权的副主任报告，提请审理委员会会议审理。

审理委员会办公室提请会议审理的报告，应当说明成员单位意见分歧、审理委员会办公室协调情况和初审意见。审理委员会办公室应当将会议审理时间和地点提前通知审理委员会主任、副主任和成员单位，并分送案件材料。

成员单位应当派员参加会议，三分之二以上成员单位到会方可开会。审理委员会办公室以及其他与案件相关的成员单位应当出席会议。案件调查人员、审理委员会办公室承办人员应当列席会议。必要时，审理委员会可要求调查对象所在地主管税务机关参加会议。

审理委员会会议由审理委员会主任或其授权的副主任主持。首先由稽查局汇报案情及拟处理意见。审理委员会办公室汇报初审意见后，各成员单位发表意见并陈述理由。审理委员会办公室应当做好会议记录。

经审理委员会会议审理，根据不同情况，作出以下处理：

（1）案件事实清楚、证据确凿、程序合法、法律依据明确的，依法确定审理意见；

（2）案件事实不清、证据不足的，由稽查局对案件重新调查；

（3）案件执法程序违法的，由稽查局对案件重新处理；

（4）案件适用法律依据不明确，或者需要处理的有关事项超出本机关权限的，按规定程序请示上级机关或征求有权机关的意见。

审理委员会办公室根据会议审理情况制作审理纪要和审理意见书。审理纪要由审理委员会主任或其授权的副主任签发。会议参加人员有保留意见或者特殊声明的，应当在审理纪要中载明。审理意见书由审理委员会主任签发。

六、执行和监督

稽查局应当按照重大税务案件审理意见书制作税务处理处罚决定等相关文书，加盖稽查局印章后送达执行。文书送达后 5 日内，由稽查局送审理委员会办公室备案。

重大税务案件审理程序终结后，审理委员会办公室应当将相关证据材料退回稽查局。

各级税务局督察内审部门应当加强对重大税务案件审理工作的监督。

审理委员会办公室应当加强重大税务案件审理案卷的归档管理，按照受理案件的顺序统一编号，做到一案一卷、资料齐全、卷面整洁、装订整齐。需要归档的重大税务案件审理案卷包括税务稽查报告、税务稽查审理报告以及本办法附列的有关文书。

各省、自治区、直辖市和计划单列市税务局应当于每年 1 月 31 日之前，将本辖区上年度重大税务案件审理工作开展情况和重大税务案件审理统计表报送国家税务总局。

七、其他规定

各级税务局办理的其他案件，需要移送审理委员会审理的，参照《重大税务案件审理办法》执行。特别纳税调整案件按照有关规定执行。

各级税务局在重大税务案件审理工作中可以使用重大税务案件审理专用章。

《重大税务案件审理办法》有关"5日"的规定指工作日，不包括法定节假日。

各级税务局应当按照国家税务总局的规划和要求，积极推动重大税务案件审理信息化建设。

各级税务局应当加大对重大税务案件审理工作的基础投入，保障审理人员和经费，配备办案所需的录音录像、文字处理、通讯等设备，推进重大税务案件审理规范化建设。

各省、自治区、直辖市和计划单列市税务局可以依照《重大税务案件审理办法》制定具体实施办法。

第七节　税务稽查案件的执行与案卷管理

一、税务稽查案件的执行

（一）税务文书的送达

执行部门接到《税务处理决定书》《税务行政处罚决定书》《不予税务行政处罚决定书》《税务稽查结论》等税务文书后，应当依法及时将税务文书送达被执行人。

执行部门在送达相关税务文书时，应当及时通过税收征管信息系统将税收违法案件查处情况通报税源管理部门。

税务机关送达税务文书，应当直接送交受送达人。受送达人是公民的，应当由本人直接签收；本人不在的，交其同住成年家属签收。受送达人是法人或者其他组织的，应当由法人的法定代表人、其他组织的主要负责人或者该法人、组织的财务负责人、负责收件的人签收。受送达人有代理人的，可以送交其代理人签收。

送达税务文书应当有送达回证，并由受送达人或者《税收征收管理法实施细则》规定的其他签收人在送达回证上记明收到日期，签名或者盖章，即为送达。

受送达人或者《税收征收管理法实施细则》规定的其他签收人拒绝签收

税务文书的，送达人应当在送达回证上记明拒收理由和日期，并由送达人和见证人签名或者盖章，将税务文书留在受送达人处，即视为送达。

直接送达税务文书有困难的，可以委托其他有关机关或者其他单位代为送达，或者邮寄送达。

直接或者委托送达税务文书的，以签收人或者见证人在送达回证上的签收或者注明的收件日期为送达日期；邮寄送达的，以挂号函件回执上注明的收件日期为送达日期，并视为已送达。

有下列情形之一的，税务机关可以公告送达税务文书，自公告之日起满30日，即视为送达：

（1）同一送达事项的受送达人众多；

（2）采用本章规定的其他送达方式无法送达。

（二）自主或申请法院强制执行

被执行人未按照《税务处理决定书》确定的期限缴纳或者解缴税款的，稽查局经所属税务局局长批准，可以依法采取强制执行措施，或者依法申请人民法院强制执行。

经稽查局确认的纳税担保人未按照确定的期限缴纳所担保的税款、滞纳金的，责令其限期缴纳；逾期仍未缴纳的，经所属税务局局长批准，可以依法采取强制执行措施。

被执行人对《税务行政处罚决定书》确定的行政处罚事项，逾期不申请行政复议也不向人民法院起诉、又不履行的，稽查局经所属税务局局长批准，可以依法采取强制执行措施，或者依法申请人民法院强制执行。

经县以上税务局（分局）局长批准，税务机关可以采取下列强制执行措施：

（1）书面通知其开户银行或者其他金融机构从其存款中扣缴税款；

（2）扣押、查封、依法拍卖或者变卖其价值相当于应纳税款的商品、货物或者其他财产，以拍卖或者变卖所得抵缴税款。

税务机关采取强制执行措施时，对上述纳税人、扣缴义务人、纳税担保人未缴纳的滞纳金同时强制执行。个人及其所扶养家属维持生活必需的住房和用品，不在强制执行措施的范围之内。机动车辆、金银饰品、古玩字画、豪华住宅或者一处以外的住房不属于个人及其所扶养家属维持生活必需的住房和用品。个人所扶养家属，是指与纳税人共同居住生活的配偶、直系亲属以及无生活来源并由纳税人扶养的其他亲属。

（三）强制执行的程序要求

强制执行措施的权力，不得由法定的税务机关以外的单位和个人行使。

稽查局对被执行人采取强制执行措施时，应当向被执行人送达《税收强制执行决定书》，告知其采取强制执行措施的内容、理由及依据，并告知其依法申请行政复议或者提出行政诉讼的权利。

稽查局采取从被执行人开户银行或者其他金融机构的存款中扣缴税款、滞纳金、罚款措施时，应当向被执行人开户银行或者其他金融机构送达《扣缴税收款项通知书》，依法扣缴税款、滞纳金、罚款，并及时将有关完税凭证送交被执行人。

拍卖、变卖被执行人商品、货物或者其他财产，以拍卖、变卖所得抵缴税款、滞纳金、罚款的，在拍卖、变卖前应当依法进行查封、扣押。稽查局拍卖、变卖被执行人商品、货物或者其他财产前，应当拟制《拍卖/变卖抵税财物决定书》，经所属税务局局长批准后送达被执行人，予以拍卖或者变卖。拍卖或者变卖实现后，应当在结算并收取价款后 3 个工作日内，办理税款、滞纳金、罚款的入库手续，并拟制《拍卖/变卖结果通知书》，附《拍卖/变卖扣押、查封的商品、货物或者其他财产清单》，经稽查局局长审核后，送达被执行人。以拍卖或者变卖所得抵缴税款、滞纳金、罚款和拍卖、变卖费用后，尚有剩余的财产或者无法进行拍卖、变卖的财产的，应当拟制《返还商品、货物或者其他财产通知书》，附《返还商品、货物或者其他财产清单》，送达被执行人，并自办理税款、滞纳金、罚款入库手续之日起 3 个工作日内退还被执行人。

税务机关对单价 5 000 元以下的其他生活用品，不采取强制执行措施。

被执行人在限期内缴清税款、滞纳金、罚款或者稽查局依法采取强制执行措施追缴税款、滞纳金、罚款后，执行部门应当制作《税务稽查执行报告》，记明执行过程、结果、采取的执行措施以及使用的税务文书等内容，由执行人员签名并注明日期，连同执行环节的其他税务文书、资料一并移交审理部门整理归档。

（四）移送建议

执行过程中发现涉嫌犯罪的，执行部门应当及时将执行情况通知审理部门，并提出向公安机关移送的建议。

（五）执行的中止与终结

执行过程中发现有下列情形之一的，由执行部门填制《税收违法案件中止执行审批表》，附有关证据材料，经稽查局局长批准后，中止执行：

（1）被执行人死亡或者被依法宣告死亡，尚未确定可执行财产的；

（2）被执行人进入破产清算程序尚未终结的；

（3）可执行财产被司法机关或者其他国家机关依法查封、扣押、冻结，致使执行暂时无法进行的；

（4）法律、行政法规和国家税务总局规定其他可以中止执行的。中止执行情形消失后，应当及时填制《税收违法案件解除中止执行审批表》，经稽查局局长批准后，恢复执行。

被执行人确实没有财产抵缴税款或者依照破产清算程序确实无法清缴税款，或者有其他法定终结执行情形的，稽查局可以填制《税收违法案件终结执行审批表》，依照国家税务总局规定权限和程序，经税务局相关部门审核并报所属税务局局长批准后，终结执行。

二、案卷管理一般规定

(一) 归档期限

《税务处理决定书》《税务行政处罚决定书》《不予行政处罚决定书》《税务稽查结论》执行完毕，或者终结检查或者终结执行的，审理部门应当在 60 日内收集稽查各环节与案件有关的全部资料，整理成税务稽查案卷，归档保管。

(二) 案卷的立卷要求

税务稽查案卷应当按照被查对象分别立卷，统一编号，做到一案一卷、目录清晰、资料齐全、分类规范、装订整齐。

税务稽查案卷分别立为正卷和副卷。正卷主要列入各类证据材料、税务文书等可以对外公开的稽查材料；副卷主要列入检举及奖励材料、案件讨论记录、法定秘密材料等不宜对外公开的稽查材料。如无不宜公开的内容，可以不立副卷。副卷作为密卷管理。

(三) 案卷材料的排列

税务稽查案卷材料应当按照以下规则组合排列：

（1）案卷内材料原则上按照实际稽查程序依次排列；

（2）证据材料可以按照材料所反映的问题等特征分类，每类证据主要证据材料排列在前，旁证材料排列在后；

（3）其他材料按照材料形成的时间顺序，并结合材料的重要程度进行排列。

税务稽查案卷内每份或者每组材料的排列规则是：正件在前，附件在后；重要材料在前，其他材料在后；汇总性材料在前，基础性材料在后。

(四) 案卷保管期限

税务稽查案卷按照以下情况确定保管期限：

（1）偷税、逃避追缴欠税、骗税、抗税案件，以及涉嫌犯罪案件，案卷保管期限为永久；

（2）一般行政处罚的税收违法案件，案卷保管期限为 30 年；

（3）前两项规定以外的其他税收违法案件，案卷保管期限为 10 年。

（五）案卷查阅与借阅

查阅或者借阅税务稽查案卷，应当按照档案管理规定办理手续。

税务机关人员需要查阅或者借阅税务稽查案卷的，应当经稽查局局长批准；税务机关以外人员需要查阅的，应当经稽查局所属税务局领导批准。

查阅税务稽查案卷应当在档案室进行。借阅税务稽查案卷，应当按照规定的时限完整归还。

未经稽查局局长或者所属税务局领导批准，查阅或者借阅税务稽查案卷的单位和个人，不得摘抄、复制案卷内容和材料。

（六）案卷移交

税务稽查案卷应当在立卷次年 6 月 30 日前移交所属税务局档案管理部门保管；稽查局与所属税务局异址办公的，可以适当延迟移交，但延迟时间最多不超过 2 年。

三、税务稽查案卷管理办法

（一）总则性规定

为了规范税务稽查案卷管理，加强执法控制监督，根据《税收征收管理法》《档案法》有关规定，制定《税务稽查案卷管理暂行办法》。

税务稽查案卷是指税务局及其稽查局在依法履行税务稽查职责过程中取得或者形成的，具有保存价值的文字、图表、声像以及电子数据等形式的过程记录。案卷类别划分为：

（1）税务稽查立案查处类（以下简称立案查处类）；

（2）承办税收违法案件异地协助类（以下简称承办异地协助类）；

（3）重大税收违法案件督办类（以下简称重案督办类）；

（4）国家税务总局和省、自治区、直辖市、计划单列市国家税务局、地方税务局规定的其他类别。

税务局稽查局（以下简称稽查局）应当在税务局档案管理部门监督和指导下，做好税务稽查案卷立卷、收集、整理、归档、保管、利用等管理工作。

税务稽查案卷应当完整、准确、客观、规范，方便利用，防止损毁、丢失和泄密。

（二）立卷及文件材料收集

对确定税务稽查的对象和事项，稽查局应当建立税务稽查案卷，将稽查选案、检查、审理、执行等相关工作情况记录纳入案卷管理。税务稽查事项办理过程中取得或者形成的证据材料、相关文书、文件以及其他记录等材料（以下简称文件材料），应当装入临时税务稽查案卷，填写文件材料交接清单。文件材料交接清单应当编写目录，注明序号。

立案查处类税务稽查案卷应当包括下列文件材料：

（1）选案环节相关文件材料，如税务稽查立案审批表、税收违法案件交办函等；

（2）检查环节相关文件材料，如税务稽查报告、纳税人自查报告材料、税务稽查工作底稿、当事人陈述申辩材料、现场笔录、勘验笔录、书证、物证、视听资料、证人证言、电子数据等；

（3）审理环节相关文件材料，如税务稽查审理报告、税务行政处罚事项告知书、听证材料、税务处理决定书、税务行政处罚决定书、税务稽查结论等；

（4）执行环节相关文件材料，如税务稽查执行报告、延期或者分期缴纳罚款申请审批表、查补税收款项完税凭证等；

（5）其他应当归入立案查处类案卷的文件材料。稽查局选案部门在选案时，根据税务稽查对象，建立立案查处类税务稽查案卷；选案、检查、审理、执行部门分别收集本环节相关文件材料，并按照规定移交下一工作环节；审理部门在结案后 60 日内整理、装订、归档。

承办异地协助类税务稽查案卷应当包括下列文件材料：

（1）异地协助事项接受的相关文件材料，如税收违法案件协查函等；

（2）异地协助事项办理的相关文件材料，如税务检查通知书、现场笔录、书证、视听资料、证人证言等；

（3）异地协助事项办结的相关文件材料，如税收违法案件协查回复函等；

（4）其他应当归入承办异地协助类案卷的文件材料。

承办异地协助事项的稽查局（以下简称协助方稽查局）承办具体事项的部门，根据协助事项涉及的对象，建立承办异地协助类税务稽查案卷，收集相关文件材料，在异地协助事项办结后 60 日内整理、装订、归档。协助方稽查局发现协助事项涉嫌税收违法行为需要立案查处的，承办具体事项的部门应当将承办异地协助类税务稽查案卷移交选案部门，立案后并入立案查处类案卷管理。协助方稽查局应当将取得的证据材料原件保留在税务稽查案卷中，并向请求异地协助的稽查局提供复制件，注明"与原件核对无误"，加盖公章证明原件出处和存处。

重案督办类税务稽查案卷应当包括下列文件材料：

（1）督办立项的相关文件材料，如重大税收违法案件督办立项审批表等；

（2）督办办理的相关文件材料，如重大税收违法案件督办函、重大税收违法案件情况报告表、重大税收违法案件拟处理意见报告、重大税收违法案件催办函等；

（3）督办办结的相关文件材料，如重大税收违法案件结案报告等；

（4）其他应当归入重案督办类案卷的文件材料。

督办税务局所属稽查局具体承担督办事项的部门，根据督办的重大税收违法案件，建立重案督办类税务稽查案卷，收集相关文件材料，在督办事项办结后 60 日内整理、装订、归档。督办税务局及其稽查局认为督办的重大税收违法案件依法需要由本机关直接查处的，具体承担督办事项的部门应当将重案督办类税务稽查案卷移交选案部门，立案后并入立案查处类案卷管理。

税务稽查事项发生行政复议、行政诉讼、国家赔偿诉讼、民事诉讼、刑事诉讼的，收集的复议、诉讼相关文件材料应当归入相关税务稽查案卷。

税务稽查案卷文件材料有发文稿纸、文件处理单的，应当与文件材料正本、定稿一并收集。会同相关部门召开会议、发文所形成的文件材料，应当收集原件；无法收集原件的，收集复制件或者注明原件主要内容及制作单位。

税务局及其稽查局相关部门应当按照税务稽查案卷文件材料交接清单所列项目，对上一工作环节移交的全部文件材料进行清点，填写文件材料交接签收单，办理交接手续。

（三）整理及装订归档

稽查局相关部门和人员应当在税务稽查事项办结后，及时对税务稽查案卷进行整理、装订、归档，做到分类规范、目录清晰、资料齐全、编号统一、装订整齐、归档及时。

装订成册的立案查处类税务稽查案卷有不宜对外公开内容的，应当分为正卷、副卷。正卷主要列入各类证据材料、税收执法文书正本以及可以对外公开的相关审批文书等证明定性处理处罚合法性、合理性的文件材料。副卷主要列入检举相关材料、案件讨论记录、法定秘密材料、结论性文书原稿、审批稿以及不宜对外公开的税务稽查报告、税务稽查审理报告等内部管理文书、对案件最终定性处理处罚不具有直接影响但反映税务稽查执法过程的文件材料。税务稽查案卷副卷作为密卷或者内部档案管理；作为密卷管理的，密级以卷内文件材料最高密级确定。上述规定以外的其他税务稽查案卷可以不分正卷、副卷，但其中有不宜对外公开内容的，按照副卷管理，并在案卷封面上标明；无不宜对外公开内容的，按照正卷管理，并在案卷封面上标明。

税务稽查案卷及其相关文件材料的密级、保密期限、解密条件、知悉范围等依照国家保密规定确定。

装订成册的税务稽查案卷卷内文件材料应当按照以下规则组合排列：

（1）立案查处类案卷正卷中的结论性文书及其送达回证排列在最前面，

其他文书材料及副卷文书材料按照工作流程顺序排列；

（2）承办异地协助类、重案督办类等案卷文件材料按照工作流程顺序排列；

（3）证据材料按照所反映的问题特征分类，每类证据主证材料排列在前，旁证材料附列其后；

（4）其他文件材料按照其取得或者形成的时间顺序，并结合其重要程度进行排列。

税务稽查案卷卷内每份或者每组文件材料的排列规则：正文在前，附件在后；批复在前，请示在后；批示在前，报告在后；税收执法文书在前，送达回证在后；重要文件材料在前，其他文件材料在后；汇总性文件材料在前，基础性文件材料在后；定稿在前，修改稿在后。

装订成册的税务稽查案卷由案卷封面、卷内文件材料目录、卷内文件材料、卷内文件材料备考表、封底组成。装订成册的税务稽查案卷封面项目包括：案件名称、纳税人识别号、案件来源、案卷类别、案件编号、立案立项日期、办结日期、立卷日期、保管期限、密级等。装订成册的税务稽查案卷卷内文件材料目录项目包括：文件材料名称、文号、序号、页号、页数、日期、备注、责任者。装订成册的税务稽查案卷卷内文件材料备考表项目包括：本卷情况说明、立卷人、检查人、立卷时间。

税务稽查案卷卷内文件材料经过系统整理排列后，应当用阿拉伯数字逐页编注页码，正面编注在右上角，背面编注在左上角，空白页不编注页码。卷内每份文件材料的原页码原样不变。案卷封面、卷内文件材料目录、卷内文件材料备考表、封底不编注页码。装订成册的税务稽查案卷不得擅自增添或者抽取文件材料；确需增减文件材料的，应当由案卷保管人员在备考表中注明。增添的文件材料，可以插入与之直接相关的文件材料处，或者放在卷内文件材料之后，并相应追加填写目录。

装订成册的税务稽查案卷可以采用硬卷皮装订保存，或者采用软卷皮装订并装入卷盒保存。硬卷皮由封面、封底、卷脊构成。采用软卷皮装订的税务稽查案卷，应当按照案卷编号依序装入卷盒保存。卷盒由封面和卷脊构成，卷脊项目包括全宗名称、目录号、年度、起止卷号。税务稽查案卷文件材料过多的，应当按照顺序分册装订，各册分别从第一页起编注页码。税务稽查案卷卷皮、卷盒尺寸规格应当符合国家规定标准。

装订税务稽查案卷，应当检查卷内文件材料是否齐全、规范整洁，排列顺序是否符合规则，编注页码是否正确，卷内文件材料名称、数量与目录是否一致等。

装订税务稽查案卷，应当剔除下列文件材料：

（1）没有证明或者参考价值的信封、工作材料；

（2）内容完全相同的重份文件材料；

（3）其他与卷内记录事项无关、确无保存必要的文件材料。对上述所列的文件材料是否剔除存在疑问的，由相关部门甄别后提出意见，由稽查局领导或者税务局档案管理部门负责人审核确定。

装订税务稽查案卷，应当注意以下事项：

（1）文书破损的，应当进行修复或者复制，原件在前，复制件在后；

（2）卷内有不可替代的容易褪色、消失的字迹等证据材料或者其他不利于长期保管的文件材料的，应当进行复制，原件在前，复制件在后；

（3）文件材料小于A4纸或者装订后影响字迹的，应当加贴衬纸；横向粘贴的，字头应当朝向左边；票据应当码平粘贴；

（4）文件材料大于A4纸的，右边与下边应当对齐，采取从里向外、从上往下的方式折叠；

（5）需要附卷保存的信封，应当打开展平后加贴衬纸或者复制留存，邮票不得撕揭；

（6）文件材料上的金属物应当剔除；

（7）排除可能影响案卷装订保管、损坏卷内文件材料的其他事项。

可以随税务稽查案卷保存的物证，应当归入案卷；无法装订的，装入证物袋，标注证物名称、数量、特征、来源等相关信息，用封条粘贴，放到备考表与封底之间。不能随卷保存的物证，应当另处存放，并与案卷相互标注相关信息。不宜保存的物证，应当拍照装订归卷，实物经所属税务局主管稽查工作的局领导批准后销毁或者作其他适当处理。

税务稽查案卷装订后，应当在卷底装订线结扣处粘贴封志，并加盖骑缝章。

装订成册的税务稽查案卷保管期限：

（1）立案查处类中重大偷逃骗抗税、虚开发票等税收违法案件的案卷，保管期限为永久；

（2）立案查处类中一般偷逃骗抗税、虚开发票等税收违法案件的案卷，保管期限为30年；

（3）其他立案查处类案卷，保管期限为10年；

（4）承办异地协助类案卷保管期限参照前三项确定；

（5）重案督办类案卷保管期限根据所督办的案件确定；

（6）其他类别案卷保管期限依照国家税务总局或者省、自治区、直辖市、计划单列市国家税务局、地方税务局规定确定，或者根据所办事项具体情况适当确定。

保管期限从案卷装订成册次年1月1日起计算。上述第（1）项所列的重大税收违法案件标准，由国家税务总局或者省、自治区、直辖市、计划单列市国家税务局、地方税务局确定。

稽查局对装订成册的税务稽查案卷应当集中保管，并指定专人管理。案卷保管人员对保管的案卷应当严格查验，对不合格的案卷，应当退回相关部门重新整理。稽查局撤销或者稽查局不具备长期档案保管条件的，应当将税务稽查案卷移交承继其职能的机构保管或者移交所属税务局档案管理部门保管。案卷移交时，应当填写档案交接文据，办理交接手续。

稽查局应当定期清理所保管的税务稽查案卷，对已到期的案卷进行鉴定，对仍有保存价值的，应当延长保管期限；对无继续保存价值的，应当依照档案管理规定的权限和程序审批后销毁。税务局档案管理部门保管的税务稽查案卷的清理、鉴定、销毁，由档案管理部门会同稽查局审核报税务局领导审批后进行。

任何单位和个人不得擅自销毁、转移、藏匿、伪造、变造、篡改、损毁税务稽查案卷及其文件材料，不得将案卷及其文件材料转让他人或者据为己有。

（四）电子文件管理

税务稽查案卷电子文件与纸质文件材料的收集、整理、归档应当同步进行。上述所称税务稽查案卷电子文件，是指税务局及其稽查局在依法履行税务稽查职责过程中，通过计算机等电子设备取得、形成、处理、传输、存储的文字、图表、图像、音频、视频等文件，包括税收执法文书和内部管理文书的电子文本、电子数据、数码照片等。

税务稽查案卷电子文件管理应当遵循以下规则：

（1）统筹规划，统一标准，集中保存，规范管理；

（2）对电子文件取得、形成、处理、传输、存储、利用、销毁等实行全过程管理，确保电子文件始终处于受控状态；

（3）方便利用，提供分层次、分类别共享应用；

（4）依照国家规定标准，采取有效技术手段和管理措施，确保电子文件信息安全。

取得或者形成的税务稽查案卷电子文件，应当具备国家规定的原件形式，并符合以下要求：

（1）能够有效表现所记载的内容并可供调取查用；

（2）采用符合国家规定标准的文件存储格式，确保能够长期有效读取；

（3）能够保证电子文件及其元数据自形成起完整无缺、来源可靠，未被非法更改；

（4）在信息交换、存储和显示过程中发生的形式变化不影响电子文件内容真实、完整。涉密电子文件的原件形式应当符合国家保密规定。

税务稽查过程中取得或者形成的税务稽查案卷电子文件，应当符合以下要求：

（1）从税务稽查对象取得的作为证据的电子文件，应当保持文件原貌，及时封存；

（2）检查人员制作的电子文件，应当注明电子文件的形成背景、证明对象、格式、大小、制作人等；

（3）数据分析过程中产生的电子文件，应当注明数据分析的数据源、数据分析和处理方法、数据处理过程以及数据分析结论。

税务稽查案卷电子文件归档应当符合以下要求：

（1）与相对应的纸质案卷的归档期限相同；

（2）不得低于相对应的纸质案卷保管期限；

（3）电子文件及其元数据应当同时归档；

（4）可以随案卷保存的录音带、录像带、光盘等载体，应当在装具上标注相关信息；

（5）已经真实性、完整性、有效性鉴定、检测，并由相关责任人确认；

（6）具有永久保存价值或者其他重要价值的电子文件，应当转换为纸质文件或者缩微品同时归档；

（7）冲印的数码照片，应当标注照片相关信息；

（8）采用技术手段加密的电子文件应当解密后归档，压缩的电子文件应当解压缩后归档；

（9）准确划分密级；

（10）涉密电子文件应当使用符合国家保密规定的载体存储，并按照保密要求进行管理和使用。

通过税收管理信息系统审批运转、对税务定性处理处罚具有直接决定作用的电子文件，应当连同审批单打印成纸质文件材料，归入相对应的纸质税务稽查案卷；无可靠电子签名的纸质文件材料，由相关人员手写补充签名；确有特殊情况无法手写补充签名的，应当注明缘由。

税务稽查案卷电子文件归档可以采用在线或者离线存储。在线存储应当使用专用存储服务器，实行电子文件在线管理；离线存储可以选择使用只读光盘、一次写光盘、磁带、可擦写光盘、硬磁盘等耐久性好的载体，不得使用软磁盘作为归档电子文件长期保存的载体。

税务稽查案卷电子文件管理相关事项，参照国家税务总局《税务稽查案卷电子文件管理参考规范》。

(五) 数字化处理

税务机关应当积极创造条件，逐步实现税务稽查案卷数字化。税务稽查案卷数字化，是指采用扫描仪或者数码相机等数码设备对纸质案卷文件材料进行数字化加工，将其转化为存储在磁带、磁盘、光盘等载体上且能被计算机识别的数字图像或者数字文本，并与案卷已有电子文件融合起来的处理过程。

税务稽查案卷数字化，可以在案卷文件材料整理装订时同步进行，也可以在案卷归档后集中进行。税务稽查案卷数字化，由稽查局、档案管理部门、电子税务管理部门依照国家纸质档案数字化有关规定实施。

税务稽查案卷数字化应当符合以下要求：

（1）纸质案卷电子版本应当与原纸质案卷保持一致，不一致的应当注明原因和处理方法；

（2）对纸质案卷文件材料从封面至封底进行完整数字化，确实不能数字化的文件材料，应当登记备查；

（3）对纸质案卷数字化直接产生的图像文件应当采用通用格式；

（4）扫描色彩模式通常采用黑白二值模式扫描；对材料中有多色文字、红头、印章、插有照片图片、字迹清晰度较差等采用黑白扫描模式扫描无法清晰辨识的页面，应当采用彩色扫描模式扫描；

（5）需要进行文字识别的文件材料，扫描分辨率应当达到相应率值；

（6）符合国家相关保密规定。

税务稽查案卷数字化过程中，可以为原纸质案卷逐册加贴与税收管理信息系统相关联的条形码、二维码、无线射频等机读标签。

(六) 利用

税务稽查对象出示有效身份证明，可以查阅、复制涉及自身的税务稽查案卷正卷相关文件材料。代理人出示税务稽查对象授权委托书及双方有效身份证明，可以查阅、复制涉及税务稽查对象自身的税务稽查案卷正卷相关文件材料。

税务机关相关部门可以查阅、借阅本级税务机关与其工作相关的税务稽查案卷文件材料。上级税务机关可以查阅、调阅下级税务机关税务稽查案卷相关文件材料。经税务稽查案卷所在税务机关审核同意，同级税务机关之间可以查阅、复制案卷正卷相关文件材料，下级税务机关可以查阅、复制上级税务机关案卷正卷相关文件材料。

司法、执法、纪检监察机关依照法定职权和程序查阅、调阅税务稽查案卷文件材料的，从其相关法律、法规规定。其他单位因工作需要，出示单位有效证明和经办人员有效身份证明，经税务稽查案卷所在税务机关审核同意，可以查阅、复制案卷正卷相关文件材料。

查阅、借阅、调阅、复制税务稽查案卷文件材料，应当按照规定办理相关手续。复制的税务稽查案卷文件材料，案卷保管部门可以加盖印章证明出处或者存处。借阅、调阅税务稽查案卷文件材料时，应当确定归还期限；借阅、调阅、归还案卷时，应当由借阅、调阅经办人员和案卷保管人员共同对案卷相关文件材料进行清点并签字确认。

涉及国家秘密、工作秘密、商业秘密、个人隐私和可能造成不良社会影响、后果的税务稽查案卷文件材料，以及尚未装订归档的案卷文件材料，在提供利用前应当由税务局及其稽查局相关部门进行审核，严格限制利用范围。利用涉密文件材料，应当按照规定报有权机关和领导批准，并按照规定程序办理有关手续。具体税务稽查执法行为涉及法律、行政法规和国务院规定应当信息公开的事项，从其相关规定。

对查阅、借阅、调阅、复制的税务稽查案卷文件材料，不得涂改、圈划、抽换、批注、污损、折皱；不得将所借阅、调阅的案卷文件材料转借其他单位或者个人；不得擅自将查阅、借阅、调阅的案卷文件材料内容告知其他单位或者个人；不得泄露案卷涉及国家秘密、工作秘密、商业秘密、个人隐私的内容和事项。发现被查阅、借阅、调阅、复制的税务稽查案卷文件材料有短缺、涂改、抽换、污损等情况的，案卷保管人员应当及时报告并追查。

税务稽查案卷电子文件与纸质案卷电子版本的利用，依照纸质案卷利用有关规定办理。具备条件的税务机关，应当优先将税务稽查案卷电子文件与纸质案卷电子版本提供利用。案卷电子文件与纸质案卷电子版本能够满足利用需要的，一般不提供纸质案卷。提供利用税务稽查案卷电子文件与纸质案卷电子版本，可以采取在线阅览、数据传输、打印输出等方式。税务稽查案卷电子文件与纸质案卷电子版本经打印输出的，一般应当覆有表明其为复制件的水印，案卷保管部门可以加盖印章证明出处或者存处。

税务稽查案卷电子文件封存载体不得外借。利用税务稽查案卷电子文件，应当使用拷贝件。任何单位或者个人不得擅自拷贝税务稽查案卷电子文件。

具有文献价值的税务稽查案卷电子文件和纸质案卷电子版本，由税务局档案管理部门负责人和稽查局局长签报所属税务局主管领导批准，可以永久保存，不与其相对应的纸质案卷同步销毁。

国家税务总局依托税收管理信息系统，逐步建立全国统一的税务稽查案卷查阅服务平台，争取实现案卷远程异地查阅。

（七）奖惩与其他规定

对税务稽查案卷管理工作成绩突出的单位或者个人，应当给予奖励。

对违反税务稽查案卷管理及档案管理规定的单位和个人，依照有关规定追究责任。

上述所称结案，参照国家税务总局《重大税收违法案件督办管理暂行办法》有关结案规定执行。

国家税务总局和省、自治区、直辖市、计划单列市国家税务局、地方税务局规定的其他类别税务稽查案卷文件材料处理方法，参照《税务稽查案卷管理暂行办法》有关规定确定。

税务稽查案卷管理基本文书式样，由国家税务总局制定。

国家税务总局以前有关规定与《税务稽查案卷管理暂行办法》规定不一致的，依照《税务稽查案卷管理暂行办法》规定执行。

四、税务稽查案卷电子文件管理参考规范

为了指导税务稽查案卷电子文件安全规范管理，根据《税收征收管理法》《档案法》有关规定，制定《税务稽查案卷电子文件管理参考规范》。

本规范是指引税务稽查案卷电子文件管理的一般路径和基本方法，本规范未涉及或者未作说明的相关事项，依照国家有关规定执行。

收集税务稽查案卷电子文件，应当符合以下要求：

（1）收集电子文件应当同时制作记录每份电子文件的元数据、背景信息的电子文件登记表；

（2）收集的电子文件同时存在相对应的纸质或者其他载体形式的文件的，应当在内容、相关说明及描述上保持一致；

（3）收集具有永久保存价值的文本或者图形形式的电子文件，应当制成纸质文件或者缩微品等；

（4）收集只有电子签名的电子文件，应当尽量同时收集具有法律效力的非电子签名；

（5）收集记录重要文件的修改过程和办理情况、有查考价值的电子文件，应当同时收集电子文件及其电子版本的定稿；

（6）收集在网络系统中处于流转状态，暂时无法确定其保管责任的电子文件，应当采取捕获措施，集中暂存在符合安全要求的电子文件存储器中，以防散失；

（7）收集使用文字处理技术形成的文本电子文件，应当采用文字型电子文件通用的 XML、RTF、TXT 格式，并注明文件存储格式、文字处理工具等，必要时应当同时保留文字处理工具软件；

（8）收集使用扫描仪、数码相机等设备获得的图像电子文件，应当采用扫描型电子文件通用的 JPEG、TIFF 格式；采用非通用文件格式的，收集时

应当将其转换成通用格式；无法转换的，应当将相关软件一并收集；

（9）收集使用数码相机拍摄的照片，反映重要内容的，应当冲洗出纸质照片，与数码照片一并归档；反映一般内容的，可只归档数码照片；

（10）收集使用计算机辅助设计或者绘图等设备获得的图形电子文件，应当注明其软硬件环境和相关数据；

（11）收集使用视频或者多媒体设备获得的电子文件以及使用超媒体链接技术制作的电子文件，应当采用视频和多媒体电子文件通用的 MPEG、AVI格式；采用非通用文件格式的，应当同时收集其非通用格式的压缩算法和相关软件；

（12）收集使用音频设备获得的声音文件，应当采用音频电子文件通用的 WAV、MP3 格式，并同时收集其属性标识、参数和非通用格式的相关软件；

（13）收集使用通用软件产生的电子文件，应当同时收集其软件型号、名称、版本号和相关参数手册、说明资料等；

（14）收集使用专用软件产生的电子文件，应当转换成通用型电子文件；确实不能转换的，应当连同专用软件一同收集；

（15）收集套用统一模板的电子文件，在保证能够恢复原形态的情况下，其内容信息可脱离套用模板进行存储，被套用模板作为电子文件的元数据保存；

（16）收集电子文件一般不加密；加密的，应当将密钥同时归档；

（17）计算机系统运行和信息处理过程中涉及的与电子文件处理有关的参数、管理数据等，应当与电子文件一并收集。

税务稽查案卷电子文件可以采用在线或者离线存储。在线存储应当使用专用存储服务器，实行电子文件在线管理。离线存储应当符合以下要求：

（1）可以选择使用只读光盘、一次写光盘、磁带、可擦写光盘、硬磁盘等耐久性好的载体，一式两套，一套封存保管，一套供查阅使用；有条件的，可另制作一套异处保存；

（2）加密电子文件，应当在解密后再制作拷贝；

（3）不允许使用软磁盘作为归档电子文件长期保存的载体；取得证据原件为软磁盘的，应当将软磁盘中数据拷贝到耐久性好的载体，并将软磁盘原件与拷贝后的载体一并归档；

（4）电子文件存储载体或者装具上应当有标签，标签上应当注明相对应的案卷全宗号、载体序号、类别号、密级、保管期限、存入日期等；需要在光盘标签面书写的，应当使用光盘标签笔；需要通过光盘打印标签的，应当通过计算机排版后，使用能够支持光盘盘面打印的打印机打印。

保管税务稽查案卷电子文件离线存储载体，应当符合下列条件：

（1）载体应当作防写处理，避免擦、划、触摸记录涂层；

（2）单片载体应当装盒，竖立存放，避免挤压；

（3）存放时应当远离强磁场、强热源，与有害气体隔离；

（4）环境温度及相对湿度应当适宜。

税务稽查案卷电子文件的利用，依照国家税务总局《税务稽查案卷管理暂行办法》有关规定办理。

传递、保管、利用、销毁税务稽查案卷电子文件，应当严格遵守国家保密规定，采取相应的安全保密措施。

本规范应当根据信息技术发展和税务稽查案卷管理实际需要适时修订调整。

第八节　税务稽查案件复查、业务公开与违法案件公告制度

一、税务稽查案件复查制度

为了及时发现和纠正违法的或者不当的具体税务稽查执法行为，制定《税务稽查案件复查暂行办法》。上级稽查局依照该办法对下级稽查局调查处理的案件进行复查，具体程序参照《税务稽查工作规程》办理。

税务稽查案件复查的主要内容：

（1）调查和审理是否符合法定程序；

（2）认定事实是否清楚，证据是否确凿，数据是否准确；

（3）定性处理适用依据是否正确适当；

（4）税务处理决定执行是否及时得当；

（5）税务文书使用是否正确规范。

稽查局应当提出税务稽查案件复查工作计划，确定工作重点，报请主管税务局领导批准。复查工作计划必须与其他税务检查统筹考虑，力求均衡适度，避免多头重复检查。复查工作计划实施过程中确实需要调整的，必须报请主管税务局领导批准。复查工作计划应当报送上级稽查局备案。上级稽查局认为下级稽查局复查工作计划不当的，可以通知下级稽查局调整复查工作计划。下级稽查局复查工作计划与上级稽查局复查工作计划冲突的，必须执行上级稽查局复查工作计划。

稽查局根据复查工作计划确定需要复查的税务稽查案件，组成复查组，并指定组长。稽查局可以根据工作需要抽调基层税务稽查人员组成复查组，

对辖区内税务稽查案件实行交叉复查。复查组实行组长负责制。复查组根据复查对象和复查目标提出复查工作方案，经稽查局审批后实施。复查人员与复查案件有利害关系的，应当回避。

稽查局在实施复查前应当向处理税务稽查案件的稽查局（以下简称案件原处理单位）下达复查通知。案件原处理单位应当配合复查组的工作，向复查组提供案卷及有关资料；应复查组的要求选派人员协助调查，并提供必要的工作条件。

税务稽查案件的复查必须案卷审查和实地调查相结合，具体复查方法根据复查对象情况确定。实地调查必须有针对性地进行；案卷审查发现原税务处理决定有重大问题或者明显疑点的，应当通过实地调查严格核证。

复查组在复查过程中应当注意听取案件有关的纳税人或者其他当事人的陈述和申辩。对当事人提出的重要事实、理由和证据应当进行复核。复查组在复查过程中遇到重大问题，必须及时向组织复查的稽查局请示报告。

复查组对税务稽查案件实施复查后，应当向组织复查的稽查局提出复查报告。复查报告报送前，应当征求案件原处理单位意见。案件原处理单位应当自接到复查报告之日起 5 日内提出书面意见；复查组应当认真审核，根据审核情况对复查报告作必要的修改，然后连同案件原处理单位的书面意见一并报送组织复查的稽查局。案件原处理单位逾期未提出书面意见的，视同无异议。

组织复查的稽查局对税务稽查案件复查报告的事实内容和处理意见进行审议，根据不同情况分别作出复查结论：

（1）原税务处理决定认定事实清楚，证据确凿，适用依据正确，程序合法，内容适当的，予以维持；

（2）原税务处理决定主要事实不清、证据不足，适用依据错误，违反法定程序，超越权限，滥用职权，处理明显不当的，予以撤销或者部分撤销，并重新作出税务处理决定；

（3）复查发现新的税务违法问题与原税务处理决定相关，属于原税务处理决定错误的，予以纠正；属于同一时限、同一项目的数量增减变化的，应当在重新作出税务处理决定时注明原税务处理决定的相关内容；

（4）复查发现新的税务违法问题与原税务处理决定没有相关的，只对新发现的税务违法问题作出税务处理决定；

（5）原税务处理决定涉及少缴、未缴税款的，应当依法追缴；涉及多收税款的，应当依法退还；

（6）原税务处理决定的处罚原则上不再改变，但处罚明显偏重，或者案件原处理单位人员与被处理对象通谋，故意偏轻处罚的，可以改变。

案情复杂重大的，组织复查的稽查局应当会同主管税务局有关机构进行审议，并根据审议情况作出复查结论。

组织复查的稽查局应当将税务稽查案件复查结论书面通知案件原处理单位；复查结论认定原税务处理决定违法或者不当的，应当责令案件原处理单位在指定期限内按照复查结论重新作出税务处理决定。情况特殊的，组织复查的稽查局可以根据复查结论直接作出税务处理决定。

案件原处理单位拒不按照税务稽查案件复查结论重新作出税务处理决定的，组织复查的稽查局应当直接作出税务处理决定，并可报请主管税务局领导批准将追缴的税款、滞纳金、罚款收缴本级税务稽查收入专户。

税务稽查案件复查终结后，组织复查的稽查局应当对案件原处理单位及其人员的执法质量进行评价，作出书面鉴定，并报告主管税务局。复查发现的案件原处理单位人员在案件调查处理过程中徇私舞弊、玩忽职守、滥用职权等违法违纪问题，组织复查的稽查局应当及时报请主管税务局查处，主管税务局将查处情况反馈给组织复查的稽查局。

复查取得的证据材料由重新作出税务处理决定的稽查局归档保管，原税务处理决定的证据材料仍由案件原处理单位归档保管。

税务稽查案件复查情况应当通报，并列入税务稽查工作考核内容。

二、税务稽查业务公开制度

在税务稽查执法办案中，除法律、行政法规、行政规章规定不能公开或者需要保密的事项外，都要予以公开。公开的主要内容：

（1）税务稽查执法的范围、职权、依据、程序；

（2）受理举报、控告、申诉和行政复议、国家赔偿等制度规范；

（3）被查对象的法定权利和义务；

（4）税务机关及其稽查人员的执法规范和纪律规范，对税务机关及其稽查人员违法违纪行为进行举报、控告的途径和方法；

（5）其他应予公开的事项。

税务稽查业务公开应根据实际条件选择以下或者其他适当形式和方法：

（1）在税务机关对外办公场所设置公示栏或者制作挂图、印发小册子等形式，有条件的可以在对外办公场所设置电脑触摸屏；

（2）通过报刊、电台、电视等新闻媒体宣传报道；

（3）利用税法宣传活动宣传；

（4）借助现代化信息传播手段，如建立电话查询服务、信息台、咨询台和网址，供群众查阅、咨询；

（5）设置举报电话及自动受理系统并告知有关事项；

（6）通过接待群众来访，向来访者讲明与来访事项有关的规定；在接受举报者当面举报的时候，工作人员应当将举报须知有关内容告知举报者；

（7）稽查人员执行公务时告知当事人有关权利和义务；

（8）税务处理（包括处罚）结果均可公开；案件税务处理结果应当按照规定公告；

（9）对具有较大社会影响、公众关注的大案要案，在调查终结或者处理完毕后，适时予以报道。

稽查人员在公务活动中要依照法律、行政法规和本制度履行告知义务。除有规定必须书面告知外，可以口头告知。告知事项主要有：

（1）实施检查时，除了按照规定向被查对象出示《税务稽查任务通知书》和《税务检查证》外，还要有侧重地向被查对象告知《税收征收管理法》第三十二条至第三十六条及《税收征收管理法实施细则》第五十七条至第六十条的相关内容。

（2）实施税收保全措施时，要有侧重地向当事人告知《税收征收管理法》第二十五条、第二十六条和《税收征收管理法实施细则》第四十二条至第四十八条的相关内容。

（3）作出税务行政处罚决定之前，应当依照《行政处罚法》第三十一条、第三十二条、第四十二条规定告知当事人作出处罚决定的事实、理由及依据，并告知当事人依法享有的陈述、申辩、听证等权利。

（4）作出税务处理决定，必须告知《税收征收管理法》第五十六条、《行政复议法》第九条和《行政诉讼法》第三十七条的相关内容。

对稽查人员严重违反规定、不履行告知义务而影响当事人行使其法定权利的，当事人可向税务机关纪检、监察机构举报或者控告，纪检、监察机构应当认真查处，依法追究有关人员的违法违纪责任，并尽快回复查处情况，不得置之不理或者敷衍塞责。对举报者和控告者，稽查人员不得刁难、报复。

各级税务机关要将稽查人员在公务活动中是否正确履行告知义务，纳入对稽查人员政治素质和业务素质的考评、考核内容，定期检查、评比税务稽查业务公开的执行情况，对成绩显著的要予以表彰奖励。

三、税务违法案件公告

税务机关以公告文体或者其他形式将已经生效的税务违法案件行政处理决定进行公告，接受社会监督。税务违法案件一般由省、地、县三级稽查局或者其主管税务局在办公场所设立的专栏内张贴公告；重大或者其他具有典型意义的税务违法案件，可以印发新闻通稿或者召开新闻发布会进行公告。

公告应当实事求是，扼要介绍税务违法事实，写明税务行政处理决定的主要内容及其适用的法律、法规依据，与此不相关联的其他情节和调查审理过程，不应写入公告。公告不得泄露国家秘密、商业秘密和个人隐私。

公告字句要通达简练，正确引用法律、法规规定的税务违法行为名称及相关条文，不得以税务行政处理决定书代替公告。

公告须经发布机关负责人严格审批。

四、重大税收违法案件信息公布

税务机关依照《重大税收违法案件信息公布办法（试行）》的规定，定期向社会公布重大税收违法案件信息。

公布重大税收违法案件信息，应当遵循依法公开、公平公正、分级管理、统一规范的原则。

地市级以上税务机关应当通过门户网站定期向社会公布重大税收违法案件信息，同时可以根据本地区实际情况，通过税务机关公告栏、报纸、广播、电视、网络媒体等途径以及新闻发布会等形式向社会公布。县级税务机关是否公布重大税收违法案件信息，由省级税务机关决定。

按照谁检查、谁负责的原则，作出行政处理、行政处罚的税务机关应当对公布案件信息的真实性与准确性负责。

国家税务总局公布各级税务机关查结的符合下列标准的税收违法案件信息：

（1）纳税人伪造、变造、隐匿、擅自销毁账簿、记账凭证，或者在账簿上多列支出或者不列、少列收入，或者经税务机关通知申报而拒不申报或者进行虚假的纳税申报，不缴或者少缴应纳税款，查补税款金额 500 万元以上，且占应纳税额百分之十以上的；

（2）纳税人欠缴应纳税款，采取转移或者隐匿财产的手段，妨碍税务机关追缴欠缴的税款，查补税款金额 500 万元以上的；

（3）以假报出口或者其他欺骗手段，骗取国家出口退税款，查补税款金额 500 万元以上的；

（4）以暴力、威胁方法拒不缴纳税款的；

（5）虚开增值税专用发票或者虚开用于骗取出口退税、抵扣税款的其他发票，虚开税款数额 1 000 万元以上的；

（6）虚开普通发票，票面额累计 5 000 万元以上的；

（7）虽未达到上述标准，但违法情节严重、有较大社会影响的。

各级税务机关查结的重大税收违法案件，是指税务机关作出了《税务处理决定书》和《税务行政处罚决定书》，并且在法定期间内，当事人没有申请行政复议或者提起行政诉讼，或者经行政复议或法院裁判最终确定效力的案件。省以下税务机关公布案件的金额标准由省税务机关确定。上述所称"以上""以下"均含本级、本数。

公布重大税收违法案件信息应当包括以下内容：

（1）对法人或者其他组织，公布其名称、纳税人识别号、组织机构代码、注册地址，法定代表人或者负责人姓名、性别及公民身份号码（隐去出生年、月、日号码段，下同），负有直接责任的财务人员姓名、性别及身份证号码；

（2）对自然人，公布其姓名、性别、身份证号码；

（3）主要违法事实；

（4）相关法律依据；

（5）行政处理、行政处罚情况；

（6）实施检查的单位。

对公布的重大税收违法案件负有直接责任的中介机构及从业人员，税务机关可以依法一并公布其相关信息。

对按公告公布的当事人，依法采取以下措施：

（1）纳税信用级别直接判为D级，适用《纳税信用管理办法（试行）》关于D级纳税人的管理措施；

（2）对欠缴查补税款的当事人在出境前未按照规定结清应纳税款、滞纳金或者提供纳税担保的，税务机关可以依据《税收征收管理法》等有关规定，通知出入境管理机关阻止其出境；

（3）因税收违法行为，触犯刑事法律，被判处刑罚，执行期满未逾5年，税务机关可以依据《公司法》等有关规定，通知工商行政管理等机关限制其担任企业的法定代表人、董事、监事、高级管理人员；

（4）对公布的重大税收违法案件信息，税务机关可以依据《征信业管理条例》等有关规定向征信机构通报，供金融机构融资授信参考使用；

（5）对税务机关申请人民法院强制执行的行政处罚案件的当事人，由执行法院依法纳入失信被执行人名单，采取限制高消费等惩戒措施；

（6）税务机关根据实际情况依法采取其他严格管理的措施。

每季度终了后30日内，税务机关在其门户网站上公布重大税收违法案件信息。重大税收违法案件信息自公布之日起满2年的，从公布栏中撤出。

被公布的当事人对公布内容产生异议的，由作出行政处理、行政处罚决定的税务机关负责复核和处理。

第九节　税务稽查执法文书

一、检举税收违法行为记录单

检举税收违法行为记录

编号：×××

被检举人				
被检举人地址		电　话		
被检举人所在单位		被检举人职务		
检举人		检举形式		
证件名称		证件号码		
检举人所在单位		检举人职务		
检举人地址		电　话		
检举内容			记录人（签名）：_____　年　月　日 检举人（签名）：_____　年　月　日	

使 用 说 明

1.《检举税收违法行为记录单》依据《税务稽查工作规程》（国家税务总局国税发〔2009〕157号）第十七条和《税收违法行为检举管理办法》（国家税务总局令第24号）第十一条设置。

2.适用范围：税务局稽查局税收违法案件举报中心对检举人口头、电话检举进行记录时使用。

3.受理口头检举，应当准确记录检举事项，交检举人阅读或者向检举人宣读，经确认无误后由检举人签名或者捺指印；检举人不愿签名、捺指印或者通过电话检举无法交由检举人签名、捺指印的，由受理检举的税务人员记录在案。受理电话检举，应当细心接听，询问清楚，准确记录。受理电话、口头检举，经检举人同意以后，可以录音或者录像。

4. 被检举人为个人的，"被检举人所在单位""被检举人职务"栏分别填写被检举人现任职单位名称及所任职务；被检举人为法人或者其他组织的，"被检举人所在单位""被检举人职务"栏可不填写。

5. "检举人所在单位""检举人职务"栏分别填写检举人现任职单位名称及所任职务。

6. 本记录单为 A4 竖式，一式一份，由制作的税务局稽查局税收违法案件举报中心留存。

二、检举税收违法行为受理回执

×××税务局稽查局
检举税收违法行为受理回执

编号：×××

_____：

    你（单位）于　　年　月　日对_____涉嫌税收违法行为的检举，我局于　　年　月　日决定受理。对你（单位）及所检举事项，我局将依照法律、行政法规相关规定严格保密。

×××税务局稽查局税收违法案件举报处理专用章
年　月　日

使　用　说　明

1. 《检举税收违法行为受理回执》依据《税收违法行为检举管理办法》（国家税务总局令第 24 号）第十条设置。

2. 适用范围：税务局稽查局税收违法案件举报中心受理实名检举，应检举人要求出具书面回执时使用。

3. 检举人使用与其工商营业执照、居民身份证等符合法律、行政法规有关规定的身份证件上一致的名称、姓名检举的，为实名检举；否则为匿名检举。

4. 本回执抬头填写实名检举人名称或者姓名。

5. 本回执中"对_____涉嫌税收违法行为的检举"的横线处填写被检举人名称或者姓名。

6. 本回执为 A4 竖式，一式二份，一份交给检举人，一份由税务局稽查局税收违法案件举报中心留存。

三、提取证据专用收据

×××税务局（稽查局）

提取证据专用收据

填发日期： 年 月 日　　　　　　　　　　　　　　　编号：×××

证据名称	数　量	证据出处	证据所属时间	内容摘要

证据提供单位或者个人（签章）：　　　　提取人（签名）：　　　税务机关（印章）：

使用说明

1. 《提取证据专用收据》依据《中华人民共和国行政处罚法》第三十七条和《税务稽查工作规程》(国家税务总局国税发〔2009〕157号)第二十六条设置。

2. 适用范围：税务稽查人员或者其他税收执法人员在提取证据材料原件时使用。

3. 证据原件的提取范围应当包括但不限于以下类型：

(1) 伪造、变造、虚开的发票及其他税款抵扣、出口退税等凭证；

(2) 伪造、变造的金融票据及其他收付款凭证；

(3) 伪造、变造的账簿、凭证及有关资料；

(4) 不提取原件可能导致灭失或者被转移、藏匿的其他证据材料。

4. "证据名称"填写需要提取的证据材料原件名称。如：伪造、变造、虚开的发票；伪造、变造的金融票据；伪造、变造的其他税款抵扣凭证；伪造、变造的账簿；伪造、变造的凭证；印制假发票的工具、设备，等等。

5. "证据出处"填写获取具体证据的来源和原存放处。

6. 现场难以判定是否为伪造、变造、虚开的证据材料的，区分不同情况分别处理：

(1) 现场难以判定是否为伪造、变造、虚开的发票的，可以先行依照相关规定分别使用《发票换票证》或者《调验空白发票收据》进行调取。经鉴定或者查验确认为伪造、变造、虚开的发票后，使用《提取证据专用收据》调取证据原件，同时换回原先交付给证据提供单位或者个人的《发票换票证》或者《调验空白发票收据》。

(2) 现场难以判定是否为伪造、变造的账簿、凭证及有关资料的，可以先行依照法律、行政法规的规定使用《调取账簿资料通知书》并附《调取账簿资料清单》进行调取。经鉴定或者查验确认为伪造、变造的账簿、凭证及有关资料后，使用《提取证据专用收据》调取证据原件，同时在原先出具的《调取账簿资料清单》(一式二份)上注明。

7. "证据提供单位或者个人(签章)"栏区分以下情况填写：

(1) 证据提供单位为法人或者其他组织的，由相关人员签名，加盖单位印章并注明日期；

(2) 证据提供单位为个人的，由个人签名并注明日期。

8. 本收据为A4横式，一式二份，一份交给提供证据的单位或者个人，一份装入卷宗。

四、现场笔录

×××税务局（稽查局）

现 场 笔 录

共 页第1页

时 间： 年 月 日 时 分至 年 月 日 时 分

地 点：

当事人：

执法人员： 记录人：

见证人： 联系电话：

现场情况记录：

执法人员签名： 年 月 日

记录人签名： 年 月 日

当事人签章： 年 月 日

见证人签名： 年 月 日

现场笔录续页

共　页第　页

执法人员签名：　　　　　　　　　　　　　年　月　日

记录人签名：　　　　　　　　　　　　　　年　月　日

当事人签章：　　　　　　　　　　　　　　年　月　日

见证人签名：　　　　　　　　　　　　　　年　月　日

使 用 说 明

1.《现场笔录》依据《中华人民共和国行政强制法》第十八条、第三十条，以及《税务稽查工作规程》（国家税务总局国税发〔2009〕157号）第三十一条设置。

2. 适用范围：税务稽查人员或者其他税收执法人员依法进行实地调查、实施查封（扣押）或者实施冻结存款，就与案件事实确认等相关的现场执法情况、违法事实等事项进行当场客观记载时使用。

3. 本笔录应当在现场检查时当场制作，不能事后补充制作。

4. 本笔录应当使用能够长期保持字迹的书写工具书写，也可使用计算机记录并打印，并保证字迹清楚。

5. 本笔录主页上方设定的内容应当逐项填写。若当事人为单位的，写明单位名称及法定代表人（负责人）姓名。"时间"项应当完整填写起止时间，并具体到"分"。

6. 本笔录主体部分内容应当按照纪实、叙述的写作要求，客观、真实、全面地反映现场的实际所见、所闻情况，并避免对有关情况、内容进行评判、推断。

7. "现场情况记录"一般包括现场执法的经过、现场执法主要情况，并可根据需要附绘制的图样、照片、录像等其他证明材料。填写应当注意如下内容：

（1）应该记录执法人员（二人以上）进入现场时出示税务检查证、《税务检查通知书》情况；

（2）查封、扣押财产，或者冻结存款等税收执法文书的送达情况。

（3）应当当场告知当事人采取税收行政执法行为的理由、依据，以及当事人依法应当履行的义务、享有的权利等事项。

（4）应当记录执法现场相关人员姓名、身份、职务以及相关证件等情况。

（5）应当记录现场执法的过程。过程记录应当详略得当，对与具体执法关联性不大的内容，可以简要描述；对与执法直接相关的内容和过程，应当尽可能详细记载。记录可以采取先总体后具体、先概括后详细的方式进行，并对现场人员的活动状况进行记录。如：可以首先简要描述现场的总体环境状况、方位地点，然后再具体到需要重点检查的方位、地点；可以首先从现场总体分布、相关物品摆放，然后具体到物品数量、包装标签及现场痕迹，等等。

（6）应当记录现场执法所采取的措施，书证、物证等证据材料的来源、出处、名称、数量以及采集、抽样过程等情况；采取拍照、绘图的，还应当记录现场拍照的内容、数量、绘制现场图的种类、数量、绘制时间、方位以及测绘人姓名、身份等内容。

（7）实地执法结束时，应当将笔录交当事人核对或者向其宣读；笔录有修改的，应当由当事人在改动处捺指印；核对无误后，由当事人在尾页结束处写明"以上笔录我看过（或者向我宣读过），与现场情形相符"，并逐页签章、捺指印。当事人拒绝签名、捺指印或者不能签名、捺指印的，执法人员应当注明原因。有其他人在现场的，可由其他人签名证明。

8. 本笔录为 A4 竖式，一式一份，装入卷宗。

五、勘验笔录

×××税务局（稽查局）

勘　验　笔　录

共　　页第 1 页

时　间：　　年 月 日 时 分至　　年 月 日 时 分

地　点：

当事人：

法定代表人（负责人）：　　　　　　　现场指挥人：

勘验人：　　　　　　　　　　　　　　记录人：

见证人：　　　　　　　　　　　　　　联系电话：

勘验情况记录：

勘验人签名：　　　　　　　　　　　　　年　　月　　日

记录人签名：　　　　　　　　　　　　　年　　月　　日

当事人签章：　　　　　　　　　　　　　年　　月　　日

见证人签名：　　　　　　　　　　　　　年　　月　　日

勘 验 笔 录 续 页

共 　页第 　页

勘验人签名：　　　　　　　　　　　　　　年　月　日

记录人签名：　　　　　　　　　　　　　　年　月　日

当事人签章：　　　　　　　　　　　　　　年　月　日

见证人签名：　　　　　　　　　　　　　　年　月　日

使用说明

1.《勘验笔录》依据《税务稽查工作规程》（国家税务总局国税发〔2009〕157号）第三十一条设置。

2. 适用范围：税务稽查人员或者其他税收执法人员就与案件事实确认相关的物品、现场进行勘查、测定、检验，并对勘验过程、结果予以客观记录时使用。

3. 本笔录应当使用能够长期保持字迹的书写工具书写，也可使用计算机记录并打印，保证字迹清楚。

4. 本笔录主页上方设定的内容应当逐项填写。若当事人为单位的，写明单位名称及法定代表人（负责人）姓名。"时间"项应当完整填写起止时间，并具体到"分"；"现场指挥人"项填写由稽查局局长或者案件负责人指定的勘验现场负责人。

5. 本笔录主体部分内容应当按照纪实、叙述的写作要求，客观、真实、全面地反映现场的勘验情况，并避免对有关情况、内容进行评判、推断。

6. "勘验情况记录"一般包括勘验的过程、勘验主要情况，并可根据需要附绘制的图样、照片、复制的模型材料和录像等其他证明材料。填写中注意如下内容：

（1）应该记录执法人员（二人以上）和勘验人员进入现场时出示税务检查证和《税务检查通知书》，说明检查内容，告知当事人依法应当履行的义务、享有的权利等事项。

（2）应当记录勘验现场相关人员姓名、身份、职务以及相关证件等情况。

（3）应当记录勘验的过程、结果。

（4）应当记录勘验过程中所采取的措施，书证、物证等证据材料的来源、出处、名称、数量，以及采集、固定过程等情况；采取拍照、绘图的，还应当记录现场拍照的内容、数量、绘制现场图的种类、数量、绘制时间、方位以及测绘人姓名、身份等内容。

（5）勘验结束时，笔录应当由勘验人员、在场相关人员签名，并告知当事人勘验的事实情况，听取他们的意见。当事人要求重新勘验，理由充分的，应当重新勘验。

7. 本笔录为A4竖式，一式一份，装入卷宗。

六、税务稽查工作底稿（一）、（二）

税务稽查工作底稿（一）

被查对象名称： 共 页第 页

账簿名称	会计科目	记账日期	凭证号码	摘录	对应科目	金额		备注
						借方	贷方	

被查对象（当事人）陈述意见：

（签章） 年 月 日

检查人员（签名）： 年 月 日

税务稽查工作底稿（二）

被查对象名称： 共 页第 页

内容摘录：	
被查对象（当事人）陈述意见	（签章） 年 月 日 检查人员（签名）： 年 月 日

使 用 说 明

1.《税务稽查工作底稿》依据《中华人民共和国税收征收管理法》第五十八条和《税务稽查工作规程》（国家税务总局国税发〔2009〕157号）第四十条设置。

2. 适用范围：税务稽查人员实施检查中，记录调查事实，归集相关证据材料时使用。

3.《税务稽查工作底稿（一）》主要用于记录从被查对象的账簿凭证资料中摘录的内容；《税务稽查工作底稿（二）》主要用于记录案件具体事实。

4. 本工作底稿填写完毕后，由税务稽查人员签名，并交被查对象（当事人）核对无误、陈述意见后签章。被查对象为法人或者其他组织的，由相关人员签名，加盖单位印章并注明日期；被查对象为个人的，由个人签名并注明日期。

5. 本工作底稿填写必须数据准确，项目填写齐全，字迹清楚，不得随意涂改；确需改正的，应当在改动处逐一签名、捺指印。

6. 本工作底稿（一）为 A4 横式，工作底稿（二）为 A4 竖式，一式一份，装入卷宗。

七、涉嫌犯罪案件移送书

×××税务局

涉嫌犯罪案件移送书

×税移〔　　〕　　号

关于×××案件的移送书

_____：

_____一案，经我局调查核实，认为已涉嫌触犯《中华人民共和国刑法》_____规定。根据《中华人民共和国税收征收管理法》第七十七条和《行政执法机关移送涉嫌犯罪案件的规定》第三条有关规定，现将该案移送你局审查；是否决定立案侦查，请于收到本移送书 3 日内将审查结果告知我局。

附件：1. 关于×××案件的调查报告

2.

……

注：附件列明附送的《税务处理决定书》、《税务行政处罚决定书》、主要

相关证据材料复制件名称以及补缴应纳税款、缴纳滞纳金、已受行政处罚情况明细表复制件等名称。

税务机关（印章）

年　月　日

使　用　说　明

1.《涉嫌犯罪案件移送书》依据《中华人民共和国税收征收管理法》第七十七条、《行政执法机关移送涉嫌犯罪案件的规定》（国务院令第 310 号）、《税务稽查工作规程》（国家税务总局国税发〔2009〕157 号）第六十条设置。

2. 适用范围：税务机关向公安机关移送涉嫌犯罪的税收违法案件时使用。

3. 本移送书抬头填写受移送案件的公安机关名称。

4."_____一案"横线处填写移送案件的名称。

5. 依法向公安机关移送案件时，应当附送以下资料：

（1）《关于×××案件的调查报告》；

（2）《税务处理决定书》、《税务行政处罚决定书》的复制件；

（3）涉嫌犯罪的主要证据材料复制件；

（4）补缴应纳税款、缴纳滞纳金、已受行政处罚情况明细表及凭据复制件。

对有一定的涉嫌犯罪线索，但依税务机关法定职权无法查证并作出税务处理、处罚决定的税收违法行为，税务机关可以依法移送公安机关。

6. 用于证明税务处理、处罚等税收执法行为的证据材料原件不得移交。

7.《税务稽查报告》、《税务稽查审理报告》、《税收违法案件集体审理纪要》等税务机关内部研究相关材料不得移送。

8. 本移送书与《税务文书送达回证》一并使用。

9. 本移送书为 A4 竖式，一式二份，一份送公安机关，一份装入卷宗。

八、涉嫌犯罪案件情况调查报告

涉嫌犯罪案件情况调查报告

编号：×××

关于×××案件的调查报告

我局于　　年　月　日起对_____（纳税人识别号：

_____）的　　年　月　日至　　年　月　日涉税情况进行

233

了查处。现将查处过程中发现的涉嫌犯罪的税收违法情况报告如下：

一、基本情况

……

二、涉嫌犯罪的税收违法事实

（一）

1.

2.

……

（二）

……

三、涉嫌犯罪的税收违法行为的税务处理、处罚情况

（一）

1.

2.

……

（二）

……

四、其他情况说明

（一）

1.

2.

……

（二）

……

税务机关（印章）

年　月　日

使 用 说 明

1. 《涉嫌犯罪案件情况调查报告》依据《中华人民共和国税收征收管理法》第七十七条、《行政执法机关移送涉嫌犯罪案件的规定》（国务院令第310号）、《税务稽查工作规程》（国家税务总局国税发〔2009〕157号）第六十条设置。

2. 适用范围：税务机关向公安机关移送涉嫌犯罪的税收违法案件时，将

当事人涉嫌犯罪的税收违法事实等情况通报公安机关时使用。

3. 本报告正文"对＿＿＿＿＿＿＿＿＿＿＿＿＿＿"横线处填写当事人姓名或者名称。

4. "基本情况"概括填写：

（1）当事人基本情况。如：当事人姓名或者名称、法定代表人或者单位负责人姓名、主管部门、经营地址、企业类型、经营范围、经营方式以及稽查所属期间、申报、缴纳税款等情况以及与涉嫌犯罪有关的其他情况。

（2）税务机关查处概况。

5. "涉嫌犯罪的税收违法事实"部分详细写明涉嫌犯罪的税收违法事实，与涉嫌犯罪无关的税收违法事实可以不填写或者不详细填写。

6. "涉嫌犯罪的税收违法行为的税务处理、处罚情况"部分应当写明税务机关对涉嫌犯罪的税收违法行为所进行的税务处理、处罚的内容及依据。依税务机关法定职权无法查证并作出税务处理、处罚决定的，应当说明原因。

7. "其他情况说明"主要填写：

（1）当事人在税务机关依法下达追缴通知后，是否补缴应纳税款，缴纳滞纳金，并已受行政处罚。

（2）当事人五年内是否因逃避缴纳税款受过刑事处罚或者被税务机关给予二次以上行政处罚。

8. 本报告只正面叙述税务机关认定的涉嫌犯罪的税收违法行为事实及意见，不叙述税务机关调查、审理过程中内部的不同看法。

9. 本报告为 A4 竖式，一式二份，一份送公安机关，一份装入卷宗。

九、暂缓或者分期缴纳罚款通知书

×××税务局（稽查局）

暂缓或者分期缴纳罚款通知书

×税（稽）暂罚〔　　〕　　　号

关于批准×××暂缓（分期）缴纳罚款的通知

＿＿＿＿＿＿＿＿：

经对你（单位）　　年　月　日提出的延期（分期）缴纳罚款申请研究，根据《中华人民共和国行政处罚法》第五十二条规定，批准你（单位）暂缓（分期）缴纳我局　　年　月　日作出的《税务行政处罚决定书》（×税罚〔　　〕　　号）中所处以的罚款（大写）＿＿＿＿＿＿＿＿（¥＿＿＿＿＿）。

（以下内容区分暂缓或者分期缴纳的情形选择性填写）

经批准暂缓缴纳的罚款，限你（单位）于　　年　月　日前缴清。

经批准分期缴纳的罚款，限你（单位）于　　年　月　日前分　　期缴清。具体缴纳时限和金额为：

（一）　　年　月　日前缴纳（大写）＿＿＿＿＿＿＿（￥＿＿＿＿＿＿）；

（二）　　年　月　日前缴纳（大写）＿＿＿＿＿＿＿（￥＿＿＿＿＿＿）；

（三）　　年　月　日前缴纳（大写）＿＿＿＿＿＿＿（￥＿＿＿＿＿＿）；

……

税务机关（印章）

年　月　日

使用说明

1.《暂缓或者分期缴纳罚款通知书》依据《中华人民共和国行政处罚法》第五十二条设置。

2. 适用范围：税务机关批准被处罚对象提出的延期或者分期缴纳罚款申请，并通知被处罚对象暂缓或者分期缴纳罚款时使用。

3. 本通知书抬头填写批准暂缓或者分期缴纳罚款对象的单位名称或者个人姓名。

4. 本通知书与《税务文书送达回证》一并使用。

5. 本通知书文书代字税务局使用时设为"×税暂罚"；稽查局使用时设为"×税稽暂罚"。

6. 本通知书为 A4 竖式，一式二份，一份交批准暂缓或者分期缴纳罚款对象，一份由税务机关装入卷宗。

十、检举纳税人税收违法行为领奖通知书

×××税务局稽查局

检举纳税人税收违法行为领奖通知书

×税稽举奖〔　　〕　　　号

关于×××领取检举税收违法行为奖励的通知

＿＿＿＿＿＿＿＿＿：

你（单位）于　　年　月　日检举的＿＿＿＿＿＿＿＿＿＿税收违法行为，我局依法进行了查处。根据《中华人民共和国税收征收管理法》及《检

举纳税人税收违法行为奖励暂行办法》有关规定，决定颁发检举奖金（大写）
_____（￥_____）元。请自接到本通知之日起 90 日
内，持本人居民身份证或者其他有效证件到我局领取奖金；逾期不领取的，
视为放弃奖金。

本人不能亲自领取奖金的，可以委托他人代行领取；代领人应当持委托
人的委托书、居民身份证或者其他有效证件以及代领人的居民身份证或者其
他有效证件，办理领取奖金手续。若为单位检举，可以委托本单位工作人员
代行领取奖金，代领人应当持委托人的授权委托书和代领人的居民身份证、
工作证办理领取奖金手续。

领奖地址：

联系人员：

联系电话：

×××税务局稽查局税收违法案件举报处理专用章
年 月 日

使用说明

1.《检举纳税人税收违法行为领奖通知书》依据《中华人民共和国税收
征收管理法》第十三条、《中华人民共和国税收征收管理法实施细则》第七条
和《检举纳税人税收违法行为奖励暂行办法》（国家税务总局 财政部令第 18
号）第十五条、第十六条设置。

2. 适用范围：稽查局通知检举人领取检举奖金时使用。

3. 本通知书根据《检举纳税人税收违法行为奖励审批表》制发。

4. 本通知书标题中"×××"填写检举人姓名或者名称。

5."检举的_____税收违法行为"横线处填写被检举人姓名或者
名称。

6. 本通知书为 A4 竖式；一式二份，一份送检举人，一份由税务局稽查
局税收违法案件举报中心作为秘密文件存档。

十一、检举纳税人税收违法行为奖金付款专用凭证

检举纳税人税收违法行为奖金付款专用凭证

付款单位（章）：　　　年　月　日　　　　　编号：×××

案件编号		案件名称	
被检举人名称			
检举人		证件名称	
证件号码		证件制发单位	
代领人		证件名称	
证件号码		证件制发单位	
支付奖金额	万　仟　佰　拾　元　角　分　¥：　　元		
经办人（签名）		领款人（签名）	

注：本凭证由税务机关作为秘密文件保管。

使用说明

1.《检举纳税人税收违法行为奖金付款专用凭证》依据《检举纳税人税收违法行为奖励暂行办法》（国家税务总局　财政部令第 18 号）第十八条设置。

2. 适用范围：税务机关在支付检举奖金时使用。

3. "证件名称"栏填写检举人或者代领人居民身份证或者其他有效证件名称。

4. "领款人（签名）"栏由检举奖金实际领取人签名：

（1）检举人本人或者联名检举的第一署名人领取的，由其本人签名；

（2）检举人或者联名检举的第一署名人不能亲自到税务机关指定的地点领取奖金，委托他人代行领取的，由代领人签名；

（3）检举人是单位，委托其单位工作人员代行领取奖金的，由代领人签名。

5. 本凭证为 32 开横式，由税务局稽查局税收违法案件举报中心作为秘密文件存档。

第四章　税务稽查查账技巧与案例

第一节　税务稽查通过查账发现涉税问题技巧

一、捕捉异常现象，从中发现涉税问题

税务稽查人员在查阅会计资料、账簿时，要特别注意反映在会计资料中的有关数字、时间、地点、往来单位、业务内容或科目对应关系等，查找异常现象，并从中发现涉税线索。

（一）异常数字

现实中，数字本身所代表的涵义只是一个量的概念，只有将其与特定的业务内容相互联系，才能确定是否为异常数字。一般从以下四个方面进行查找：

第一，数字的大小。某个数字在特定的经济业务中和特定的时期里，其大小是否正常是可以加以判断的。如某商品单价 3 000 元，对于小型企业，如属"固定资产"账中的记录是正常的，而若是在"低值易耗品"账中的记录便是异常数字。

第二，数字的变化趋势或范围。经济活动的某些量化指标有其特定的变化趋势或范围。某个数字若超出了特定经济活动的变化趋势或范围，则应视为异常数字。如某企业 1～11 月份各月产品销售收入一直在 50 万元至 60 万元之间上下变化，而 12 月份为 200 万元，这个 200 万元数字大大超出了企业月营业收入的正常范围，应进一步核查是否有销售滞后入账或虚转收入问题。

第三，数值的正负。会计资料中的数字，表现为正数或负数，都是正常现象。只有当多方面证据表明"利润总额"不应也不会出现负数（亏损）的情况下，若表现为负数（亏损），那么，此处负数（亏损）就应被看作异常数字。如某企业"利润总额"数额为"0"时，而人员、业务等情况未发生变化，特别是企业收入在连续 2 年中分别为 1 500 万元、2 500 万元，其"利润总额"数额均显示的数字"0"，就应被看作异常数字，需要进一步查实是否存在隐瞒收入或多报成本费用问题。

第四，数字的精确程度。会计资料中数字应根据其反映的具体经济业务

内容决定其精确程度。该精确却没有精确到适当的程度，或不该精确而精确到不正常的程度都应当视为数字异常。如某商业企业，每个月的销售收入均是整数值，且较为接近。那么这些数字就属异常数字，应检查是否如实反映销售收入。某企业的销售收入计划的数字若有角有分则是不正常的，而这些数字就是异常数字，因为它精确到了反常的程度。这些数字，在查账时都要引起高度重视。

（二）异常时间

所谓异常时间，就是反映在会计资料中的不正常或不符合实际情况的有关时间。一般从以下两个方面查找：

第一，会计资料中反映的经济业务发生或记录的时间是否符合特定的时间。如对于季节性发生的经济业务，其设备的大修理等会计资料上反映的经济业务发生的时间必须符合特定的季节，否则就应该视为异常时间。

第二，根据会计资料中反映时间的长短是否超越了一个适当的时间界限。如对企业应付账款超过 2 年（甚至更长）的记录金额，其时间上已超过正常的时间界限，应视同异常时间进行检查分析，看其是否属截留收入或虚开发票。

（三）异常地点

所谓异常地点，是指反映在会计资料中的不符合正常情况的地点。一般从以下两个方面查找：

第一，根据有关距离的远近确定其是否合理。经济活动发生后所涉及的有关单位或地点，可根据经济业务的具体内容确定其距离的远近。如有些材料采购只能到外埠采购，而有的则不必舍近求远，否则就表现为采购地点上的异常现象，应进一步核查是否有虚开发票行为。

第二，根据物资运动流向确定其是否合理。经济业务发生的地点与经济业务的具体内容有着密切的联系。物资运动的合理流向决定了经济活动所涉及的地点具有一定的规律性。如果经济业务所涉及的地点与经济业务内容无关，甚至相互矛盾，即违背了物质运动的合理流向，应将其视为异常地点，应进一步核查是否有虚开发票行为。

（四）异常往来单位

所谓异常往来单位，是指在经济活动中不应发生或一般不发生而实际却发生了业务往来的两个或两个以上的单位。一般从以下两个方面进行查找：

第一，根据往来单位的各自业务范围。每一个经营实体，其正常生产或经营范围都是相对稳定的，如果会计资料中反映的经济活动超出了单位正常业务范围和对方单位的正常业务范围，则可将其视为异常往来单位，应进一步检查是否有虚开发票行为。

第二，根据经济业务发生后是否构成复杂的多角关系。一般情况下，有些经济业务只涉及两个单位，如购销业务涉及购货单位与销货单位，即付款单位和收款单位；有些经济业务只涉及本单位，或者说只涉及本单位的有关部门或人员，而不涉及其他单位。在查账过程中，若发现应只涉及两个单位或只涉及本单位的经济业务发生后，记账中却涉及多个单位，应将其视为异常往来单位。如在购销业务中，销货单位若不是收款单位，购货单位若不是付款单位，即构成复杂的购销业务的往来单位。应进一步检查该项经济业务的背后有无不正当的交易或是否存在虚开发票行为。

（五）异常业务内容或科目对应关系

所谓异常业务内容或科目对应关系，是指记录或反映在特定账户中的不正常的经济业务或某项经济业务发生后所涉及的科目（账户）形成不正常的对应关系。如记录或反映在"管理费用"账户中的广告费支出业务、罚款支出业务、分配福利部门人员的工资、奖金费用业务等；反映在"营业外收入"账户中产品或商品销售业务，接受捐赠收入业务等；反映在"其他应付款"账户中的有关营业外收入业务等。由此，使上述账户与其对应账户形成了不正常的对应关系，要进一步检查是否涉及税收问题。一般从以下三个方面进行查找：

第一，检查记账凭证，根据所列的会计科目及所反映的具体经济业务内容，对照会计制度，分析其是否构成异常科目对应关系。如某工业企业对本企业行政管理部门耗用的自产产品业务，编制如下记账凭证：借记"管理费用"科目，贷记"产成品"科目。此处的两账户便构成了异常对应关系。因为耗用自产的产品，属于销售业务，应按所耗用产品的销售价格记入"产品销售收入"科目，即：借记"管理费用"科目，贷记"产品销售收入"科目。同时，按耗用产品的生产成本价格结转销售成本，即：借记"产品销售成本"科目，贷记"产成品"科目。被查单位的错误账务处理少列了此项销售收入，进而偷逃了有关税款及其他款项。

第二，检查应收应付款的明细账户，将发生时间较长，金额较大的经济业务的会计凭证调出，根据具体的经济业务内容分析其是否构成异常的科目对应关系。如在检查某商业企业"应收账款"明细账户时，发现12月月末在某不经常发生往来业务的客户账上借记了300万元，调出会计凭证，了解到会计分录是借记"应收账款"科目，贷记"商品销售收入"科目，而记账凭证却未附有任何原始凭证。据此，可以认为被查单位此项账务是虚增商品销售收入的舞弊行为，此处的"应收账款"与"商品销售收入"两科目便构成了异常的对应关系。

第三，检查能够反映经济业务来龙去脉的账簿记录，根据所反映的具体经济业务分析其是否存在异常的科目对应关系。采用日记总账核算形式下的总账记录以及设有"对方科目"栏次的账簿记录能够反映出经济业务发生后所运用的会计科目。根据账户摘要所说明的经济业务内容，分析所运用的会计科目是否构成异常的科目对应关系。如审阅日记总账时发现一笔与某企业以物易物业务的账务处理是，借记"低值易耗品"科目，贷记"产成品"科目。可以断定，此处两科目构成了异常对应关系。因为以其产成品换回对方的某种物品作低值易耗品，既应看作购进业务，又应看作销售业务，最根本的是应通过"产品销售收入"与"产品销售成本"账户进行核算，未作如此处理，便少列了此项销售收入，进而偷逃了有关税款及其他款项的缴纳或分配。

二、捕捉账外信息，从中发现涉税问题

大部分涉税违法行为，在会计资料中，只能间接地反映出来，具有很大的隐秘性。因此，只有跳出会计资料，从账外发现线索捕捉信息，才能及时准确地发现涉税违法行为。利用账外信息捕捉涉税线索没有固定的方式方法。稽查人员应随时随地搜集信息，分析各方面有关情况，以判断是否构成涉税违法问题。一般从以下三个方面捕捉：

第一，根据座谈、参观过程中，发现的异常现象和调查了解到的被查单位有关线索。如为了"上市"或"开拓市场"大量需要灰色支出等，就可作为追查是否截留收入或变向增加成本的线索。

第二，根据调查、了解查找被查单位内部控制制度的薄弱环节，如报表反映亏损严重，而职工反映福利待遇比较高，以此可判断并查找该单位是否有截留收入和私设小钱柜问题。

第三，根据无意观察到的有关异常现象或表现，进行联系和联想，捕捉有关涉税违法问题。如稽查人员在工作之余无意观察了解到被查的工业企业设有销售自产产品门市部，联想在查账过程中未发现账务中设有销售自产产品门市部，同时在查账过程中也未见其有销售自产产品销售业务的账务处理。以此为线索，查明被查单位以行政部门耗用自产产成品形式，将部分产成品移到本企业门市部，截留收入用于其他灰色支出。

第二节　税务稽查中对资产负债表的审查技巧

一、对资产负债表的审查意义、基本方法与步骤

（一）审查资产负债表的意义

资产负债表是纳税人按月向税务机关报送的法定会计报表之一，是纳税人必须履行的法定义务。税务机关进行纳税评估、税务稽查选案，都要通过审查会计报表找到纳税人违反税法的疑点和线索。掌握资产负债表的审查方法，可以提高税收征管的质量和效率。

（二）审查资产负债表的步骤

对资产负债表的审查，可以按下列步骤进行：

第一，审查资产负债表左方和右方最后一行的累计金额是否相等。该报表的设计原理是：资产＝负债＋所有者权益，即左方和右方最后一行的累计金额必须是相等的。如果不相等，说明会计报表编制是错误的，税务机关不能受理，要退还纳税人，要求其重新编制该表。

第二，审查资产负债表中填列具体项目是哪些。通过会计报表填列项目的多少，可以知晓纳税人生产经营活动具体范围和内容，为税收征收管理提供信息。

第三，审查资产负债表左方和右方是否有负数金额的情况。资产负债表的左方或者右方项目中出现负数金额，一般情况下都是违背数字变化规律的，说明纳税人编制报表不符合要求，甚至存在错误。左方资产出现负数，说明支出大于收入，或者说明资产的折旧或者摊销金额大于资产的历史成本金额；报表右上方的负债出现负数，说明已经支付的金额大于应当支付的金额，是不正常的。出现这种情况时，要进一步检查相关的会计账簿和凭证，查明原因，最后明确是否对税收产生影响，如果已经影响到税收，应当依法进行纳税调整。

第四，审查资产负债表，要变报表的静态数字为动态数字。将纳税人报送的不同时期的报表放在一起，将各项目不同时期的数字组成一个动态数列，根据数字的变化情况进行审查，有比较才有鉴别，才容易发现问题。

第五，审查资产负债表要联想。资产负债表上的数字来源于纳税人的会计凭证和会计账簿，是纳税人会计凭证和会计账簿数字核算结果的真实反映，如果发现资产负债表中某个项目数字有问题，要联想会计凭证和会计账簿，找到存在问题的原因，对税收产生哪些影响，税法是怎样规定的。

（三）审查资产负债表的基本方法

数字对比法和指标比较法是检查资产负债表常用的基本方法。数字对比法是通过分析和比较纳税人不同月份资产负债表的相同栏目的数字变化，发现纳税人的财务状况变动情况，进而发现其有关税收问题的一种方法。指标比较法是通过不同时期资产负债表所反映的各类经济指标的对比分析，发现和掌握纳税人有关税收问题的一种方法。资产负债率、资产流动比率、流动资产的速动比率等指标都是检查资产负债常涉及的内容。

资产负债表由资产、负债、所有者权益三部分构成。资产和负债又因其流动性、时间性不同而分为流动资产、固定资产、短期负债、长期负债等。所以，税务机关在检查资产负债表时，还要针对每个项目的特点分析、检查，发现纳税人财务、涉税信息失真之处。

二、对资产负债表的审查技巧

（一）分析纳税人的总体经营情况

第一，通过流动资产和固定资产的数量和比重判断纳税人的行业特点。不同行业的纳税人其资产形式构成有所不同：生产制造企业由于生产过程需要大量的生产设备，其固定资产占全部资产的比重较大；商品流通企业的主营业务是商品批发与零售，故其全部资产中流动资产所占比重较大；大部分房地产开发企业则往往资产构成单一，有的几乎全部为流动资产；一部分具有建筑施工能力的房地产开发企业，其资产表现形式和工业企业有些相似；第三产业及其他行业的资产构成也都有自己的特点。如果纳税人提供的资产负债表所表现的资产形式特征与纳税人的行业特征不符，说明纳税人提供的资产负债表违反常规，该企业可能存在问题。

第二，在遵从纳税人行业特征的基础上，通过流动资产和固定资产的配比来判断纳税人的生产经营情况。任何企业在其流动资产和固定资产构成比重一定的前提下，仍然存在流动资产和固定资产的合理配比问题，否则会影响企业的正常生产。比如，某工业企业资产负债表反映固定资产净值2 000万元，流动资产150万元（其中其他应收款130万元），显然，报表反映的企业资产配比极不合理，实际经营中必然表现为企业缺乏流动资金，无法启动生产而固定资产又大量闲置，造成浪费。企业生产不能正常进行，纳税情况自然会受到影响。对该类企业进行实地检查时，如果发现该企业尚能维持生产、员工尚能按期领取工资，则企业的报表可能失真，纳税人可能账外有账。再如，某工业企业资产负债表反映其固定资产净值360万元，流动资产净值又6 000万元，这也是企业资产不合理的表现。遇到这类情况，稽查人员必须深入分析资产的构成，如果流动资产中大量的构成是银行存款或现金，则可以通过银行对账单进一步检查，如果流动资产中大量的构成是存货，则可以通过点库发现问题；如果应收账款、预付账款构成了流动资产的主要部分，应该进一步查明其真实性，防止纳税人将销售收入长期挂账形成"流动资产"的假象。

（二）审查资产负债表中的固定资产

从资产负债表分析固定资产有关项目最重要的是固定资产原值及折旧的变化。按有关规定，纳税人固定资产的总量和计提的折旧在不同年份及不同月份之间都有延续性和必然联系，如果报表提供的数字有变化，实地检查时要注意。

将纳税人本期的资产负债表与以前各期资产负债表进行比较分析，如果纳税人的固定资产项目金额有增加，要联想到增加的渠道有哪些。固定资产增加的渠道有：外购、自建、接受投资、接受捐赠、融资租赁、资产置换等，同时要想到固定资产计税基础确认是否正确，哪些固定资产可以计提折旧，哪些固定资产不能计提折旧，固定资产计提折旧年限确认是否正确，计提折旧的方法是否符合税法规定，计提折旧的时点是否正确，计提折旧的金额是否正确等。

反之，如果审查资产负债表了解到纳税人固定资产项目金额减少幅度较大，就应当"联想"到该报表上的固定资产项目金额是折余价值，即固定资产净值，固定资产项目金额的减少有可能是计提折旧造成的，但是一般情况下每月折旧金额比较均衡，减少幅度相对较小，如果减少幅度很大，就应当想到固定资产减少的原因有哪些。固定资产减少的情况有：对外转让固定资产、融资性出租固定资产、提前报废固定资产、与其他企业置换资产、对外捐赠固定资产、对外投资固定资产等。这些业务中大多数涉及税收问题，要一一梳理清楚。

（三）审查资产负债表中的流动资产

第一，审查现金及银行存款。现金及银行存款是纳税人正常生产的资金保证，其存量直接反映了企业的经营现状和支付能力。从理论上讲，现金及银行存款不足，纳税人就无法启动生产，如果企业的实际情况不是这样，至少说明企业存在账外账。但是，根据我国的现金管理制度，纳税人的库存现金也不能过大，如果报表上反映的现金量大，则可能存在"白条"抵库的情况，纳税人可能在寻找机会把部分应该税后列支的费用挤进税前成本，影响企业所得税。还有一点需要提及，无论纳税人资产负债表如何显示，实地检查时，最好向纳税人索要"银行对账单"，查明企业在银行的未达账项，这有利于发现问题。

第二，审查应收账款和坏账准备。应收账款和坏账都与纳税人的成本有关，检查报表时要分析纳税人不同时期应收账款和坏账准备的数量变化以发现问题。检查应收账款的内容构成可以防止其他项目挤入应收账款，最终影响成本。

第三，审查应付贷款和其他应收款。预付货款一般来说是企业购买生产材料或设备的预付款，而其他应收款是企业非经营性往来款项，正常情况下两者之间没有联系。按规定，其他应收款形成的坏账，只能在企业的税后利润中处理，不能在税前成本中列支。有些纳税人将非经营性往来形成的坏账计入成本，利用预付货款"过桥"。如果纳税人提供的负债表反映出预付货款与其他应收款有相互调整的迹象，检查时一定要注意预付账款的构成和票据以及其他应收款的去向。除此以外，对于在报表上以红字表现的预付货款也要认真检查，防止纳税人将预收货款计入预付货款内，不及时缴纳有关税金。

第四，审查存货。存货是资产负债表中较为复杂的项目。对存货的分析检查主要是两个方面：一是存货的构成问题，要严格划清流动资产和固定资产的界限，划清生产物资和专项物资的界限，对于生产物资还要分清其存在形式。二是存货变化问题。如果纳税人报表所反映的存货变化违反生产常规，特别是第四季度反映的变化异常，说明纳税人有可能人为调整当年的利润与成本。实地检查时应该详细检查存货的有关账户的情况，分析引起存货变化的原因，其中要特别注意材料的计价变化、产成品和在产品的成本划分等问题，有些纳税人往往通过这些项目的调整来逃税。

（四）审查资产负债表中的其他资产

第一，分析长期投资。如果资产负债表反映长期投资减少，要追究其减少的原因，尤其要注意纳税人在转让其不动产股份时是否要缴纳有关税款。对于长期投资的增加，要注意是否存在从联营单位分回的利润增加投资而未补税情况。

第二，分析在建工程。在建工程在报表上的表现形式只能是以下几种：

（1）不同时期在建工程的金额不变，说明纳税人的在建工程处于停工状态；

（2）在建工程的金额逐月增加，表明纳税人的在建工程处于不断施工状态；

（3）纳税人的在建工程全部转入固定资产，说明在建工程已经完工，如果纳税人提供的资产负债表反映在建工程部分减少或为红字，纳税人可能有将在建工程的试运行收入冲减在建工程支出的行为，影响所得税收入。

第三，分析无形资产。

（1）无形资产的构成。要检查企业有否把应计为无形资产的，却列作了费用。如按规定，土地使用权是无形资产的重要组成部分，但不动产开发企业除外。

（2）无形资产的价格。无形资产的来源决定其价格，这是税法规定的无形资产定价的原则。

（3）无形资产的摊销年限，税法对无形资产的摊销年限有严格的规定，如果纳税人违反规定必然存在税收问题。

第四，分析递延资产。递延资产的摊销影响纳税人税前成本，如果纳税人不同时期的递延资产发生变化，检查时应该注意，其中递延资产的内容和摊销年限是问题的关键。

（五）审查资产负债表中的负债项目

流动负债和长期负债反映了企业的负债水平和负债结构，往往也容易成为纳税人隐藏收入的地方。纳税人的预收货款和销售定金有固定的核算方法和科目，而长期借款和短期借款也有固定的核算内容和范围，虽然它们同属于企业的负债却不能混淆。按我国税法规定，纳税人商品课税的纳税义务时间与销售货款、销售定金、预收货款的发生或实现时间息息相关。有些纳税人为了少缴，迟缴或不缴税款，将有关经营销售收入计入长期借款或短期借款栏内以期达到逃税的目的，如果纳税人的资产负债率高于金融机构的贷款警戒线而纳税人的短期借款或长期借款仍然增加，可能存在纳税人隐匿收入的行为。

以应付账款、预收账款、应交税费、应付利息为例，介绍负债项目的审查方法。运用比较分析方法，将纳税人本期资产负债表的负债项目金额与以前各期资产负债表中的负债项目金额进行比较分析。

审查中如果发现企业应付账款项目数字增加，要联想到应付账款增加的原因。该项目增加的原因主要是购进货物尚未付款的业务，从审查监督角度看，要注意纳税人是否有隐藏收入的问题。

审查中如果发现预收款项增加较多，就要审查企业是否已经发出货物，增值税和消费税相关税法规定，纳税人采取预收货款方式销售货物，其纳税义务的发生时间为发出货物的当天，如果纳税人已经发出货物，没有减少该项目数字，就有可能存在应计未计收入、应提未提流转税的问题，有的业务还会影响到企业所得税的计算。

审查中如果发现应交税费项目数字较大，且时间较长，应当审查纳税人其他会计核算资料，核实是否存在拖欠税款的问题。

审查中如果发现应付利息项目金额有增加，就要详细审查企业纳税人筹集资金的有关合同，审查借入资金的来源、借款期限、利率标准等，看纳税人计提的应付利息是否正确。

对于非流动负债项目的审查方法可以按照上述方法进行。

（六）审查资产负债表中的所有者权益项目

所有者权益项目包括：实收资本（股本）、资本公积、盈余公积、未分配利润。实收资本是投资者投入资本形成法定资本的价值，其增加或减少是要经过法定程序才可以变动的，审查中如果发现该项目有增减变化，要审查其是否有相关的法律文件，资本增减变化的原因，资本的来龙去脉等。如果实收资本含有外方投资，应该确认外资的来源，防止纳税人假借外商名义享受税收优惠待遇。

资本公积是企业收到投资者的超出其在企业注册资本（或股本）中所占份额的投资以及直接计入所有者权益的利得和损失等，审查中如果发现该项目有增加或者减少，就要查明变化的原因，特别要注意纳税人是否有隐藏应税收入的问题。

盈余公积是指企业按照规定从净利润中提取的各种积累资金，资本盈余是企业从利润中提取的，而且利润是资本盈余的唯一来源，这就说明没有利润分配就不会有资本盈余的增加，审查中如果发现该项目金额有增加，要审查其增加的来源渠道是否合规，是否有将应税收入直接计入该项目的问题。

未分配利润是企业留待以后年度进行分配的结存利润，相对于所有者权益的其他部分来讲，企业对于未分配利润的使用分配有较大的自主权，审查该项目如果发现该项目金额有增加，要审查其增加的来源渠道，是否有将应税收入直接计入该项目的问题。

第三节　税务稽查中对账外账的审查技巧

一、账外账的含义、特点与来源

（一）账外账的含义

账外账是指纳税人对收入或所得不进行账务处理，将资金隐匿、截留于账簿内容之外，形成本单位"小金库"或是逃避会计监督进行账外交易等违法、违纪行为的总称。

也可以认为，账外账是部分纳税人为逃避国家税款，私自设立两套账簿，对内账簿真实核算生产经营情况；对外账簿记载虚假的经营收入和利润情况，以虚假的生产经营情况应对各方检查并以此作为纳税申报的依据，通过做假账的手段达到逃避税款的目的。

（二）账外账的特点

第一，隐蔽性强，税务等监督管理机关不易查证。采取"账外账"逃避税款的纳税人都有一个共同点，应付税务机关检查和日常纳税申报的"账"，即对外核算账放在明处，随时都可以拿出来对付，对内核算"账"却存放隐蔽，有的放在单位领导人或者财务人员的家中，有的放在财务室的不同资料柜中，使得税务等监督管理机关不易查证。

第二，知情范围小。采用"账外账"逃避税款的纳税人，为了缩小知情范围达到逃避税款的目的，一般只有单位主要领导及领导亲信的主管财务人员知晓内幕，缩小了"泄密"的口子。

第三，采用"账外账"的代价与"收益"对等。采取"账外账"逃避税款的纳税人，对主管财务人员的选择上要求较高，一是要有强有力的制假能力，二是要有"保密"观念，嘴要严，因而他们大都使用自己亲信的亲朋好友来胜任，支付的报酬较为可观。只有花高代价用人，才能使"假品"不易暴露，取得最佳造假效果。

第四，"人机"通用。"账外账"逃避税款不仅仅存在于手工做账中，而且以跨越到了使用高科技手段做"账外账"逃避税款，比如利用计算机逃避税款等。

（三）账外账的资金来源

账外资金的来源主要有两种途径：一种是收入不入账，另一种是虚增成本费用套取资金。由于账外账是多种多样的，因此对账外账进行检查要具体问题具体分析，对不同的对象采取不同的方法。

二、采用账外账进行逃避税款的主要手段

第一，"一真一假法"。企业采用"一真一假两套账"逃避税款，在实施逃避税款行为时，对内核算账是按企业整个真实经营情况进行核算，对外核算采取虚假的经营收支进行核算，从表面上看，假账真算，天衣无缝，但其原始凭证往往只有被税务机关监控的正规发票和企业自制的虚假内容的费用报销单，内外两套账需共同依附的发票等原始凭证，对内采取复印或者经领导签字的说明件。

第二，"半真半假法"。企业采用"半真半假两套账"逃避税款，其方法是，两套账都核算企业的经营情况，但都是企业真实经营情况的一部分，对企业有利的，在对内核算账中反映，具体手段主要是采取抽单做账或者部分现金收入分离。

第三，"人机分算法"。随着科学技术的不断进步，计算机在企业的生产经营过程中得到了广泛应用，企业采取"人机分算法"逃避税款，其手段是，除建立一套计算机账外，另建一套人工操作账，两套账在不同的企业中因管理方法的不同而有所区别，有的企业的计算机账属真实经营情况，有的企业的人工账属真实账，其核算形式不外乎以上两种形式，即"一真一假"或"半真半假"。

第四，"机内分流法"。有的企业完全取消了手工做账，全面推行计算机核算，为了达到逃避税款目的，企业往往在机内设立两套应用程序，将收入部分，特别是大量现金交易而不易被税务机关监管的收入，直接从机内分流，以达到逃避税款的目的。

三、账外账的检查方法

(一) 来源追查法

这是一种从账外资金来源上查找线索的方法。某些单位历年有些相对稳定的收入，突然在财务账上消失了；还有的单位某些收入年年有增加，而骤然减少了，如果将这些问题查个水落石出，这些收入则往往进入了账外账。因此，在检查账外账时，首先要搞清楚该单位的业务收入情况，包括正常业务收入和非正常业务收入；再看该单位财务账上是否有这些收入，账上收入是否与实际收入相符。如果账上没有这些收入或收入的金额与实际情况相差太大，就要进行追查。这样，从账外资金来源上找线索，就能检查出账外账来。

(二) 支出探疑法

这是一种从账外资金支出上追根求源的检查方法。正如所有资金都具有来源和去向两个方面一样，小金库，也有其来源和去向。也就是说账外账的私设手段不论多么隐蔽，必然"来有踪去有影"。私设账外账的单位大多数为了逃避监督，把一些不正当的开支在"小金库"报销。还有的单位利用"小金库"增发奖金实物，购置奢侈品或用于请客送礼、大吃大喝、也有用来搞账外经营的。针对这些情况采用支出探疑法十分必要，主要审查不合理支出。账外账的支出由于涉及的人员多、范围广，难免露马脚。在查账工作中，若发现来历不明的支出时，要追根求源，这样就可以查出账外账。

(三) 询查追踪法

这是一种收集信息、抓住线索、寻找突破口的审查方法。由于账外账具有很大的隐蔽性，在没有发现其他线索的情况下，就需要注意收集有关信息或采取走群众路线的办法。许多账外账都是从对有关信息的分析过程中间接发现或被群众来信来访所揭露而被查处的。因此，检查账外账要重视以下两个方面：

第一，走群众路线寻找突破口。即按群众反映的线索，询问有关人员后进行追查的方法。因为账外账被少数人所支配，分配不公、使用不当，群众看在眼里，很有意见。因此，查账外账要重视群众检举揭发工作，一是要对群众来信来访反映私设小金库问题进行认真的查处。二是检查某些单位私设账外账问题时，要广泛发动群众，找知情人个别了解情况，让群众提供线索和情况，寻找突破口进而查出账外账。

第二，收集有关信息寻找突破口。对某些单位进行查账，就要注意对该单位有关信息的收集与分析，抓住线索，追查到底。

(四) 综合分析法

综合分析法是指通过综合分析情况后，对私设账外账作出判断，进行突击检查的一种方法。在对一个单位进行检查时，可以通过综合分析被查单位的有关情况，从而判断该单位是否有私设账外账的可能性。如果有则可采取突击检查的办法清查账外账。

查账人员要熟悉被查单位的基本情况，如：生产工艺流程、财会核算程序、财务核算的各种资料，以及该单位有关部门的设置和人员的具体分工等内部控制制度情况以及财务情况后，再进行检查；如果该单位内部控制制度不健全，财务账目上应有的收入没有时，就应依法重点检查该单位供应、生产、销售及财务部门有关人员的保险柜、文件柜及办公桌，检查是否有账外账及相应的存款单、存款存折及现金，充分地取得有关供应、生产、销售及财务和统计资料，如：有关材料、产成品，入库、出库的单据，生产报表、销售报表、财务报表，材料保管账、产成品保管账，材料账、产成品账、供销合同，产品的配方（配料单），出门证、微机中的有关资料等。然后根据掌握的资料通过下列方法计算产品产量：

（1）根据产品的配方（产品配料单）所列生产某种产品耗用各种材料的比例，用企业一种（或几种）材料的实际耗用量计算出应生产的产量；

（2）根据单位产品包装物的耗用量，用实际包装物的耗用量计算出应生产的产量；

（3）根据单位产品燃料或动力的耗用量，用燃料或动力的实际耗用量计算出实际生产量；

（4）根据单位产品工资的耗用量，或销售大包干方案中规定的销售量和工资的比例，用实际发放的工资量计算出生产量；

（5）根据产品的出品率计算出产品的生产量。

用计算出的产量与账载产量相比，如计算出的产量比账载产量大就有可能存在收入不入账问题，通过对大于账载产量部分产品的去向进行追查即可查出账外账。

（五）相互核对法

这种方法是指书面资料的相关记录之间，或是书面资料的记录与实物之间，或是收款单位与付款单位之间进行相互印证，查处账外账的一种方法。具体包括以下四个方面：

第一，收付核对法。

（1）检查某一单位收入或支出时，又与相关的付款或收款单位进行核对的方法。如检查人员可到进货或销售的对方核实了解有关购销过程中的回扣、奖励、返利情况，检查是否有不入账情况。

（2）到供货方及有关部门核实或认定是否有用假发票或虚开代开的发票套取现金问题。

（3）根据企业的生产经营情况，分析成本费用中运费的含量是否正常，如偏高则应进一步核实是否存在用虚开、代开的运费发票虚列成本套取资金列账外账问题。

（4）检查委托加工、修理修配等应税劳务合同及生产记录，查看委托加工合同是否已执行完毕，应收加工费是否进收入，如未进收入，可到委托方了解是否已付款，如已付款，通过追查加工费的去向即可查出账外账。

第二，账实核对法。即查对账目与实物的收支是否一致的方法。有的单位货物销售不入账，在检查中应盘点库存货物并核对销售收入，如实际销售数大于入账数，就要追查原因，看其有无转移销售收入入账外账。

（1）到产成品仓库检查出库单、提货单等出库票据与"产成品"账户贷方核对，若出库单、提货单等出库票据发出产品数量大于企业"产成品"、"产品销售收入"账户销售数量，应进一步检查是否将产成品发出而未作销售处理隐瞒收入的情况。

（2）"产成品"明细账与仓库产品保管明细账户相核对，如果仓库产品保管明细账数量余额小于"产成品"账户数量余额，应进一步查清是否由仓库直接销售产品，隐瞒产品销售收入的问题。

（3）将仓库产品的实际数量与"产成品"明细账结存数量相核对，如果仓库产品的实际数量小于账面结存数量，应进一步审查是否有销售产品不入"产品销售收入"账以及用白条抵库存等问题。

第三，现金抽查法。即抽查出纳库存现金与账目核对的方法。如果抽查结果是库存现金比现金账户多，由此便可查出账外账。

第四，核对存账法。即通过被查单位的银行存款日记账与银行对账单相核对的方法。检查人员检查某单位的财务收支，到有关的银行调查该单位在银行设立存款账户的情况，通过银行对账单与企业"银行存款"明细账相核对，检查是否有私设黑存款户，看其存款的来源，从中发现销售收入不入账等问题。

（六）账数分析法

这种方法就是从检查的账目上发现疑点后进行追查的方法。账数分析法关键是从会计凭证、账簿、报表上发现异常数，抓住疑点，深查细找。例如检查人员可到企业的生产车间了解其生产过程、材料使用，产品的生产情况，生产过程中是否产生边角余料、副产品、废品等，是如何核算处理的，有无销售边角余料、副产品、废品不作销售处理，而将其收入留作小金库另作他用。

第一，对一些特殊产品生产企业，可从考核成品率或合格率着手，查寻副品、残次品、下脚料的数量，然后与进账的数量相比，如不相符进账的少，进一步追查即可查出账外账。

第二，对特殊行业根据投料的标准，通过生产产品的图纸计算出边角余料的体积，然后根据所用材料的比重即可计算出边角余料的重量，与收入的边角余料的量相比较，如收入的量小，对差额部分的去向进行追查就有可能查出账外账。

第三，到购买方查看其收购纪录，并将其支付的收购款与销售方收入账相核对看销售方销售边角余料款是否进账，进账的金额是否相符，如未进账或进账的金额不符，进一步追查即可查出账外账。

（七）票证盘查法

票证盘查法，就是通过检查收支凭证是否齐全，所填写的收入是否足额入账的方法。在检查时，对该单位所有外购的、自制的或领用的发票、收款收据进行清点，并与已使用的发票、收据（包括作废收据）和结存未用的发票、收据核对、检查其号码能否衔接、检查票证是否齐全、填写收据的收入是否全部进行会计核算。如发现票据不全或有收入不入账，要进行追查，这样也可以查出账外账。

第四节　税务稽查中对往来科目的审查案例

一、某矿业公司偷逃增值税企业所得税稽查案例

云南省易门县国家税务局税务检查组到某矿业有限公司对其2005年1月至2010年12月增值税、企业所得税纳税情况进行评估检查。检查中发现企业2004年至2006年免征企业所得税，期满后会计利润转赢为亏，截至2009年累计亏损额616.46万元；2008年至2010年公司矿石开采、掘进工程承包给某建设有限公司（独立纳税主体），矿石开采按采出矿石、掘进工程按掘进断面，订立合同并分别约定结算单价。公司在结算款项时，扣除炸药、水电费后支付给承包方。公司选矿车间承包给两个体户（证照齐全），按选出矿石量及约定单价结算款项。公司在结算承包款时，扣除水电费后支付给承包方。2008年至2009年进项税占收入比偏高，检查人员怀疑企业是否存在有进项无销项以及少计收入的问题。

评估人员对公司账务进行检查，发现该公司通过往来科目与某建设有限公司及选厂承包方结算款项时承包款冲抵炸药、水电款。存在物品所有权转移，未计收入的嫌疑。

第一，公司购进爆炸物品提供给承包方，账务处理为：

（1）公司购进爆炸物品，根据入库单：

借：原材料——矿山——爆炸物品　　　　　　　135 485.39

　　应交税费——应交增值税——进项税　　　　23 032.61

　　　贷：银行存款　　　　　　　　　　　　　　　　158 518

（2）爆炸物品所有权转移，提供给某建设有限公司时，根据出库单：

借：其他应收款——某建设有限公司　　　　　　158 518

　　　贷：原材料——矿山——爆炸物品　　　　　　　158 518

（3）结算工程款冲减爆炸物品：

借：生产成本——矿山——采矿石　　　　　　　300 000

　　矿山——掘进费　　　　　　　　　　　　200 000

　　　贷：其他应收款某建设有限公司　　　　　　　158 518

　　　　　应付账款——某建设有限公司　　　　　　341 482

第二，公司购进电力、水提供给承包方，账务处理为：

（1）公司购进电力、水，提供给某建设有限公司使用，根据取得票据：

借：其他应收款——某建设有限公司、选厂　　　39 843.30

　　应交税费——应交增值税——进项税　　　　6 773.36

　　　贷：银行存款　　　　　　　　　　　　　　　　46 616.66

（2）结算工程款时冲抵水、电费：

借：生产成本——矿山——采矿石　　　　　　　690 000

　　生产成本——矿山——掘进费　　　　　　　630 000

　　　贷：其他应收款——某建设有限公司、选厂　　　39 843.30

　　　　　应付账款——某建设有限公司、选厂　　　1 280 156.70

经与企业再次约谈，评估人员确定企业存在以下问题：

2008年度该企业购进炸药、电力、水，申报抵扣进项税并提供给某建设有限公司矿山开采及两个体户承包选矿车间使用。某矿业有限公司与承包方结算工程款时，按合同约定价格计算承包款项，扣除炸药、电力、水款项后，差额由承包方开具发票给该公司，公司支付差额款项。企业存在销售炸药、水电少计收入，少缴增值税的问题。另据账务反映评估人员发现销售废编织袋、废铁少计收入和少缴增值税的问题。以上问题，企业合计少计收入1 351 831.87元，补缴增值税234 342.87元。

另据企业账务反映，企业所得税方面评估人员发现2008年至2010年发生白条入账、赞助乡政府款项、与公司生产经营无关的其他人员医药费、考察费等支出，共计444 073.97元，调整增加应纳税所得额444 073.97元。2008年至2010年企业合计调整增加应纳税所得额1 795 905.84元。

第五节　税务稽查中对固定资产造假手段的审查案例

一、取得固定资产造假手段的审查及案例

（一）购入固定资产质次价高，采购人员捞取回扣

企业采购人员为了捞取回扣，与卖方合谋，购买质次价高的物品，造成企业不当损失。

如：某企业采购人员为企业采购电脑 10 台，该电脑市场价为每台 6 000 元，销货方同意给采购人员 6％的回扣，而故意抬高价格，每台以 6 500 元成交。购货单位付款 65 000 元，采购人员得回扣 3 900 元，装入自己腰包。

（二）固定资产运杂费，掺入了旅游参观费

固定资产的原值包括买价、包装费、保险费、运输费、安装成本和缴纳的税金。有的企业将不属构成固定资产价值的支出也记入了固定资产的价值，虚增了固定资产价值。

如：企业购买汽车一部，车款 23 万元，计价时将请客送礼、游山玩水等费用全部计入该项固定资产运杂费，加大了固定资产价值。

（三）运杂费用张冠李戴，人为调节安装成本

购入需要安装的固定资产，应将固定资产的买价、运杂费、安装费等都先计入在建工程，当设备安装完毕交付使用时，计入固定资产价值。将不需安装的固定资产发生的运杂费列入需要安装的固定资产的安装成本中，从而人为调节了固定资产的价值。

如：某机械厂购入一部货车价值 150 000 元，运杂费 3 000 元。同时该厂又购机床 1 台，价值 100 000 元，运杂费 2 000 元。该机床需要安装。但该机械厂实行运输队单独核算。企业为了照顾运输队的利益，将汽车运杂费计入生产设备安装成本，使外购机床的成本由原来 102 000 元变成 105 000 元，人为调整了外购机床与货车的原价。

（四）接受贿赂，虚计固定资产重估价值

其他单位投入的固定资产，应按合同、协议约定的价值或经评估确认的价值计价。由于企业或投资单位有关人员接受贿赂，私下商定有意抬高或降低固定资产的价值。

如：A、B 公司合作成立 C 公司，B 公司接受贿赂同意虚开发票进行并不存在的实物投资，同时接受 A 公司投入已使用的账面原值 200 000 元，已提折旧 15 000 元，净现值为 185 000 元的固定资产，以 150 000 元重估价值作为投资的资本金。

（五）融资租赁的财务费用，计入固定资产价值

企业财务制度规定，融资租赁的固定资产的价值包括按照租赁协议或者合同确定的固定资产价款和运输费、保险费、安装调试费等。不包含融资应记入"财务费用"的账户的各项支出。有的企业面对金融机构，为了增加利润，便将应记入"财务费用"账户的各项支出，计入融资租赁固定资产的价值中。

如：企业经营效益不好，融资租赁了整套设备，采用分期付款方式。在支付的融资租赁费用中包含按租赁合同或协议确定的固定资产价值再加上运输途中运输费、保险费和安装调试费等。但租赁手续费和设备交付使用后的利息支出共计 9 万元计入了融资租赁固定资产的原价中，导致费用减少，利润增加，使企业保持盈利。

二、使用与处置固定资产造假手段的审查及案例

（一）固定资产出租收入，虚挂往来账

固定资产出租收入属于租赁性质的劳务收入，应通过"其他业务收入"科目核算，发生对应的成本费用应在"其他业务支出"科目中核算，有的企业为了挪用固定资产出租收入，将收入直接记入"其他应付款"科目，而分期挂账。

如：企业出租房屋收入 200 000 元，应记入"其他业务收入"科目，但企业却挂了"其他应付款"科目。将全年计提的固定资产折旧 80 000 元和发生的其他费用 18 000 元全部计入"管理费用"。而不通过"其他业务支出"核算。使企业应缴纳的房产税、营业税（营改增之后为增值税）及附加税全部逃交，进而也影响了当年利润和应纳所得税。

（二）固定资产变价收入，存入小金库

财务制度规定报废固定资产的残料价值和变价收入应冲减清理支出。但有的企业为将报废的固定资产的变价收入挪作他用，将收回的款项存入了企业的"小金库"。

如：某工厂经有关部门批准，报废了一台设备，出售收回价款 50 000 元，应冲减清理支出。但企业为了给职工谋福利，将变价收入作为"小金库"并以个人名义存入银行。

（三）清理固定资产净收益，不按营业外收入记账

财务制度规定，处理固定资产收回的价款，应冲减固定资产清理支出，将净收益作为营业外收入处理。有的企业经营效益好，为了控制利润，便将固定资产净收入仍挂在固定资产清理账中，并结转下年再处理。

如：某工厂售出一台已用机床，原值 50 000 元，已提折旧 20 000 元，销

售收入 60 000 元，净收入 30 000 元。本应计入营业外收入，但企业为了调整利润，将 30 000 元挂在"固定资产清理"账户，并结转下年。这种造假方式直接影响着所得税补交和盈余公积的提取。

（四）无偿转让旧设备，清理损失列入损益

企业进行设备更新，将淘汰的旧设备无偿转入自办企业，并将发生的清理损失列入当年损益。

如：企业将一台设备转入自办企业，原价 500 000 元，已提折旧 200 000 元，企业为了减少利润，故意将原值直接记入"固定资产清理"账户。

三、工程中固定资产造假手段的审查及案例

（一）转移工程借款利息，调节当年损益

企业工程借款利息，在办理竣工结算前应计入工程成本在建工程，结算后计入财务费用。但有的企业为了调节利润，将应计入在建固定资产造价的费用，在未办理竣工结算之前计入当年财务费用。

如：某企业于 2004 年 4 月贷款 300 000 元用于购买工程设备，年利率 5％，期限 3 年，每年计息一次，该设备安装工程预计 2 年内投产完成。2006 年 4 月安装完毕并办理交付使用手续，发现该企业故意将在两年内每年发生的利息 300 000×5％＝15 000（元）都计入财务费用，虚增费用，虚减利润，导致该企业少交税金，进而也少提了盈余公积。

（二）在建工程试运转收入，不冲减在建工程成本

企业在建工程在试运转过程中所取得的收入扣除税金后应冲减在建工程成本。但有的企业为了调节利润，便转移收入，在"其他应付款"中加以挂账。

如：某企业在试运转过程中发生各种费用 20 000 元，在运转过程中取得的收入为 30 000 元，该企业故意将收入在"其他应付款"科目直接挂账，并在年终结转到下年度。

四、固定资产盈亏与折旧造假手段的审查及案例

（一）固定资产盈亏，不做账务处理

有的企业为了调节利润，对固定资产的盘盈、盘亏不作账务处理。

如：企业经济效益不佳，为了调高利润，盘亏的固定资产不作账务处理，少计了营业外支出，从而提高当期利润。

（二）随意改变折旧方法，调节折旧计提数额

企业固定资产折旧方法一般采用平均年限法。经有关部门批准，可采用"年数总和法"和"双倍余额递减法"等加速折旧法。但有的企业为了调整成

本利润，便随意改变固定资产的折旧方法。

如：某企业 2003 年 1 月份购入某项固定资产，原值 150 000 元，12 月已提折旧 15 000 元，到了第三年未经税务部门批准，企业改用双倍余额递减法提折旧，多提折旧 15 000 元。

（三）随意改变折旧率，调节成本利润

固定资产折旧率一经确定，将不能随意改变。但有的企业为了调节某年度的利润随意变更固定资产折旧率，多计或少提折旧。

如：企业为了贷款需要有所盈余，企业未经主管税务部门批准就擅自降低折旧率，由原来折旧率 8％改为 5％，少提折旧 120 000 元，虚增利润，使得企业有些微利。

（四）增加固定资产，不提折旧

财务制度规定：当月增加的固定资产在下月初开始计提折旧。有的企业为调增利润，将应计提的折旧有意漏提。

如：某在建工程完工后，已交付使用，应及时办理竣工决算，从交付使用的下月初起计提折旧，但企业为了调增利润，有意漏提折旧，如职工宿舍 5 月份交付使用，但直到年底才办理竣工决算，少计提了 6 个月的折旧。

（五）未使用固定资产（除房屋、建筑物外）不提取折旧

按财务制度规定，对除土地及已提足折旧仍继续使用的固定资产外的未使用固定资产计提折旧，但有的企业为了调节利润，对该提折旧的固定资产不提折旧。

（六）停用的固定资产，当月计提折旧

企业为了虚增盈利，压缩成本费用的支出，对当月停用或减少的固定资产，不计提折旧。

如：企业为了报表上稍有盈余，对当月内停用的机器一律不计提折旧，从而使企业账面上反映出盈利。

（七）当月不应提折旧的，当月计提折旧

企业为了调节成本、利润，常常违规对固定资产进行折旧，如：当月新增固定资产折旧本应下月初提折旧，而当月计提折旧；提前报废的固定资产报废后不再计提折旧，而仍在计提，超龄固定资产有效期满不再计提折旧，仍在计提。

如：企业为了降低利润，3 月份投入使用的固定资产当月即计提折旧 13 万元。

（八）变卖固定资产，仍然提取折旧

某企业 5 月份将不需用设备卖掉，卖掉后又提了 12 个月的折旧 35 000 元，虚增成本，虚减利润。

（九）在建工程提前报决算，多提折旧

企业为了控制当年利润实现数额，采用在建工程提前报决算，提前转入固定资产，提前计提固定资产折旧，以虚增费用减少利润。

如：某房地产公司下属企业，在建工程尚未完工，利用提前报决算的方法，多提折旧 50 000 元，提高成本，降低了利润，在上缴利润时截留了50 000元利润。

第六节 税务稽查中收集证据的标准

一、税务稽查收集证据的要求

在税务稽查办案时，稽查人员最重要的一项工作就是收集当事人涉嫌税务违法的证据。作为涉税违法案件中的"证据"有其特定的法律含义，是指税务机关依法定程序收集，用来证明案件真实情况的一切事实。换句话讲，证据就是证明的根据，用以证明真实情况的一切事实都是证据，也就是用已知的事实去证明未知的事实，前者是后者的证据，后者是前者的证明对象。

在《税务稽查工作规程》中，第二十四条有"实施检查时，应当依照法定权限和程序，收集能够证明案件事实的证据材料。收集的证据材料应当真实，并与所证明的事项相关联"的规定，这段话看上去很简单，而实际上，这一规定涵盖了涉税违法案件证据的法定标准，可以说是税务行政执法行为的心脏。因为，如果稽查人员在办案时取得的证据不符合法定标准的要求，那么稽查人员查办案件时所做的其他一切努力都可能付之东流。

那么，什么是税务稽查案件证据的法定标准呢？《最高人民法院关于行政诉讼证据若干问题的规定》（以下简称"《行政诉讼证据规定》"）第三十九条规定：当事人应当围绕证据的关联性、合法性和真实性，针对证据有无证明效力以及证明效力大小，进行质证。

《税务行政复议规则》第五十三条规定，在行政复议中，被申请人对其作出的具体行政行为负有举证责任。第五十四条规定，行政复议机关应当依法全面审查相关证据。行政复议机关审查行政复议案件，应当以证据证明的案件事实为依据。定案证据应当具有合法性、真实性和关联性。可见，到了行政复议阶段，稽查人员还是应当对其作出的具体行政行为负有举证责任，而且提提供的证据应当具备合法性、真实性和关联性。

合法性、真实性和关联性即"三性"，是各类案件证据的法定要求，当然也是税务稽查案件证据应遵循的基本原则，是定案证据采信的法定标准，只有具有"三性"的证据才能作为定案的依据，才具有证明效力。

二、税务稽查证据的合法性

合法性指证据从形式及来源上应符合法律规定并具有法律事实的性质，证据必须是依法取得，并符合法律要求的形式。

《税务行政复议规则》第五十五条规定，行政复议机关应当根据案件的具体情况，从以下方面审查证据的合法性：

（1）证据是否符合法定形式；

（2）证据的取得是否符合法律、法规、规章和司法解释的规定；

（3）是否有影响证据效力的其他违法情形。

涉税案件证据的合法性是指证明涉税案件事实情况的证据符合法定要求。作为证明涉税违法案件事实的证明材料在形式上应符合相关法律的要求即符合法定形式，否则不具有证据效力；取得证据的主体合法、适格，证据必须由法定的主体即法定税务机关的执法人员收集、提交；证据取得的程序、手段合法，必须符合《税收征收管理法》、《行政处罚法》等相关法律规范中的法定程序和权限的要求。只有在以上均符合法律、行政法规、司法解释和规章的要求时，所收集的证据方具有合法性。

《行政诉讼证据规定》第五十五条规定，法庭应当根据案件的具体情况，从以下方面审查证据的合法性：

（1）证据是否符合法定形式；

（2）证据的取得是否符合法律、法规、司法解释和规章的要求；

（3）是否有影响证据效力的其他违法情形。第五十八条规定，以违反法律禁止性规定或者侵犯他人合法权益的方法取得的证据，不能作为认定案件事实的依据。

涉税案件的证据必须遵守"非法证据排除规则"，以违反法律禁止性规定或者侵犯他人合法权益的方法取得的证据在定案时应予以排除。例如由其他行政机关执法人员收集的税务案件证据；在作出处理、处罚决定后补充收集的具有关联性和真实性的证据；一名稽查人员收集的证据；未出示法定证件收集的证据等均为不合法证据。以违法或者侵权的方法取得的证据，严重违反法定程序收集的，以利诱、欺诈、胁迫、暴力等不正当手段获取的，以偷拍、偷录、窃听等手段获取侵害他人合法权益的证据材料，均不能作为定案的证据。

三、税务稽查证据的真实性

真实性也称客观性，指证据能够客观反映案件的真实情况，证据事实能够证明违法事实。

《税务行政复议规则》第五十六条规定，行政复议机关应当根据案件的具体情况，从以下方面审查证据的真实性：

（1）证据形成的原因；

（2）发现证据时的环境；

（3）证据是否为原件、原物，复制件、复制品与原件、原物是否相符；

（4）提供证据的人或者证人与行政复议参加人是否具有利害关系；

（5）影响证据真实性的其他因素。

涉税案件证据的真实性是指税务行政执法中收集的证据要能客观地反映涉税案件事实的真相，证据的载体和所证明的内容应当客观真实。涉税违法行为必然会以某种形态客观存在，记载着某一具体事实及案情的各种信息，能够证明案件的真实情况，作为证据的事实是客观存在的，不以检查人员的主观意志为转移。真实性是使证据获得证据能力的本质要求，任何虚假的或者不真实的证据都不能作为认定案件事实的依据。

主要体现为：

（1）内容的真实性，即证据所证明的内容应以客观事实为基础，离开事实客观存在的主观臆断、没有根据的猜测等都不具有证据内容上的真实性；

（2）形式上的真实性，即证据必须以一定的有形载体展示在人们面前，如：账簿、凭证、发票、证人证言等。

《行政诉讼证据规定》第五十六条规定，法庭应当根据案件的具体情况，从以下方面审查证据的真实性：证据形成的原因；发现证据时的客观环境；证据是否为原件、原物，复制件、复制品与原件、原物是否相符；提供证据的人或者证人与当事人是否具有利害关系；影响证据真实性的其他因素。第五十七条第六至第八款列举了不真实证据的排除规则。其中第六款明确规定"当事人拒不提供原件、原物，又无其他证据印证，且对方当事人不予以认可的证据的复印件或复制品"应推定为不真实的证据，不能作为定案的依据。

证据的真实性应遵循"不真实证据的排除规则"，由于现代科学技术的发展，通过复印拼装、照片拼接翻拍、计算机合成制作（PS）等手段可以伪造、变造、仿造证据的复制件或复制品。因此税务执法人员在取证时，因收集原件或原物有困难而收集复印件或复制品的，为使证据具有真实性，必须要求当事人书面认可复印件、复制品与原件、原物相符，或有其他证据印证。否则该证据不能采用。

四、税务稽查证据的关联性

关联性是指证据必须与待证事实有客观联系，能据以证明违法事实情况，对证明事实具有实质性意义。

《税务行政复议规则》第五十七条规定，行政复议机关应当根据案件的具体情况，从以下方面审查证据的关联性：

（1）证据与待证事实是否具有证明关系；

（2）证据与待证事实的关联程度；

（3）影响证据关联性的其他因素。

涉税违法案件证据的关联性，即指税务行政执法中所收集和制作的证据与税务违法案件待证事实之间具有一定的客观联系，并对证明案件事实具有实质性意义。其主要体现在以下两个方面：一是证据形式上的关联性。即证据应当与案件待证事实之间具有逻辑上的联系，对案件事实的认定有实质意义。这种联系表现为：运用形式逻辑的一般原理，可以推论出证据与案件待证事实之间的关系；二是证据内容上的关联性，即证据所反映的内容应当直接或间接说明案件的有关情况，具有有效的证明力。

案例：某税务局发现甲公司隐瞒收入 40 万元少缴税款 2 万元，税务局认定该行为是偷税，遂作出追缴所偷税款，并处以罚款的处理、处罚决定。而该公司认为虽然 2 万元税款没有申报，但已在账上计提，不应定性为偷税，据此就罚款事项直接向法院提起诉讼。税务局在应诉时提供了证明该公司在办理税务登记和设立账簿问题上曾受过行政处罚的证据，认为该公司一贯不遵守税法，因此定性偷税准确。

分析：纳税人办理税务登记和设立账簿时的违法行为与是否虚假申报进行偷税没有实质关联性，因此该证明根本不用质证，更不用去判别它的合法性和真实性，直接就会被法官认定为不予采用，因为其与待证事项之间不具有关联性。

《行政诉讼证据规定》第五十四条规定，法庭应当对经过庭审质证的证据和无需质证的证据进行逐一审查和对全部证据综合审查，遵循法官职业道德，运用逻辑推理和生活经验，进行全面、客观和公正地分析判断，确定证据材料与案件事实之间的证明关系，排除不具有关联性的证据材料，准确认定案件事实。

五、税务稽查证据"三性"的功能

证据是否具有"关联性、合法性、真实性"是税务案件证据能否作为定案依据的关键。关联性不涉及证据的真假和证明价值，却是证据适格的基础条件，是第一道"关卡"，是区分某案件中证据与非证据的界限。对不具有"关联性"的证据，无论其是否具备"合法性和真实性"，均不能作为证据采用。

对经审查已具有"关联性"的税务案件证据其合法性的审查应作为第二

道关卡。因为具有真实性的证据可能会因证据来源主体不合法或获取的程序、方式不合法或证据形式不合法而被作为不合法证据予以排除。因此在审查证据的真实性之前必须先审查证据的合法性。

对具有关联性和合法性的证据，再审查其真实性。真实性又有客观真实与法律真实之分，客观真实：即客观存在的事实情况；法律真实：法律所确定或认可的"真实"，是法律意义上的真实。在某些情况下，法律真实不等于客观真实，而涉税违法行政案件认可的是法律真实。

六、税收法治离不开证据"三性"

涉税案件证据是潜在的税务行政诉讼证据。从理论上说，税务机关查办的每一起涉税案件、作出的每一项行政行为（日常征税、减免税、发售或停供发票等）都有可能引发行政复议或者行政诉讼，一旦税务行政相对人对税务机关作出的处理处罚决定和其他涉税行政行为申请复议或者提起诉讼，税务机关在作出上述行政行为时所收集的证据就成为税务行政复议或税务行政诉讼的证据。对具体行政行为进行合法性审查是行政复议和行政诉讼的特有原则，而被告举证原则就使得税务机关要证明自己的具体行政行为合法，就必须提供作出该具体行政行为的证据，证据也就成为能否胜诉的关键。

《税务行政复议规则》第五十八条规定，下列证据材料不得作为定案依据：

（1）违反法定程序收集的证据材料；

（2）以偷拍、偷录和窃听等手段获取侵害他人合法权益的证据材料；

（3）以利诱、欺诈、胁迫和暴力等不正当手段获取的证据材料；

（4）无正当事由超出举证期限提供的证据材料；

（5）无正当理由拒不提供原件、原物，又无其他证据印证，且对方不予认可的证据的复制件、复制品；

（6）无法辨明真伪的证据材料；

（7）不能正确表达意志的证人提供的证言；

（8）不具备合法性、真实性的其他证据材料。

强化证据意识是税务机关依法行政的需要。依法行政是我国政治、经济及法治建设本身发展到一定程阶段的必然要求，依法开展税务稽查是税务机关依法行政的具体表现之一，先取证后处理应当成为稽查部门乃至整个税务机关的行政准则。税务机关在日常征管中作出众多的行政行为，稽查部门对涉税案件进行处理，都离不开证据，而要使证据合法有效，就必须围绕证据的"三性"进行调查取证，强化证据意识应当成为每个税务稽查人员头脑中根深蒂固的执法理念。

第五章 增值税会计核算与账务处理

第一节 增值税会计科目的设置与账务处理

一、增值税会计科目的设置

（1）企业应在"应交税费"科目下设置"应交增值税"明细科目。在"应交增值税"明细账中，应设置"进项税额""已交税金""销项税额""出口退税""进项税额转出"等专栏。

（2）"进项税额"专栏，记录企业购入货物或接受应税劳务而支付的、准予从销项税额中抵扣的增值税额。企业购入货物或接受应税劳务支付的进项税额，用蓝字登记；退回所购货物应冲销的进项税额，用红字登记。

（3）"已交税金"专栏，记录企业已缴纳的增值税额。企业已缴纳的增值税额用蓝字登记；退回多缴的增值税用红字登记。

（4）"销项税额"专栏，记录企业销售货物或提供应税劳务应收取的增值税额。企业销售货物或提供应税劳务应收取的销项税额，用蓝字登记；退回销售货物应冲销的销项税额，用红字登记。

（5）"出口退税"专栏，记录企业出口适用零税率的货物，向海关办理报关出口手续后，凭出口报关单等有关凭证，向税务机关申报办理出口退税而收到的退回的税款。出口货物退回的增值税额，用蓝字登记；进口货物办理退税后发生退货或者退关而补缴已退的税款，用红字登记。

（6）"进项税额转出"专栏，记录企业的购进货物、在产品、产成品等发生非正常损失以及其他原因而不应从销项税额中抵扣，按规定转出的进项税额。

二、增值税的账务处理方法

（1）企业在国内采购的货物，按照专用发票上注明的增值税额，借记"应交税费——应交增值税（进项税额）"科目；按照专用发票上记载的应计入采购成本的金额，借记"材料采购""商品采购""原材料""制造费用""管理费用""经营费用""其他业务支出"等科目；按照应付或实际支付的金额，贷记"应付账款""应付票据""银行存款"等科目。购入货物发生的退货，作相反的会计分录。

（2）企业接受投资转入的货物，按照专用发票上注明的增值税额，借记"应交税费——应交增值税（进项税额）"科目；按照确认的投资货物价值（已扣增值税，下同），借记"原材料"等科目；按照增值税额与货物价值的合计数，贷记"实收资本"等科目。

（3）企业接受捐赠转入的货物，按照专用发票上注明的增值税额，借记"应交税费——应交增值税（进项税额）"科目；按照确认的捐赠货物的价值，借记"原材料"等科目；按照增值税额与货物价值的合计数，贷记"资本公积"科目。

（4）企业接受应税劳务，按照专用发票上注明的增值税额，借记"应交税费——应交增值税（进项税额）"科目；按专用发票上记载的应计入加工、修理修配等货物成本的金额，借记"其他业务支出""制造费用""委托加工材料""加工商品""经营费用""管理费用"等科目；按应付或实际支付的金额，贷记"应付账款""银行存款"等科目。

（5）企业进口货物，按照海关提供的完税凭证上注明的增值税额，借记"应交税费——应交增值税（进项税额）"科目；按照进口货物应计入采购成本的金额，借记"材料采购""商品采购""原材料"等科目；按照应付或实际支付的金额，贷记"应付账款""银行存款"等科目。

（6）企业购进免税农业产品，按购入农业产品的买价和规定的扣除率计算的进项税额，借记"应交税费——应交增值税（进项税额）"科目；按买价扣除按规定计算的进项税额后的数额，借记"材料采购""商品采购"等科目；按应付或实际支付的价款，贷记"应付账款""银行存款"等科目。

（7）企业购入固定资产，其专用发票上注明的增值税额计入固定资产的价值，其会计处理办法按现行有关会计制度规定办理。

（8）企业购入货物及接受应税劳务直接用于非应税项目，或直接用于免税项目以及直接用于集体福利和个人消费的，其专用发票上注明的增值税额，计入购入货物及接受劳务的成本，其会计处理方法按照现行有关会计制度规定办理。

（9）实行简易办法计算缴纳增值税的小规模纳税企业（以下简称小规模纳税企业）购入货物及接受应税劳务支付的增值税额，也应直接计入有关货物及劳务的成本，其会计处理方法按照现行有关会计制度规定办理。

（10）企业购入货物取得普通发票（不包括购进免税农业产品），其会计处理方法仍按照现行有关会计制度规定办理。

（11）企业销售货物或提供应税劳务（包括将自产、委托加工或购买的货物分配给股东或投资者），按照实现的销售收入和按规定收取的增值税额，借记"应收账款""应收票据""银行存款""应付利润"等科目；按照规定收取的增值税额，贷记"应交税费——应交增值税（销项税额）"科目；按实现的销售收入，贷记"产品销售收入""商品销售收入""其他业务收入"等科目。发生的销售退回，作相反的会计分录。

（12）小规模纳税企业销售货物或提供应税劳务，按实现的销售收入和按规定收取的增值税额，借记"应收账款""应收票据""银行存款"等科目；按规定收取的增值税额，贷记"应交税费——应交增值税"科目；按实现的销售收入，贷记"产品销售收入""商品销售收入""其他业务收入"等科目。

（13）企业出口适用零税率的货物，不计算销售收入应缴纳的增值税。企业向海关办理报关出口手续后，凭出口报关单等有关凭证，向税务机关申报办理该项出口货物的进项税额的退税。企业在收到出口货物退回的税款时，借记"银行存款"科目，贷记"应交税费——应交增值税（出口退税）"科目；出口货物办理退税后发生的退货或者退关补缴已退回税款的，作相反的会计分录。

（14）企业将自产或委托加工的货物用于非应税项目，应视同销售货物计算应缴增值税，借记"在建工程"等科目，贷记"应交税费——应交增值税（销项税额）"科目。

（15）企业将自产、委托加工或购买的货物作为投资，提供给其他单位或个体经营者，应视同销售货物计算应缴增值税，借记"长期投资"科目，贷记"应交税费——应交增值税（销项税额）"科目。

（16）企业将自产、委托加工的货物用于集体福利消费等，应视同销售货物计算应缴增值税，借记"在建工程"等科目，贷记"应交税费——应交增值税（销项税额）"科目。

（17）企业将自产、委托加工或购买的货物无偿赠送他人，应视同销售货物计算应缴增值税，借记"营业外支出"等科目，贷记"应交税费——应交增值税（销项税额）"科目。

（18）随同产品出售但单独计价的包装物，按规定应缴纳的增值税，借记"应收账款"等科目，贷记"应交税费——应交增值税（销项税额）"科目。企业逾期未退还的包装物押金，按规定应缴纳的增值税，借记"其他应付款"等科目，贷记"应交税费——应交增值税（销项税额）"科目。

（19）企业购进的货物、在产品、产成品发生非正常损失，以及购进货物改变用途等原因，其进项税额，应相应转入有关科目，借记"待处理财产损溢""在建工程""应付福利费"等科目，贷记"应交税费——应交增值税

（进项税额转出）"科目。属于转作待处理财产损失的部分，应与遭受非正常损失的购进货物、在产品、产成品成本一并处理。

（20）企业上缴增值税时，借记"应交税费——应交增值税（已交税金）"，小规模纳税企业记入"应交税费——应交增值税"科目，贷记"银行存款"科目。收到退回多缴的增值税，作相反的会计分录。

（21）"应交税费——应交增值税"科目的借方发生额，反映企业购进货物或接受应税劳务支付的进项税额和实际已缴纳的增值税；贷方发生额，反映销售货物或提供应税劳务应缴纳的增值税额、出口货物退税、转出已支付或应分担的增值税；期末借方余额，反映企业多缴或尚未抵扣的增值税；尚未抵扣的增值税，可以抵顶以后各期的销项税额；期末贷方余额，反映企业尚未缴纳的增值税。

（22）企业的"应交税费"科目所属"应交增值税"明细科目，可按上述规定设置有关的专栏进行明细核算，也可以将有关专栏的内容在"应交税费"科目下分别单独设置明细科目进行核算；在这种情况下，企业可沿用三栏式账户，在月份终了时，再将有关明细账的余额结转"应交税费——应交增值税"科目。小规模纳税企业，仍可沿用三栏式账户，核算企业应缴、已缴及多缴或欠缴的增值税。

三、反映企业欠交增值税税款和待抵扣增值税情况的补充规定

（一）会计科目的设置

（1）企业应在"应交税费"科目下设置"未交增值税"明细科目，核算一般纳税企业月终时转入的应交未交增值税额，转入多交的增值税也在本明细科目核算。

（2）在"应交税费——应交增值税"科目下增设"转出未交增值税"和"转出多交增值税"专栏，分别记录一般纳税企业月终转出未交或多交的增值税。

（3）月份终了，企业应将当月发生的应交未交增值税额自"应交税费——应交增值税"科目转入"未交增值税"明细科目，借记"应交税费——应交增值税（转出未交增值税）"科目，贷记"应交税费——未交增值税"科目。将本月多交的增值税自"应交税费——应交增值税"科目转入"未交增值税"明细科目，借记"应交税费——未交增值税"科目，贷记"应交税费——应交增值税（转出多交增值税）"科目。

（4）当月上交本月增值税时，仍应借记"应交税费——应交增值税（已交税金）"科目，贷记"银行存款"科目。

（5）当月上交上月应交未交的增值税，借记"应交税费——未交增值税"

科目，贷记"银行存款"科目。

（二）账务处理

（1）"应交税费——应交增值税"科目的期末借方余额，反映尚未抵扣的增值税。

（2）"应交税费——未交增值税"科目的期末借方余额，反映多交的增值税；贷方余额，反映未交的增值税。

第二节　营改增后增值税会计处理办法

一、试点纳税人差额征税的会计处理

（一）一般纳税人的会计处理

一般纳税人提供应税服务，试点期间按照营业税改征增值税有关规定允许从销售额中扣除其支付给非试点纳税人价款的，应在"应交税费——应交增值税"科目下增设"营改增抵减的销项税额"专栏，用于记录该企业因按规定扣减销售额而减少的销项税额；同时，"主营业务收入"、"主营业务成本"等相关科目应按经营业务的种类进行明细核算。

企业接受应税服务时，按规定允许扣减销售额而减少的销项税额，借记"应交税费——应交增值税（营改增抵减的销项税额）"科目，按实际支付或应付的金额与上述增值税额的差额，借记"主营业务成本"等科目，按实际支付或应付的金额，贷记"银行存款"、"应付账款"等科目。

对于期末一次性进行账务处理的企业，期末，按规定当期允许扣减销售额而减少的销项税额，借记"应交税费——应交增值税（营改增抵减的销项税额）"科目，贷记"主营业务成本"等科目。

（二）小规模纳税人的会计处理

小规模纳税人提供应税服务，试点期间按照营业税改征增值税有关规定允许从销售额中扣除其支付给非试点纳税人价款的，按规定扣减销售额而减少的应交增值税应直接冲减"应交税费——应交增值税"科目。

企业接受应税服务时，按规定允许扣减销售额而减少的应交增值税，借记"应交税费——应交增值税"科目，按实际支付或应付的金额与上述增值税额的差额，借记"主营业务成本"等科目，按实际支付或应付的金额，贷记"银行存款"、"应付账款"等科目。

对于期末一次性进行账务处理的企业，期末，按规定当期允许扣减销售额而减少的应交增值税，借记"应交税费——应交增值税"科目，贷记"主营业务成本"等科目。

二、增值税期末留抵税额的会计处理

试点地区兼有应税服务的原增值税一般纳税人，截止到开始试点当月月初的增值税留抵税额按照营业税改征增值税有关规定不得从应税服务的销项税额中抵扣的，应在"应交税费"科目下增设"增值税留抵税额"明细科目。

开始试点当月月初，企业应按不得从应税服务的销项税额中抵扣的增值税留抵税额，借记"应交税费——增值税留抵税额"科目，贷记"应交税费——应交增值税（进项税额转出）"科目。待以后期间允许抵扣时，按允许抵扣的金额，借记"应交税费——应交增值税（进项税额）"科目，贷记"应交税费——增值税留抵税额"科目。"应交税费——增值税留抵税额"科目期末余额应根据其流动性在资产负债表中的"其他流动资产"项目或"其他非流动资产"项目列示。

三、取得过渡性财政扶持资金的会计处理

试点纳税人在新老税制转换期间因实际税负增加而向财税部门申请取得财政扶持资金的，期末有确凿证据表明企业能够符合财政扶持政策规定的相关条件且预计能够收到财政扶持资金时，按应收的金额，借记"其他应收款"等科目，贷记"营业外收入"科目。待实际收到财政扶持资金时，按实际收到的金额，借记"银行存款"等科目，贷记"其他应收款"等科目。

四、增值税税控系统专用设备和技术维护费用抵减增值税额的会计处理

（一）增值税一般纳税人的会计处理

按税法有关规定，增值税一般纳税人初次购买增值税税控系统专用设备支付的费用以及缴纳的技术维护费允许在增值税应纳税额中全额抵减的，应在"应交税费——应交增值税"科目下增设"减免税款"专栏，用于记录该企业按规定抵减的增值税应纳税额。

企业购入增值税税控系统专用设备，按实际支付或应付的金额，借记"固定资产"科目，贷记"银行存款""应付账款"等科目。按规定抵减的增值税应纳税额，借记"应交税费——应交增值税（减免税款）"科目，贷记"递延收益"科目。按期计提折旧，借记"管理费用"等科目，贷记"累计折旧"科目；同时，借记"递延收益"科目，贷记"管理费用"等科目。

企业发生技术维护费，按实际支付或应付的金额，借记"管理费用"等科目，贷记"银行存款"等科目。按规定抵减的增值税应纳税额，借记"应交税费——应交增值税（减免税款）"科目，贷记"管理费用"等科目。

（二）小规模纳税人的会计处理

按税法有关规定，小规模纳税人初次购买增值税税控系统专用设备支付

的费用以及缴纳的技术维护费允许在增值税应纳税额中全额抵减的，按规定抵减的增值税应纳税额应直接冲减"应交税费——应交增值税"科目。

企业购入增值税税控系统专用设备，按实际支付或应付的金额，借记"固定资产"科目，贷记"银行存款""应付账款"等科目。按规定抵减的增值税应纳税额，借记"应交税费——应交增值税"科目，贷记"递延收益"科目。按期计提折旧，借记"管理费用"等科目，贷记"累计折旧"科目；同时，借记"递延收益"科目，贷记"管理费用"等科目。

企业发生技术维护费，按实际支付或应付的金额，借记"管理费用"等科目，贷记"银行存款"等科目。按规定抵减的增值税应纳税额，借记"应交税费——应交增值税"科目，贷记"管理费用"等科目。"应交税费——应交增值税"科目期末如为借方余额，应根据其流动性在资产负债表中的"其他流动资产"项目或"其他非流动资产"项目列示；如为贷方余额，应在资产负债表中的"应交税费"项目列示。

第三节　建筑业营改增的账务处理

（一）建筑业营改增会计核算的特点

建筑服务业的增值税会计核算比较特殊，表现为：

第一，建筑工程与普通工业生产不同，工期通常较长，耗费较高，需要设置工程施工、工程结算科目；

第二，建筑服务的增值税纳税义务发生时间比较特殊，纳税人提供建筑服务采取预收款方式的，其纳税义务发生时间为收到预收款的当天；

第三，建筑服务业小规模纳税人和一般纳税人发生的特定项目可以选择简易征收，并从销售额中扣除支付的分包款，实际等于采取差额征税的方式。

（二）一般计税方法下企业的账务处理

A 企业系增值税一般纳税人，其提供适用一般计税方法的建筑服务账务处理如下：

（1）购进原材料/周转材料一批，取得增值税专用发票，含税价 15 000元，应在这一步骤进行价税分离：

借：原材料/周转材料　　　　　　　　　　　　12 820.51

　　应交税费——应交增值税（进项税额）　　　2 179.49

　　　贷：银行存款　　　　　　　　　　　　　　　15 000

（2）将原材料/周转材料投入工程：

借：工程施工——合同成本　　　　　　　　　　12 820.51

　　　贷：原材料/周转材料　　　　　　　　　　　12 820.51

（3）接受采用简易征收方式计税的 C 公司提供的建筑服务，价值 12 000 元，款项已支付，取得税务机关代开的增值税专用发票：

借：工程施工——合同成本 11 650.49

　应交税费——应交增值税（进项税额） 349.51

　　贷：银行存款 12 000.00

（4）按建筑承包合同约定的日期收到预收账款 36 000 元，开具发票，此时发生纳税义务，虽然未确认营业收入，但应计提销项税额：

借：银行存款 36 000.00

　　贷：应交税费——应交增值税（销项税额） 3 567.57

　　　工程结算/预收账款 32 432.43

（5）期末结转未交增值税：

借：应交税费——应交增值税（转出未交增值税） 1 038.57

　　贷：应交税费——未交增值税 1 038.57

（三）简易计税方法下企业的账务处理

B 企业系增值税一般纳税人，其提供一项适用简易计税方法的建筑服务，账务处理如下：

（1）购进原材料、周转材料时，无需价税分离，不计算进项税额。

（2）接受采用简易征收方式计税的 D 公司提供的建筑服务，价值 12 000 元，款项已支付，取得普通发票。根据《关于印发〈营业税改征增值税试点有关企业会计处理规定〉的通知》（财会〔2012〕13 号），应在"应交税费——应交增值税"科目下增设"营改增抵减的销项税额"专栏，用于记录该企业因按规定扣减销售额而减少的销项税额：

借：工程施工——合同成本 11 650.49

　应交税费——应交增值税（营改增抵减的销项税额） 349.51

　　贷：银行存款 12 000.00

（3）按建筑承包合同约定的日期收到预收账款 36 000 元，开具发票：

借：银行存款 36 000.00

　　贷：应交税费——应交增值税（销项税额） 1 048.54

　　　工程结算/预收账款 34 951.46

（4）期末结转未交增值税：

借：应交税费——应交增值税（转出未交增值税） 699.03

　　贷：应交税费——未交增值税 699.03

（四）小规模纳税人的账务处理

对于增值税小规模纳税人提供建筑服务，由于"应交税费——应交增值税"下不设置专栏，按规定扣减销售额而减少的应交增值税应直接冲减"应交税费——应交增值税"科目。其他处理与一般纳税人的简易计税项目基本相同。

第四节　税务稽查后增值税账务处理

一、税务稽查后增值税账务处理政策

根据国家税务总局《增值税日常稽查办法》规定，增值税一般纳税人在税务机关对其增值税纳税情况进行检查后，凡涉及增值税涉税账务调整的，应设立"应交税费——增值税检查调整"专门账户。凡检查后应调减账面进项税额或调增销项税额和进项税额转出的数额，借记有关科目，贷记本科目；凡检查后应调增账面进项税额或调减销项税额和进项税额转出的数额，借记本科目，贷记有关科目；待全部调账事项入账后，应结出本账户余额，并对该余额进行处理，处理之后，本账户无余额。

《企业会计准则》和《小企业会计准则》的规定，没有"增值税检查调整"、"未交增值税"等账户。我们建议增设"应交税费——增值税检查调整"专门账户，与增值税申报表相衔接。

《小企业会计准则》无"以前年度损益调整"科目，但可增设此科目，或者也可以将涉及损益的内容直接记入"利润分配——未分配利润"科目。

二、税务稽查后增值税账务处理实例

（1）销售货物、不动产、无形资产、应税服务、提供加工、修理修配劳务未入账申报（属账外循环、漏进漏出）。

本年度：

属于以前年度：

需补入库，如果有合法凭证可以列支，如果没有合法凭证再作纳税调整

借：库存商品

　　贷：应付账款（现金）

补出库：

借：以前年度损益调整

　　现金——应收款

　　贷：以前年度损益调整

　　　　应交税费/增值税检查调整

结转增值税：

借：应交税费/增值税检查调整

　　贷：应交税费/未交增值税/查补增值税

缴纳：

借：应交税费/未交增值税/查补增值税

　　贷：银行存款

补提附加税：

借：以前年度损益调整

　　贷：应交税费/城建税及教育费附加

补所得税：

借：以前年度损益调整

　　贷：应交税费/应交所得税/查补所得税

将"以前年度损益调整"科目余额转入利润分配：

借：利润分配——未利润分配

　　贷：以前年度损益调整

这一会计结转过程，如果会计上以前年度是亏损，就相应弥补了。

但所得税上弥补（调增所得额涉及弥补以前年度亏损），要根据稽查报告调整 CTAIS[①]。

调整利润分配有关数字：

借：盈余公积

　　贷：利润分配——未利润分配

企业应设置"以前年度损益调整"科目核算本年度发现的重要前期差错更正涉及调整以前年度损益的事项以及本年度发生的调整以前年度损益的事项，包括补缴流转税后涉及补缴的城市维护建设税、教育费附加、地方教育费附加等，及由于以前年度损益调整增加或减少的所得税费用，经过上述调整后，应将"以前年度损益调整"科目的余额转入"利润分配——未分配利润"科目，最后调整利润分配有关数字，如计提的盈余公积等。

属于本年度——

入库（看在哪一环节落了）：

借：库存商品（产成品）

　　贷：应付账款（生产成本）（现金）

出库：

借：主营业务成本

　　贷：库存商品（产成品）

---

① 中国税收征管信息系统

销售：

借：现金

贷：主营业务收入

应交税费/增值税检查调整

结转增值税：

借：应交税费/增值税检查调整

贷：应交税费/未交增值税/查补增值税

下面查账后会计调整需补缴的城市维护建设税、教育费附加、地方教育费附加及调整的所得税费用等调账分录如上所述，不再一一列示。

（2）销售货物、不动产、无形资产、应税服务、提供加工、修理修配劳务未申报（货物等记在账内，未作销售处理）隐匿销售。

属于以前年度——

借：应收账款（现金）

贷：以前年度损益调整

应交税费/增值税检查调整

属于本年度——

借：应收账款

贷：主营业务收入

应交税费/增值税检查调整

（3）购买虚开的增值税专用发票进行抵扣。

意味着没有真实交易，购买虚开的增值税专用发票相应的"原材料"等属于——不真实——需会计调整，相应冲减原会计分录。

如果是本年度，只需：

借：原材料　　　　　　　　　　　　　　　　－100 000

贷：现金/应付账款　　　　　　　　　　　　－100 000

如果是以前年度，只需做：

借：以前年度损益调整　　　　　　　　　　　－100 000

贷：现金/应付账款　　　　　　　　　　　　－100 000

（4）取得第三方开具的增值税专用发票进行抵扣。

（5）善意取得虚开的增值税专用发票进行抵扣。

取得第三方开具的增值税专用发票进行抵扣以及善意取得虚开的增值税专用发票进行抵扣，会计处理是对的，因凭证不合法只需作纳税调整。

上述情形都是属扣税凭证取得不合法。如果取得的进项凭证不合法而企业抵扣了该进项税，检查发现后应做如下账务调整：

以前年度：

借：以前年度损益调整

　　贷：应交税费——增值税检查调整

本年度：

借：原材料、库存商品、主营业务成本等

　　贷：应交税费——增值税检查调整

（6）将用于集体福利或者个人消费的购进货物或者应税劳务取得的专用发票进行抵扣。

上述情形属于抵扣范围擅自扩大。企业购进用于集体福利或者个人消费的货物不应抵扣进项税额，如果企业进行了抵扣，检查发现后应做如下账务处理：

以前年度：

借：以前年度损益调整

　　贷：应交税费——增值税检查调整

本年度：

借：应付职工薪酬等

　　贷：应交税费——增值税检查调整

（7）价外费用未计销项税额。

如果企业价外向购货方收取代收款项等符合税法规定的各种性质的价外费用未计提销项税额的，应按新售货物适用的税率计算出应补的增值税后，做如下账务处理：

借：其他应付款（代收、代垫款项）

　　贷：应交税费——增值税检查调整

（8）视同销售业务未计销项税额。

如果企业将自产的产品用于发放非货币性职工薪酬、无偿赠与他人等发生的视同销售业务未计提销项税额的，应按当期同类货物的价格或按组成的计税价格计算销售额后计提销项税额，并进行如下账务处理：

借：应付职工薪酬、本年利润（应计入损益的部分）

　　贷：应交税费——增值税检查调整

第六章　增值税稽查与查账技巧

第一节　增值税日常稽查办法

一、日常稽查的界定与增值税稽核

（一）增值税日常稽查的界定

增值税日常稽查是税务机关依照税收法律，法规和规章，对纳税人履行纳税义务情况实施常规稽核和检查的总称，包括稽核，检查及一般性违法问题的处理。

（二）增值税稽核

增值税稽核是税务机关监审纳税人增值税纳税申报情况及相关资料，筛选检查对象的过程，分为一级稽核和二级稽核。

一级稽核的工作内容和步骤：

第一，监控纳税人的申报情况。对超过纳税申报期限未办理纳税申报者，在本纳税申报期结束后 5 日内，向其发出催报通知。对连续两个月逾期未申报的，列印送交检查。

第二，审核纳税人的申报数据。依据纳税申报表内各指标之间的逻辑关系，对所申报的应纳税额进行逻辑审核。对申报有误的，应及时向纳税人发出。

第三，按季计算分析纳税人销售额变动率和税负率，计算公式如下：

（1）销售额变动率＝（本年累计应税销售额－上年同期应税销售额）÷上年同期应税销售额×100％

（2）税负率＝（本年累计应纳税额÷本年累计应税销售额）×100％

将销售额变动率和税负率与相应的正常峰值进行比较，对存在下列问题的纳税人，列印送交二级稽核：

（1）销售额变动率高于正常峰值，税负率低于正常峰值的；

（2）销售额变动率低于正常峰值，税负率低于正常峰值的；

（3）销售额变动率及税负率均高于正常峰值的。

正常峰值，是指纳税人在一定时期内实现的销售额和税负正常变化的上限或下限。即：销售额变动率正常峰值，为纳税人在正常经营的前提下，销售额与上年同期比较，销售额变动率（＋）所能达到的最大值；税负率正常峰值，为纳税人在正常履行纳税义务的前提下，由于受市场，季节等因素的影响而使税负率变化所能达到的最小值或最大值。正常峰值由地市级以上税务机关根据本地区不同行业的具体情况分别确定。

二级稽核的工作内容和步骤：

第一，审核增值税纳税申报表，发票领用存月报表，相关发票存根联，抵扣联，发票领用存原始记录等资料之间的数据是否相符。

第二，对防伪税控系统开具的增值税专用发票抵扣联按规定进行认证。

第三，运用全国丢失，被盗增值税专用发票查询系统对其抵扣联进行抽查验证。

第四，根据纳税人报送的增值税纳税申报表，资产负债表，损益表和其他有关纳税资料，做好案头分析工作，对纳税人形成异常申报的原因作出初步判断。

（1）毛益率分析。根据损益表计算销售毛益率，计算公式为：

$$销售毛益率＝（销售收入－销售成本）÷销售收入×100\%$$

若本期销售毛益率较以前各期或上年同期有较大幅度下降，可能存在购进货物（包括应税劳务，下同）入账，销售货物结转销售成本而不计或少计销售额的问题。

（2）存货，负债，进项税额综合分析。适用于商品流通企业。分析时，先计算本期进项税额控制数，计算公式为：

$$本期进项税额控制数＝\left[\begin{array}{c}期末存货较期初增加额\\（减少额用负数表示）\end{array}＋\begin{array}{c}本期销\\售成本\end{array}＋\begin{array}{c}期末应付账款较期初减\\少数（增加额用负数表示）\end{array}\right]$$
$$×\begin{array}{c}主要外购货物\\的增值税税率\end{array}＋\begin{array}{c}本期运费\\支出数\end{array}×10\%$$

以进项税额控制数与增值税申报表中的本期进项税额核对，若前者明显小于后者，则可能存在虚抵进项税额和未付款的购进货物提前申报抵扣进项税额的问题。

（3）销售额分析。将损益表中的当期销售成本加上按成本毛利率计算出的毛益额后，与损益表，增值税申报表中的本期销售额进行对比，若表中数额小，且差距较大，则可能存在销售额不入账，挂账或瞒报等问题。成本毛利率计算公式为：

$$成本毛利率＝（本年累计毛利额÷本年累计销售成本）×100\%$$

（三）稽核发现问题的处理

将稽核发现的问题和疑点，分别不同情况作如下处理：

（1）对纳税人申报异常提出质询，并逐一记录质询情况，质询记录内容包括：纳税人名称，纳税人识别号，申报异常所属时期，销售额变动率及税负率，答复人姓名以及答复情况等。

（2）对申报异常且无正当理由的纳税人应填写，送交检查；申报异常现象特别严重或有较大偷骗税嫌疑的，填写送交专案检查。

（3）质询记录，待查对象通知和检查情况所报资料要随时复核，定期统计并报主管领导审阅。

（四）抽检纳税人

对稽核阶段未被列入检查对象的纳税人，应定期随机抽取一定数量的待查对象送交检查。对该类纳税人的检查间隔（即实施两次检查之间的时间）最长不得超过 3 年。

二、增值税检查

（一）增值税检查的界定

增值税检查是税务机关对纳税人会计核算资料及有关生产经营情况进行实地检查的过程。

（二）增值税检查的对象

增值税检查的对象为稽核环节送达的未申报清单和待查对象通知所列的纳税人以及根据抽检确定的纳税人。

（三）增值税检查的实施期限

增值税检查应按计划组织实施，对未申报待查对象的检查应自通知送达之日起 1 个月内实施，对申报异常的待查对象的检查应自通知送达之日起 2 个月内实施。

（四）增值税检查方法

增值税检查方法根据待查对象的具体情况确定：

第一，无申报异常现象的，可采取抽查的方法，如有问题再全面检查。

第二，有申报异常现象的，应以销项或进项的某一方面问题核实为主，实施销项税额与进项税额的全面检查。

（1）销售额变动率高于正常峰值及税负率低于正常峰值或销售额变动率正常，而税负率低于正常峰值的，以进项税额为检查重点，查证有无扩大进项抵扣范围，骗抵进项税额，不按规定申报抵扣等问题，对应核实销项税额计算的正确性；

（2）销售额变动率低于正常峰值及税负率变动低于正常峰值的，销项税额和进项税额均应作为检查重点。

对销项税额的检查，应侧重查证有无账外经营，瞒报，迟报计税销售额，混淆增值税与营业税征税范围，错用税率等问题。

三、一般性违法问题的处理

(一) 账务调整与移送稽查

经稽核，检查核实的一般性偷骗税问题应按有关条款及现行有关管理规定进行处理；同时责成纳税人进行相关的账务调整。对偷骗税数额较大，情节较严重，涉及地域范围较广的偷骗税案件应及时移送专案稽查。

(二) 反馈给二级稽核

经增值税检查查实的问题及处理情况应按国家税务总局统一规定的文书形式反馈给二级稽核。

四、增值税检查基本方法

(一) 瞒报计税销售额的检查

应对下列问题运用账证核对法逐项查证：

(1) 发票上填开的销售额与有关收入账户中的记录是否一致；

(2) 有无计税销售额记入往来账户问题；

(3) 有无将计税销售额或差价记入"应付福利费""投资收益""资本公积""盈余公积"等账户，逃避纳税的现象；

(4) 以物易物有无不反映销售而只办理存货之间转账的问题；

(5) 有无发生销售不反映销售额，而是以"生产成本""产成品""库存商品"等存货账户以及资金账户或往来账户对转的问题；

(6) 有关收入账户的红字冲销记录有无足以证明业务确实发生的证据；

(7) 视同销售业务不申报纳税。检查"应付福利费""在建工程""长期投资""营业外支出"等账户的借方记录，核对会计凭证，查明视同销售是否按规定申报了计税销售额和销项税额。

(二) 迟报计税销售额的检查

(1) 将已填开的发票存根联与有关收入账户记录进行核对，看当月实现的收入是否全部入账，有无压票现象；

(2) 对不以销货发票为记账依据的商业零售企业，应查明有无将本月的"销售日报"作为下月原始凭证入账的现象。

(三) 适用税率的检查

看已填开的增值税专用发票和含税销售额换算为不含税销售额所使用的税率是否正确。

(四) 虚开发票的检查

将已填开的发票存根联与其所列货物的明细账记录进行核对，看账证记录是否一致。

（五）扩大进项税额抵扣范围的检查

以"进项税额"账户为中心，逐一分析每笔记录记账凭证的会计处理和原始凭证所载明的经济业务，看有无将不属于抵扣范围的进项税额申报抵扣。

（六）骗抵进项税额的检查

将进项凭证与相关的付款凭证，资金账户，相关的存货账户进行核实，凡发现异常的进项凭证或涉嫌虚开，伪造的进项凭证，应委托销货方所在地税务机关配合查实。

对依据运费发票等其他扣税凭证计算进项税额的，应检查进项税额计算的正确性和扣税凭证的真实性。

（七）擅自抵扣期初存货进项税额的检查

对纳税人申报抵扣的期初存货进项税额，应查明是否经主管税务机关批准，验证其计算的正确性。

（八）进项税额转出的检查

分析"应付福利费"，"在建工程"，"其他业务支出"，"待处理财产损溢"，"营业外支出"以及销售收入类等账户，并核对其会计凭证，看是否发生了进项税额转出事项，该办理进项税额转出的是否已经转出，转出额的确定是否正确。对兼营免税项目的纳税人，应通过分析有关销售收入和成本账户，看是否按规定办理进项税额转出。

（九）账外经营检查

涉嫌有账外经营的，可采用突击检查方式，运用盘存法对存货和库存现金进行账实核对，凡相差悬殊的，要进一步查证有无未入账的进项凭证（包括代销，寄存等其他有效凭证）和现金收入凭证，如有未入账凭证，将其所载金额从实存数中扣除后，其结果仍大于账存的，即存在账外经营。

五、增值税检查调账方法

增值税检查后的账务调整，应设立"应交税费——增值税检查调整"专门账户。凡检查后应调减账面进项税额或调增销项税额和进项税额转出的数额，借记有关科目，贷记本科目；凡检查后应调增账面进项税额或调减销项税额和进项税额转出的数额，借记本科目，贷记有关科目；全部调账事项入账后，应结出本账户的余额，并对该余额进行处理：

（1）若余额在借方，全部视同留抵进项税额，按借方余额数，借记"应交税费——应交增值税（进项税额）"科目，贷记本科目。

（2）若余额在贷方，且"应交税费——应交增值税"账户无余额，按贷方余额数，借记本科目，贷记"应交税费——未交增值税"科目。

（3）若本账户余额在贷方，"应交税费——应交增值税"账户有借方余额

且等于或大于这个贷方余额，按贷方余额数，借记本科目，贷记"应交税费
——应交增值税"科目。

（4）若本账户余额在贷方，"应交税费——应交增值税"账户有借方余额
但小于这个贷方余额，应将这两个账户的余额冲出，其差额贷记"应交税费
——未交增值税"科目。

上述账务调整应按纳税期逐期进行。

第二节　增值税日常稽查工作经验

一、核对专用发票存根联，查有无擅自开具红字发票

按照规定，企业开具的红字专用发票，必须有对方税务机关开具的"销
货退回或索取折让证明单"或有购货方退回的专用发票的"发票联"和"抵
扣联"原件。在检查中：一是核实红字专用发票内容是否与"证明单"内容
一致，并核实产成品、库存商品明细账有无对应记录，防止企业自行冲减销
售。二是根据红字专用发票发票联上注明的原蓝字发票的记账联的存放地点，
核对其红字、蓝字发票内容、金额是否一致，其红字发票的存根联、抵扣联
和发票联是否撕下，其原蓝字发票的抵扣联、发票联是否粘贴在红字专用发
票联的后面。如不一致，则其红字发票不得冲减当期销售。

二、核对专用发票、普通发票存根联，查有无已开票的销售货物和应税劳务收入不作销售处理

专用发票和普通发票是计算企业销售额最主要的凭证。在检查中首先
应对纳税人购、用、存发票的情况进行核实，查实发票已用的份数。其次
将查实已用的发票中所列款项与相关销售账簿进行核对，对发票用量不大
的企业，要逐笔进行核对，对发票用量较大的企业，要采取抽查的方法进
行核对。

三、核对销售日记账和银行往来账，查有无未开票销售货物和应税劳务不作销售

在检查中，一是要看企业销售的货物的性质是否为必须开具发票的货物
销售，如果不是，要核实企业申报时有无未开票销售货物收入；二是查货物
的收款方式，若以自制收款凭证，或现金销售日记账等形式收款的，应检查
这部分收入是否申报纳税；三是将企业经营规模与申报未开票收入相比较，
查有无少报未开票收入行为。

四、核对收据存根联，查有无价外费用未列销售

价外费用，是指价外向购买方收取的手续费、补贴、基金、集资费、返还利润、奖励费、违约金、滞纳金、延期付款利息、赔偿金、代收款项、代垫款项、包装费、包装物租金、储备费、优质费、运输装卸费以及其他各种性质的价外收费。价外费用无论其企业会计制度如何核算，均应按其所销售货物的适用税率，换算成不含税价格计征增值税。

在检查中要对"管理费用""制造费用""产品销售费用""其他应付款""其他业务收入""营业外收入"等科目的明细账进行检查。

五、核对"库存商品"或"产成品"贷方发生额，查有无应视同销售的货物而未计销售额

在检查中要着重检查该科目贷方发生额，除正常的商品（产品）成本结算外，应逐笔核对原始凭证，看其是否将应视同货物销售的收入未计销售额，如：将商品或自产品用于捐赠、投资、职工福利以及在建工程等行为。

在对商业企业的检查中，对有"买一赠一"方式销售商品的企业，应核实企业是否将赠品按其同期同类商品销售价格申报纳税，有无直接冲减"库存商品"的行为。

六、核对抵扣凭证，查有无将不合法凭证计入当期进项税额

合法的抵扣凭证为从销售方取得的专用发票抵扣联原件；海关进口货物完税凭证的复印件；农产品收购凭证；从境外单位或者个人购进服务、无形资产或者不动产，自税务机关或者扣缴义务人取得的解缴税款的完税凭证。

在检查中，一是检查抵扣凭证的真伪，有无将已停止使用的专用发票以及专用发票的复印件等列入进项抵扣；二是检查抵扣凭证的填写是否齐全、正确，税额计算是否准确；三是检查抵扣凭证是否符合增值税准予抵扣范围；四是检查抵扣凭证开具是否真实。

对有疑问的抵扣凭证应采取两种方法进行检查；一是采用就地审核方法，即通过进货企业开户银行与企业购货款划转情况或深入企业与货物出入库情况进行核对。二是采用发协查函的方法，将有疑问的抵扣联复印件传递给销货方税务机关，由其协助查实抵扣凭证的真伪性。

七、核对"应交税费——应交增值税（进项税额）"账户，查有无从销售方取得的各种实物和返还资金未冲减当期进项税额

按照政策规定，自从 1997 年 1 月 1 日起，凡增值税一般纳税人，无论是

否有平销行为，因购买货物而从销售方取得的各种形式的返还资金，均应依所购货物的增值税税率计算应冲减的进项税额。应冲减的进项税额计算公式如下：

$$\text{当期应冲减进项税额} = \text{当期取得的返还资金} \div (1 + \text{适用税率}) \times \text{所购货物适用的增值税税率}$$

八、核对付款凭证或入库单，查有无未付款或货物未入库而列入进项税额抵扣

对企业抵扣凭证的核查，应严格按照商业企业付款或工业企业入库后方可抵扣的规定执行，对未付款或未入库而申报抵扣的，除调减当期进项税额外，还应在抵扣凭证上加盖"不予抵扣"单，在以后年度即使纳税人付款后也不予抵扣。

九、核对商品经营范围或仓库出库单，查有无为他人代开专用发票

在检查中对企业开具专用发票中货物的名称，要进行认真核实，看该货物是否属企业经营范围，是否有此货物的购进，同时在检查中还应将专用发票与相应的货物出库单相核对，查实企业是否有代开专用发票的行为。

十、核对"应付福利费"账户，查有无抵扣进项税额

在检查中对有"应付福利费"账户的贷方发生额的，要对其原始凭证进行检查，看是否收取了增值税专用发票，并将不应抵扣的进项税额进行了抵扣。

第三节　偷逃增值税的主要手段与查账方法

一、偷逃增值税的主要手段

（一）少计销项税额

（1）把销售货物、不动产、无形资产或服务等含税收入票据压下来不做账，推迟申报纳税。

（2）把销售货物、不动产、无形资产或服务等含税收入放入"小金库"中，以偷逃增值税。

（3）把销售货物、不动产、无形资产或服务等含税收入不作收入和应交税费账，而冲减生产成本、制造费用、产品销售费用、其他业务支出、管理费用、财务费用、在建工程、递延资产、待摊费用等支出，不申报纳税。

（4）把销售货物、不动产、无形资产或服务等含税收入不作收入和应交

税费账，而做在"应付账款"、"预收账款"、"其他应付款"、"应收账款"、"其他应收款"等账上，不申报纳税。

（5）价外收入不计提销项税。

（6）出售原材料、边角料、废旧物品等收入不计提销项税。

（7）按低于规定的税率计提销项税，以偷逃增值税。

（8）采取以物易物方式销售货物、不动产或无形资产，不作销售处理计提销项税。

（9）采取以旧换新方式销售货物，不按新货物的同期销售价格确定销售额计提销项税或不作销售处理计提销项税。

（10）以货物、不动产、无形资产或服务抵债的，不作销售处理计提销项税。

（11）将自产或委托加工的货物作为投资提供给其他企业或个人的，不视同销售货物计提销项税。

（12）将自产或委托加工的货物分配给股东或投资者的，不视同销售货物计提销项税。

（13）将自产或委托加工的货物用于集体福利或个人消费的，不视同销售货物计提销项税。

（14）将自产或委托加工的货物无偿赠送他人的（限额内用于公益、救济性捐赠以外），不视同销售货物计提销项税。

（15）向其他单位或者个人无偿提供服务（用于公益事业或者以社会公众为对象的除外），不视同发生应税行为计提销项税。

（16）向其他单位或者个人无偿转让无形资产或者不动产（用于公益事业或者以社会公众为对象的除外），不视同发生应税行为计提销项税。

（17）随同产品出售包装物收入及逾期未退还的包装物押金，直接冲减"包装物"账，不计入销售收入提取销项税。

（18）化自产为加工，少提销项税，即只按销售额与原材料成本的差额计算销售收入，原材料成本直接用销售收入冲减。

（19）采取记账凭证金额小于所附附件所载销项税金额的手段，以少计销项税。

（20）免税项目多退销项税额，即不按不含税收入乘税率计算，而按含税收入直接乘税率从销项税额中退出。

（21）故意混淆征免税界限，把应税项目列入免税项目。

（二）虚增进项税额

（1）没有购进货物、不动产、无形资产或服务，开具假的购进货物、不动产、无形资产或服务增值税发票，虚增进项税额。

（2）虚开货物、不动产、无形资产或服务进价，多计进项税额。

（3）因进货退回或折让而收回的增值税不从进项税额中扣减。

（4）购进货物、不动产、无形资产或服务未按规定取得或保存增值税扣税凭据，而推算进项税申报抵扣。

（5）购入用于简易计税方法计税项目、免税项目及集体福利或个人消费的货物或服务，将其税计入进项税申报抵扣。

（6）购入货物改变用途用于简易计税方法计税项目、免税项目及集体福利或个人消费的，不将相应的进项税转出，而仍申报抵扣。

（7）购入货物作为投资或捐赠转出时，不将相应的进项税转出，而仍申报抵扣。

（8）非正常损失产品、在产品、外购货物或不动产以及相关的加工修理修配劳务、交通运输服务、设计服务和建筑服务等，不将相应的进项税转出，而仍申报抵扣。

（9）购进的旅客运输服务、贷款服务、餐饮服务、居民日常服务和娱乐服务，申报抵扣进项税。

（10）2016年5月1日后取得并在会计制度上按固定资产核算的不动产或者2016年5月1日后取得的不动产在建工程，其进项税额一次性申报抵扣。

（11）纳税人接受贷款服务向贷款方支付的与该笔贷款直接相关的投融资顾问费、手续费、咨询费等费用，申报抵扣进项税。

（12）供货单位返还给企业的利润或奖励，直接冲减有关费用或作营业外收入，不将相应的进项税转出。

（13）多提可以作为进项税抵扣的如电费等预提费用，以虚增进项税，甚至有的单位冲转多提如电费等预提费用时又不如数转出多提的进项税。

（14）采取记账凭证金额大于所附增值税专用发票税款抵扣联金额的手段，以虚增进项税。

（15）有二级单位的企业，有的进项税既在一级单位申报抵扣，又在二级单位申报抵扣，造成重复抵扣进项税额。

（16）货物未入库，也未付款，但专用发票先到，企业就按发票注明的税金作进项税申报抵扣。

（17）将办理申报纳税期间收到的专用发票提前到上期计算进项税申报抵扣，以减少申报期内的应交税费。

（三）其他手段

（1）查补增值税的入库，不按规定调整账户，而借记"应交税费——应交增值税（已交税金）"科目，贷记"银行存款"科目。这样，企业在缴纳下期增值税时，就不知不觉地将查补的税款如数抵顶了回去。

（2）采取记账时张冠李戴以虚减销项税或虚增进项税的手段偷逃增值税，例如会计凭证上为"贷：应交税费——应交增值税（销项税额）10 000元"，而记账时则将此记入"管理费用"账户的贷方；又如会计凭证上为"借：产品销售费用6 000元"，而记账时则将此记入"应交税费——应交增值税（进项税额）"账户的借方。

（3）采取有增加销项税会计凭证不记或少记账，无增加进项税会计凭证记增加进项税账或不按会计凭证上增加进项税的金额多记账的手段偷逃增值税。

（4）不如实进行纳税申报，即少报销项税额、进项税额转出或多报进项税、已交增值税以达到偷逃增值税的目的。

（5）偷逃增值税后，谎称会计资料遗失或因某种灾害损毁，以掩盖偷逃增值税的行为。

二、偷逃增值税的查账方法

（一）审查会计账簿

主要审查"应交税费"账簿，核实应交增值税账簿上的金额与纳税申报金额是否相符，有无采取不如实进行纳税申报的手段偷逃增值税的情况；核实应交增值税的账簿记录与会计凭证是否相符，有无采取记账时张冠李戴，有增加销项税会计凭证不记或少记账，无增加进项税会计凭证记增加进项税账或不按会计凭证上增加进项税的金额多记账的手段偷逃增值税的情况。

（二）审查会计凭证

会计凭证包括记账凭证和原始凭证，它记录了每一笔经济业务的内容，是留下偷逃增值税铁证的主要凭据。因此，对照偷逃增值税的手段审查会计凭证是清查偷逃增值税行为的主要方法。对原始凭证，主要审查该计提的销项税是否计提、所载可抵扣的进项税是否有合法的凭据并真实合法、该转出的进项税是否转出及其计算是否正确，有无虚假的购进货物增值税发票和运费发票等。对记账凭证，主要审查应附附件是否齐全，与原始凭证的内容是否一致和数字是否相符，会计科目的使用是否正确，与账簿记录是否吻合等。通过对会计凭证的审查，核实有无采取某一或某些偷逃增值税的手段进行偷逃增值税的情况。

（三）审查收款票据

主要审查已使用发票、收据的存根联是否齐全，有无缺号情况；所有开具了未作废的发票、收据的记账联是否都做了账，存根联与记账联上的数量、金额是否一致；未使用的发票、收据有无缺号的情况，每份未使用的发票、收据其发票、收据联是否存在；核实有无采取把销售货物、不动产、无形资产或服务等含税收入票据压下来不做账或放入"小金库"中等手段偷逃增值税的情况。

（四）盘点库存现金

对库存现金进行突击盘点，检查库存现金实际金额与现金日记账和总账余额是否相符，并要注意审查出纳手中保管未入账的收支单据，核实有无采取把销售货物、不动产、无形资产或服务等含税收入票据压下来不做账或放入"小金库"中等手段偷逃增值税的情况。

（五）审查银行存款

对银行存款进行审查，检查单位银行存款账面余额与单位银行存款实有金额是否相符，未达账款是否由于正常原因所致，特别要注意一收一付金额相等的银行已入账的单位未达账款，核实有无采取把销售货物、不动产、无形资产或服务等含税收入票据压下来不做账或放入"小金库"中等手段偷逃增值税的情况。

（六）核实往来账款

采取上户、函证等方法，对"应付账款""预收账款""其他应付款""应收账款""其他应收款"实有数进行核实，检查其账面金额与实际数额是否相符，看有无把销售货物、不动产、无形资产或服务等含税收入不做收入和应交税费账，而做在这些账上，不申报纳税而偷逃增值税的情况。

（七）审查实物资产

对产成品、原材料、低值易耗品等实物资产进行盘点，并审查相应的总账、明细账、仓库保管账和备查账，看账实、账账是否相符，核实有无采取把销售货物、不动产、无形资产或服务等含税收入票据压下来不做账或放入"小金库"中等手段偷逃增值税的情况。

（八）比较分析情况

对被查单位检查期间的销售收入、销项税额、进项税额、已交税金、每一元钱销售额应交税额、消耗某项主要原材料每一计量单位应交税额、消耗每度电应交税额、支付生产工人每一元钱工资应交税额等情况分别与相应的本期计划数、上期实际数、同行业水平数等进行比较，分析产生差异的原因，核实有无采取某一或某些偷逃增值税的手段进行偷逃增值税的情况。

（九）向被查单位人员询问调查

在发现偷逃增值税问题、线索前或后，找被查单位的相关人员如有关领导、财会、业务等人员特别是比较熟悉情况、作风正派、敢说实话的员工、老同志进行询问调查。在询问调查中，要注意分析和掌握被询问调查人的心理状态，有的放矢地做好启发疏导思想工作，核实是否存在偷逃增值税的行为及相关的具体情况。

(十) 发动群众举报

偷逃增值税的行为，有的在财务账上反映了，这类比较容易被查出；有的则没有在财务账上反映，如把销售产品等含税收入放入了"小金库"中，这类不容易被查出。为此，要采取措施如实行有奖举报、专项举报等广泛发动群众举报，以便发现线索，顺藤摸瓜，查出偷逃增值税的行为。

第四节　增值税稽查中对存货的审查技巧与案例

一、增值税稽查中对存货的审查技巧

存货是指企业在日常活动中持有以备出售的产成品或商品，处在生产过程中的在产品、在生产或提供劳务过程中耗用材料和物料等。存货由于其流动性大、可变现、品种繁多、管理难等诸多特点，往往在日常税务管理、纳税评估、税务稽查等工作中被忽视，给某些不法分子以可乘之机。

存货的检查范围主要包括原材料、半成品、产成品、库存商品等。税务稽查通常的做法是就账论账，在目前企业普通会计核算不真实、不全面的情况下，企业实际生产经营状况难以准确掌握，许多问题就容易被掩盖。从存货检查的角度讲，它涉及企业的主要经营业务、资金流动，不仅反映企业的投入状况，而且从另一个侧面反映企业的收入与成果。因此，检查人员对存货进行检查时，一是要注意全面看账。不仅要看会计账，而且要看辅助账，如保管员的账、销售日记账（表）等。二是不仅要看账，而且要看形成账面数字的计算过程资料。三是要实地查验。四是将检查过程中的数字进行对比分析。因为存货检查涉及企业生产经营的始终，倘若企业隐瞒收入或加大成本，肯定会在存货上有所体现。

二、增值税稽查中对存货的审查案例

某企业于 1997 年 3 月成立，是增值税一般纳税人，主要从事电磁线、机械压铸加工制造及销售。该企业 2008 年度、2009 年度申报的应税收入均在 2 000 万元左右，年纳增值税 60 万元左右。

2010 年 6 月，国税局稽查局稽查人员对企业进行例行检查。当检查人员向企业索要年末《存货盘点表》时，当事人先是以《存货盘点表》遗失为由拒绝提供，后以实物管理人员经常更换难以找齐资料为借口，企图拖延提供资料的时间。从当事人的言谈举止中，检查人员觉得该企业肯定有问题。于是，检查人员采用了"欲擒故纵"的策略，不再向该企业催要《存货盘点表》，而是从账簿、凭证等原始资料中寻找蛛丝马迹。在检查凭证的过程中，

检查人员发现了几份奇怪的会计分录，均为"借：营业费用（制造费用或生产成本）；贷：库存商品——洗衣机×台、电表×只、空调×台"。这些分录看似没错，但该企业不生产电表、洗衣机和空调，生产产品也用不到这些货物。这些货物从何而来？是购买还是客户抵债？数量有多少？

为了查清事实，检查人员不动声色地翻阅了该企业近3年来的进货增值税发票抵扣联，发现该企业在2007年共取得4份增值税专用发票，列明空调×台、洗衣机×台、电表×只，并全部申报抵扣了进项税额。检查人员据此向该企业当事人咨询。在事实面前，当事人无法自圆其说，只好拿出了近3年来的《存货盘点表》。

经过检查人员进一步调查取证，该案终于水落石出。原来，该企业的部分客户由于无法支付到期货款，就以货物抵充货款并开具增值税专用发票给企业抵扣进项税额。该企业将这些抵债货物以变价销售、赠送、作奖品发给职工等方式进行处理后，其余的均巧立名目计入了成本费用，没有如实申报纳税，违反了《增值税暂行条例》的有关规定，少缴增值税8.86万元。

第五节　增值税稽查中对往来账户的审查技巧与案例

一、增值税稽查中对往来账户的审查案例

新疆焉耆县某管道有限责任公司焉耆县分公司是以玻璃钢夹沙管道、管件的设计生产、安装及销售为主的有限责任公司，系增值税小规模纳税人。2001年8月，新疆焉耆县国税稽查局对其2001年1～6月增值税纳税情况进行日常检查，在检查中稽查人员从明细分类账入手，按照账户结构进行了侧重检查。

一般来说，往来账户往往金额大，业务多，容易成为企业挂账和转移收入的窝点，因此，稽查人员对该公司的往来账户进行了重点检查，结果发现其"预收账款"账户的贷方余额较大，再深入检查其"预收账款"明细账，发现只有贷方增加数，长时间没有借方结转数。税法规定，采取预收账款销售方式的，以发出货物当天确认销售收入。故进一步检查产成品出库的"出库单"，并与"预收账款"明细账核对，发现产品已发出，此时真相已经大白，该分公司将货款挂在"预收账款"账户上，未记"销售收入"账户。

稽查人员在观察了解该公司生产、经营流程时发现厂房里摆放着许多原材料包装物油桶，便检查了"其他业务收入"账户的发生额，其会计处理为：

借：银行存款；贷：其他业务收入。销售包装物油桶未作销售收入。经查，该公司分别于2001年2月至3月和2001年5月至6月期间，采取虚假的纳税申报手段将销售油桶、销售玻璃钢管取得的应税收入3.82万元和95.83万元未向主管税务机关如实申报纳税。

对该纳税人2001年5月1日前后发生违法行为，根据新、旧《税收征收管理法》第四十条第一款和第六十三条第一款之规定，已构成偷税，焉耆县国家税务局依法作出责令其限期补缴增值税5.98万元、对其偷税行为处以所偷税款0.5倍的罚款2.99万元、从滞纳税款之日起到税款入库之日止按日分别加收千分之二和万分之五的滞纳金2 155.73元的税务行政处理、处罚决定。

二、增值税稽查中对往来账户的审查技巧

该分公司将销售货款挂在"预收账款"账户上，而不挂在其他往来账户，是因为其玻璃钢夹沙管道销售较好，市场紧俏，所以挂在"预收账款"账户上，符合常理，可以自圆其说，不至于被税务机关怀疑。因此，检查过程中，要注意和"产成品""销售收入""银行存款"等会计科目进行对照核实，查清每一笔往来资金的来龙去脉，有贷方余额，特别是长期挂在账面的贷方余额，必须逐项查清落实。

企业常把销售收入挂往来账贷方，以此少申报应税销售收入，从中偷税，稽查人员查账时不能就账论账。而是要根据被查对象的性质、经营规模、经营项目、财务核算状况，正确选择和灵活运用查账方法，如实地观察法、明细分类账侧重检查法、直接观察法等稽查新方法，来减少工作盲目性，提高办案的效率和质量。

第六节 增值税检查中生产要素分析法的运用技巧与案例

一、增值税检查中生产要素分析法的运用案例

2012年10月，山东省高密市国税局税收管理员在对某纺织企业（一般纳税人）进行日常巡查时，发现该企业扩大了生产规模，纱锭数量由5 000锭增加到1万锭，新增设备在7月投入使用，生产工人增加到80多人，生产的纯棉纱供不应求，仓库中基本没有库存棉纱，纯棉纱价格23 500元/吨。2012年7月至9月，申报销售额720万元，实现增值税31.7万元，税负率为4.4％。

税收管理员通过对纳税人扩大生产规模前后的月申报销售额进行比较，发现企业扩大生产规模后，月申报销售额的增长与设备数量的增加不成比例。

按照 1 万纱锭日产 4 吨纯棉纱对其产量进行测算，企业 3 个月的棉纱产量应为 360 吨，按照 23 500 元/吨的平均销售价格计算，产值应为 846 万元，纳税人的申报销售额比测算的实际产值少了 126 万元。对此，企业负责人解释说，生产规模虽然扩大了，但招工困难，企业开工不足。于是，税收管理员又根据供电部门开具的电费抵扣凭证，计算出该企业 7 月至 9 月的耗电量为 78.5 万千瓦时。按照生产 1 吨纯棉纱耗电 2 200 千瓦时的标准对企业产量进行测算，棉纱产量应为 356.8 吨，按照 23 500 元/吨的平均销售价格计算，产值应为 838.5 万元，比申报销售额多 118.5 万元。

根据设备生产能力指标测算产值 846 万元和根据单位产品耗电指标测算产值 838.5 万元的两个结果基本一致，都与企业申报的销售额 720 万元相差较大，税收管理员由此初步认定该企业存在隐瞒收入问题。税收管理员约谈了企业负责人，向其宣讲有关法规政策后，该负责人承认了隐瞒收入少缴税款的事实，自查补缴了税款 20 多万元。

二、增值税检查中生产要素分析法的运用技巧

第一，对小型纺织企业的纳税评估，鉴于其销售产品开具发票较少、收入难于控制的特点，纳税评估的重点应在核实收入的真实性上。在上述纳税评估中，税收管理员通过收集第三方信息，以生产要素分析法为主线，从企业的生产能力、耗电、耗用原材料等方面进行分析评估，用不同的方式测算出的产品产量结果基本相符，评估分析数据为约谈举证和评定处理打下了坚实的基础。

第二，在生产要素分析法的使用过程中要注意把握两个重点，即科学合理的评估参数和客观公正的第三方数据。在上述纳税评估中，税收管理员通过翔实的数据分析和实地调查，提炼出了比较科学的能耗、物耗、生产能力等指标，为纳税评估工作确定了参数。同时，供电部门提供的能耗数据以及企业的设备生产能力等数据，可以客观的反应纳税人的实际生产经营情况。科学的参数和客观的数据使复杂的评估工作简单化了，提高了纳税评估的质量和效率。

第三，在纳税评估中要强化审核分析，注重约谈技巧。在评估过程中，评估人员通过分析发现纳税人存在的涉税疑点问题，使评估约谈和实地核实更加有的放矢，保证评估的工作质量。在约谈环节，根据案头分析情况，就相关疑点问题拟定约谈提纲，在对疑点指标进行综合对比分析的基础上，将每个疑点指标所涉及的内容和项目进行细化，梳理出可能存在疑点的业务环节，使约谈有条不紊地进行。

第四，税收管理员在日常税务管理工作中，除了要掌握纳税人日常申报

所提供的信息之外，还应该到企业实地查看企业的生产经营情况，掌握纳税人的生产规模，了解纳税人的生产动态，及时掌握企业经营信息，把握纳税人的重点指标数据，充分利用现有资源，定期对纳税人相关信息进行比对分析，强化对纳税人的监控管理。也就是说，税收管理员要注重将纳税评估、日常监控和纳税服务有机结合起来，以优质的服务和严格的执法不断提高纳税人的纳税遵从。

第七节　营改增之后各行业增值税稽查的重点

一、安徽国税交通运输业税务稽查重点问题

2015 年，安徽省国税局集中开展了针对交通运输业"营改增"的税收专项稽查。专项稽查共检查企业 197 户，发现存在违法问题企业 170 户，其中涉嫌虚开增值税专用发票犯罪并移送公安机关继续查处 31 户，查补税款 1 106 万元，罚款 45 万元。

自"营改增"试点以来，大部分改征增值税的原营业税纳税人都得到了实惠，但是，仍有部分"营改增"行业，尤其是交通运输业存在较大税务风险。2014 年下半年，安徽省国税局通过税收分析和实地调研发现，全省交通运输业当年 1 月至 8 月增值税收入同比增长 80%，占全省收入增量的 67%，不仅增速远远超过其他行业，增长情况也与经济发展形势不符，存在虚开增值税专用发票的风险。有鉴于此，安徽省国税局通过税收风险指标，筛选出 400 多户高风险企业，由省局统一部署，省、市两级国税局分工负责，开展专项稽查，全面清理税务风险。

稽查人员通过调取被查纳税人的账簿资料，到运输管理部门核对运输工具情况，到金融机构核对资金往来情况，到发货方、收货方核实货物交易及运输业务情况，约谈业务人员及运输工具驾驶人员等多种方式开展内查外调。通过调查，该局发现交通运输业纳税人主要存在三种涉税违法问题：一是利用财政扶持政策实际税负不高的"优势"对外虚开增值税专用发票，赚取开票费和税款之间的差额收入；二是名义上"挂靠"很多运输工具，但未办理实际挂靠手续，既不对挂靠运输工具进行管理，也不负责运输业务的组织，更不提供交通运输劳务，仅根据运输工具实际拥有人的要求代开发票；三是账簿凭证设置、管理混乱，会计核算水平不高，无法准确核算成本、费用及提供相关税务资料。

针对上述问题，安徽省国税局统一口径，分类处理，对于涉嫌虚开犯罪的企业，一律移送公安机关严厉查处；对于缺乏实际运输能力的企业，

停止发放增值税专用发票，责令限期完善相应挂靠手续及业务组织方式，达不到要求的，按照其实际经营业务，改按物流辅助业进行税收管理；对于财务核算不健全的企业，责令限期改正，暂停抵扣进项税及开具增值税专用发票。

通过此次税收专项稽查，安徽省国税局全面清理和整顿了交通运输业税收秩序，打击了虚开增值税专用发票的违法犯罪行为，确保了"营改增"改革的顺利推进。目前，专项稽查人员正在积极配合公安机关对涉嫌犯罪案件进行查办。

二、上海国税邮政业税务稽查重点问题

自 2014 年 1 月 1 日起，我国在铁路运输业和邮政业开展"营改增"试点。同年，上海市国税局按照上级机关工作部署，对 A 邮政公司 2014 年 1 月 1 日至 2014 年 9 月 30 日期间的申报纳税情况及发票使用情况实施检查。经检查发现，该企业存在未按规定抵扣进项税、应税和免税业务划分不准确、适用税率不正确等多项涉税问题，共计查补增值税 700 余万元。

经查询显示，A 邮政公司属于邮政基本服务行业，经营范围包括国内和国际邮件寄递业务，国内报刊发行，图书报刊批发、零售，普通货运，仓储业务，销售邮票、集邮票品，邮政器材，邮政包装用品等。A 邮政公司下属有 16 家区县邮政公司和集邮总公司、国际邮购公司、物业管理公司等 11 家专业公司。

"营改增"后，A 邮政公司及其下属区县公司实行统一的会计核算，增值税和企业所得税由 A 邮政公司汇总缴纳，区县公司在机构所在地缴纳营业税及个人所得税等地方税。专业公司为独立核算企业，自行核算并缴纳税款。该公司涉及邮政"营改增"业务主要有三大类：邮政普遍服务、邮政特殊服务和其他邮政服务。其中，邮政普遍服务和邮政特殊服务享受增值税免税政策，其他邮政服务涉及 6%、11%、17% 等税率的增值税项目以及部分营业税项目。

经深入调查，检查人员发现 A 邮政公司在发票管理方面的内控制度比较严格。通用机打发票的领取、下发、接收、入库和开具等均通过邮政发票管理系统进行计算机管理，所有分支机构也均通过该系统网络开具通用机打发票。对于增值税专用发票，该公司设置专人集中开具，并制定下发了《关于增值税专用发票使用规定的通知》等内部文件，规范增值税专用发票的使用。因此，检查人员将检查重点放在了进项抵扣和应税收入这两个关键点上。

检查人员分析，在进项抵扣方面，"营改增"后，邮册等邮品销售适用增

值税征税政策对应的成本主要由人工、折旧、集邮商品成本、印制费、业务材料、管理费等几部分组成，其中可以取得增值税进项发票的主要有集邮商品成本（包括邮票和集邮册制作成本），固定资产购置，按应税和免税营业额拆分的服装、劳防用品和业务材料等。A 邮政公司在与主管税务机关沟通后，对于无法区分应税与免税项目的服装、劳防用品、业务材料等按照 2014 年预算收入中应税收入占整体收入的 10％进行进项抵扣，年底按照收入的实际情况进行调整。在应税收入方面，"营改增"后，邮政服务业增值税免税项目较多，而涉税检查项目相对较少。

根据这些情况，检查组决定对 A 邮政公司进项税抵扣范围、有无法定抵扣凭据、是否用于免税项目和非应税项目等内容进行审核，并重点关注企业核算和申报纳税时，应税和免税业务是否划分准确，适用税率是否正确以及增值税与营业税有无混淆等问题。

检查人员对 A 邮政公司的票据展开细致核对，发现该公司抵扣了购买食堂用冰箱及相关设备修理费，属于进项违规抵扣；对电费、燃气费、水费等可以进行分摊抵扣的进项未抵扣，属于进项应抵未抵；从其集团总部购进邮票但未按时取得增值税专用发票，造成用于制作邮品销售的应税部分涉及的进项税额未能按时进行抵扣。

在对应税收入的检查中，税务人员发现该公司存在应税收入混同免税收入，母子公司往来未确认收入的问题。

经交流，检查人员发现 A 邮政公司下属 C 区分公司的财务人员对"营改增"税收政策的理解有偏差，有扩大化理解免税范围的倾向。检查人员随即对该公司的收入账目逐条进行了梳理，发现该公司 2014 年 1 月至 4 月为用邮企业办理交寄邮件的制作、打印等业务，将制作费收入列入"主营业务收入——函件业务收入——函件其他收入"科目，与其他函件业务收入一并享受邮政普遍服务的免税政策，未计缴销项税额。

在对 A 邮政公司的全资子公司 B 公司进行检查时，检查人员发现其与母公司之间的业务账务处理也不合常规。通过对财务人员的进一步询问，检查人员了解到，在"营改增"前，A 邮政公司与 B 公司之间库存商品的转移，采用业务结算单的方式进行结算，不开具发票；"营改增"后，A 邮政公司每月月底根据库存划拨情况，开具增值税发票给 B 公司，同时将对应的进项作转出处理。但在资金往来上，两个独立法人公司始终以总分机构的形式进行资金划拨，A 邮政公司延续原库存划拨的操作方式，也未将这种商品的转移业务确认为收入。

尽管 A 邮政公司与 B 公司的库存划转价格上按平进平出结算，而且 A 邮政公司已对相应进项作进项转出，不涉及补税，但两家企业属于两个独立法人主体，应按照独立交易原则来核算双方之间的购销业务，稽查部门及时要求企业予以改正。

在实地检查中，检查人员发现在邮政营业部大厅里摆放着一些非邮政公司发行的邮品及商品，便对其销售模式产生了好奇。通过询问调查，检查人员了解到 A 邮政公司和 B 公司代销邮政系统外公司的邮品时，存在两种方式：一是对代销货物按进价销售，收取纯手续费；二是对代销货物进行买断后销售。

检查人员发现 A 邮政公司在纯手续费代销方式下，对按进价销售的代销货物未按规定视同销售作销项处理，仅对手续费部分计入收入，申报缴纳营业税，应按规定补缴增值税。B 专业公司在纯手续费代销方式下则对收取的手续费按 11％税率错误申报缴纳了增值税。对该企业收取手续费适用税种错误的行为，稽查部门一并要求企业予以纠正。

在买断代销方式下，A 邮政公司按取得增值税专用发票上注明的 17％税率抵扣进项，但在销售时则按邮品税率 11％申报纳税。经调查，检查人员认为 A 邮政公司从第三方购入的商品不属于邮品的范畴，属于一般商品销售，应按 17％计算缴纳增值税。

通过此次对 A 邮政公司的检查，可看出邮政业企业部分经营管理特点，并与该行业的稽查重点紧密相关。该行业往往存在着混淆不同税率的应税收入，混淆应税收入与免税收入和混淆增值税应税收入与营业税应税收入的问题。同时，邮政业在总公司与子公司业务往来收入确认和销售收入完整性确认方面也存在模糊点，这些都将是今后对邮政行业展开稽查工作可参考的重点。

三、湖南国税电信业税务稽查的重点领域

面对电信业 2014 年 6 月 1 日"营改增"后主要税收业务才转由国税机关管理的情况，湖南国税局根据上级部署，经过近 1 年的探索，掌握了电信业的经营特点，梳理出了该行业"营改增"后突出的税收问题和税务稽查重点。

实施检查前，湖南国税局先开展了以下工作：成立省局检查组和市局检查组，两级检查组分别负责电信企业省级分公司和地市级支公司的检查，联查联动；组织检查人员学习电信业基础知识和电信业"营改增"税收政策；了解电信企业经营管理模式，探讨该行业"营改增"后可能存在的涉税风险。

经过学习和调查，检查组弄清了电信企业的基本业务流程：通过客户管理系统为客户办理入网和预存话费业务；通过通信设备集群为客户终端设备

提供电信服务后，由主交换设备将数据传至计费系统；通过计费系统对数据筛选、合价后，把与客户账单相关的信息传至客户管理系统，把收入和增值税信息传至 ODS 平台；通过非计费系统产生的收入，如线路租赁等业务收入，要通过手工录入系统传至 ODS 平台；通过 ODS 平台，将计费系统和手工录入系统汇总收入传给财务管理系统；报账系统、集中采购系统将账务信息传给财务管理系统，财务管理系统对所有涉税数据加工处理后，通过 ODS 平台传递到税务申报平台；企业会计根据税务申报平台数据办理纳税申报事宜。

在摸业务流程的过程中，检查组发现电信企业有如下经营特点：一是向客户提供的是以流量形式体现的电信服务，而非一般有形实物商品，税收管理难度大。二是电信业务通常分为固话、移动通信和宽带三大类，每类业务的定价和经营方式常根据运营商的管理需求作调整。三是企业依靠通信设备向社会提供无形的通信服务，自建和购进的通信设施及设备种类多，数量大，资产处置频次多，金额也较大。四是企业的经营管理和财务核算是通过若干先进的电子管理系统实现的，如计费系统、ODS 数据平台、财务管理系统、税务申报系统等，系统内数据量大，系统间关系复杂。

在此基础上，检查组总结电信企业"营改增"后的税收业务有以下几个特点：

第一，电信服务的增值税同时采取预缴和汇总纳税两种方式。地市级支公司每月的应税收入按预缴比例就地申报纳税，无进项抵扣，每季度的应税收入和进项税额汇总到省级分公司，由省级分公司汇总本级和所有支公司的销项税额和进项税额，减除已就地预缴和查补的税额后向主管税务机关申报纳税。

第二，电信企业的增值税可分为两大类：一类是主营业务电信服务收入实行汇总缴纳，另一类是非主营业务收入在机构所在地申报纳税。因此，检查其增值税缴纳情况，必须考虑汇总和就地申报两个方面。

第三，电信业"营改增"以 2014 年 6 月 1 日为时点，电信企业 2014 年度的经营收入涉及不同的税种和税率，还有部分经营收入是跨期实现的，要正确区分企业的应税收入和进项税额的实现时点并确认纳税义务的发生时间，需要多方面的分析和技术支持。

分析所掌握信息，检查组认为，不管电信业务管理系统如何复杂，就税务稽查而言，只要重点关注应税收入和增值税两组关键数据即可。

电信企业增值税销项税额来源于计费系统、手工录入系统、报账系统和财务系统，增值税进项税额来源于企业总机构和分支机构分别取得的进项税额，通过这些关系，检查组归结出 8 个工作节点，即电信服务增值税、终端捆绑销售增值税、计费系统以外的电信服务增值税、资产处置增值税、促销赠送增值税、分支机构取得进项税额、总机构取得进项税额和汇总纳税传递单。

然后，检查组对电信企业每个节点的工作方法和工作目的都做了描述，针对每个节点的涉税情况制定了不同的检查方法。

比如，对于电信服务增值税和终端捆绑销售增值税节点，因相关业务涉及计费系统，需要检查人员对企业的经营模式、系统设置、核算方式等流程全面掌握，业务复杂且难度大，主要由省级检查组重点对企业的相关业务实质深入研究，结合其财务报表数据分析审核。对于计费系统以外的电信服务增值税等其他节点，因业务相对简单但工作量大，主要由地市分支机构检查组采用抽查法审核相关业务的真实性。

经过近 3 个月的检查，检查组顺利完成了检查计划，发现被查电信企业的涉税问题主要集中在以下七个方面：

一是电信服务增值税方面，员工属于个人消费部分的优惠话费，以及"后付费方式"缴费用户在超过缴费期停机到销号期间，计费系统仍按原约定资费标准自动计算用户欠费，但未计收入。

二是终端捆绑销售增值税方面，"合约计划"存费送机活动中捆绑套餐赠送的手机终端，未申报销售收入和销项税额；提供电信服务时向用户赠送的光猫、用户识别卡等设备，未申报销售收入和销项税额。

三是计费系统以外的电信服务增值税方面，通过手工录入的部分收入未申报纳税。

四是资产处置增值税方面，处置铜缆、汽车等固定资产未申报纳税。

五是促销赠送货物增值税方面，企业开展促销活动赠送给单位和个人的手机、服装等货物，未申报销售收入和销项税额。

六是企业分支机构和总机构取得不能抵扣的进项税额。比如，取得铁塔及铁塔维修等用于非应税项目的进项税额，取得实际业务发生在"营改增"以前的进项税额，取得渠道补贴、终端补贴进项税额，取得非本单位负担的水电费进项税额。

七是汇总纳税传递单问题。企业总机构汇总申报的进项税额中包含已在分支机构抵扣的部分税额，从而多申报了进项税额。

四、国家税务总局稽查局中国电信营改增专项稽查的重点

2015 年年底，国家税务总局稽查局局组织开展了中国电信营改增专项稽查和营改增企业调研检查工作，就电信业需要明确的税收政策问题会签国家税务总局货物和劳务税司（以下简称货劳司）并得到答复，其中涉及的主要

问题如下。

（一）移动通信铁塔及其附属设备的进项抵扣问题

《固定资产分类与代码》（GB/T14885－1994，以下称94国标）是国家标准委1994年年初颁布实施的，其中的"工业用塔（0331）：无线电通信用钢（铁）塔"属于构筑物的范畴。但是，当时我国的无线电通信还仅限于本地区域内的电台通讯和交通工具、工矿作业对讲调度等形态，属于狭义的无线电通信。"无线电通信用钢（铁）塔"指的即是为上述通信方式服务的重型刚（铁）塔。

94国标中的"无线电通信"，与目前广域公众通信的蜂窝数字移动通信业务相比，在业态、组网技术和服务方式上存在明显区别，相应的通信用塔在形态、用途上也与当时普遍使用的重型塔相比差别较大。

蜂窝移动通信业务，是指经过由基站子系统和移动交换子系统等设备组成蜂窝移动通信网提供的话音、数据、视频图像等业务。货劳司认为，蜂窝移动通信用铁塔应属于94国标中的"通信设备"，相关的进项税额应允许抵扣。鉴于目前各地理解不尽一致，货劳司拟制发政策文件予以明确。

（二）套餐中手机等终端的涉税问题

关于该问题的现行规定是明确的。《财政部　国家税务总局关于将电信业纳入营业税改征增值税试点的通知》（财税〔2014〕43号）第四条规定，纳税人提供电信业服务时，附带赠送用户识别卡、电信终端等货物或者电信业服务的，应将其取得的全部价款和价外费用进行分别核算，按各自适用的税率计算缴纳增值税。

因此，无论是在电信业"营改增"试点前还是试点后开始的套餐业务，都要按照纳税人每月确认的终端销售、基础电信服务和增值电信服务收入，依照各自适用的税率计算增值税销项税额，并按规定抵扣相应的进项税额。

另外，根据《电信企业增值税征收管理暂行办法》（国家税务总局公告2014年第26号）的相关规定，电信企业发生除电信服务及其他应税服务以外的增值税应税行为，应按照增值税条例及相关规定就地申报纳税。

（三）合作分成取得进项的适用税率问题

该问题涉及"有形动产租赁"和"信息技术服务"两个税目的区分问题。根据现行政策规定，有形动产租赁，是指在约定的时间内将物品、设备等有形动产转让他人使用且租赁物所有权不变更的业务活动。信息技术服务，是指利用计算机、信息网络等技术对信息进行生产、收集、处理、加工、存储、运输、检索和利用，并提供信息服务的业务活动。货劳司认为，来文中所提电信业务，如果仅仅是物理实体的出租，不提供信息的加工处理等服务，那么应界定为有形动产租赁服务为妥。

另外，出租或者出售带宽、波长等网络元素的服务，就是指通过出租或者出售通信设施（光缆、电缆、光纤、金属线、节电设备、线路设备、微波站、卫星地球站等物理资源，以及带宽、波长等功能资源），为各类用户提供在节点之间的数据或信息传送的服务（如数据传输服务、电视电话会议系统服务等）。来文反映纳税人的经营行为是否属于出租或者出售带宽、波长等网络元素服务，需结合纳税人具体的业务模式进行判定。

（四）社会渠道相关费用、促销费等进项抵扣问题

根据《营业税改征增值税试点实施办法》相关规定，服务接受方从提供方取得的合法的增值税扣税凭证，均可以按照规定抵扣进项税。

由于营改增分行业分步推行，且纳税人的经营业态千差万别，在《应税服务范围注释》中，难以对每一项服务（费用）名称全部列举或者准确描述。在改革推进过程中，总局确定了以下工作原则：第一，国地税管户交接时，纳税人是否属于营改增范围，不宜仅看纳税人提供的服务名称叫什么，应结合具体的服务内容进行分析和判断；第二，纳税人一旦纳入营改增范围，不再退回到营业税；第三，营改增纳税人开具的增值税扣税凭证，下一环节均可以按照规定抵扣进项税。

（五）电信业务附带赠送的计税问题

纳税人提供电信业服务时附带赠送的货物、应税服务的价值，应以货物、应税服务的公允价值为基础，在纳税人取得的全部价款和价外费用中进行合理划分和确定。价款的划分原则，实质上是企业的计价规则，是企业的自主行为，应由企业自主决定。税务机关有权对企业计价是否合理、是否会对税收造成不利影响进行审查和调整。

对于其中的具体问题，货劳司意见如下：

第一，售价是否低于成本价并不是税法中所说的价格明显偏低的判定依据。手机更新换代较快，低于成本价格销售手机的现象普遍存在，即使没有规定手机等终端的计税价格，也不影响税务机关对纳税人自主申报的结果进行审查和调整。

第二，存费送流量包、通话包、赠款。货劳司认为，无论是赠送流量包、通话包，还是赠款，其实质都是打折销售，由于企业的处理方法并未缩小税基，货劳司同意稽查局意见，可以认可企业的做法。

（六）电信宽带业务中提供终端产品的计税问题

如果光猫、机顶盒等终端设备的所有权未发生转移，则不能按增值税"视同销售"处理，同时允许抵扣进项税。

（七）关于计提积分准备影响应税收入问题

财税〔2014〕43号文件所称的"以积分兑换形式赠送的电信业服务不征

收增值税"，指的是对赠送电信服务这一行为不征税，电信企业在赠送电信服务时，不需要就赠送的电信服务作价计算销项税额。电信企业可以按照会计制度的规定计提积分准备，但在税收处理上，不能冲减计提积分准备当期的应税收入，也不能在积分兑换时冲减应税收入。

（八）关于积分兑换商品和应税服务问题

该问题涉及积分兑换行为的增值税政策问题。积分兑换不是电信行业特有的交易方式，在目前的经济生活中已经越来越普遍。从货劳司掌握的情况看，该交易形式灵活多样，情况非常复杂，在积分的产生、兑换和收回过程中，衍生出了积分的交换、买卖、互换、互认等多种形式。积分的使用已经不再仅限于交易双方，大量的第三方，甚至更多企业参与其中。这也使得相关涉税问题并不仅仅限于积分兑换商品缴税与否，更为复杂的是，每一个交易参与方的收入确认、税种认定、税款计算、发票开具、进项抵扣等一系列问题都需要统筹考虑。目前，货劳司正在进行研究，拟统一明确，暂无法回复明确意见。

（九）关于向内部人员提供免费通话问题

根据《营业税改征增值税试点实施办法》第九条相关规定，单位为员工提供应税服务，属于非营业活动中提供的应税服务，不应对这部分服务视同销售征收增值税。

（十）关于月租费等价外费用的适用税率问题

同意稽查局意见，首先确定价外费用的业务归属，再分别适用增值税政策。

（十一）关于公允价值的确定问题

套餐是指将两种或两种以上的通信业务或服务打包提供给客户，并收取固定月使用费的一种促销方式。为了真实、合理地反映各项明细业务的收入情况，3家电信企业需要遵循会计准则的规定，对月使用费中涉及的各项业务进行分摊列账。因此，套餐收入的分摊标准是企业根据财务核算的需要确定的，在营改增之前就已存在，3家电信企业各不相同。甚至在1家企业内部，不同的产品或者不同的地区，分摊标准也有较大差异。

套餐收入的分摊标准，实际上是定价（计价）规则，这是企业的自主行为，由企业自主决定；而税务机关对企业计价是否合理，是否对税收造成不利影响，有权进行审查。两者之间并不矛盾，税务机关也没有权力要求企业统一定价规则。

（十二）关于手机租赁业务问题

建议区分两种情况分别处理：

如果电信公司仅仅是居中代理，帮助消费者向中建投公司租入手机，并代收转付租赁费，其从中建投公司取得的专用发票不得抵扣，其代中建投公司向消费者收取的租赁费也不计税。

如果是自行租入手机，再无偿提供给消费者使用，同意稽查局的处理意见。

（十三）关于电信服务预收款问题

天津市电信公司下属机构均是非独立核算的营业厅性质的部门，并不是独立的增值税纳税人，也就不存在汇总缴纳增值税的说法。营改增之前，即是由市公司独立缴纳营业税，营改增后继续由市公司独立缴纳增值税，增值税的纳税期限仍为 1 个月。

另外，按照财税〔2013〕106 号文件的规定，电信企业取得预收款，纳税义务并未发生，无需缴纳增值税。在《电信企业增值税征收管理暂行办法》中，要求分支机构取得的预收款预缴增值税，仅是应预缴税款的计算方法，并不意味着其已经发生了纳税义务。总机构汇总计算增值税时，计税依据中并不包括预售款。

（十四）关于跨境电子服务收支问题

按照现行规定，电信集团总部取得的国际电信收入免征增值税，其分配给各省级公司的收入，应视为省级公司向总部提供电信服务取得的收入，正常缴纳增值税。

同样，电信集团总部向境外支付的国际电信支出，应代扣代缴增值税，其分配给省级公司的支出，应视为总部向省级公司提供电信服务取得的收入，正常缴纳增值税。

上述业务的发票传递和进项税额抵扣，按照现行规定处理。

（十五）关于电信企业内部往来问题

《电信企业增值税征收管理暂行办法》第六条规定：总机构汇总的进项税额，是指总机构及其分支机构提供电信服务及其他应税服务而购进货物、接受加工修理修配劳务和应税服务，支付或者负担的增值税额。总机构及其分支机构取得的与电信服务及其他应税服务相关的固定资产、专利技术、非专利技术、商誉、商标、著作权、有形动产租赁的进项税额，由总机构汇总缴纳增值税时抵扣。来文所述部分地区的相关政策与上述规定相符。

另外，虽然《电信企业增值税征收管理暂行办法》规定的汇总范围仅限于电信服务和其他应税服务，但货物销售应适用《增值税暂行条例》及其实施细则，按照现行规定，省级财政部门也可以批准省内汇总纳税。如果省级电信公司已经获准汇总缴纳货物销售的增值税，货劳司认为不会引起税收管理上的问题。

（十六）关于北方九省市电信股份公司和集团省电信分公司的业务划分问题

仅从材料反映的问题分析，省电信股份公司和省集团分公司之间的业务，除成本分摊之外，似乎还涉及电信服务的购销，由于材料有限，目前还难以提出明确处理意见。货劳司已着手开展调研，待情况清楚后再行回复。

第七章　虚开增值税专用发票稽查案例

第一节　单独虚开增值税专用发票稽查案例

一、虚开货运增值税专用发票案例

2013年6月，上海市浦东新区国税局稽查局接到转办案件，反映上海L物流有限公司（下称L公司）多个涉税指标异常，涉嫌虚开货运增值税专用发票。

L公司是于2011年5月在洋山保税港区成立注册的私营有限责任公司，主要经营范围为普通货运、国内货物运输代理。2012年1月1日被认定为增值税一般纳税人，增值税税负率达8.97%，明显高于货运行业平均税负；所得税贡献率仅为0.46%，明显偏低；销售对象非常分散，2012年销售客户一次性占比高达50%，初步判断涉嫌虚开货运增值税专用发票。

检查人员初次到L公司办公地，发现企业人员较少，法定代表人刘某始终未露面，而是通过书面委托形式交由员工沈某负责此事，另一自称是刘某朋友的陆某也前来"帮忙"应付检查。检查过程中，沈某和陆某抵触情绪明显。在检查人员不懈的税收政策宣传和教育下，两人终于开始被动地配合检查工作。检查人员当即采集了企业电子财务数据，调取并复印了账册及其他合同凭证资料。

对电子财务数据分析比对后，检查人员发现L公司存在重大涉税疑点。一是对未支付的不同客户的应收账款，年末进行借贷轧抵，余额达数百万元，以成本费用科目全部冲平，且没有成本费用的原始凭证。二是银行账户资金大额回流。L公司收取运输款以后的数天内，截留约3‰运输款，将余额转账至众多个人账户和其他货运代理公司账户，2012年共涉及回流运输款3 100万元。接受转账的个人既不是L公司员工也不是挂靠车辆的车主，接受转账的货运代理公司与L公司无相关业务往来。初步证实，L公司涉嫌虚开货运增值税专用发票。

检查人员查阅L公司运输合同后发现，L公司与某公司签订的运输合同上，某公司公章与其公司名称不符。检查人员遂至该公司实地调查，发现L

公司未与该公司签订此份运输合同，也未使用过此公章，检查人员初步判断这是一份虚假合同。

为获取更多证据，检查人员选取了浦东新区几家疑点较大的企业展开实地调查。资料显示，某国际物流公司与L公司有数百万元运输业务往来。调查发现，某国际物流公司委托其他没有开票资质的单位从事运输业务，中间人以L公司名义开具发票。检查人员对另一家物流公司调查发现，L公司开具给该物流公司的发票金额一大一小，应收账款在年底冲平。原来，大额发票是该物流公司支付的雇工装卸费用，小额发票是支付给L公司的开票费。至此，L公司虚开货运增值税专用发票的事实被证实。

在大量证据事实面前，陆某不得不承认，L公司虚开9份货运增值税专用发票的违法行为，陆某其实是L公司的实际控制人，法定代表人刘某是其配偶。2014年3月，上海市浦东新区国税局稽查局对L公司追缴税收合计40余万元。陆某迫于压力到公安机关自首，陆某等3名犯罪嫌疑人被移送司法机关追究刑事责任。

二、科技公司虚开增值税发票稽查案例

某科技有限公司（以下称T公司）2003年12月17日取得营业执照，并于2003年12月23日办理税务登记，2004年2月被认定为一般纳税人，私营企业，法定代表人金某，注册资金150万元。经营科技信息咨询；模具设计加工；机械产品加工；矿产品、有色金属制品、化工产品（除危险品和毒品）、建材销售。2004年度应税收入609万元，销项税额104万元，进项税额99万元，应纳税额5万元，税负率为0.82%；2005年度应税收入276万元，销项税额47万元，进项税额52万元，进项税额转出3万元，留抵税款2万元。2006年起无销售收入。2006年10月，公安部门发现T公司涉嫌虚开增值税专用发票，请求市国税局稽查局派人协助调查。市稽查局派出检查人员参与调查，在初步认定涉嫌虚开增值税专用发票后，市稽查局进行了立案检查。

通过检查发现，T公司账面反映其主要供应商为济南市某电子精密科技有限公司（以下称S公司），2004年至2005年间T公司购进货物77%来自S公司，其销售对象分布在江苏、上海、浙江等地。其购销账务处理中的收付货款均为现金。于是检查组将S公司及账面反映的销售企业列为外调协查的对象，目的是掌握T公司购销货物与账面反映是否一致。2006年5月至2006年12月间某市国税局稽查局检查组在公安部门的配合下，到山东、江苏、上海、浙江等地调查取证，对T公司购进货物和销售货物的情况进行了核查，并对有关当事人进行了询问调查，初步掌握了T公司涉嫌取得票货款不一致

增值税专用发票抵扣税款和为他人虚开增值税专用发票的违法事实。

通过调查取证，市稽查局检查环节认定 T 公司具有以下违法事实：

第一，T 公司具有取得票货款不一致增值税专用发票抵扣进项税款的违法行为。市稽查局检查环节认定：2004 年 11 月 25 日甲方（S 公司）与乙方（T 公司、江阴市某铜材厂〔以下称 J 公司〕）签订了购销合同，合同约定乙方长期购买甲方的铜废料，乙方预付货款 100 万元人民币，S 公司将根据 T 公司要求发货，货物价值不超过预付款。2004 年 11 月 26 日 T 公司与 J 公司单独签订了一份合作协议，约定预付款 100 万元由 J 公司垫付、经营利润双方五五分成等。其后，2004 年 11 月至 2005 年 8 月间三方实际业务操作流程是：J 公司法定代表人俞某向 S 公司预付货款 91 万元，T 公司向 S 公司预付货款 2 万元。由 T 公司金某分批提货并发往 J 公司，S 公司向 T 公司开具增值税专用发票，货款由 J 公司法定代表人俞某个人汇到 S 公司财务部负责人孙某银行卡上，再由孙某提现转存到 S 公司账户。如此操作共 17 批次，S 公司向 T 公司开具增值税专用发票 17 份，价税合计 158.50 万元，税款为 23.03 万元。俞某向孙某共汇款 272.5 万元（含预付货款 91 万元）。由于 T 公司既未支付货款也不对购进货物拥有控制权，T 公司只是起到中间介绍人的作用，T 公司取得 S 公司开具的 17 份增值税专用发票属于 T 公司让他人为自己虚开增值税专用发票。但由于当地税务机关未能提供虚开证明，检查组认为应按照取得票货款不一致增值税专用发票抵扣进项税金，依据国税发〔1995〕192 号文第一条第三款之规定补征税款。对不符合抵扣条件的增值税专用发票列支进项税金，属于"在账簿上多列支出"应依据《税收征收管理法》第六十三条处罚。

第二，T 公司具有虚开增值税专用发票的违法行为。2004 年 10 月至 2005 年 6 月间 J 公司向江阴市、常熟市、宁波市、上海市等地 9 家企业销售从 S 公司购买的铜废料和自产电子元件，J 公司收取货款，提供开票资料给 T 公司，由 T 公司向这 9 家企业开具增值税专用发票，同时由 T 公司与这 9 家企业补签销售合同。T 公司共向这 9 家企业开具增值税专用发票 34 份，金额 255.82 万元，税额 43.49 万元，价税合计 299.31 万元。其中，在 T 公司与 J 公司签订合作协议前，T 公司从 S 公司购进货物通过 J 公司销售而开具增值税专用发票 13 份，金额 101.15 万元，税额 17.20 万元，价税合计 118.35 万元；在 T 公司与 J 公司签订合作协议后，T 公司开具增值税专用发票 17 份，金额 137 万元，税额 23.29 万元，价税合计 160.29 万元；J 公司将自产电子元件销售后，由 T 公司开具增值税专用发票 4 份，金额 17.67 万元，税额 3 万元，价税合计 20.67 万元。检查组认为 T 公司开具的 34 份增值税专用发票属于"无货物销售，替他人代开发票"的虚开增值税专用发票行为，应依据

《税收征收管理法实施细则》第九十三条之规定进行处罚。由于 T 公司上述行为涉嫌犯罪，应移送公安机关处理。

市国税局稽查局于 2007 年 3 月 7 日提请市国税局重大案件审理委员会审理该案，市国税局重大案件审理委员会办公室首先进行了初审，初审意见认为：该案件事实清楚、证据确凿，但对违法事实一的定性和适用法律有不同意见，从询问笔录和合同协议判断，违法事实一属于委托第三方付款的购货行为，尽管 T 公司账务处理没有反映委托付款的情况，但从实质重于形式的角度考虑，没有违反票货款一致规定。同意检查组对违法事实二的定性处理意见。

市国税局重大案件审理委员会于 2007 年 3 月 16 日召开审理委员会审理了此案，尽管在审议过程中有少数委员有不同意见，但绝大多数委员同意检查组的意见。于是作出如下审理决定：

第一，T 公司取得的 17 份增值税专用发票已申报抵扣进项税 23.03 万元，属于取得不符合抵扣条件的增值税专用发票抵扣税款行为，应依据《国家税务总局关于加强增值税征收管理若干问题的通知》（国税发〔1995〕192 号）第一条第三款规定，补征增值税 23.03 万元；依据《税收征收管理法》第三十二条规定，对 T 公司应补税款从滞纳税款之日起至缴纳税款之日止按日加收万分之五的滞纳金；依据《税收征收管理法》第六十三条规定，拟对 T 公司处以税款一倍的罚款。

第二，T 公司 9 家企业开具的 34 份增值税专用发票，金额 255.82 万元，税额 43.49 万元，价税合计 299.31 万元，属于"无货物销售，替他人代开发票"的虚开增值税专用发票行为，应依据《税收征收管理法实施细则》第九十三条之规定处以虚开增值税专用发票税额一倍罚款。由于 T 公司上述行为涉嫌犯罪，应移送公安机关处理。

根据市国税局重大案件审理委员审理决定，重审委办公室制作了《税务处理决定书》（某国税处字〔2007〕4 号）、《税务行政处罚事项告知书》（某国税罚告字〔2007〕2 号），市国税局稽查局于 2007 年 3 月 28 日送达 T 公司代理人，2007 年 3 月 29 日 T 公司法定代表人通过其代理人向市国税局递交了《听证申请书》。经审查，市国税局认为符合听证条件，受理了其听证申请。2007 年 4 月 12 日市国税局召开了税务行政处罚听证会。听证会上，案件调查人员陈述了当事人的违法事实、证据、依据和拟处罚意见，当事人的代理人对调查人员指控的违法事实、证据材料和法律依据进行了申辩和质证。

当事人委托代理人的质证内容和陈述意见主要有以下几点：

（1）承认存在违法事实——认定"票货款不一致"的事实，但并不违法，原因是 S 公司、T 公司与俞某（J 公司）三方之间存在合作关系，俞某个人出资作为预付款支付给 S 公司，以后以合作销售收回的货款不断滚动支付从 S 公司提货产生的应付货款。此种操作形式，是基于 T 公司与俞某之间合作关系，虽然账务处理存在不规范，但主观上没有故意，客观上没有造成国家税款损失，不能以偷税认定。

（2）认为违法事实二指控的"虚开增值税专用发票"除其中 4 份（价税合计 20.67 万元）外证据不足、不能成立。理由是：根据 T 公司与俞某之间合作分工，T 公司负责从 S 公司提货，俞某负责对外销售并收回的货款，收回的货款用于支付从 S 公司提货产生的应付货款。此项合作是符合《民法通则》和《合同法》的规定，合法有效，应受法律保护，合作关系上，是 T 公司与俞某个人之间的合作，而不是两个企业之间的合作，俞某对外销售从 S 公司购进的货物时也宣称是替 T 公司销售货物，销售行为也在开具发票后得到 T 公司以与购货方补签买卖合同的方式授权认可。在整个业务中，俞某应视为 T 公司的业务员销售 T 公司的货物，不存在"无货物销售，替他人代开发票"的问题，不能界定为虚开增值税专用发票。

（3）违法事实一与违法事实二之间存在关联关系，因为是一个整体合作业务。货物所有权只发生了二次转移，即从 S 公司到 T 公司再到俞某联系的购货方。

针对当事人的陈述意见，调查人员在听证会上进行答辩和举证，主要观点如下：

（1）针对违法事实一，检查人员认为，尽管 T 公司和 J 公司与 S 公司共同签订购销合同。从货款的实际支付情况看，S 公司是从 J 公司俞某取得的货款，因此，货物所有权的转移应是从 S 公司转移到 J 公司，J 公司对购进货物拥有控制权，所购进货物也是由 J 公司对外销售的。由于 T 公司既未支付货款也不对购进货物拥有控制权，T 公司只是起到中间介绍人的作用，T 公司从 S 公司取得的增值税专用发票属于 T 公司让他人为自己虚开增值税专用发票。但由于开票方税务机关未能提供虚开证明，因此根据国税发〔1995〕192 号文第一条第三款规定，上述取得的发票也不得抵扣进项税款。对用不符合抵扣条件的增值税专用发票列支进项税金，属于"在账簿上多列支出"应依据《税收征收管理法》第六十三条处罚。

（2）针对违法事实二，检查人员认为 J 公司法定代表人俞某联系销售业务，负责收款，而由 T 公司开具增值税专用发票，T 公司行为属于"无货物销售，替他人代开发票"的虚开增值税专用发票行为。当事人方陈述的 J 公司俞某与 T 公司合作纯属个人行为，不代表 J 公司，俞某作为 T 公司业务员或者销售员，其行为是代表 T 公司，检查人员认为理由不成立。理由是：首先，T 公司和 J 公司与 S 公司签订的三方购销合同使用的都是企业名称，T 公司和 J 公司签订的合作协议，双方法定代表人均签字并加盖本企业的公章，可以认定俞某代表 J 公司，不能认定为 T 公司的业务员。其次，从 J 公司和 S 公司往来商务信函反映，对账单、申明函均以 J 公司名义出具，证明合作双方是两个法人企业之间合作。

听证会结束后，市局政策法规科、市局稽查局和市局法律顾问又共同分析了案情，认真研究了听证会上当事人的亲属和委托代理人的陈述意见，在此基础上，市局分别与市公安局经侦支队、某区法院行政庭的领导进行了座谈和咨询，综合各方面意见，得出以下认识。

虽然拟进行税务行政处罚的违法行为认定上，事实清楚、证据充分、依据合法。但若作出行政处罚，存在一定的风险。

（1）对当事人违法事实一认定为"票货款不一致"是成立的，但由于总局国税发〔1995〕192 号文第一条第三款只规定"纳税人购进货物或应税劳务，支付运输费用，所支付款项的单位，必须与开具抵扣凭证的销货单位，提供劳务的单位一致，才能够申报抵扣进项税额，否则不予抵扣。"并未对"票货款不一致"作出明确解释，此情形是否属于《税收征收管理法》第六十三条"纳税人伪造、变造、隐匿、擅自销毁账簿、记账凭证，或者在账簿上多列支出或者不列、少列收入"也没有明确规定，若认定为偷税，据此进行行政处罚，若进入行政诉讼环节，会带来较大的败诉风险，应借鉴外地国税机关的做法，只补税不罚款。

（2）从本案的案件来源看，作出行政处罚存在一定瑕疵。本案是公安部门在刑事案件调查过程中发现当事人涉嫌虚开增值税专用发票，于 2006 年 10 月请求稽查局派人协助调查的，调查结束后，公安经侦部门于 2007 年 1 月 22 日发函要求税务部门进行税务鉴定。如果作出税务行政处罚，若进入行政诉讼环节，案由是必须要陈述的，对已经进入刑事侦查的案件通常不同时进行行政调查，即对同一个违法事实，不宜同时进行行政和刑事处罚。

（3）税务机关掌握的证据中有相当多的是公安局经侦部门收集的证据，此类证据并不能直接作为税务行政处罚的证据使用，从而可能导致处罚证据不足。

（4）在事实认定上，税务机关不否认 T 公司与俞某合作事实的存在，但其合作涉及增值税的业务应当符合增值税原理，保证票货款的一致，但这种理解没有明确对应的法律、法规或规范性文件支持，很难从正面回答当事人行为的违法。外界对税法的理解往往难以接受税务人员的理解方式，比如，公安经侦支队人员对上述事实的理解上就与税务人员不一致，他们对整个案情非常清楚，也旁听了听证会，通过与他们交换的意见，他们认为除其中属于 J 公司生产货物对外销售由 T 公司开具发票属于虚开外，其余部分不构成虚开。

基于上述分析，经征询区法院行政庭的领导和法律顾问，因公安部门已就 T 公司相关税务违法行为正在进行刑事调查，建议中止税务行政处罚并通知当事人，密切关注此案件的刑事处理结果，保留下一步行使行政处罚权，待最终刑事处理结果出来后再依法进行处理。

最终，案件处理结果如下：

第一，根据《国家税务总局关于加强增值税征收管理若干问题的通知》（国税发〔1995〕192 号）第一条第三款规定，对 T 公司 2004 年 12 月至 2005 年 5 月期间，从 S 公司购进货物，由 J 公司付款，取得 17 份增值税专用发票已申报抵扣进项税额 23.03 万元的行为，决定补征增值税 23.03 万元。

第二，依据《税收征收管理法》第三十二条规定，对 T 公司应补税款从滞纳税款之日起至缴纳税款之日止按日加收万分之五的滞纳金。

第三，对 T 公司涉嫌违法行为暂不作出税务行政处处罚。因公安部门已就 T 公司同一违法行为正在进行刑事侦查，决定对 T 公司涉嫌取得票、货款不一致增值税专用发票抵扣税款和虚开增值税专用发票的违法行为中止税务行政处罚，待最终刑事处理结果出来后再依法进行处理。

三、使用海关票抵扣虚开发票稽查案例

2011 年 3 月，青岛开发区国税局在综合数据管理系统中发现，一家商贸有限公司有 5 份由天津海关开具的进口增值税专用缴款书信息比对异常。该公司成立于 2008 年 8 月 1 日，登记注册类型是私营有限责任公司，2010 年 9 月 10 日变更法定代表人为卓某。

为核实真相，青岛开发区国税局随即向天津市国税局发函协查。4 月 14 日，收到天津市和平区国税局稽查局 3 份海关票回函，称海关票金额、日期等信息比对不符，且无入库信息，建议稽查人员到天津海关作进一步协查。就在等候天津市国税局回函期间，黑龙江省密山市国税局稽查局也发来增值税抵扣凭证协查函，要求核实这家公司开具的 86 份增值税专用发票情况。

稽查人员当即对该公司发票领购、销售及增量增额等情况进行了查询分析，发现该公司自变更法定代表人、经营范围以来，购票量、销售收入大增，但申报税款却是"0"。核查中还发现，该公司账面上涉及的进销项中的油品无运费、仓储费，资金流与开票金额相差巨大，自 2010 年 12 月至 2011 年 2 月取得了进项发票共 9 份，均为海关票，金额 8 718 万元、税额 1 482 万元。至此，稽查人员初步确认，该公司存在重大虚开增值税专用发票的嫌疑。

为不打草惊蛇，稽查人员决定从外围入手。5 月 16 日，稽查人员赴天津海关对该公司先期取得的 9 份海关票进行鉴定。天津海关给出鉴定结果：9 份

海关票均为假票。鉴于案情重大，青岛开发区国税局将此涉嫌虚开增值税专用发票线索移交给了黄岛区公安局。

青岛开发区国税局和黄岛区公安局经侦大队组成了联合专案组，税务机关负责配合侦查取证。稽查人员首先从工商部门入手，调取了涉案企业全部的工商登记资料。随后，通过税务综合数据管理系统从该公司登记、购票、受票、开票、申报等方面做好数据分析。

7月4日，联合专案组兵分两路，一路留守青岛，继续进行外围取证；另一路赶赴济南查证受票方之一的山东某电机有限公司。据相关业务员供述，公司一直都是从自己的一个朋友那里购买柴油，与青岛的这家商贸公司并无业务往来，但朋友向他出具的增值税专用发票却是由卓某的公司开具的。

获取此项证据后，专案组成员继续从外围入手，蹲点守候、走访群众，最终将另外两家涉案发票份数较多的受票方的法定代表人及有关人员传唤到案。对在无真实业务的情况下，从卓某的公司购买大量增值税专用发票抵扣税款的犯罪事实，涉案人员供认不讳。

7月11日，专案组成员等到了第一路专案组传回的涉案公司虚开增值税专用发票已被确认的消息，立即对涉案公司进行了查封，并对卓某进行了网上追逃。7月14日，专案组在青岛平度抓获了卓某。卓某供述，他于2010年9月购买青岛某公司，更名为现在的这家商贸公司。在没有真实业务的情况下，向淄博、济南等地的3家公司开具增值税专用发票，价税合计6 846万元，已收取开票费63万元。那作为进项抵扣税款的海关票从何而来的呢？这个问题牵出了案件的另一个重要嫌疑人——"老李"。据交代，这个自称"老李"的河北人，不仅为他提供海关票，还帮他寻找需要开具增值税专用发票的下游公司，并前后从卓某手里拿到共计32万元的好处费。

专案组根据线索，当晚在开发区电业宾馆将"老李"及其情人抓获。经审讯，"老李"真名贾某。他供认，2010年9月，卓某购买公司后，开始伙同他向外虚开增值税专用发票。2010年12月至2011年5月，贾某通过山西大同的"老刘"联系购买伪造的海关票税额3 298万元作为这家"开票公司"进项抵扣税款。在没有真实业务的情况下，以公司名义，由贾某出面进行联系，向北京、黑龙江、河北、山东等地的10多家企业虚开增值税专用发票，票面内容分别是"燃料油"和"煤炭"等，价税合计累计22 000万元，开票费按3%～8%收取。

8月5日，联合专案组成员第二次奔赴天津、上海海关，对所扣押的后续取得的另外9份海关完税凭证进行了真伪鉴定。经天津海关、上海海关分别鉴定，9份海关票仍全部为伪造的假票。

就在第一路专案组赶赴天津、上海的同一天，另一路专案组奔赴北京通州。因为在那里，有一家材料公司也接受过卓某公司开具的增值税专用发票。在通州国税、通州公安经侦大队的协助下，专案组成员找到了与这家材料公司有业务联系的犯罪嫌疑人杨波。经过审讯，杨波供述自己为材料公司供了一批煤，但这家公司要求必须提供增值税专用发票。经人介绍，他认识了倒卖增值税专用发票的山西大同的"老刘"，并花钱从"老刘"那里购买了3份价税合计30万元的增值税专用发票，随后交给了通州的这家材料公司。而这家公司在明知与开票企业没有业务往来的情况下，依然接受发票并认证抵扣了税款。目前，杨波已被取保候审。

据此，另一重大犯罪嫌疑人"老刘"浮出水面。专案组在当地国税、公安的配合下经周密的部署将"老刘"抓获。经过审讯得知，"老刘"真名刘某，他交代自己曾帮助卓某的公司购买假海关发票用于抵扣税款，并为其介绍"下线"的犯罪事实。

目前已查明，卓某名下的这家商贸公司自2010年12月至2011年5月期间，向全国10多个地市的20家公司虚开增值税专用发票共计2 029份，价税合计2.2亿元。青岛开发区国税局稽查局已按规定发出协查，截至2012年2月底，接受虚开单位已查补入库1 200余万元。上述3名犯罪嫌疑人经黄岛区人民检察院批准，已被执行逮捕，此案已被移送公安机关作进一步处理。

第二节　团伙虚开增值税专用发票稽查案例

一、工贸企业团伙虚开增值税专用发票稽查案例

2006年5月初，某市国税局稽查局接到群众举报，反映S工贸有限公司（以下简称S公司）存在虚开增值税专用发票问题。

S公司2005年9月23日取得营业执照并办理税务登记证。同年11月被认定为增值税一般纳税人。法定代表人林某，注册资金50万元。经营汽车、钢材、建材、化工产品、汽车零部件和塑料制品加工。

2006年5月10日上午，市国税局稽查局（以下简称稽查局）从CTAIS系统中调取S公司涉税资料进行分析，发现该公司经营情况及纳税申报异常。2006年1月至5月，向主管税务机关申报销售收入1 155.80万元，累计缴纳增值税0.65万元，作为工业加工企业，在短时间内产值已达千万元，但税负率极低。2005年9月至11月S公司又连续3个月收入申报为零，到2005年12月申报销售收入2.06万元，但当月申报抵扣进项税额却达39.40万元，与其50万元的注册资本不相匹配。2006年1月至4月，S公司申报销售收入1 153.8万元，但实现的增值税税款只有0.65万元，税负率仅为0.06％。通过

以上分析，S 公司存在重大涉税疑点。

该市是 D 汽车公司所在地。该汽车公司主产 D 系列商用车。车价因类型不同，价格在数万元到数十余万元之间。近年来，由于受市场及销售政策等因素的影响，D 商用车的出厂价与市场零售价形成价格倒挂。很多知道这一行情的外地商用车直接用户便不在商用车公司直接开票购车，而是通过十堰汽车市场的"黑中介"（"黑中介"是十堰市汽车交易市场上一无营业场地、二无营执照、三无经营资质的非法中介人）在 D 汽车公司授权的汽车销售公司拿车。这些公司的销售价格一般比 D 汽车公司同类商用车出厂价低数百元到数千元不等。"黑中介"掌握着各家汽车经销公司手中货源的数量、配置及价格等信息，为自己的利益从中阻断了经销商与用户之间的业务联系，代用户办理付款、提货、办理临时牌照等购车手续。同时，一部分直接用户购买的商用车直接用于矿山开采、大型工程建设等项目，在矿山、工程完工前即已报废，一般不在国道公路上行驶作业，多数也不到公安机关办理车辆牌照。一些直接用户为了低价购车、逃避缴纳税费，一般不索取购车发票，许多汽车经销商存在大量"欠开"的发票。

鉴于该地汽车经销市场的混乱局面，为强化税务检查力度以确保检查成效，稽查局决定提请公安介入开展联合办案。当天中午，检查组制定了翔实的行动方案，安排检查人员分组实施检查：

第一组坐镇指挥，协调综合各方情况；第二组由国税检查人员会同公安经侦人员对 S 公司进行突击检查，公安经侦人员负责控制涉案单位法人、会计，并进行必要的审查、询问，防止涉案的主要嫌疑人员潜逃。税务检查人员则办好手续，负责依法调取 S 公司财务账目进行检查，收集相关财务资料进行证据保全，防止销毁账册资料现象发生；第三组由公安人员负责办好手续，依法查询、冻结银行资金及往来情况，防止转移资金。

检查人员经过对 S 公司进行实地调查，发现 S 公司注册的经营方式与实际经营方式不符。S 公司注册的经营方式为加工，而实际经营场所却只是与某经贸有限公司合租了一间 10 余平方米的办公室，挤放了 1 张桌子，1 台电脑，1 节柜子，根本没有生产场地和生产设备，无任何生产加工条件。

检查人员通过对 S 公司账册、凭证检查，发现 S 公司账面及发票记载的购进货物品名都是东风汽车或汽车底盘，但对外开具的 104 份增值税专用发票，却找不到货物品名为汽车的记录，标明的销售货物多为汽车配件、建材、水暖、生铁、石材等，销售的货物与购进的货物品名不符。

检查发现，S 公司成立以来，购销业务金额累计已达 2 700 万元。但银行对账单中记载的经营业务只有 4 笔资金入账，累计发生金额仅有 9.19 万元（后经查实，其中的 3 笔业务系武汉某电子有限公司汇入购票的手续费，金额

5.1万元），其余账载购进、销售业务均以往来账项或少量现金结算处理，经营活动中无资金流动。

市稽查局在对本地涉案企业进行实地调查取证的基础上，迅速派出两路稽查员对S公司开给武汉M电子公司和新疆库尔勒K石材公司的29份发票进行外部调查。

一路专案人员在武汉市国税局的配合下在武汉M电子公司的账簿资料中查找到了由S公司开来的全部14份增值税专用发票。专案人员依法对M电子公司经理及出纳就取得S公司发票的全部过程进行了询问，查明M电子公司系生产加工型企业，因产品增值额大、部分原材料购进无法取得增值税专用发票抵扣进项税等原因，造成公司的税负率较高。为了达到少缴税款的目的，M电子公司经理林某于2005年11月与S公司会计牛某取得联系，双方电话约定以票面价税合计金额5.2%的价格，买卖增值税专用发票。2005年12月，双方试探性地开了1份发票。林某在收到牛某某邮寄的发票后，让公司出纳将确定的"买票费"汇到牛某提供的信用卡上，并留下了汇款凭条。M电子公司在顺利通过税务机关的发票认证并抵扣税款后，次月又以同样的方式从牛某手中购买S公司开出的增值税专用发票2份。为应对税务机关的检查，双方签订了虚假的《订货合同》，约定开票费的结算方式改由公司间转账结算。在S公司发案前，双方又交易虚开增值税专用发票11份。调查结果与牛某供认的情况以及双方公司账面记载的内容相符。

另一路专案人员在当地国税局的大力协助下，查明库尔勒K石材公司于2006年4月从福建R石材厂购进一批石材，因福建R石材厂是增值税小规模纳税人，K公司业务员叶某通过其老乡黄某从S公司林某处，购得开具内容为石材的增值税专用发票15份，并按价税合计7%的比例支付黄某开票费11.3万元。上述调查结果也与公安机关对林某的审讯结果以及林某笔记本上的记录一致。

检查人员由此认定S公司存在对外虚开增值税专用发票的犯罪事实，结合已有的其他证据，公安机关报请检察机关批准，依法逮捕了案件主要嫌疑人林某、牛某某。

检查中的难点是如何认定和处理S公司取得增值税专用发票的开具方，即上游企业为类似于S公司性质的企业虚开增值税专用发票的问题。这些上游企业都是D汽车公司商用车公司的一级经销商，所开发票上注明的汽车销售是真实发生的，有对应的货物款项收入，收款方式有现金、银行转账、银行承兑汇票结算、往来账目对冲、其他单位代付等多种结算方式，因此要认定其发票的虚开性质，主要是认定上述发票取得方是否有真实的业务，工作量较大。

林某了解汽车交易市场存在不少虚开发票的情况，遂成立 S 公司专门从事虚开增值税专用发票犯罪活动。主要违法手段：一是在无货物交易的情况下，按增值税专用发票开具金额的一定比例买卖增值税专用发票。2005 年 12 月至 2006 年 5 月间，林某、牛某在无货物交易的情况下，将 S 公司的证照及一般纳税人资格证等证件提供给汽车市场的"黑中介"李某、邢某、乔某，由他们将汽车经销公司"欠开"的增值税专用发票开给 S 公司用于抵扣进项税金，林某以票面金额 1.5%～2% 的比例支付李某、邢某、乔某手续费。尔后，林某、牛某以票面金额 4% 以上的比例对外出售虚开的增值税专用发票以非法获利；二是以机动车销售发票兑换增值税专用发票。林某、牛某在无货物交易的情况下，对一部分需要机动车销售发票的直接用户，由李某、邢某、乔某等人在购车时向销货方（汽车经销公司）索要增值税专用发票，将其开给 S 公司用于抵扣税款，并从林某手中兑换单联填开、低价填开的机动车销售发票给直接用户，达到"多抵进项、少计销项"、对外虚开增值税专用发票获利的目的；三是违规出售机动车销售发票。林某、牛某在无货物交易的情况下，于 2006 年 4 月以 3 000 元一份的价格，向"黑中介"张某、邢某出售机动车销售发票 9 份，获利 27 000 元。

经查，2005 年 12 月至 2006 年 4 月间，犯罪嫌疑人林某、牛某以 S 公司名义，在无货物交易的情况下，违规取得增值税专用发票 90 份，涉及金额 1 152 万元，抵扣进项税额 196 万元；对外以收取开票费的方式为他人虚开增值税发票 104 份，虚开金额 868 万元，税额 148 万元，价税合计 1 015 万元。另外还对外违规开具机动车销售发票 49 份。

该案上述违法行为已涉嫌触犯《刑法》第二百零五条的规定，根据《税收征收管理法》第七十七条以及国务院《行政执法机关移送涉嫌犯罪案件的规定》第三条的规定，依法将该案移送公安机关处理。

2006 年 5 月 10 日，公安机关对犯罪嫌疑人林某、牛某依法刑事拘留。2006 年 6 月 14 日，以涉嫌虚开增值税专用发票罪正式逮捕。2007 年 1 月 23 日，主犯林某被判处有期徒刑 12 年，判处罚金 6 万元。牛某等其他 7 名罪犯被分别判处 1～4 年不等的有期徒刑及 2 万～5 万元不等的罚金。

稽查局在本案调查的同时，对向 S 公司开具或接受 S 公司虚开增值税专用发票的涉案单位开展了全面清查和协查，依法追缴入库税款 141 万元，并处罚款 117 万元。

二、上海团伙虚开增值税专用发票稽查案例

2013 年 7 月，上海市宝山区国税局稽查局收到外省市一份协查函，反映辖区内 A、B 企业涉嫌虚开增值税专用发票，协查金额 1 800 余万元。外省市受票企业已被查实，有支付开票手续费方式购买发票的行为。

收到这份反映情况翔实、协查金额较高的协查函后，宝山区国税局稽查局迅速行动起来，讨论案情，利用征管数据对 A、B 企业涉税基本信息展开初步分析。他们发现，A、B 企业具有部分基本信息相同、企业相关人员均来自同一地的关联性。A、B 企业是不是虚开增值税专用发票团伙？带着疑问，检查人员从征管基本资料中找到了线索——财务吴某同时担任包括涉案的 A、B 企业在内辖区内 6 户企业的财务负责人，且 6 户企业税务登记中部分基本信息相同、企业相关人员均来自同一地。若 6 户企业均为虚开增值税专用发票企业，这就是具有一定规模的虚开增值税发票团伙。

检查人员当即对 6 户企业的经营情况展开了全面细致的研究分析。梳理征管数据资料后，初步判定，6 户企业有团伙虚开增值税专用发票的嫌疑。

因涉案金额高、涉案范围广，宝山区国税局稽查局当即与区公安局经侦支队成立联合专案组，实施突击检查。为准确定位开票窝点，联合专案组采用了循地查案的方法。他们通过多条途径查找后，发现所有线索集中指向了两处民宅。实际经营地址的重合进一步加大了团伙虚开增值税专用发票的嫌疑。

联合专案组制定了详细的稽查预案。2013 年 8 月，专案组兵分两路直奔两个涉案地点。经查，涉案地是面积仅 30 平方米左右的两处旧民宅，与 6 户企业上亿元的销售规模明显不匹配。打开房门后，屋内一男子非常慌，迅速抓起桌上的纸张撕毁。专案组人员控制住该男子。经核实身份，确认其为 A 公司的法定代表人李某某。除李某某外，专案组人员从两处涉案地还带回了 5 名涉案人员，并缴获 6 台开票机及银行卡、快递资料袋等相关证据。

随后，联合专案组人员加班加点，分析整理现场突击获取的资料。现场缴获的开票机中的开票数据证实，6 台开票机分别属于 6 户企业，专案组人员从中取得了发票完整信息。

现场收缴的个人银行卡经核实属于 6 户企业相关人员，与 6 户企业银行账户有往来。对现场收缴的电脑数据恢复后，专案组人员发现了记录开票信息的部分文档。整理出大量快递资料袋及部分进项发票。专案组人员还整理出大量快递资料袋及部分进项发票。

另一部分专案组人员对带回的涉案人员展开突击询问，相关人员交代了操作流程：该团伙有 4 名主要成员，通过单线控制 6 户企业的开票操作和资金操作。作为 A 公司法定代表人，李某某虽然承认虚开几百万元发票，但坚称对其他情况不知晓。

至此，虚开发票团伙轮廓初步浮现：控制人和中间人全盘操控，操作员只负责简单操作。由于尚有 3 名主要成员未到位、其他人员所知有限、资料缺失，调查取证遇到困难。

面对调查遇到的困难，联合专案组决定，从下游受票企业查证虚开行为。他们突击检查了辖区内 6 户受票企业，查证其收受虚开金额 200 余万元。同时，他们对上海市其他区和全国范围内受票企业发起协查，共发送千余份协查函。通过对全国各省市下游受票企业的检查，查实该团伙以收取手续费方式虚开增值税专用发票金额 7 000 余万元。

结合重要涉案人员均来自于某省、且进项 90% 以上来自于该省的特点，联合专案组派人前往该省调查，抓获了重要中间人陈某，案件取得重大突破。陈某到案后交代了 6 户企业在全国范围内虚开增值税专用发票的事实。陈某与已落网的李某某等 4 名主要成员一起运作 6 户虚开增值税专用发票企业，陈某主要负责中间联络等事宜。面对中间人的落网和铁证如山的事实，李某某承认了 4 个控制人运作 6 户企业虚开增值税专用发票，并交代了作案手段，交代虚开增值税专用发票的主要来源是某省建材行业大量"螺纹钢"增值税专用发票"富余票"。

至此，这起虚开增值税专用发票团伙案真相大白。联合专案组抓获涉案犯罪嫌疑人 20 余名，另有 3 名主犯已被公安机关网上通缉。根据相关规定，宝山区国税局稽查局追缴涉案企业税款及附加税费、加收滞纳金、处罚款等共计 6 000 余万元。

第三节 介绍虚开增值税专用发票稽查案例

一、案情简介

2005 年 3 月 15 日，某市国家税务局稽查局（以下简称稽查局）接到一封匿名举报信，举报该市某贸易有限公司（以下简称"A 公司"）销售塑料原料 PVC（聚氯乙烯）时，利用下游购货单位不要进货发票的机会，把从购货单位取得的增值税专用发票（以下简称"专用发票"）或自己虚开的专用发票，以发票价税金额 4%～5% 的价格提供给该市的许多受票企业，非法获利，涉及金额巨大。信中列举了 7 家具体受票单位和 7 家销货单位，以及几份虚开发票的号码。举报材料内容翔实，线索明确，稽查局决定立案检查。

"A 公司"系增值税一般纳税人，2002 年 10 月开业，原法定代表人李某，2004 年 2 月变更为王某（李的母亲），公司实际经营人李某，主营化工原料、塑料等商品的购销业务，注册资金 50 万元。

在做好案前保密工作的基础上，检查人员利用 CTAIS 征管资料，展开初步调查分析。一是调取该公司的税收征管资料。A 公司 2003 年销售收入 2 267 万元，应纳增值税税额 3.15 万元；2004 年销售收入 4 211 万元，应纳增值税税额 4.62 万元，2 年增值税平均税负率为 0.12%。二是从 CTAIS 系统中，调取所涉及的 7 家受票企业的进项专用发票资料。经过比对分析，检查人员发现这 7 家企业的进项增值税发票中，均有 A 公司开具的专用发票，包括举报提及的销货单位开具的专用发票，检查人员根据以上资料，初步判断举报可能属实。

经过研究，检查人员认为举报信提及的"购货单位不要发票和现金交易不入账"是关键。根据举报信，A 公司"自己虚开"是指 A 公司通过从购货单位取得的专用发票抵扣税款，然后在销售货物时，以"改变实际购货单位名称"的手段，虚开专用发票给受票单位（非实际购货方）；"介绍虚开"是指 A 公司的涉案人员，对从购销交易（可能是别人的购销活动，与自己无关）中"富余"出来的专用发票，要求实际销货单位直接开票给"受票单位"（实际销货单位可能不了解货物的实际购货方，"受票单位"非实际购货方）。

于是，检查组决定以调查核实"购货单位不要发票和现金交易不入账"的情况为重点，对 A 公司进行突击检查，在取得相关证据的基础上，对 A 公司的"票流、货流、资金流"展开全面的调查。

2005 年 4 月 4 日，检查人员对 A 公司进行了突击检查，发现这个经营额为 4 000 万元的公司只有一间小而简陋的办公室，既没有仓库、门市部，也没有其他工作人员。

检查人员以日常调查的名义对公司的经理李某进行了询问。在询问公司货物运费情况时，李某叙述 A 公司的货物大多从山西、河北等地购进，1 年营业额 4 000 多万元，运费几万元。而检查人员按市场运费单价 300 元/吨计算，其几万元的运费根本无法实现 4 000 万元的销售收入，显然李某的叙述不真实。李某的解释是，大部分运费是他个人垫付，未记入公司费用账。

检查人员提出要检查 A 公司所有的购销合同，在李某取资料时，检查人员发现了一个笔记本，经检查发现里面除了电话号码外，还记着一长串个人银行账（卡）号，涉及农行、建行、中行、交行、工行等 5 家银行，共有 20 多人的 40 个账户。检查人员随即对笔记本记录的 40 个银行账户进行全面检查。

在银行工作人员的配合下，检查人员取得了 40 个账户的开户资料、流水账、存取款凭证，以及 40 个账户下一步流向的账户流水账和相关凭证。通过对"开户资料"分析，检查人员发现，有 7 个账户为李某控制，分别以其父、母、妻子、妻妹的名字开户。

通过对账户流水账和相关凭证分析，检查人员发现 A 公司存在为他人虚开和介绍他人虚开增值税专用发票的两种资金流向特征，结合征管、财务资料，找出了发票流向。

第一种情况：自己为他人虚开行为。如，李某 2005 年 5 月 26 日从个人银行卡中取出 10.64 万元汇入受票企业法定代表人个人银行卡，同日，A 公司开具票面价税合计为 11.09 万元的增值税专用发票给受票企业，受票企业以支票形式将 11.09 万元汇入 A 公司。检查人员分析认为，如果该业务涉及虚开，则资金回流差额部分可能是手续费，收取的手续费比例是 4%〔(11.09－10.64)÷11.09〕。

第二种情况：介绍他人虚开行为。李某从山西、河北等供货企业采购货物时，并不直接付款给供货企业，而是由虚用发票企业将货款按开票金额付给供货企业，冲抵自己的购货应付金额，供货企业直接开票给付款单位，造成增值税专用发票上购销双方在形式上票款一致的假象。而虚用发票企业付出的"货款"，则由李某从自己的销货款中（扣除"手续费"后的余额）交还给虚用发票企业。2005 年 6 月 8 日，李某从个人银行卡中取出 36 万元现金，存入余姚某塑业有限公司业务员个人银行卡中。而余姚某塑业有限公司则有将 37.5 万元以支票形式汇入山西某石化有限公司，并取得该石化有限公司发开具的价税合计为 37.5 万元专用发票。如果该业务涉及虚开，则资金回流差额部分可能是手续费，收取的手续费比例是 4%〔(37.5－36)÷37.5〕

检查人员通过以上资料分析，如果是正常交易，则不应存在资金回流情况，而该企业存在大量的异常"资金流向"，说明 A 公司存在自己虚开和介绍虚开专用发票的重大嫌疑。

稽查局于 2005 年 6 月 1 日，提请该市公安局经侦支队提前介入并成立联合专案组，开始对案犯进行抓捕工作。2005 年 6 月 7 日，由于该案引出的涉案企业较多，涉及发票份数、违法金额较大，所以公安及税务机关将 A 公司引发的一系列涉税案件，合并定性为团伙虚开增值税专用发票案，命名为"607"税案。

2005 年 7 月 12 日凌晨，主犯李某在该市某宾馆被公安机关抓获。被捕后，经办案人员说服教育和大量证据的威慑下，李某交代了自己虚开发票的违法事实：一方面，余姚等地许多从事塑料生产的增值税一般纳税人因购进"回料"（废弃塑料经过清洗、加工、再回收利用）时无法取得增值税进项发票，不能抵扣增值税税额，这样，就有了虚开发票需求市场。另一方面，李某经营的 A 公司主要从事塑料原料购销，即从河北、山西等地企业购入塑化原料 PVC 后，销往海宁等地区的厂家。由于海宁等地的厂家（实际购货方）大多是个体私营企业（定税户），根本不需要增值税专用发票，就产生了大量销售收入可供开具增值专用发票。由于一方要货不要票，一方要票不要货，李某就利用实际购货单位进货不要发票的空间，由 A 公司将这部分的增值税专用发票开具给"受票方"，或由李某充当联系人，为河北、山西等地的销货企业联系销售业务，货物实际销往海宁、海盐地区的厂家，而李某则告诉销货企业，货物销售给余姚等地的受票单位，由河北、山西等地的销货企业直接开发票给受票单位。李某和 A 公司先后为余姚 14 家受票企业，提供虚开增值税专用发票 334 份，价税合计 8 887.9 万元，税额 1 291.4 万元，并按票面金额（价税合计）3.8%～6% 收取开票费。

检查人员分别前往开票方、受票方、实际购货方、中间人所在地进行外调取证及延伸检查。

（1）开票方：2006 年 2 月，专案组对涉及的 12 个省、自治区 67 家供货、开票企业开往该市的 2836 份增值税发票进行协查取证。取证结果表明，山西某石化有限公司等 8 家供货企业都是通过李某联系供货、付款业务，并根据李某提供的受票企业资料开具增值税专用发票给余姚等地的多家公司，涉及发票 993 份，价税合计 2.68 亿元，税款 3 894 万元。

（2）受票方：专案组通过对余姚等地的 1 170 余户受票企业协查，在当地税务、公安机关的配合下取得了收受虚开发票的证据材料，并追回税款 1 937 万元，以及滞纳金、罚款，合计 2 893 万元。

（3）购货方：专案组通过到资金汇出地海宁等地调查，询问 50 多家塑料加工企业法定代表人或相关责任人，证实他们就是李某笔记本上银行卡的"资金汇入人"，同时也是不要发票的"实际购货人"。税务机关对海宁等地不需要发票从而从事账外经营、隐瞒销售收入的企业，追回税款 1 313 万元。

（4）中间人：对"资金流"涉及的"中间人"（如：郑某、陶某、徐某等涉案关系人）深入检查，发现这些涉案人员从李某处取得虚开专用发票抵扣税款后，再进行二次虚开，涉及专用发票 248 份，价税合计 3 081 万元，税额 447 万元。

固定虚开发票案件证据链，是难度较大的工作。为理清李某笔记本中记载的涉及 5 家银行的 40 个银行卡的流水账，检查人员在履行相关手续后，对大量的银行凭证进行录入比对，经统计资金进出 6.85 亿元，汇入资金大部分来自海宁、黄岩等地，资金大部分汇往余姚等地。经查，汇入资金大部分都是货物交易取得，汇出资金大部分流入受票企业关系人账户，这些工作取证难度很大。

一旦涉税违法犯罪嫌疑人外逃，案情的突破必须借助公安机关的侦查手段。对李某的抓捕就是由公安人员通过侦查手段，及时发现其外逃回来后，于 2005 年 7 月 12 日凌晨，在该市某宾馆将其抓捕。

二、案例分析与处理结果

本案主要违法事实和作案手段如下：

第一，A 公司虚开增值税专用发票给余姚某塑化有限公司等 14 家单位共计 124 份,价税合计 1 013.24 万元,税额 147.23 万元。

第二,李某以"个人"身份,提供虚开增值税专用发票(开票方为河北、山西等地的企业)给余姚某塑化有限公司等 14 家单位,共 210 份,价税合计 7 874.66 万元,税额 1 144.17 万元。

处理结果如下:

第一,根据《发票管理办法》第三十九条、《发票管理办法实施细则》第四十八条第(七)项的规定,对该公司虚开增值税专用发票,导致其他单位未缴、少缴增值税额 147.23 万元行为,税务机关没收其非法所得,并处以罚款 147.22 万元。

第二,A 公司虚开增值税专用发票和李某介绍虚开增值税专用发票的行为已涉嫌触犯《刑法》第二百零五条的规定。根据《税收征收管理法》第七十七条和国务院《行政执法机关移送涉嫌犯罪案件的规定》第三条及有关规定,依法将该案移送公安机关处理。

第八章　取得虚开增值税专用发票稽查案例

第一节　通过协查对违法取得虚开发票进行稽查案例

一、某煤炭企业取得虚开增值税专用发票稽查案例

2012 年 2 月 16 日，贵州省铜仁市国税局稽查局收到一份从江苏省南京市浦口区国税局稽查局传来的协查函，请求对 3 份增值税专用发票进行协查。稽查人员在对发票票面信息进行登记时，发现发票上的中文信息显示"购货单位名称"为昆山市某有限公司，地址和电话也是昆山市的。联想到协查系统前段时间刚好升级，莫非是系统在升级中出现了数据的分拣错误，将昆山市的协查函分发到了铜仁市？但金税协查系统数据分拣的工作原理是，以纳税识别号进行自动分拣，仔细查看该协查函上所反映的购货方纳税人识别号，开头的 6 位号码确实为铜仁市行政辖区内，这并非一份普通的协查函！

稽查人员遂将对方来函的所有信息资料下载打印成纸质材料，在向领导汇报了相关情况后，立即组织开展协查调查工作。

为尽快查明真相，稽查人员首先选择从弄清增值税专用发票上购方基本信息是否属该市管辖企业入手。根据对方请求协查的发票信息上显示的购货方识别号，稽查人员很快锁定了贵州大龙某贸易有限公司。税务登记资料显示，该公司成立于 2009 年 12 月，经营范围为煤炭批发经营、粉煤灰加工销售等。从 2010 年至 2011 年度申报情况来看，仅几笔申报有税款，恰好是取得协查发票的属期，其余均为零申报。为什么"贵州大龙某贸易有限公司"会在发票上变成了"昆山市某有限公司"？要想弄清其中缘由，必须要到这家商贸公司走一趟。

2012 年 3 月至 4 月，稽查人员先后 5 次深入贵州大龙某贸易有限公司进行调查。从公司会计处得知，该公司近 1 年来未开展任何经营业务，由于国家对煤炭经营资质的审批数量较少，为了保留来之不易的煤炭经营资质，公司不得不采取零申报来维持企业的税务登记信息。当会计人员将协查发票的原始票面信息展现在面前时，在场的稽查人员不禁一愣：两份发票除了发票版本号、发票票号、84 位密码区、金额、税额等信息外，其余中文信息完全

是牛头不对马嘴，存根联和抵扣联的票面信息毫不沾边。贵州大龙某贸易有限公司的抵扣联上清清楚楚地列明如下信息，购货方单位名称：贵州大龙某贸易有限公司；货物或应税劳务名称：原煤；销货方单位名称：常州新区某煤炭经销有限公司。存根联上的信息却是，货物：动力煤油，购货方：昆山市某工贸有限公司，销货方：南京市某石化分公司。同一份发票会出现两种不同的票面信息——"虚开"！稽查人员头脑里闪出两个字。

稽查人员通过对相关账簿和资料的检查和对相关人员的调查，查清了该公司接受虚开增值税专用发票的违法事实。

经查，贵州大龙某贸易有限公司是贵州省少数几家具有煤炭经营资质的商贸企业之一。平时的业务主要是靠业务员甲（早已离职）往返于买卖双方之间，其间发生的单据、发票拿给该公司会计人员做账即可。由于在平时的营销过程中，收购散户煤难以取得发票，于是便萌生了请人代开的想法。经联系，有人愿意代开，并且承诺先认证通过后再付款。代开的发票拿到税务机关认证，当"认证相符"的红印盖在进项发票上时，抵扣税款也就顺理成章。该公司清楚地知道这样的代开所带来的经济利益。

能代开真实发票且承诺能通过税务机关认证，什么人如此神通？又如何敢作出真票代开的承诺呢？稽查人员顺藤摸瓜，找到的答案是：加油站！同时也厘清了加油站虚开发票、公司接受虚开发票的过程：作为增值税一般纳税人的加油站，平时面对的大多是不需要增值税专用发票的消费者。一段时间下来，便会囤积大量的富余发票，正是这些发票的存在给不法分子提供了涉税违法的空间。囤积有富余发票的加油站或其他手中有富余发票的企业，利用金税认证系统无法识别中文信息的特性，按自己企业真实的经营品目在不超出当期营业额的范围内开具存根联发票，然后再根据购票者或受票方的需要，随意篡改中文信息，套用密码区信息，分联套打开具抵扣联发票。如此这般，一份虚开的"煤油"变"原煤"的增值税专用发票就炮制出来了。

二、某锰业公司取得虚开增值税专用发票稽查案例

广西崇左市国税局稽查局与公安机关联合行动，辗转几地开展调查，经过详查细审，最终锁定了广西天等县某锰业公司接受虚开增值税发票、虚增进项税额偷税的违法事实。该局依法对该企业做出了追缴增值税税款143.4万元，加收滞纳金105.31万元，处罚款113.33万元的决定。目前税款、滞纳金和罚款已全部追缴入库，相关涉案人员已移送司法机关。

2011年年底，崇左市国税局稽查局收到其他地区税务机关的协查函，请该局帮助协查有关涉税案件。在协查过程中，广西天等县某锰业公司进入了

稽查人员的视线。

稽查人员了解到，天等县某锰业公司成立于 2004 年 8 月，注册资本 1 000 万元，为增值税一般纳税人，经济类型为私营有限责任公司，从事电解金属锰、二氧化锰矿石、二氧化锰矿粉等产品的生产销售，经营方式为自产自销，采取自行申报的纳税申报方式。

稽查人员在调查中发现，该公司接受了南宁市多家贸易公司开具的大量增值税专用发票。这些增值税专用发票引起了稽查人员注意。

按照税务机关掌握的情况，南宁市不是锰矿产区，锰业公司不会到南宁购买锰矿产品。目前，天等县境内所有的锰业公司，基本上都是在附近的崇左市大新县、百色市靖西县锰矿产区购买锰矿。天等县某锰业公司的可疑之处在于，不仅舍近求远到南宁市购买锰矿，而且企业取得的增值税专用发票，其开票公司并不是从事锰产品经营的企业，而是一般的贸易公司。各项疑点表露出的信息显示，该企业从南宁取得的增值税专用发票不合常理，具有取得虚开增值税专用发票嫌疑。

稽查人员及时向稽查局领导作了汇报。该局十分重视，马上召开会议进行研究，决定对天等县某锰业公司进行立案检查，并抽调骨干稽查人员，组建了专项检查组。稽查人员迅速赶赴南宁，准备核查为天等县某锰业公司开具增值税专用发票的多家贸易公司。

可是，当他们到达南宁时，这几家贸易公司已经人去楼空。几家贸易公司的消失，从另外一个角度加重了天等县某锰业公司取得虚开增值税发票的嫌疑。

为打破线索中断造成的僵局，崇左市国税局稽查局召开会议对案件再次进行研究，稽查人员对锰产品行业的生产、采购和销售等特点进行了深入分析。

既然企业有涉税疑点，那么其经营行为一定会有异常。该局决定进驻天等县某锰业公司进行检查。稽查人员根据采集到的企业信息，制订了周密的检查预案。

由于该企业接受虚开增值税专用发票嫌疑较大，因此，进入天等县某锰业公司后，稽查人员首先到财务部门对该公司所有涉税资料及生产经营合同进行了检查，但检查没有找到相关证据。

稽查人员于是将目光转向了该公司其他经营部门。在此过程中，该公司的过磅室引起了稽查员的注意。过磅室是该公司所有购进矿产品的必经之路，企业每购进一车锰矿产品，过磅之后都需开具过磅单，并且过磅室都留有历史业务的底单。了解到这一情况后，稽查人员迅速到过磅室对企业所有过磅车辆的底单进行了核查。

经过对上万张过磅底单的核查，稽查人员发现在这些过磅单上，有三个人的名字频繁出现。三人是什么人？是卖锰矿的老板？还是运锰矿产品的司机？稽查人员分析，不管是老板还是司机，既然与锰矿产品有关，其肯定会在天等县附近的几个矿区有活动。于是，稽查人员分别到崇左市大新县、百色市靖西县几个锰矿产区对过磅单的三个人进行调查。调查结果显示，这三个人是百色市靖西县从事锰矿产品贩卖的个体商户。

为了尽快找到这三个人，拿到天等县某锰业公司接受虚开增值税专用发票的证据，崇左市国税局稽查局请求公安机关提前介入联合办案。在公安机关的大力协助下，税警双方建立了联合办案联动机制，公安机关经侦干警和稽查人员组成联合专案组，到百色市靖西县进行调查。

专案组在靖西县了解到，这三名个体老板没有在工商部门注册，只是做些贩卖矿产品的生意，并且在家的时间并不多。稽查人员和公安干警首先开始查找三名个体老板中的黄某，几番到其办公地点、家庭住址和靖西县的几个矿区查找，均未找到。正当稽查人员和干警准备暂时放弃寻找，转而查找其他个体老板的时候，靖西县某镇政府工作人员却来电告之专案组，在黄某家附近发现了其轿车，专案组以此为线索找到了黄某。黄某终于找到了，但他却不配合调查。

经过稽查人员耐心对其进行税法宣传和说服教育，黄某最终拿出了其跟天等县某锰业公司签署的合同协议。这份协议显示：黄某只向天等县某锰业公司销售锰矿，不开发票。稽查员顺藤摸瓜，根据黄某提供的线索，找到了其他两名售卖矿产品的个体老板。两名个体老板均承认，只向天等县某锰业公司销售锰矿，不为其开具发票。

在取得三名个体老板提供的证据后，稽查人员分析，该企业经营过程中票货分离，货物购买与发票取得在时间和地点上不同步，证明该公司具有接受虚开增值税发票违法行为。

面对稽查人员拿出的翔实证据，天等县某锰业公司负责人不得不承认接受虚开增值税发票偷逃税款的事实。该公司于 2010 年取得 53 份虚开的增值税专用发票，据此抵扣少缴纳增值税 83.2 万多元。

为确保天等县某锰业公司的涉税问题彻底查清，崇左市国税局稽查人员乘胜追击，再次对该公司进行了全面税收检查。经检查发现，该公司固定资产在建工程所用材料、设备未作进项税额转出，因此少缴增值税 35.2 万多元；材料非正常损失未作进项税额转出，少缴增值税 24.9 万多元。崇左市国税局稽查局依法认定该公司以上行为构成偷税，对其作出追缴税款、加收滞纳金并处以罚款的处罚决定。由于偷逃税款数额较大，目前该案相关人员已被移交司法机关追究刑事责任。

第二节 通过日常检查对违法取得虚开发票进行稽查案例

一、"营改增"受票企业税务稽查案例

在加强营改增企业税收监管的过程中，检查人员在对营改增受票企业 H 公司实施税收分析时发现，该企业涉嫌接受假发票偷逃税款。通过追查企业资金流、货物流，调查结果验证了检查人员的判断。

2015 年，根据甘肃省国税局稽查局指示，嘉峪关市国税局稽查局对营改增企业受票方 H 商贸公司实施延伸检查，查实该企业存在接受虚假增值税发票抵扣增值税进项税等问题，该局依法对其作出补缴增值税 93 万元，加收滞纳金并处以所偷税款 1 倍罚款的处罚决定。目前案件已移交公安机关进一步查处。

根据上级指示，嘉峪关市国税稽查局对铁路运输受票企业实施延伸检查。为此，检查人员从铁路运输企业开票系统中导出发生大宗运输业务的企业数据，筛选过滤出 5 户当地受票企业数据，经过数据对比分析、发票流向和货物流分析，H 商贸公司引起了检查人员的注意。

H 商贸公司成立于 2014 年 3 月，法定代表人邱某，企业类型为有限责任公司，经营范围为煤炭、钢材、仪器仪表、五金交电的批发零售。该公司 2014 年营业收入 889 万元，销项税额 148 万元，进项税额 149 万元，期末留抵税额 0.4 万元，缴纳增值税 0。2014 年企业营业成本 483 万元，营业利润 −73 万元，纳税调整增加额 1.01 万元，纳税调整后企业所得为 −72.53 万元。

检查人员发现，H 商贸公司存在以下涉税疑点。

其一，消费收入和运输费用异常波动。该企业 2014 年销售收入为 889 万元，其中 7 月和 8 月销售业务集中，两月销售收入合计约 676 万元，占全年销售收入 76%，销售收入期内波动较大。从运输费用看，全年运输费用为 487 万元，运输货物均为煤炭，其中 3 月至 6 月无任何运输费用发生，7 月至 8 月运费占销售收入比例高达 54%，运输费用波动幅度异常。

其二，票据信息显示业务异常。检查人员对企业运输费用疑点突出的 7 月至 8 月所有进销项发票信息进行了排查。经过分析发现，进项方面，H 商贸公司增值税专用发票多从山西省内两户企业取得；销项方面，发现企业主要销货对象是江西省两家实业公司，销售货物均为煤炭。从票流情况分析，山西是产煤大省，对购货方江西企业来说，从山西购进煤炭更为快捷方便，为何却舍近求远从甘肃西部的嘉峪关购进煤炭产品？

其三，货物流向异常。从运输发票票面信息看，该企业做煤炭贸易时货物的起运地为嘉峪关。H商贸公司为何要舍近求远先将货物运到嘉峪关，再从嘉峪关运到江西？

检查人员就H商贸公司的购货销售情况，两次对该企业法定代表人邱某进行了约谈询问。邱某称企业的煤炭主要从新疆淖毛湖、内蒙古策克、山西阳泉、晋城等地采购，主要销给江西两家实业公司，因价格便宜有优势，因此双方签订了销货协议。邱某称，H商贸公司是通过山西阳泉某煤矿一个杨姓会计处联系购进的煤炭，但邱某却无法提供杨某的身份证明信息及山西两家企业的相关交易文件。邱某表示，H商贸公司采购煤炭后，用汽车运至嘉峪关市某货运站统一发货，增值税专用发票是由山西两家煤矿开好后通过特快专递发给H商贸公司。

检查人员结合案头分析发现的疑点，采取账面财务资料审查、外围第三方数据调查和上下游关联企业调查的方式对H商贸公司进行了深入调查。

针对企业运输费用异常波动疑点，检查人员结合报表分析结果，详细检查了H商贸公司的账务资料，重点审核了企业货源组织与销售过程中的原始单据，并对嘉峪关铁路货运中心进行了外调取证。调查证实，H商贸公司2014年3月份成立后前期组织货源，7月至8月才集中开展销售业务。因此，其运输费用7月至8月突增属于合理现象。

针对进销项票据疑点，检查人员仔细审核了H商贸公司取得的进项增值税专用发票票面信息。票面显示供货单位为山西阳泉某煤矿公司和晋城某煤矿有限公司，但在全国组织机构代码信息系统中输入这2户纳税人识别号时，显示的单位名称却为山西省运城市绛县某镁业公司、运城市稷山县某镁业公司。通过对H商贸公司取得的33份增值税专用发票上纳税人名称和纳税人识别号进行逐一核对，检查人员确认，H商贸公司取得的增值税专用发票上纳税人名称和纳税人识别号不匹配。

为此，检查人员向山西国税机关发出了协查函。协查结果显示，山西省阳泉市某煤矿公司、晋城市某煤矿公司两企业的发票存根联，与H商贸公司所提供的发票票面信息不相符，除税号、发票代码及号码一致外，汉字打印区的收货方、销货方、货物名称、地址和印章等信息均不一致。为进一步完善证据链，检查人员前往山西晋城和阳泉进行外调核查，两家企业均否认与H商贸公司发生过业务往来，也从来未向其开具过任何发票。至此，检查人员确认，H商贸公司取得的33份增值税专用发票系假票。

资金流的核查也再次印证了发票核查结果。在对企业付款情况进行核查时，检查人员发现付款凭证后所附的单据为承兑汇票复印件，该复印件上并无H商贸公司的收付背书转让信息。银行所提供的H商贸公司基本账户和法定代表人个人账户资金往来信息中，也并无支付给山西两家企业记录。

经过多方调查核实，检查人员认定，H 商贸公司从事外销煤炭业务时，的确采取过铁路运输方式运送货物，并从铁路货运企业开具了发票。但其部分销售业务"有货无票"，因此采取接受虚假增值税发票的方式偷逃税款，涉及 33 份增值税专用发票，金额 533 万元，税额 90 万元。另外，通过检查还发现该商贸公司在 2014 年 9 月销售煤时使用 13％的税率计税，少申报销项税额 2.01 万元，合计少缴增值税约 93 万元。

针对企业的违法行为，嘉峪关市国税局稽查局依法对 H 商贸公司作出补缴增值税约 93 万元，依法加收滞纳金，并处罚款 93 万元的处罚决定。

该案查处过程中反映出的一些问题，值得税务机关思考。

第一，征管信息共享不足易造成发票监管缺位。目前，税务机关的征管信息系统由于属地管理原则，某地税务机关只能查询到该地区纳税户信息，这限制了税务管理数据的收集和分析工作，并降低了企业发票监管效率。例如，甘肃国税机关之前在查办某一空壳企业涉税违法案件时，该企业某年度抵扣的 372 份发票来自全国 7 个省、市、自治区 11 个区县，而这些发票信息核对，依靠征管信息系统根本无法完成，只能通过其他渠道查询，增加了许多额外工作量。因此，税务机关应基于"互联网＋""大数据"等技术，建立全国征管信息查询平台，以降低发票监管成本。

第二，银行承兑汇票是目前企业大额收款和付款的主要方式之一，但汇票背书支付具有流转环节多，账证凭证中仅附汇票及背书复印件等特点，违法分子容易通过伪造背书签章及一票多用等形式从事不法活动。目前，我国只有《票据法》对汇票的使用作出了规定，但仅仅对发生纠纷时追索权进行了明确，无其他罚则。汇票背书转让的普遍性和不规范性并存的情形，给虚开发票人员在资金流上造假提供了空间，因此我国急需通过完善法律、法规，对承兑汇票的使用范围、凭证入账的形式等作出明确规定和限制。

第三，银行卡、网银、支付宝、微信等多种支付方式的发展，在方便企业资金支付的同时，也为税务机关稽查案件时查实企业资金流增加了困难。因此，我国应尽快完善相关法规，明确金融机构、第三方支付平台具有配合提供涉案企业和人员资金往来证据的义务，并明确涉税电子证据取得及应用的法律效力。

回顾本案的检查过程和违法企业的违法手段，我们可以发现，由于目前税务机关软件系统对增值税专用发票汉字信息难以比对，一些违法分子和违法企业因此无视税收法律，肆意通过克隆、套打增值税发票等方式，用假票抵扣偷逃税款，使国家遭受巨大损失。因此，税务机关应尽快采取相关措施，对发票管理的相关制度和软件予以完善。

在案件的查办过程中，稽查人员运用"大数据"技术，充分提取、筛查涉案企业的经营数据，以企业货运发票异常增加为切入点，彻查企业经销业务，逆查企业煤炭贸易资金流和货运流，环环紧扣，层层推进，最终查实涉案企业利用承兑汇票管理漏洞，虚构付款信息，从第三方取得虚开增值税发票从而多抵税款的违法事实。

本案的查办结果表明，税务机关在开展日常管理时，除强化营改增企业税收监管外，还应同时加大营改增企业受票方发票核查力度，以防微杜渐，遏制税收违法行为的发生。

二、增值税税负率偏低稽查案例

某税务检查组至生产果汁饮料的甲公司例行所得税汇算清缴检查，在对生产经营情况进行了解时，检查人员发现了三点异常：一是被检查年度苹果的出汁率仅为 6.93：1（即每耗用 6.93 吨苹果才能生产 1 吨浓缩苹果汁），高于正常值 0.53（正常出汁率为 6.4：1）；二是被检查年度报损苹果残果 490吨，较往年不足 200 吨的报损增加了近 300 吨；三是被检查年度的增值税税负低于税负警戒线之下 0.2 个百分点，明显偏低。

检查人员据此分析了三种可能：一是隐瞒销售收入、隐瞒产量，如可能存在现金销货不开销售发票，或将产品发放给职工或用于赠送客户单位的个人，不作视同销售的涉税处理；二是虚开农产品收购发票，如不排除为了多抵扣增值税进项税而虚开苹果收购发票的可能；三是因产品销售不畅，造成库存产品大量积压，形成进项税大销项税小，从而使得增值税税负偏低。为了查明情况，检查人员展开了全面检查。

然而，因账面不存在积压的库存产品，且库存量与往年差异不大，第三种可能被很快排除，第一种可能也仅是发现了少量将产品发放给职工或用于赠送客户单位个人没有视同销售的情况，但所补交税款远不足以排除增值税税负偏低的问题。只是第二种可能，因涉及对所开具农产品收购发票真实性、应付不付收购苹果款是否异常及仓库能否承载收购旺季最高收购量等问题的分析，从而使得一时无法判断。

但是，经抽查大量的苹果收购发票及相关资料，检查人员认为，甲公司收购苹果开具收购发票的程序、手续及证据齐全、规范，且账面不存在大额长期应付不付的收购款。而对仓库能否承载收购旺季最高收购量的问题，因甲公司在收购旺季会临时启用其他仓库，从而使得该方法失效。

然而，就在检查工作陷入迷茫，一时无从下手时，检查组余组长要求统计的一张全年度各月份收购对象名单、收购数量及相关基本情况汇总表引起了余组长的注意，有三名收购对象仅是在当年收购最高峰的 8 月、9 月、10

月3个月出现，且数量很大，其他月份的收购额均为零，但查阅对这三名收购对象的收购情况并未见异常。余组长觉得有必要与对方取得联系，以确认收购情况的正确性。

根据汇总表上填写的手机号码，余组长打出了第一个询问电话，没有想到对方立马表示肯定搞错了，说他已有3年不做苹果生意，再打其他两位的电话，也都否认上一年度销售苹果给甲公司的情况，当余组长把情况向甲公司财务科吴科长说明后，吴科长见事已暴露，只好承认了公司利用其中两位的身份证虚构收购业务的情况，但对金额最少的一位不予承认，这让余组长感到纳闷，大金额的都承认了为何小金额的不承认，这说明吴科长不是确实不知道就是这第三位很可能有其他隐情。经余组长和吴科长一起与公司相关经办人员核实，终于摸清了情况。

原来，3年前甲公司为了偷税，找出了已有3年不向公司销售苹果的两位苹果供应商的身份证复印件，并安排采购科长和财务科长共同负责，在每年收购旺季虚构收购业务，虚开收购发票以抵扣进项税，为了避免收购款长期不付引起怀疑，甲公司采取了立即支付虚构收购对象现金的方法，同时，对因虚假收购增加的苹果采用虚增领用数及虚列报损数的方法"消化"，由于公司对虚构业务各方面的审批总是网开一面，且财务科对此也从不认真审核，这让采购科的两位经办人员看到有机可乘，便串通仓库、财务两部门的个别人员，比照公司对两位虚假收购对象的方法如法炮制，另外又搞了一位虚假收购对象，同时将虚假收购的苹果并入公司统一报损的数量中，而财务上对报损数从来都是睁一只眼闭一只眼，就这样，连续2年共套取公司现金52.7万元，不仅造成国家税款的流失，而且也造成了甲公司的经济损失。最终，相关人员固然受到了法律制裁，但甲公司也因偷税受到了处理处罚。

在上述案例中，尽管检查人员抽查了大量的苹果收购发票及相关资料，但这种抽样检查的方法很难发现三位假收购对象，事实上，也只有通过汇总表的方式才能够发现三位虚假收购者在收购时间上的异常，并据以揭示问题。该情况说明，尽管抽样检查的方法在一般检查工作中很奏效，但不能揭示全部问题，也不等于什么情况都有效。检查人员须知道，检查方法的选择很重要，不同的检查方法有不同的功效，不仅要根据不同的检查对象和检查目的，而且还要根据检查工作的具体情况确定并使用。对一些有规律性、有共性的检查内容，汇总与检查相关的信息可以让检查工作更直观、好比较、易分析，不失为一种比较、分析并揭示问题的重要基础方法，所以，检查人员必须熟练掌握汇总表分析法，以此作为分析和揭示问题的常用基本方法。

上述案例还说明，偷税行为往往与企业自行破坏内部控制密切相关，为了达到偷税目的，企业的相关内部控制对偷税所涉及的控制环节一定是网开一面、形同虚设，而就在这网开一面之际，同时也给了看准内控漏洞，想趁机浑水摸鱼的这部分人网开一面、有机可乘，并使得他们轻而易举实施个人舞弊，所以，偷税企业不仅肯定存在涉税风险，而且往往还会存在因舞弊造成资产流失的风险。

第三节　通过专项检查对违法取得
虚开发票进行稽查案例

某化工企业取得虚开发票稽查案例

2011 年 8 月，湖北省谷城县国税局稽查局在对辖区化工行业开展专项检查时，通过税收征管系统对某化工有限公司近两年的纳税情况进行分析后，发现该公司 2009 年申报销售收入 1 400 万元，应纳增值税税额 70 万元，税负率 5%；2010 年申报销售收入 1 600 万元，应纳增值税税额 54 万元，税负率 3.3%；2011 年销售额变动率为 14.28%，增值税应纳税额变动率为 −22.85%，收入增加，税额反而下降。同时，还发现该公司银行存款较上年大幅增加，而应付账款也较上年大幅增加。既然资金状况较好，为何货款不及时支付？

针对两大疑点问题，稽查人员决定以调查核实"资金往来"情况为突破口，对该公司实施突击检查。稽查人员调取了该公司 2009 年、2010 年的账簿凭证、购销合同等纳税资料，并对相关账表及增值税进项专用发票进行了提取复印。

稽查人员在仔细检查了账簿凭证后，未发现疑点。在检查该公司购销合同时，稽查人员发现，该公司除与单位签订合同外，还与个人签订合同，但从账面上看，未发现个人销售的货物。稽查人员随即对该公司账务进行全面检查，发现企业购进货物长期挂应付账款，只有少量的资金支付，并且该公司支付的应付账款中，用大量的银行承兑汇票转移支付给个人，通过个人开具收据收取货款。对此异常情况，稽查人员通过检查资金流向，取得了企业购进货物相关增值税专用发票的信息。

对检查发现的企业购销合同中的疑点，检查组集体会商分析后一致认为：该公司有可能取得了收款方与开票方不一致的进项增值税专用发票。为了找出这些疑点发票，检查组明确了紧扣"资金流"，排查疑点发票的检查思路。稽查人员对有关账户和相关凭证一一进行分析，核实资金流向，重点核对专票上的销货方与企业应收账款的收款方是否一致。

　　通过比对，有关疑点专票逐渐浮出水面：该公司 2010 年度购进燃料煤，应付账款挂开票单位，而发票后附的入库单注明供货人为个人。通过认真核对资金往来情况，发现该公司购进燃料煤后，用大量的银行承兑汇票支付货款，并且都是个人开具收条，收取银行承兑汇票。通过延伸检查，发现该公司 2011 年存在类似情况。经汇总，2010 年 9 月至 2011 年 5 月，该公司共计取得湖北省远安县、荆门市等地 5 个公司开具的增值税专用发票 30 份，价税合计金额 325.72 万元。在延伸检查中还发现，该公司 2009 年 11 月购进燃料煤，货款 0.4 万元、2.4 万元分两次分别汇入不同人员的个人银行卡。同日，该公司取得票面价税合计为 2.8 万元的增值税专用发票。

　　获取了企业两项重要违法线索后，稽查人员约谈了该公司主要负责人，告知企业涉嫌未按规定取得增值税专用发票的违法问题，以及初步掌握的企业涉嫌逃税的证据，要求其积极配合，说明问题，争取主动。但该负责人以不是自己经办的业务为由，企图逃避责任。

　　为了打破僵局，稽查人员另辟蹊径，分别对直接经办相关业务的企业财务人员、仓库管理人员和业务人员进行调查询问。通过耐心的税法宣传教育，相关人员交代了这些增值税专用发票的来龙去脉，并证实了收取货款的个人身份。原来，该公司为节省买煤成本，通过中间人从一些小煤矿购买并找开票公司开具增值税专用发票，该公司用银行承兑汇票将货款支付给介绍业务的中间人，中间人通过各种途径把银行承兑汇票兑换成现金，用于支付给送货人货款，从中收取介绍费。稽查人员当即让企业相关人员在询问笔录上签字、盖章确认。

　　为进一步完善证据链，稽查人员分别从开票、受票单位的资金运作情况进行协查取证，并向开票单位所在地税务机关发出协查函，通过货款取得与支付情况进行比对，核实实际交易记录，揭开了票、货、款不一致的谜团，确认了相关违法事实，完整地固定了相关证据。

　　至此，该公司购进燃料煤违规取得增值税专用发票、违规抵扣进项税进行逃税的问题水落石出。其中，2009 年 11 月购进货物，让他人为自己虚开增值税专用发票 1 份，价税合计金额 23 906.28 元，税额 4 064.07 元，并在当月申报抵扣了增值税进项税额，造成少缴应纳增值税额 4064.07 元。2010 年 9 月至 2011 年 5 月，购进货物取得销售方开具的增值税专用发票 30 份，价税合计金额 2 775 426.46 元，税额 471 822.44 元，支付的货款与开具抵扣凭证的销货单位不一致，并分别于当月申报抵扣了增值税进项税额，造成少缴应纳增值税 471 822.44 元。两项合计，共造成少缴增值税税款 475 886.51 元。

　　根据税收征管法的相关规定，谷城县国税局稽查局依法追缴了该公司少缴的税款及滞纳金，并处少缴税款 50% 的罚款。

第四节　善意取得虚开增值税专用发票稽查案例

某煤炭企业善意取得虚开增值税发票稽查案例

2013 年 7 月，山东省淄博市淄川区国税局组织对全区煤炭行业进行了行业检查。在对某煤炭经销公司进行日常稽查时，稽查人员发现该公司 2012 年 10 月取得东北某煤业公司同一天开具的增值税专用发票 30 份，销售额 305 万元，这种现象即便在当地更大的煤炭销售公司也不多见。

经过对这 30 份发票进行进一步检查比对，稽查人员发现一个异常情况：这 30 份增值税专用发票竟然是连号的。稽查人员借助增值税防伪税控系统的认证系统，对 30 份发票进行了网上查询，发现这 30 份发票是分 3 个月进行认证的，并最终申报抵扣税款 52 万元。

稽查人员按照正常程序，依法对该公司负责人进行了询问。面对稽查人员的质疑，该公司负责人表示，这笔业务没有问题，企业确实从东北某煤业公司购进了相当数量的一批煤炭，是正常的购货行为。至于出现连号发票，该负责人表示自己并没有太注意，取得发票后只是对发票的真假进行了初步判断，况且，这些发票都通过了网上认证。至于发票连号，应该是一个偶然现象。

该负责人详细讲述了这笔业务的整个过程。2012 年 8 月，该公司签订了一宗电煤合同，同时委派公司业务人员去内蒙古地区联系煤炭货源。业务员在呼和浩特市遇到一位自称是东北某煤业公司的业务员，双方报出的各项指标符合预期，随即签订了这份订货合同。合同约定，由东北某煤业公司负责将煤炭直接送到指定的热电厂，热电厂化验合格后，东北某煤业公司再把增值税专用发票开给淄川区的这家煤炭经销公司，实行一票结算，不再另开运输发票。当时，淄川区某煤炭经销公司为了稳妥起见，还让公司业务员专程到东北某煤业公司去实地考察一番再签订合同，公司负责人还特意嘱咐业务员要到煤炭存储现场勘查一下东北某煤业公司的规模。该业务员到了东北某地后，查看了该煤业公司业务员提供的税务登记证、工商营业执照、组织机构代码证和银行开户许可证等相关证件后，签订了这笔购货合同。最终，双方完成合同约定的义务，煤炭经销公司将全部货款分次付给东北某煤业公司的银行账号中。

此时，来自东北的一份协查通知单给了稽查人员意外的惊喜。正是这份已证实虚开发票的协查通知单为稽查人员定案提供了急需的关键证据。协查通知单显示，东北这家所谓的煤业公司开出了相当数量的发票，都属于虚开的增值税专用发票，其中后附的文件列示的发票号码等信息表明，淄川区某煤炭经销公司取得的这 30 份连号发票就是属于虚开的增值税专用发票。

当稽查人员把这份《已证实虚开发票的协查通知单》提供给该公司负责人时，该负责人无理可争、无话可说。原来，这笔购货合同签订后，该公司派往东北前去实地考察的业务员到达东北某煤业公司后，只是查看了相关的证件和纸质资料，认为企业正规合法，就想省点麻烦，并没有严格按照要求去查验企业的存货和场地。事后，淄川区某煤炭经销公司负责人也没有再追究此事。

原来，东北的这家煤业公司实际上是一家商贸公司，该公司办理登记后在短短的 6 个月里，派人到内蒙古等地，以煤业公司的名义为其他没有经营证件的小煤矿主虚开增值税专用发票，牟取非法利益。从接到的协查通知单来看，仅淄川区当地就有多家煤炭经销公司在不知情的情况下获取了虚开的增值税专用发票，给地方煤炭经销企业的经营和税收经济秩序带来了较大的影响。

依据增值税暂行条例的相关规定，该煤炭经销公司取得的增值税专用发票属于不按规定取得增值税专用发票。同时，根据国税函〔2007〕1240 号文件规定，该公司属于"善意取得虚开的增值税专用发票"，应依法追缴已经申报抵扣的税款，不罚款，不加收滞纳金，应补缴增值税额 52 万元。

第九章　其他手段偷逃增值税稽查案例

第一节　违规抵扣增值税进项税额稽查案例

一、增值税专用发票"三流"不统一稽查案例

2014年10月，吉林省大安市国税局稽查局3名稽查员到大安市东方风电公司开展专项检查时，发现该公司银行存款和应付账款均较上年大幅增加。既然资金状况较好，为何不及时支付货款？带着疑问，稽查人员以调查核实其资金往来情况为突破口，展开了对该公司的深入检查。

稽查人员获取了该公司购进货物取得相关增值税专用发票的信息，发现该公司可能存在取得收款方与开票方不一致的进项增值税专用发票的问题。为此，稽查人员对有关账户和相关凭证一一展开分析，通过比对，他们发现该公司2012年从大安风电设备有限公司购进风电叶片后，只将货款的一小部分直接支付给开票方大安风电设备有限公司，而其余款项未支付，应付账款却挂在非开票单位天津某风电叶片工程有限公司账上。

稽查人员约谈了该公司相关业务的经办人员。经过耐心地税法宣传教育，相关人员交代了这些增值税专用发票的来龙去脉。原来，2012年2月27日，大安市东方风电公司、大安风电设备有限公司和天津某风电叶片工程有限公司3家企业签订了《三方抵款协议》。根据《三方抵款协议》内容，大安市东方风电公司向天津某风电叶片工程有限公司支付风电叶片货款2 376.03万元。其余款项450.75万元直接支付给大安风电设备有限公司。财务会计解释称，由于平时对税收政策学习不够，对政策理解出现了偏差，以为既然签订了《三方抵款协议》，尽管支付货款的单位与开具增值税专用发票的销货单位不一致，也是可以申报抵税的。该会计主动向税务人员承认错误，愿意接受税务机关的处理。

同时，稽查人员分别从开票、受票单位的资金运作情况展开协查取证，并向开票单位所在地税务机关发出协查函，通过货款取得与支付情况进行比对，核实实际交易记录，确认了该公司违规抵扣进项税额造成少缴税款的事实。根据《国家税务总局关于加强增值税征收管理若干问题的通知》（国税发

〔1995〕192 号〕第一条第三款规定，纳税人购进货物或应税劳务，支付运输费用，所支付款项的单位，必须与开具抵扣凭证的销货单位、提供劳务的单位一致，才能够申报抵扣进项税额，否则不予抵扣。大安市国税局稽查局追缴了该公司少缴的税款及滞纳金 462.66 万元。

二、混合业务违规抵扣进项税额稽查案例

2012 年年末，一份普通的协查函件引起山西省太原市国税局稽查局的高度关注。协查函件要求对该市一家医疗设备供应企业所开具增值税普通发票的真实性进行核实。企业相关纳税资料显示，2010 年增值税税负率 1.04％，2011 年、2012 年没有缴纳增值税，明显低于同行业税负率。

稽查人员调取了该企业近 3 年的账簿凭证，逐份查验开出的销售发票。经核实，发票的使用是真实的。但报表显示的一组数据，却让稽查人员不能释怀：企业总收入在逐年增加，进项抵扣数额也在逐年变大，而与之相关的增值税收入却不见增长，企业库存也没有明显增加。是什么导致进项抵扣增大？稽查人员对收入做了进一步核实，发现企业收入分为销售收入和施工收入两个部分。原来，企业虽是一家老牌企业，但所处行业属新兴行业，几年前就取得了生产销售和建筑施工双重资质，所经营的每一个项目与购买方既签订了设备销售合同，又签订了建筑施工合同，企业大部分业务均广泛涉及销售、安装施工及售后维护，是一个典型的兼有增值税混合销售业务和兼营业务的企业。按规定，企业就销售部分申报增值税，施工部分申报营业税。

引起企业总收入逐年增加的，正是施工收入逐年上升所致。施工中按照惯例，一般会优先使用本企业生产的材料。企业如何记账，又是如何申报增值税的呢？起码有一点可以确定，就是企业购入的原料在逐年增加，这样才会引起企业的进项税金逐年增加，而事实是，企业的增值税收入并不见增长。职业敏感性告诉稽查人员，企业极有可能是将混合销售计入了施工收入。摆在稽查人员面前的记账凭证装帧整齐，但凭证后附的材料记录却异常简单，只标明购进材料，材料的品名和用途却不见记录。购进的材料是用于销售还是用于建筑施工？凭证也未作详细的区分。

销售收入不见增长，抵扣却在逐年增大。稽查人员再次查阅账目，发现抵扣材料大部分是钢管和阀门。稽查人员来到郊外的生产厂房，厂房中陈列着多台待售设备和一些型材。据介绍，企业主要做医疗设备的销售和安装，现在大部分医疗机构为了售后维护检修等方便，一般都会选择具有销售、建筑双重资质的单位来做，所以，公司近年来业务做得还是很火，业务网络覆盖面远至西北等一些边远地区。企业用于销售的购进设备大部分从国外进口，定制售给国内一些大型医院或部队医疗机构，现场组装，工艺简单，并不需

要过多的铜管和阀门。而建筑安装则是为一些大型医院建筑制氧等设备车间，并负责将制氧设备连通到病房和检验科室。从流程初步判断，大部分被抵扣的铜管和阀门主要用在建筑施工上，而非设备销售上。

为了进一步证实，稽查人员对照工艺流程图做了仔细的还原和测算，结果和猜想不谋而合。稽查人员还发现，大量标明运输项目为铜管、阀门且运费发生地和建筑施工地一致的运输发票，几乎全部用于抵扣。

正当稽查人员锁定问题、准备对材料清单和运费发票进一步深入查证时，企业财会人员却拿出一本记账凭证。翻出其中一张，对稽查人员说："你看，我们已对材料做了进项转出。"稽查人员仔细一瞧，果真是一张进项税转出凭证，转出项目正是材料，金额 50 万元之多。再看凭证日期，赫然写着 2012年 12 月。半个月前初检查时的一幕又出现在稽查人员的眼前：当时稽查人员发现少了 2012 年 12 月的记账凭证，问财务会计，会计解释说，企业所得税未结算，加之年底事情又多，凭证还未装订。现在却突然拿出来了，而且凭空多出了一张进项税转出凭证。

在事实面前，财会人员终于承认，以前年度他们并没有转出，只是看到稽查人员来检查了，才仓促之中做了一笔转出，企图掩人耳目，没想到稽查人员步步为营。

原来企业凭借销售和建筑施工的双重资质，造成混合业务成本难以准确划分的事实。表面上看是因为企业材料无法准确划分是销售领用还是工程领用，而导致多抵扣进项税金的问题，实际上是企业利用建筑业在施工地代开缴纳，注册地税务机关不便于监管，而购货单位又大都是一些医院或部队机构，对税收政策不太了解的漏洞，任意调节各项业务的销售收入与劳务收入，收入按建筑业 3％缴纳营业税，购进材料却按 17％抵扣进项税，从而假借混合业务的障眼法，达到逃税的目的。

最终，稽查人员根据《增值税暂行条例实施细则》和《国家税务总局关于纳税人销售自产货物并同时提供建筑业劳务有关税收问题的公告》，对企业不能准确划分的进项税额按收入比例进行了分配计算，责成企业从库存领用环节分别核算设备销售成本和工程领用成本，分别缴纳增值税和营业税，共计查补税款 200 余万元，并处 0.5 倍的罚款。

第二节　不开发票少申报增值税收入稽查案例

一、某食品企业不开发票少申报增值税收入稽查案例

2007 年 1 月，某省国税局稽查局接到国家税务总局稽查局转来举报信，

举报某食品有限公司（以下简称T公司）涉嫌巨额偷税。

T公司属于有限责任公司，为增值税一般纳税人，有职工近500人。2003年扩大生产经营规模，注册资本增加到200万元，2004年搬迁到新厂址。

T公司主要生产经营品牌调料、火锅底料，近两年开发出多种规格型号的调味品、小食品、肉食品、蔬菜制品、非酒精饮料等产品。公司下设行政、生产、财务、配送、销售、研发等部门。销售部下设四个办事处，分片区负责国内三十多个销售点的经销业务。

检查组调阅了T公司有关税收申报资料，排查出有价值的案件线索。一是T公司税负偏低。调味品企业成长性强、市场广阔，且T公司创立了自己的品牌，品牌效益突出，产品覆盖面广。公司成立3年多时间里，资产规模扩大到1 500多万元。近5年T公司综合税负率却在2％左右，各年年末均无留抵进项税额。二是纳税申报存在疑点。T公司增值税纳税申报表及其附表均申报的是开具发票（包括增值税专用发票和普通发票）的销售收入，没有申报未开销售发票的销售收入，这与一般情况不符。因为T公司产品销售对象主要是超市或私营企业、个体批发商等，相当一部分经销对象不需要发票，应该有未开发票的销售收入存在。

于是，检查组明确了检查方向与手段，决定先派人到T公司实地调查，掌握企业机构分布情况，然后突击调账检查，并明确检查重点是财务部、销售部、生产车间及保管配送中心等部门，检查资料以账簿凭证等书证为主，对电子数据要求复制存储并打印。稽查人员共分3组实施检查：第一小组检查财务室，重点提取财务数据，用移动硬盘现场拷贝电脑数据库；第二小组检查销售部，重点收集客户档案资料、销售统计报表、业绩考核表等资料；第三小组检查生产车间和保管配送中心，重点检查生产记录、产成品库存，看是否账实相符。

2007年1月22日，检查组按计划对T公司实施突击检查。公司对税务检查积极配合，没有发现正常会计核算资料以外的涉案书证、物证。检查组调取了账簿凭证，分类统计分析产品、包装、材料购进数据，另外梳理了银行账户资料、管理记录、生产材料等资料。

对包装物与产成品的统计分析发现：一是包装袋购进量大、规格复杂，无法准确统计。T公司2005年就有38种规格的常用小型包装，购进包装的计量单位有件、箱、斤、袋、个等，个别购进发票没有数量、只有金额，会计账簿只核算大类，没有分品种、分规格核算，记账不明细。二是包装用量与成品计量单位对应关系复杂，难以从包装用量推算产品出厂情况。T公司成品出入库与销售结转均以"件"为单位，不同系列产品每一大件内又有不同规格、不同数量的小包装。如火锅底料产品有 168g、200g、330g、400g 等系列型号，从包装数量上无法精确统计和定量分析，因此要从账务核算上直接发现问题有一定的难度。

为了打开僵局，稽查人员决定到超市、集贸市场收集 T 公司不同品名、不同规格和型号的调味产品，与账簿记录的产品包装品名、型号、规格等进行比对分析。终于，稽查人员在一个小包装袋上发现该公司除在税务机关登记的生产地址、电话外，另有一个销售部电话。

检查组分析认为，这个销售部很可能是企业的核心总部或其账外经营的销售核算地。于是稽查人员从发现的销售部电话号码入手，到电信部门查询电话使用人登记信息，发现该电话号码是以个人名字登记的电话，地址在某某路 16 号。稽查人员到某某路 16 号，通过与小区物管联系，找出了电话号码所在的大楼及楼层门牌号，并到现场调查销售部办公室。

2007 年 1 月 29 日，检查组对销售部实施突击检查。当稽查人员突然现身 T 公司销售部并出示检查手续和证件依法展开调查时，现场气氛骤然紧张。公司员工神情慌张，有的急忙收拾资料、关闭电脑，对问话支支吾吾。稽查人员从现场一部电脑中发现 T 公司一批商品出入库统计和各片区市场营销布局、销售业绩考核等重要数据，当即对相关数据进行打印并交当事人签字盖章，固定电脑数据资料，并对各办公室的涉税资料进行仔细收集和归类。

稽查人员用从该销售部电脑中提取的 2005—2006 年各销售片区收入业绩考核的统计数据，与会计账簿记载的收入数进行比对，发现该销售部的销售统计数明显大于财务的记账数，判断 T 公司可能有隐瞒销售收入的情况。但从该销售部除了取得上述销售统计数据外，没有提取到其他账外涉税凭证。

同时，稽查人员依法对 T 公司老总邓某进行询问调查，但始终没有取得突破。在此期间，邓某四处网罗关系说情，希望"尽最大努力让公司自己纠正，尽可能在税务机关处理不移交司法机关"。同时公司开始解雇员工，经销部负责人及五六个员工探亲休假。

面对上述情况，为取得案件的突破，市国税局领导根据案件进展，将检查组人员分为两组：一组继续从销售部收集的经营资料入手，重点查找整理违法线索。另外一组从购货方入手收集其隐匿收入的证据。稽查人员在该公司客户群中选出一批购货商，从购货方逆向调查该公司的商品流、资金流，收集销售发票、购销合同、银行凭证等涉税资料。经过努力，在上述购货商提供的货款支付凭证中，发现几张银行转账支付凭证回单，收款方开户银行是某农行分理处，收款单位是 T 公司，但这个账户账号不是 T 公司登记注册的结算银行账户账号，说明 T 公司还另有一条资金流渠道。稽查人员当即开具"税务机关检查银行存款许可证明"，从银行查明这就是 T 公司的账户，该账户从 2004 年开设以来，发生大量资金往来，从该账户的银行原始原始凭证中可看出，许多销售货款被汇入该账户。T 公司偷税违法事实浮出水面。

稽查人员依法再次对 T 公司老总邓某进行调查询问。在铁的事实面前，邓某经过长时间的复杂思想斗争，终于如实交代了偷税违法事实，并于 2007 年 2 月 5 日、3 月 30 日分别通知其家属将隐匿于账外的涉税资料交出，共有银行收款凭证 1 384 张、产品出库单 222 张等，至此该偷税案案情已水落石出。

经过两个多月的系统归类整理，检查组向购货商所在地国税局发出协查，对购货商与 T 公司的资金往来、货物往来、购销合同等进行认定，固定关联证据，确认违法事实。

经查，T 公司在 2004 年 1 月至 2006 年 12 月间，采取在某农行分理处开设账户收取账外经营销货款的形式，共少列收入 4 146 万元，未按规定进行纳税申报，造成少缴增值税税款 705 万元。案发后，除当事人补缴增值税税款 30 万元外，仍偷税 675 万元。

根据《增值税暂行条例》第一条、第二条第（一）项、第五条、第六条第一款和《税收征收管理法》第六十三条第一款的规定，对该公司追缴增值税税款 675 万元，并处少缴税款 50％ 的罚款。

根据《税收征收管理法》第三十二条的规定，加收滞纳金 161 万元。

该案上述违法行为已涉嫌触犯《刑法》第二百零一条的规定，根据《税收征收管理法》第六十三条第一款、第七十七条第一款以及国务院《行政执法机关移送涉嫌犯罪案件的规定》第三条的规定，依法将该案移送公安机关处理。

二、某锻造企业不开发票少申报增值税收入稽查案例

山东省蒙阴县某乡镇工业园区是当地锻造企业集中地，共管理 33 户纳税人，其中，增值税一般纳税人 20 户、小规模企业 13 户，主营矿山设备配件、农机配件制造销售。其生产的矿山配件产量占全国产量的 1/3 左右，销售区域涉及全国各地。该行业生产设备单一，生产工艺简单，产品技术含量较低，产品附加值低，2010 年行业税负率为 1.69％。

该园区锻造企业的税收收入占该镇税收总收入的 1/3。在日常税收监控管理过程中，蒙阴县国税局评估人员发现，该行业纳税人的平均税负连续 3 年出现明显下滑的情况，年纳税额、销售收入与该镇的 GDP 增长速度也极不匹配。为此，评估人员集中对该工业园区的锻造企业开展了纳税评估。

由于该园区锻造企业生产的产品基本相同，加工工艺也大同小异，因此，评估人员决定先从该行业中选取经营相对稳定的蒙阴县某液压机械有限公司

进行细致评估。

评估人员通过综合征管软件 V2.0 一户式查询模块提取了该公司 2008 年至 2010 年 3 个年度的主营业务收入、应纳增值税及职工工资、固定资产折旧、车辆油料费、修理费、借款利息等期间费用情况：应税收入分别为 842 万元、1 293 万元、1 154 万元，缴纳增值税为 10.1 万元、13.9 万元、11.6 万元，工人工资为 26 万元、33 万元、35 万元，财务费用为 15 万元、15 万元、27 万元，修理费为 9 万元、12 万元、17 万元，燃油支出分别为 11 万元、14 万元和 19 万元。该公司 2008 年至 2010 年 3 个年度的生产耗电分别为 182 349 度、211 325 度和 259 810 度。

经分析发现，该公司的期间费用每年呈递增趋势，但 2010 年销售收入较 2009 年下降了 10.75%，税金实现与期间费用增幅不同步，生产用电连续 3 年递增，其中 2010 年增幅最大，较 2009 年增长 22.9%。以上异常情况，说明该公司隐匿收入的可能性很大。

评估人员向该公司下达了《税务事项通知书》，对企业财务人员进行了约谈，要求企业对耗电、期间费用增长而税金却没有增长的原因作出解释。财务人员作出如下解释：

第一，电费增长主要原因：一是公司近几年不断对厂房维修、改造，耗用了部分电力，根据税法的相关规定，公司没有对这部分电力抵扣进项税额；二是和公司相邻的某企业，因资金紧张，经当地政府协调，该企业与该公司合用一台变压器，而电费由公司全额垫付，发票由供电公司开具给公司，因该企业一直拖欠电费，所以公司也就没开票做收入。

第二，期间费用增长的原因：一是受外地劳动力价格不断增长的影响，为留住工人，公司从长远考虑，大幅上涨了工人工资，仅此一项，每年期间费用就增长 6%；二是公司车辆陈旧，折旧年限都已届满，因此修理费、油料费也在逐年递增；三是因自有资金不足，从社会上融通资金的利息高于同期银行贷款利率。

为进一步弄清事实真相，评估人员深入企业生产经营场所，实地对账证进行审阅，并约谈了相关人员。

经查，由于锻造行业属于当地支柱性产业，市场占有率一直居高不下，为扩大市场，企业开始扩建厂房、添置设备、增加用工人员，生产规模不断扩大，产能增加，这才是电费及期间费用增长的真正原因。

产量增加了，销售收入为什么没有增长？税负为什么呈下降趋势？面对质问，公司负责人只好交代了实情。原来，该公司在商品发出后尽最大可能不开发票，如客户索取则以"开票提价"或"不开票价格优惠"为由拒开，或者等到收讫全部货款后才开具。发出货物不开发票或滞后开票不缴、少缴税款是造成纳税人税负下降的主要原因。

评估人员首先想到了耗电分析，在走访企业了解情况的基础上，县局委托邻近的兄弟市县国税局对其所辖锻造企业作进一步了解，反馈的结果与评估人员获取的数据基本一致。但是该公司负责人却对用耗电法推算收入的方法不赞同：一是公司电量并非全是公司耗用的，部分单位与公司合用一台变压器、临近农户农田、果园灌溉也使用部分电力；二是公司变压器陈旧、老化，电损很大；三是部分业务是受托加工，仅收取加工费，而用耗电分析推出的收入不仅含加工费还包括委托方提供的直接材料等。

按照"保本法"经营原理，评估人员逐户采集了企业的借款费用、车辆耗费、正常耗能、职工工资等数据，测算出锻造企业费用指标如下：车辆费用（修理、燃油）3万元/辆、工人工资2.16万元/人、耗煤150吨/炉，年折旧额为资产原值的10%、借款利息为贷款额的8%，另外再加上实际发生的广告费、招待费等期间费用，所有费用合计即是保本增值额。

最终，评估人员总共测算出该园区33户锻造企业2010年应申报增值税492万元，实际已申报323万元，应补缴增值税额169万元。

评估人员经报县局批准，根据《增值税暂行条例》《税收征收管理法》的相关规定，分别向园区所有锻造企业作出补缴增值税并加收滞纳金的处理决定。企业无异议，均按期履行了纳税义务，并按规定进行了账务调整。

通过评估，33户企业共补缴增值税额169万元，使园区锻造行业平均税负达3.2%，超过县局制定的最低税负警戒线0.8个百分点。

三、利用经营模式少开票隐瞒增值税收入稽查案例

生产KS品牌服装的A公司名气如日中天。但近3年来，A公司账面反映的经营和纳税情况与其名气大增的情况很不相符，主营业务收入徘徊不前，增值税和企业所得税税负也一直偏低。于是，税务部门将A公司纳入检查范围。检查组决定先对增值税的纳税情况进行检查，重点检查销售收入。只要发现了少计收入的情况，企业所得税的问题就能顺利解决。

检查人员先后对A公司账面反映的增值税进项税（包括进项税发票的申报抵扣）、进项税转出、销售收入及销项税的核算情况进行了认真检查，未发现大的问题。接着，检查组决定抽查A公司3个主要品种服装料工费的耗费及配比。由于A公司仅是对生产成本按服装大类进行核算，无法将料工费细分到每一个具体的品种。检查人员掌握了各大类服装所耗费的面料、价值与工费之间的关系，但各种服装具体料工费的耗料差异较大，即使按照服装大类简单划分也不能说明料工费之间的配比是否异常，检查一时陷入困境。

根据检查经验判断，服装企业增值税税负偏低，大多存在隐瞒收入的情

况，于是检查组对销售合同、生产计划、生产投料、产品入库及销售进行跟踪检查。然而，在索要销售合同时，A公司负责人称公司采取的是自主设计款式，由设在各地的几十家直销店直接面对顾客的直销模式，没有销售合同。对于生产计划、生产投料和产品入库，检查人员发现A公司都是根据计划按部就班地进行，未见异常。而对于产品出库和销售收入的问题，由于A公司的直营店大多设置在外县（市），检查人员分析，A公司很可能存在直营店领取服装用于销售没有及时计缴增值税的问题。然而，检查人员从账面看到，A公司在这方面核算非常仔细，不仅对每笔出库都开具了增值税专用发票，而且相应作了销售处理，不存在未计缴增值税的问题。检查人员还看到，尽管销售给各直营店的服装大多数不是一手交钱，一手交货，但由于各直营店基本上都能在每月月底前将全部或大多数货款汇给A公司，所以，从销售收入的结算上也看不出异常。

随后，检查组请A公司提供各直营店每月购销存情况的月报表，但A公司负责人推说没有要求各直营店报送。既然是直营店，怎么能不对上级主管单位报送报表呢？A公司如何才能控制和掌握各直营店的经营情况？检查组分析，A公司负责人的推说极不合理。为了查明情况，经请示领导批准，检查组在没有通知A公司的情况下，派检查员到A公司的两家直营店检查并核实购货情况，很快掌握了A公司存在的少开票和不开票问题。

在事实面前，A公司只好说出了实情。原来，各直营店实际上都是另外领取了营业执照的个体工商户（由A公司投资、注册登记及控制），由A公司直接任命主要负责人，由A公司授权经营并专卖KS品牌的服装，自负盈亏，即各店需购进何品种、规格、数量的服装及售价在规定范围内的上下浮动等都由各店自主决定，A公司与各直营店实际上仅是买卖关系。由于直营店在各地多数都是缴纳定额税的，购货不一定需要发票，A公司便对销售给各直营店的服装采取少开票或不开票的方式，并说明需开票的价格稍高，但可以每月月末付款，不开票的价格稍低，但必须在发货时结清货款。直营店对外零售服装时，除非顾客索要发票，往往仅开具A公司统一印制的销售小票，再加上直营店大多账册不健全或无需购货发票，从而为A公司采取少开票不开票实施偷税提供了方便。A公司负责人承认，公司是根据每月实际开票的销售额并对销售额按服装大体分类（如西服、衬衫等），倒轧料工费后专门补记假账。因为是倒轧账，所以无法将各项耗费分清到各具体品种，只按大类核算生产成本。最终，A公司受到了补税、罚款的处罚。

该案例提示检查人员，对类似上述案例中的直营店（包括专卖店）进行检查时，不仅要弄清楚双方名义和实质上的经营关系，而且要弄清楚双方实际的经营模式，认真查找、分析双方是否存在隐瞒收入和购货的可能，不为假象所迷惑。此外，一些企业为了偷税，往往专门编制应付纳税检查的假账，检查人员应对此高度重视。

第三节　设置账外账隐瞒增值税收入稽查案例

一、某纺织企业设置账外账隐瞒收入稽查案例

根据举报线索，浙江省象山县国税局于 2011 年 7 月对象山县某纺织有限公司 2008 年 1 月至 2011 年 6 月的纳税情况进行了检查。在案件查处过程中，经过周密部署，突击行动，全面查清了该公司利用"账外账"进行逃税等违法事实，共追缴税款为 4 397 316.59 元，滞纳金为 1 320 630.36 元，罚款为 2 638 389.97元，合计为 8 356 336.92 元。

2011 年 7 月，举报人张某实名举报象山县某纺织有限公司存在逃税等税收违法行为，象山县国税局遂对该公司进行了立案检查。

检查人员首先对该公司的 CTAIS 征管资料信息进行了仔细分析，纳税申报基本正常，从申报的数据资料上看，并无明显涉税问题。在此基础上，检查人员向举报人进行了深入、详细地了解。经了解，举报人提供了如下信息：该公司目前以生产涤纶棉纱为主，产品全部内销，主要销往杭州、宁波、绍兴、台州等地。产品销售的对象大多是属于不需发票的个体户，而企业又是 3 人合资的股份制企业，每笔资金的收入和流出必须向每个股东交账，应付税务的账面又不可能自我暴露问题，所以极有可能存在销售不开票、不申报纳税以及设置两套账的情况，以此来达到少缴税的目的。

根据举报人提供的线索，检查人员初步判断该公司存在逃税违法行为，该局稽查局立即组织人员实施下一步检查工作，并把检查重点放在账外账的检查上。

检查人员于 2011 年 7 月 14 日下午对该公司的财务办公室、经营场所等进行实地检查。在向企业出示税务检查证和税务检查通知书后，检查人员按照事先拟订的方案迅速行动：2 名检查人员到仓库检查仓库保管员进出库资料，2 名检查人员到财务室分别控制会计、出纳的办公电脑，余下 2 名检查人员检查会计、出纳办公室的有关账外销售资料凭证。

检查人员在出纳办公室里发现有一排资料柜，出纳陆续打开了几个柜子，但还有一个柜子没打开。会计、出纳均说钥匙不在自己手里，这更让检查人员起了疑心。于是，检查人员对会计、出纳进行政策攻心，对其说明阻碍检查的法律后果。经过一番较量，出纳终于拿出了钥匙，打开柜子，里面是一些零乱的送货单和收款收据。经验丰富的检查人员当即明白这肯定是与账外

经营有关的资料，于是立即整理了上述资料并办理了调取会计账证、报表等资料手续。

为使案情尽快水落石出，检查人员连夜作战，对会计账证、报表、账外送货单和账外收款收据进行分析梳理、整理汇总、速战速决。检查人员初步厘清了数据，发现当事人存在重大逃税嫌疑，初步核实该公司在 2008 年至 2011 年 6 月期间账外销售产品收入 2900 多万元（含税）未申报纳税。

稽查局领导连夜与经侦大队联系，邀请公安经侦大队提前介入该案，力争一举突破。第二天一早，经侦人员与检查人员立即拟订询问方案，共同作战，分别对出纳、会计进行询问。在详细、充分的证据面前，会计、出纳先后承认了公司企业股东叫她们设置账外账、设立小金库、隐匿销售收入的逃税事实。

通过对会计、出纳的询问，企业违法事实得到初步证实。7 月 15 日下午，法定代表人到稽查局接受了询问。在翔实的证据面前和检查人员的不懈努力下，当事人对违法事实供认不讳。至此，案情取得了实质性突破。

为了使证据更加确凿，需要取得货款汇入企业股东个人的存折账户及收款记录。检查人员对有关当事人进行了政策讲解和沟通，当事人为减轻税务处罚，提供了销售不开票货物收款到个人账户的存折及收款记录。至此，终于查清了该公司重大逃税违法事实。

2008 年 1 月 1 日至 2011 年 6 月 30 日，该公司账外发出产品 31 612 027.9 元（含税），通过向购货方直接收取现金或设立个人储蓄账户接受购货方汇入款的方式取得销售款 31 569 101.74 元（含税），未付清货款部分由对方出具欠条形式作为以后收款依据，其所收取的货款其中有 1 691 592.15 元（含税）已转作账内，已开具发票并申报纳税，至检查结束止尚有 29 920 435.75 元（含税）未向税务机关申报纳税，形成逃避缴纳增值税 4 347 435.39 元的违法事实。

2010 年年末应收账款明细反映，浙江某服饰有限公司贷方余额为 261 100 元（其中 2010 年 4 月预收货款 150 000 元，2010 年 8 月预收货款 110 000 元）。经检查，该两笔预收货款货物都已在货款收到当月发出，并已由对方收到确认，未缴增值税 37 937.61 元。某竹木工艺品厂应收账款明细贷方余额为 82 200 元，经检查，该笔预收货款货物都已在 2009 年 12 月发出，并已由对方收到确认，未缴增值税 11 943.59 元。上述行为均已造成逃税事实。

二、某化工企业账外经营隐瞒收入稽查案例

检查组到一家化工制造企业进行检查。检查前，检查人员根据该企业产品的制造工艺，确定了被查企业产品所耗用的主要材料及正常的投入产出比

率。随后，将企业当期主要材料耗用数量乘以正常投入产出率，求得每种产品的正常产量。经与企业"产成品"明细账上记录的累计入库数量核对后发现，该企业正常产量为乙醛 390 吨左右，而账面入库 263 吨；正常产量为对本甲基胺氢 330 吨左右，而账面入库 228 吨，差额较大。通过进一步检查，企业交代了账外经营偷税的事实。

结合企业的生产工艺、流程，计算查找相关的原料、辅料、包装物耗用定额指标。将企业上述物资的实际耗用量乘以单位耗用定额，测算出产成品正常产量，分析是否存在异常情况，重点要抓住能决定产成品产量的关键因素，如与产成品存在"一对一"关系的关键性配件等。对经有关部门审批才能外运的产品，可直接到相关部门核实其实际销售数量。

三、某水泥企业账外经营隐瞒收入稽查案例

某水泥制造企业账面反映的销售对象集中在建筑公司、厂矿企业。这与该企业产品销售面广，各乡镇农村基本设有销售点的实际情况不符。检查人员通过企业质量控制中心，了解了水泥生产工艺流程及主要产品的配方，以及水泥生产过程中各阶段的投料数量比率，分析计算原辅材料与产成品的配比关系，没有发现异常。后来，经请教行业协会，检查人员了解到水泥行业生产耗用的电力比较稳定，以 325 号普通硅酸盐水泥为例，外购石灰石生产每吨水泥耗电量约为 112 千瓦时，这个数据与生产环节球磨机、传输、提升设备等技术指标相吻合，也得到了该企业质控中心人员的认可。按实际耗电量乘以正常电耗测算，该企业账面产成品入库数还不到正常产量的 2/3。经外围取证，企业最终交代了有账外经营的情况，会计承认是通过少计部分材料的手段制造了进销平衡的假象。

企业在隐瞒收入的同时，一些有经验的财务人员也会考虑到如何减少破绽，如在账面上少计材料等，从而实现进销平衡。相反，企业耗用的水电数则不容易做假，如能根据产品特点取得单位水耗或电耗，就能测算正常产量，从而找到案件检查的突破口。

四、通过快递单发现账外经营稽查案例

浙江省松阳县国税局对当地一家长年亏损的特种造纸企业实施税务稽查时，从一张快递单揭开了这家企业近百万元账外销售的"秘密"。

该企业于 2006 年成立以来，每年都有 10 万元至 30 万元不等的亏损额，累计亏损额已达 200 万元，增值税税负经常出现异常情况。松阳县国税局依法定程序将其列入稽查对象。

稽查人员发现，该企业账面上除了人工工资、电耗及部分成本偏高之外，

并无其他异常情况。对于增值税税负异常的月份，该企业老板的解释是："近几年来进口木浆的价格十分不稳定，为了维持经营只能亏本生产。"这理由似乎很充分。

稽查工作暂时陷入困境。然而，稽查人员并没有轻易放弃。他们重新推敲事先制定的稽查方案，回忆稽查过程中的每一个细节，突然回想起，刚到该企业那天看到出纳人员的办公桌玻璃台板下压着一张最近对外托运货物的快递单。该企业老板曾说过，企业销售纸品时都是送货上门，直接收取现金。稽查人员据此推测，该企业账面上没有快递单及托运费，是为了隐瞒此类销售业务，达到不缴税的目的。玻璃台板下压着的这一张快递单，是由于货物刚发出，对方还没有收到货物或货款未收齐，出纳人员不能将其"处理掉"。快递单肯定不止这一张，背后有可能隐藏着巨额的"账外销售"。

稽查人员随即提取了这张快递单，并通过相关快递公司信息，最终查实该企业在近 2 年利用快递货物，并借用个人银行卡收取货款，少缴增值税的违法行为。同时，稽查人员查实了该企业以多列支出、少计收入等手段多报亏损额的问题。目前，该局已依法向该企业追缴税款和加收滞纳金共计 20 多万元。

第四节　利用价外收费等其他方式隐瞒增值税收入稽查案例

一、将价外费用计入代垫运费稽查案例

某市国税局对所辖骨干企业——该市某化工厂进行日常税收稽查，依法查处该公司将价外费用计入代垫运费逃税的违法事实。

该公司是一家具有一定规模的化工企业，主要生产甲醇、浓硝酸、硝酸钠、甲醛等化工产品，年销售收入 8 000 多万元，年纳税额 700 多万元，被某市国税局确定为重点税源企业。

2011 年 6 月，稽查人员根据稽查要求对该公司财务报表和资料进行初步检查。从账面上看，该公司财务制度健全，账面逻辑关系严密，每个月按时申报纳税，似乎没什么问题。但在翻阅企业往来账时，一个小小的异常情况却引起了稽查人员的注意。在该公司与该市火车站的一笔往来账摘要栏上，清楚地写着收"车皮费"，而且数额不小。稽查人员在继续查阅后，又发现一笔往来账，上面同样记载着收"车皮费"。

通过查找记账凭证，发现记账凭证附件只有一张，是该公司开出的收款收据，内容为：收 C 公司（该公司客户）代垫运费，借方为现金，贷方写的

是其他应付款——宜城市火车站。稽查人员感到蹊跷，既然收了 C 公司的钱，为何不冲减 C 公司的账，却把账挂在该市火车站的账上？

询问企业财务人员，回答干脆："那是替该市火车站收的铁路运费。"稽查人员继续追问："为什么要替火车站收运费？"企业财务人员笑着解释道："客户从我们这里进货，由于我们跟火车站关系熟，就把运费给我们，让我们代结运费，他们也省事，公司就同意了。"

于是，稽查人员对企业往来账进行了重点核对。经核实，2010 年该公司共有两笔代收车皮费款项，一笔是 30 万元，另一笔是 35 万元。凭着多年的稽查经验，稽查人员初步认为，这里面涉嫌藏有"猫儿腻"。

为了进一步摸清事情的来龙去脉，第二天，稽查人员来到该市火车站核实情况。但是火车站财务人员提供的数据却与该公司的数据有很大出入：2010 年的确有两笔业务，3 月该公司代收车皮费 30 万元，而火车站只收到该公司交来的运费 20 万元。5 月该公司代收运费 35 万元，而火车站只收到 24 万元。当稽查人员就此提出疑问时，财务人员解释说："火车站的款可能是未付完，以后有钱再付清。"事实果真如此，还是另有隐情？

稽查人员经过认真分析，明确了检查思路和方向，把火车站作为检查的突破口。稽查人员直接找到火车站负责人，向他说明情况并要求提供相关账务资料。该负责人开始试图隐瞒，后来不得不承认说，几年来他们只与该公司有业务往来，跟其客户没有任何业务关系，也从未听说代垫运费之事。他们跟该公司每次发生业务都签有协议。协议规定，火车站为该公司发运货物，该公司付运费，每季度一结算，一季度一开票，不存在未结运费问题。该负责人还拿出了与该公司货物托运协议书及货运单存根。从货运单上可以清楚地看到，托运单位写明该公司。细心的稽查人员一算，果不其然，2010 年有两笔业务清清楚楚：一笔运费是 20 万元，另一笔运费是 24 万元。

根据在火车站调查了解的情况，稽查人员心里已经明白几分，断定该公司设下收取代垫运费的骗局，隐瞒收取的价外费用，不计销售收入，以达到逃税的目的。

带着在火车站收集到的资料，稽查人员马上赶到该公司进行调查核实。该公司法定代表人此时仍然百般狡辩，说他们只是火车站和 C 公司的中间人，仅仅是代收代缴而已。对此，稽查人员依据税收法律、法规，对该公司这种违反税收政策现象，进行了宣传和解释。根据《增值税暂行条例实施细则》的相关规定，他们收取的代垫运费不属于价外费用。价外费用必须同时具备两个条件：一是承运部门的运费发票开具给购货方，二是纳税人将该项发票转交给购货方。同时，稽查人员还向该公司出示了火车站提供的协议书复印件和开具的发票，上面清清楚楚写着购货方是该公司，明显不符合代垫运费的条件。

在证据面前，该公司法定代表人哑口无言，低头承认了逃税事实。原来，车皮费实际上是 98 万元，由于车皮紧俏，客户 C 公司购货难于发运，企业便利用与火车站关系熟的机会，替 C 公司联系上了车皮，运费由 C 公司交给该公司，该公司再付给火车站。不过，他们在收取运费时，还多收了 45％的"辛苦费"，即多出的 21 万元。由于给 C 公司开具的是收据，因此收取的全部运费均未入账，也未作收入提税。该公司仅将付给火车站的 44 万元运费入账，并抵扣进项税 3.08 万元。至此，案情真相大白：该公司借倒车皮之机，收取价外费用，并将价外费挂在往来账上不计收入，逃避缴纳增值税、所得税。

针对该公司的违法事实，该局依法作出处理：对该公司收取的 65 万元价外费用，补缴增值税 9.44 万元、所得税 13.89 万元，并对企业的逃税行为处1.5 倍的罚款，合计 34.995 万元。

二、利用核算不健全少申报增值税收入稽查案例

2012 年 7 月，重庆市万州区国税局稽查局对某商品混凝土有限公司进行了检查，发现该公司采取隐匿销售收入的方式少申报收入，并将不符合法定要求的凭证进行所得税税前列支。最终，该局追缴了其增值税 57.99 万元，企业所得税 36.76 万元，并加收了滞纳金和罚款。

商品混凝土是由水泥、骨料、水、外加剂、矿物掺和料等按照一定比例拌制而成，在规定时间内用专用运输车运送到使用地点的混凝土拌和物。检查人员先对商品混凝土制造行业的生产经营特点进行了详细调查，从中了解到该行业存在 4 个方面的特点：一是产品特点，即存放时间较短，一般不超过 4 小时。二是工艺特点，即设备类同，配方严格。三是销售特点，即以销定产，销售半径一般在生产区域半径 30 公里范围内。四是生产特点，即不同等级的产品原材料配比差异较小，产品的投入产出比很高。

当检查人员对该公司的生产场所进行实地检查时，却未能打开缺口。首先，该公司没有完善的仓库保管制度，原材料入库单、领用单和产成品入库单、出库单不全，不能真实、客观地反映该公司仓储保管和生产经营的全貌。其次，该公司基本不做原材料的实物盘点，财务人员和管理人员只是知道这些原材料的大致存量，他们的解释是：水泥、砂、石料尽管是主要原材料，但数量多、价值低，使用频率高，实物盘点费时费力，所以从来都不清楚这些原材料的准确存量。检查人员意识到，需要及时调整办案思路。

检查人员对该公司相关申报数据进行了仔细分析，发现两个方面存在疑点：一是该公司申报收入下滑明显。2010 年 1 月至 5 月申报收入是 3 868.87

万元，6月至12月是2 936.7万元，在转为一般纳税人以后，该公司月平均申报收入由773.77万元下降到了489.45万元，下降率达到了36.74％。二是该公司收入成本严重不配比。2009年该公司申报收入是47.85万元，营业成本为91.13万元，营业成本几乎是营业收入的2倍，且同期申报亏损额达109.11万元。据此，检查人员认为该公司很可能存在收入申报不实的情况，决定将核对收入的完整性和成本的真实性作为检查的主要方向。

检查人员在经过研究分析后认为，决定从原始的账簿凭证检查入手，力图发现线索，拓展办案空间。在对该公司所有财务资料进行细心查阅和梳理后，检查人员有了新发现：一是该公司所谓"购进"碎石、机砂、洗砂、粉煤灰等多项原材料未能取得法定原始单据，而是以白条、收据、假发票代替，金额达到了210.34万元，这也是造成该公司账面亏损的重要原因。二是该公司"预收账款"科目贷方余额有222.16万元，经调查，属于已发出商品并同时收取了部分货款情形。三是该公司"分期收款发出商品"科目贷方余额有102.3万元，经调查，属于已发出商品没有收到货款的情形。

如何才能把案件查清楚、查透彻？找准症结对症下药是关键。检查人员针对前期检查预案中了解到的该行业生产经营特点开展了比对分析，突然眼前一亮，豁然开朗，不是说"不同等级的产品原材料配比差异较小，产品的投入产出比很高"吗？就照这个思路来查。检查人员迅速将该公司原材料明细账进行重新审阅，发现该公司购进的水泥、骨料、外加剂、砂、碎石、粉煤灰等原材料，只有水泥这一项大宗商品记载清楚，数据准确，凭证合法，且付款单据与购货发票相互对应，只要能够找到权威部门提供的准确的质量检测证明材料，就能够确定该公司的实际产量，"以销定产"，查明真相。检查人员从万州区质监部门调取了不同等级商品混凝土的质检报告，报告中明确了商品混凝土配合比中的水泥投入量标准。

据此，检查人员根据该混凝土生产企业水泥投入生产环节的吨数折算出了混凝土的实际产量。该公司2010年水泥投入生产环节是8.7万吨，而该公司主要生产C30和C35两个等级的混凝土，按照其平均值，该公司混凝土的实际产量就是217 500立方米，2010年该公司混凝土的平均销售价格是360元/立方米，而混凝土生产企业是没有库存产品的，其2010年的销售收入就应该是产量乘单价，即7 830万元。但是，实际上该公司只向税务机关申报了销售收入6 805.58万元，少申报收入达1 024.42万元。在事实面前，该公司负责人无法抵赖，主动如实向检查人员交代了商品混凝土的去向，提供了涉及的主要工程项目名称，检查人员及时完善了相关的证据链。在铁一般的证据前面，该公司负责人承认了违法事实，并主动缴纳了税款、滞纳金和罚款。

三、加油站伪造记录隐瞒收入稽查案例

浙江省嘉善县国税局在近期开展的成品油行业检查中，通过周密的案头分析和认真的现场核查，查清某公司下属加油站存在通过伪造售油交班记录、匿报销售少缴税款的违法事实，合计追缴税款 10 多万元。

该局在接到成品油行业辅导式检查名单后，仔细分析了该公司的基本经营范围和纳税情况，决定突击检查其下属加油站纳税情况，为辅导该公司如实申报纳税寻找突破口。

根据税收综合征管系统的注册资料反映，该公司下属加油站位于一条流经江浙沪等地的黄金河道边，但具体注册位置并不详细。为了不打草惊蛇，检查人员直奔那条黄金河道并实地核对了 4 家水上加油站，但是仍没有找到该加油站。稽查人员分析，该区域有生产大型水泥构件的传统产业，需要大量耗用柴油的运输车辆，加上驾驶员偶尔提及该区域有家陆上"山寨"加油站的信息，于是检查人员确定那家陆上加油站可能就是要寻找的检查对象。

检查人员进入加油站检查，老板主动拿出了近几个月加油站每天三班制的售油交班记录，上面清楚地显示了各油品的加油数量、金额和业务员交班签字记录。检查人员仔细查看交班记录，发现虽然交班签名的笔迹不一样，但是书写的内容却大体相同，这明显违反常理。时至下午 4 时，检查人员核对、汇总该加油站当天每台加油机的销售金额，发现累计金额已经超过交班记录所反映的平均销售金额，而对于这个 24 小时营业的加油站来说，还有 8 个小时的工作时间。检查人员明确指出该加油站交班记录存在重大伪造嫌疑。

检查人员迅速来到该加油站服务前台并打开前台电脑，这时意外地发现有 3 天完整的交班电子记录还未被完全删除。经核对，电子记录所记载的 3 天油品销售额都远远超过书面交班记录相对应日期的销售金额。

在检查人员掌握的确凿证据面前，该加油站老板如实交代了伪造交班记录、隐匿销售收入的违法事实。于是，该局对该公司涉税违法行为依法作出处理，并追缴税款 10 多万元。

四、通过应付款迟延申报增值税稽查案例

湖北省荆州市国税局稽查局对湖北某药业有限公司近 2 年增值税政策执行情况实施检查，发现该企业将 212 万元销售收入长期挂往来账，延迟作销售收入处理，逃避缴纳税款。

该企业是从事药品批发经营的增值税一般纳税人。检查人员发现，企业 2012 年年末《资产负债表》中的应付账款贷方余额 240 余万元，借方发生额仅为 30 余万元。该公司的客户，即各个医院与医药销售公司为什么不断把资

金预付给该企业？会不会该公司已将药品发往客户而未记销售或是延迟记销售？带着疑问，检查人员对有关客户和业务员实施外围调查。他们了解到，医药行业一般药品的交易方式是现款现货，紧俏药品的交易方式是先款后货，基本不会出现客户先预付货款的情况。

得到这个重要线索后，检查组取得了该公司应付账款明细账上记录的医院和医药销售公司名单，以及与之一一对应的销售出库单。经比对发现，该企业通过长期挂往来账导致滞后申报销售收入 212 万元。根据我国《增值税暂行条例》相关规定，荆州市国税局稽查局对该企业补征增值税税款 40 万元，加收滞纳金 5 万元，并处以罚款。